高等职业教育“十三五”规划教材

高职高专智慧建造系列教材

U0869947

建设工程法规

主　编　郭　琴

副主编　邓　林　王淑贤

参　编　丑　洋

主　审　熊二刚

北京理工大学出版社

BEIJING INSTITUTE OF TECHNOLOGY PRESS

内 容 提 要

本书依据《中华人民共和国建筑法》《中华人民共和国招标投标法》《中华人民共和国合同法》《中华人民共和国劳动合同法》《建设工程安全生产条例》《建设工程质量管理条例》等相关法律法规，结合建造师执业资格考试内容进行编写。全书共分为七章，主要内容包括建设工程基本法律知识，施工许可法律制度，建设工程发承包法律制度，建设工程合同和劳动合同法律制度，建设工程施工环境保护、文物保护和节能制度，建设工程安全生产法律制度、建设工程质量法律制度等。

本书可作为高职高专院校建筑工程技术等相关专业的教材，也可以作为工程技术人员的自学参考书。

图书在版编目（CIP）数据

建设工程法规 / 郭琴主编.—北京：北京理工大学出版社，2018.1（2018.2重印）

ISBN 978-7-5682-5058-0

Ⅰ.①建…　Ⅱ.①郭…　Ⅲ.①建筑法－中国－高等学校－教材　Ⅳ.①D922.297

中国版本图书馆CIP数据核字（2017）第309660号

出版发行 / 北京理工大学出版社有限责任公司
社　　址 / 北京市海淀区中关村南大街5号
邮　　编 / 100081
电　　话 / （010）68914775（总编室）
　　　　　（010）82562903（教材售后服务热线）
　　　　　（010）68948351（其他图书服务热线）
网　　址 / http://www.bitpress.com.cn
经　　销 / 全国各地新华书店
印　　刷 / 北京紫瑞利印刷有限公司
开　　本 / 787毫米×1092毫米　1/16
印　　张 / 17　　　　责任编辑 / 梁铜华
字　　数 / 402千字　　　　文案编辑 / 梁铜华
版　　次 / 2018年1月第1版　2018年2月第3次印刷　　　　责任校对 / 周瑞红
定　　价 / 48.00元　　　　责任印制 / 边心超

总序言

高等职业教育以培养生产、建设、管理、服务第一线的高素质技术技能人才为根本任务，在建设人力资源强国和高等教育强国的伟大进程中发挥着不可替代的作用。近年来，我国高职教育蓬勃发展，积极推进校企合作、工学结合人才培养模式改革，办学水平不断提高，为现代化建设培养了一大批高素质技术技能人才，对高等教育大众化作出了重要贡献。要加快高职教育改革和发展的步伐，全面提高人才培养质量，就必须对课程体系建设进行深入探索。在此过程中，教材无疑起着至关重要的基础性作用，高质量的教材是培养高素质技术技能人才的重要保证。

高等职业院校专业综合改革和高职院校"一流专业"培育是教育部、陕西省教育厅为促进高职院校内涵建设、提高人才培养质量、深化教育教学改革、优化专业体系结构、加强师资队伍建设、完善质量保障体系，增强高等职业院校服务区域经济社会发展能力而启动的陕西省高等职业院校专业综合改革试点项目和陕西高职院校"一流专业"培育项目。在此背景下，为了更好的贯彻《国家中长期教育改革和发展规划纲要（2010—2020年）》及《高等职业教育创新发展行动计划（2015—2018年）》相关精神，更好地推动高等职业教育创新发展，自"十三五"以来，陕西交通职业技术学院建筑工程技术专业先后被立项为"陕西省高等职业院校专业综合改革试点项目"、"陕西高职院校'一流专业'培育项目"及"高等职业教育创新发展行动计划（2015—2018年）骨干专业建设项目"，教学成果"契合行业需求，服务智慧建造，建筑工程技术专业人才培养模式创新与实践"荣获"陕西省2015年高等教育教学成果特等奖"。依托以上项目建设，陕西交通职业技术学院组织了一批具有丰富理论知识和实践经验的专家、一线教师，校企合作成立了智慧建造系列教材编审委员会，着手编写了本套重点支持建筑工程专业群的智慧建造系列教材。

本套公开出版的智慧建造系列教材编审委员会对接陕西省建筑产业岗位要求，结合专业实际和课程改革成果，遵循"项目载体、任务驱动"的原则，组织开发了以项目为主体的工学结合教材；在项目选取、内容设计、结构优化、资源建设等方面形成了自己的特色，具体表现在以下方面：一是教材内容的选取凸显了职业性和前沿性特色；二是教材结构的安排凸显了情境化和项目化特色；三是教材实施的设计凸显了实践性和过程性特色；四是教材资源的建设凸显了完备性和交互性特色。总之，智慧建造系列教材的体例结构打破了传统的学科体系，以工作任务为载体进行项目化设计，教学方法融“教、学、做”于一体、实施以真实工作任务为载体的项目化教学方法，突出了以学生自主学习为中心、以问题为导向的理念，考核评价体现过程性考核，充分体现现代高等职业教育特色。因此，本套智慧建造系列教材的出版，既适合高职院校建筑工程类专业教学使用，也可作为成人教育及其他社会人员岗位培训用书，对促进当前我国高职院校开展建筑工程技术“一流专业”建设具有指导借鉴意义。

2017年10月

前　言

本书以“服务专业，学以致用”为宗旨进行编写，突出“理论够用、案例驱动”的特点，首先以实际工程案例导入，再结合相应法律法规进行阐述，同时加以法理描述，生动的案例与严谨的法规条例融合，提升了本书的可读性、应用性，为教学互动、理实结合、课上课下、乐教乐学创造条件。

本书主要具有以下特点：

1．能力本位性。依据职业教育的岗位培养任务，在每一章节前编写了本章的知识目标、学生的能力培养目标要求。

2．理实结合性。本书设有实际案例，通过对案例的分析，将建设法规知识点融入案例中，使枯燥的法律法规与鲜活的生产实践相结合，学以致用。

3．任务驱动性。每一章节内容以驱动案例导入，引发学生的思考，带着任务学习，训练学生分析问题、解决问题的能力，同时培养学生的自学能力。

4．执业适用性。课程内容与职业标准对接，从事建筑行业的施工一线管理人员需考取国家注册“一级/二级建造师”执业证书，为了更好地对接执业资格认证考试，教材课程内容中引入了大量执业资格考试真题，以案例和课后选择题形式出现，对学生进行训练，为学生将来考取执业资格奠定基础。

5．全面系统性。教材内容全面系统，在附录中收录了《中华人民共和国招标投标法》《中华人民共和国建筑法》《建设工程相关司法解释》《建设工程安全生产管理条例》《建设工程质量管理条例》，各校各专业可根据不同的培养目标和教学计划，从中选取部分内容作为课堂内的教学内容，也可选取部分内容作为学生的课外自学内容。

本书由陕西交通职业技术学院郭琴担任主编，陕西交通职业技术学院邓林、陕西水环境工程勘测设计研究院王淑贤担任副主编，陕西交通职业技术学院丑洋参与了本书部分章节的编写工作。具体编写分工为：郭琴编写了第三章、第五章，邓林编写了第二章、第四章，王淑贤编写了第一章、第七章，丑洋编写了第六章。全书由陕西交通职业技术学院熊二刚主审。

本书在编写过程中，参考和引入了大量的文献资料，在此谨向相关作者表示衷心感谢！由于编者水平有限，书中难免存在不妥之处，敬请读者批评指正！

编　者

目 录

第一章　建设工程基本法律知识

知识目标

通过本章的学习，了解建设工程法律体系、诉讼时效；掌握民事法律关系主体、客体与内容，代理制度，债权、知识产权制度，担保制度，物权制度，建设工程法人制度，建设工程保险制度，建设工程法律责任制度，建设工程纠纷的法律解决途径。

能力目标

对建设工程基本法律知识有一定的认识。

驱动案例

背景：甲施工企业在某项工程的施工过程中，需要购买一批水泥。甲施工企业的采购员张某持介绍信到乙建材公司要求购买一批B强度等级的水泥。由于双方有长期的业务关系，未签订书面的水泥买卖合同，乙建材公司很快就发货了。但乙建材公司发货后，甲施工企业拒绝支付货款。甲施工企业提出的理由是，公司让张某购买的水泥是A强度等级而非B强度等级。双方由此发生纠纷。

请思考：(1)水泥买卖合同是否有效？(2)合同纠纷应当如何处理？

(摘自2017年二级建造师《建设工程法规与相关知识》案例)

第一节　建设工程法律体系

一、建设工程法律体系概述

法律体系是指一国的全部现行法律规范，按照一定的标准和原则，划分为由不同的法律部门形成的内部和谐一致、有机联系的整体。

建设工程法律具有综合性的特点，虽然其主要是经济法的组成部分，但还包括其他法律部门的内容。建设工程法律具有一定的独立性和完整性。

1. 宪法

宪法是我国整个法律体系的基础，主要表现形式是《中华人民共和国宪法》。另外，宪法部门法还包括《全国人民代表大会组织法》《地方各级人民代表大会和地方各级人民政府组织法》《全国人民代表大会和地方各级人民代表大会选举法》《中华人民共和国民族区域自治法》《中华人民共和国国务院组织法》《中华人民共和国国籍法》等附属法律。

2. 民商法

我国采用的是民商合一的立法模式。民法是调整平等主体的公民之间、法人之间、公民与法人之间的财产关系和人身关系的法律；商法是调整平等主体之间的商事关系或商事行为的法律。民商法主要包括《中华人民共和国民法通则》《中华人民共和国侵权责任法》《中华人民共和国合同法》《中华人民共和国物权法》《中华人民共和国招标投标法》等。

3. 行政法

行政法是调整国家行政管理活动中各种关系的法律规范。其主要包括《中华人民共和国行政处罚法》《中华人民共和国行政复议法》《中华人民共和国行政许可法》《中华人民共和国环境影响评价法》等。

4. 经济法

经济法是调整在国家协调、干预经济运行过程中发生的经济关系的法律。其包括《中华人民共和国土地管理法》《中华人民共和国标准化法》《中华人民共和国统计法》《中华人民共和国预算法》《中华人民共和国审计法》等。

5. 社会法

社会法是调整劳动关系、社会保障和社会福利的法律规范。其主要包括《中华人民共和国劳动法》《中华人民共和国劳动合同法》《中华人民共和国未成年人保护法》《中华人民共和国社会保险法》等。

6. 刑法

刑法是规定犯罪和刑罚的法律。其主要包括《中华人民共和国刑法》(以下简称《刑法》)及刑法修正案。

7. 程序法

诉讼程序法主要包括《中华人民共和国民事诉讼法》《中华人民共和国行政诉讼法》《中华人民共和国刑事诉讼法》；非诉讼程序法主要包括《中华人民共和国仲裁法》《中华人民共和国律师法》《中华人民共和国公证法》等。

二、法的形式和效力

1. 法的形式

法的形式是指法的存在和表现形式，即国家制定和认可的法律规范的各种表现形式，也称为法的渊源。

(1)宪法。宪法是我国的最高法律形式，是国家的根本大法。它所规定的是关于国家生活中最根本的问题。宪法的制定和修改要经过特定的程序，只能由全国人民代表大会进行，且须经全国人民代表大会全体代表的 2/3 以上的多数通过。

(2)法律。法律包括广义的法律和狭义的法律。广义的法律，泛指《中华人民共和国立法法》调整的各类法的规范性文件；狭义的法律，仅指全国人民代表大会及其常务委员会制定的规范性文件。按照法律制定的机关及调整的对象和范围不同，法律可分为基本法律和一般法律。

①基本法律是由全国人民代表大会制定和修改的、规定和调整国家与社会生活中某一

方面带有基本性和全面性的社会关系的法律，如《中华人民共和国民法通则》《中华人民共和国物权法》《中华人民共和国民事诉讼法》《中华人民共和国刑法》等。

②一般法律是由全国人民代表大会常务委员会制定或修改的、规定和调整除由基本法律调整以外的、涉及国家和社会生活某一方面的关系的法律，如《中华人民共和国建筑法》《中华人民共和国产品质量法》等。

(3)行政法规。行政法规是指由最高国家行政机关国务院制定的有关国家行政管理方面的规范性文件，如《建设工程质量管理条例》《建设工程安全生产管理条例》等。

(4)部门规章。部门规章是指由国务院各部委制定的规范性文件，如《建筑业企业资质管理规定》《工程建设项目施工招标投标办法》等。

(5)地方性法规。地方性法规是指由省、自治区、直辖市人民代表大会及其常务委员会与省级人民政府所在地的市和经国务院批准的较大的市人大及其常委会，在其法定权限内制定的规范性文件，如《湖北省建筑市场管理条例》等。

(6)地方政府规章。地方政府规章是指由省、自治区、直辖市以及省级人民政府所在地的市和经国务院批准的较大的市的人民政府所制定的规范性文件，如《山西省建设工程招标投标管理办法》等。

(7)司法解释。司法解释是指最高人民法院对于法律的系统性解释文件和对法律适用的说明，其对法院审判有约束力，具有法律规范的性质，在司法实践中具有重要的地位和作用。如《最高人民法院关于减刑、假释案件审理程序的规定》《最高人民法院关于适用〈中华人民共和国民事诉讼法〉的解释》等。

(8)国际条约。国际条约是指我国作为国际法主体同外国缔结的双边、多边协议和其他具有条约、协定性质的文件，如《建筑业安全卫生公约》等。

2. 法的效力

宪法具有最高的法律效力，是一般法律的立法基础。一切法律、行政法规、地方性法规、自治条例和单行条例、规章都不得同宪法相抵触。

法律的效力高于行政法规和地方性法规、规章；行政法规的效力高于地方性法规、规章；地方性法规的效力高于本级和下级地方政府的规章；省、自治区人民政府制定的规章的效力高于本行政区域内的较大的市级人民政府制定的规章。

部门规章之间、部门规章与地方政府规章之间具有同等效力，在各自的权限范围内施行。

同一机关制定的法律、行政法规、地方性法规、自治条例和单行条例、规章，特别规定与一般规定不一致的，适用特别规定；新的规定与旧的规定不一致的，适用新的规定。

当法律之间对同一事项的新的一般规定与旧的特别规定不一致，不能确定如何适用时，由全国人民代表大会常务委员会裁决；当行政法规对同一事项的新的一般规定和旧的特别规定不一致，不能确定如何适用时，由国务院裁决。

当地方性法规、规章之间不一致时，由有关机关依照下列规定的权限作出裁决：

(1)当同一机关制定的新的一般规定与旧的特别规定不一致时，由制定机关裁决。

(2)当地方性法规与部门规章之间对同一事项的规定不一致，不能确定如何适用时，由国务院提出意见，国务院认为应当适用地方性法规的，应当决定在该地方适用地方性法规的规定；认为应当适用部门规章的，应当提请全国人民代表大会常务委员会裁决。

(3)当部门规章之间、部门规章与地方政府规章之间对同一事项的规定不一致时，由国务院裁决。

第二节　建设工程相关民事法律制度

一、民事法律关系

民事法律关系是指由民事法律规范所确认的人与人之间以权利和义务为内容的社会关系。任何法律关系都是由法律关系主体、法律关系客体和法律关系内容三个要素构成的，缺少其中任何一个要素都不能构成法律关系；变更其中任何一个要素就不再是原来的法律关系。

1. 民事法律关系主体

民事法律关系主体是指民事法律关系的参与者，是建设活动中享有权利和承担义务的当事人，是法律关系产生的先决条件。民事法律关系主体主要包括自然人、法人和其他组织。

(1)自然人。自然人是指基于出生而依法成为民事法律关系主体的人。在我国的民法通则中，公民与自然人在法律地位上是相同的。但在实际上，自然人的范围要比公民的范围广。公民是指具有本国国籍，依法享有宪法和法律所赋予的权利并承担宪法和法律所规定的义务的人。自然人则既包括公民又包括外国人和无国籍的人。

民事权利能力是指民事法律赋予民事主体从事民事活动从而享有民事权利和承担民事义务的资格。民事行为能力则是指法律确认的民事主体通过自己的行为从事民事活动，参加民事法律关系，取得民事权利和承担民事义务的能力。由此可见，民事权利能力是民事法律关系主体参加民事法律关系必须具备的前提条件；而具有民事行为能力，则意味着法律允许主体独立地以自己的名义参加法律关系，行使自己的权利或履行自己的义务。

自然人的民事权利能力始于出生终于死亡，自然人的民事行为能力可分为以下三类：

①完全民事行为能力。18 周岁以上的成年人具有完全民事行为能力，16 周岁以上不满 18 周岁的未成年人，以自己的劳动收入为主要生活来源的人，也视为完全民事行为能力人。

②限制民事行为能力。10 周岁以上但不满 18 周岁的自然人和不能完全辨认自己行为的精神病人视为限制民事行为能力人。

③无民事行为能力。10 周岁以下的未成年人及不能辨认自己行为的精神病人视为无民事行为能力人。

(2)法人。法人是与自然人相对的概念，它是指由法律赋予其人格，并将其视同自然人一样拥有独立的意志和利益，以自己的名义依法独立享有民事权利和承担民事义务的组织。《中华人民共和国民法通则》(以下简称《民法通则》)规定，法人必须依法成立；有必要的财产或者经费；有自己的名称、组织机构和场所；能够独立承担民事责任。法人是建设法律关系中数量最多、范围最广泛的主体。

(3)其他组织。其他组织是指合法成立、有一定的组织机构和财产，但又不具备法人资格的组织。《民法通则》中并没有规定其他组织，但为了确保这些客观存在的但又不是法人的社会组织的合法利益，我国民事诉讼法规定了其他组织可以作为民事诉讼的当事人。其他组织进行民事诉讼活动，是由其主要负责人为代表人。

2. 民事法律关系客体

民事法律关系客体是指民事法律关系主体享有的权利和承担的义务所共同指向的对象。民事法律关系客体一般有财、物、行为和智力成果。

(1)财。财一般是指货币资金，也包括各种有价证券。它是指在生产和流通过程中停留在货币形态上的那部分资金。在建筑工程中，建设法律关系客体中的“财”主要是指建设资金。

(2)物。物是由人们所控制和支配的具有经济价值的物质财富。其包括天然存在的实物和人类劳动制造的产品。物是最广泛的民事法律关系客体。在建设工程法律关系中“物”主要是指建筑材料等。

(3)行为。行为是指能满足债权人利益的行为，通常也称给付。行为主要是债这一民事法律关系的客体，因为债权是请求权，债权人只能就自己的利益请求债务人给付，如交付物、完成工作，而不能对债务人的物或其他财产直接加以支配。在建设工程法律关系中，行为多表现为完成一定的工作，如勘察设计、施工安装等活动。

(4)智力成果。智力成果是人脑力劳动创造的精神财富，是知识产权的客体，包括文学、艺术、科技作品、发明、实用新型、外观设计及商标等。知识产权保护的不是智力成果的载体，而是载体上的信息，载体本身属物权保护对象。如设计单位提供的具有创造性的设计图纸等。

3. 民事法律关系内容

民事法律关系内容是指民事法律关系主体享有的权利和承担的义务。这种权利和义务为法律规范所规定，得到国家的确认和保护。

(1)权利。权利是指法律关系主体在法定范围内，根据国家相关管理要求和自己业务活动的需要，有权进行的各种民事活动。权利主体可要求其他主体做出一定的行为和抑制一定的行为，以实现自己的民事权利，因他人的行为而使自己权利不能实现时，其有权要求国家机关加以保护并予以制裁。

(2)义务。义务是指法律关系主体必须按法律规定或约定应负的责任。义务和权利是相互对应的，相应主体应自觉履行法律所规定的义务，义务主体如果不履行或不适当履行其建设义务，就要承担相应的法律责任。

二、代理制度

代理是指代理人在代理权限内，以被代理人的名义实施民事法律行为。即被代理人对代理人的代理行为，承担民事责任。

1. 代理的种类

代理可分为委托代理、法定代理和指定代理三种。

(1)委托代理。委托代理是指根据被代理人的委托而产生的代理。委托代理可以用书面形式，也可以用口头形式。法律规定用书面形式的，应当用书面形式。

(2)法定代理。法定代理是指根据法律的直接规定而产生的代理。如父母作为监护人代理未成年人进行民事活动就属于法定代理。法定代理是为保护无民事行为能力人或限制民事行为能力人的合法权益而设立的一种代理形式。

(3)指定代理。指定代理是指根据主管机关或人民法院的指定而产生的代理。这种代理也主要是为无民事行为能力人或限制民事行为能力人设立的。如人民法院指定一名律师作为离婚案件诉讼中丧失行为能力而又无其他法定代理人的一方当事人的代理人，就属于指定代理。

2. 无权代理

无权代理是指行为人没有代理权、超越代理权限或代理权终止后而进行的代理活动。《民法通则》规定，没有代理权、超越代理权或者代理权终止后的行为，只有经过被代理人的追认，被代理人才承担民事责任。未经追认的行为，由行为人承担民事责任。本人知道他人以本人名义实施民事行为而不作否认表示的，视为同意。

在无权代理活动中，被代理人享有追认权和拒绝权，行为人享有催告权和撤回权。

(1)追认权是指被代理人对无权代理行为所产生的法律后果表示同意和认可。按照法律规定，无权代理行为对被代理人不发生法律效力，但是如果被代理人认为无权代理行为对自己有利，则有权追认。无权代理行为一旦获得追认后，便产生与合法的代理行为相同的法律后果。而拒绝权是指被代理人为了维护自身的合法权益，对无权代理行为及其所产生的法律后果享有拒绝的权利。被拒绝的无权代理行为所产生的法律后果，由行为人承担民事责任。

(2)催告权是指无权代理行为人在做出无权代理行为后，向被代理人进行催告的权利，该权利实质上就是催告被代理人对该行为是追认有效还是拒绝追认，并限期作出答复。如果被代理人在期限内未作出答复，则视为拒绝。而撤回权即向被代理人提出撤回以前曾做出的代理表示的法律行为。但如果被代理人已经追认了其所做出的无权代理行为，则该行为人就不得再撤回。若该行为人已经行使了撤回权，则被代理人就不能行使追认权。

3. 表见代理

表见代理是指代理人虽无代理权，但相对人有理由相信行为人有代理权而需由被代理人承担法律责任的代理行为。

表见代理的构成要件有：①行为人没有代理权；②没有代理权的行为人实施了代理行为；③善意相对人有正当理由相信行为人有代理权。

4. 代理人与被代理人的责任承担

(1)授权不明确的责任承担。委托书授权不明的，被代理人应当向第三人承担民事责任，代理人负连带责任。

(2)代理人不履行职责的责任承担。代理人不履行职责而给被代理人造成损害的，应当承担民事责任。代理人和第三人串通，损害被代理人利益的，由代理人和第三人负连带责任。

(3)无权代理的责任承担。第三人知道行为人没有代理权、超越代理权或者代理权已终止，还与行为人实施民事行为给他人造成损害的，由第三人和行为人负连带责任。

(4)代理事项违法的责任承担。代理人知道被委托代理的事项违法仍然进行代理活动的，或者被代理人知道代理人的代理行为违法而不表示反对的，由被代理人和代理人负连带责任。

(5)转托他人代理的责任承担。委托代理人为被代理人的利益需要转托他人代理的，应当事先取得被代理人的同意。事先没有取得被代理人同意的，应当在事后及时告知被代理人，如果被代理人不同意，由代理人对自己所转托的人的行为负民事责任，但在紧急情况下，为了保护被代理人的利益而转托他人代理的除外。

5. 代理的终止

由于代理种类的不同，代理关系终止的原因也不尽相同。

(1)委托代理终止。《民法通则》规定，有下列情形之一的，委托代理终止：

①代理期间届满或者代理事务完成。

②被代理人取消委托或者代理人辞去委托。

③代理人死亡。

④代理人丧失民事行为能力。

⑤作为被代理人或者代理人的法人终止。

(2)法定代理或指定代理终止。《民法通则》规定，有下列情形之一的，法定代理或者指定代理终止：

①被代理人取得或者恢复民事行为能力。

②被代理人或者代理人死亡。

③代理人丧失民事行为能力。

④指定代理的人民法院或者指定单位取消指定。

⑤由其他原因引起的被代理人和代理人之间的监护关系消灭。

三、债权、知识产权制度

1. 债权

债是按照合同的约定或者依照法律的规定，在当事人之间产生的特定的权利和义务关系，享有权利的人是债权人，负有义务的人是债务人。

(1)债的发生根据。根据《民法通则》以及相关的法律法规的规定，能够引起债的发生的法律事实，即债的发生根据，主要有以下几种：

①合同。合同是指当事人之间设立、变更、终止民事关系的协议。合同是引起债权和债务关系发生的最主要、最普遍的根据。

②侵权行为。侵权行为是指行为人非法侵害他人的财产权或人身权的行为。

③不当得利。不当得利是指没有法律或合同根据，有损于他人而取得的利益。它可能表现为得利人财产的增加，致使他人不应减少的财产减少，也可能表现为得利人应支付的费用没有支付，致使他人应当增加的财产没有增加。不当得利一旦发生，不当得利人负有返还的义务。

④无因管理。无因管理是指既未受人之托，也不负有法律规定的义务，而是自觉为他人管理事务的行为。无因管理行为一经发生，便会在管理人和其事务被管理人之间产生债权债务关系，其事务被管理者负有赔偿管理者在管理过程中所支付的合理的费用及直接损

失的义务。

(2)债的消灭。债因以下事实而消灭：

①债因履行而消灭。债务人履行了债务，债权人的利益得以实现，当事人之间设立债的目的已达到，债的关系也就自然消失了。

②债因抵销而消灭。抵销是指已到履行期限的同类的对等债务，因当事人相互抵充其债务而同时消灭。用抵销方法消灭债务应符合下列的条件：必须是对等债务；必须是同一种类的给付之债；同类的对等之债都已到履行期限。

③债因提存而消灭。提存是指债权人无正当理由拒绝接受履行或其下落不明或数人就同一债权主张权利，债权人一时无法确定，致使债务人一时难以履行债务，经公证机关证明或人民法院的裁决，债务人可以将履行的标的物提交有关部门保存的行为。

提存是债务履行的一种方式。如果超出法律规定的期限，债权人仍不领取提存标的物的，应收归国库所有。

④债因混同而消灭。混同是指债权债务同归于一人。如两个相互订有合同的企业合并，则产生混同的法律效果。

⑤债因免除而消灭。免除是指债权人放弃债权，从而免除债务人所承担的义务。债务人的债务一经债权人解除，债的关系自行解除。

⑥债因当事人死亡而解除。债因当事人死亡而解除仅指具有人身性质的合同之债，因为人身关系是不可继承和转让的。例如，当委托合同的受托人、出版合同的约稿人等死亡时，其所签订的合同也随之终止。

2. 知识产权

知识产权是指民事主体对智力成果依法享有的专有权利。

(1)知识产权的特征。

①具有人身权和财产权的双重性质。人身权是指与民事主体的人身不可分离的、不具有直接财产内容的民事权利。而财产权是指民事主体所享有的、具有一定物质内容并直接体现为经济利益的权利。例如，作者的署名权是人身权，而获得稿费的权利是财产权。

②专有性。知识产权的权利主体依法享有独占使用智力成果的权利，他人不得侵犯。例如，未经专利权人许可不得使用其专利就是专利权的专有性。

③地域性。知识产权只在特定国家或地区范围内有效，若一国的知识产权要获得他国的法律保护，则必须依照有关国际条约、双边协议或按互惠原则办理。

④时间性。通常情况下，依法成立的知识产权只在法律规定的期限内有效，超过法定保护期后，该权利将不受法律保护。

(2)著作权。著作权又称版权，是指文学、艺术和科学作品的作者及其相关主体依法对作品所享有的人身权利和财产权利。著作权主要受《中华人民共和国著作权法》(以下简称《著作权法》)的调整。

①著作权的保护对象。著作权保护的对象是作品，即文学、艺术和科学领域内具有独创性并能以某种形式复制的智力成果。根据《著作权法》及其实施条例的规定，作品的种类有很多种，尤其在工程建设领域较为常见，除文字作品外，主要包括：美术作品，是指绘画、书法、雕塑等以线条、色彩或者其他方式构成的、有审美意义的、平面或立体的造型艺术作品；建筑作品，是指以建筑物或构筑物形式表现的有审美意义的作品；图形作品，

是指为施工、生产绘制的工程设计图、产品设计图，以及反映地理现象、说明事物原理或结构的地图、示意图等作品；模型作品，是指为展示、试验或观测等用途，根据物体的形式和结构，按照一定比例制成的立体作品。

②著作权的内容。根据《著作权法》的规定，著作权包括人身权和财产权。著作人身权包括发表权、署名权、修改权和保护作品完整权；著作财产权包括使用权、许可使用权、转让权、获得报酬权。

③著作权的侵犯和保护。著作权的侵权行为是指既未取得著作权人同意又无法律根据，违法使用他人作品或行使著作权人专有权的行为，包括但不限于：未经著作权人许可发表其作品；歪曲、篡改、剽窃他人作品；使用他人作品，应当支付报酬而未支付等。

有著作权侵权行为的，应当根据具体情况承担停止伤害、消除影响、赔礼道歉、赔偿损失等民事责任；对于损害公共利益或情节严重的侵权行为，可以由著作权行政管理部门依法追究其行政责任；构成犯罪的，依法追究刑事责任。

(3)专利权。

①专利权主体。专利权主体即专利权人，是指依法享有专利权并承担相应义务的人。根据《中华人民共和国专利法》(以下简称《专利法》)及其实施细则，专利权主体主要包括以下几种：

发明人或设计人，是指对发明创造的实质性特点做出创造性贡献的人。在完成发明创造过程中，只负责组织工作的人、为物质技术条件的利用提供方便的人或从事其他辅助工作的人，不是发明人或设计人。

对于职务发明创造，专利权主体是发明人或设计人所在单位。根据《专利法》第六条第一款的规定，执行本单位的任务或主要是利用本单位的物质技术条件所完成的发明创造为职务发明创造。职务发明创造申请专利的权利属于该单位；申请被批准后，该单位为专利权人。

但是，根据《专利法》第六条第三款规定，利用本单位的物质技术条件所完成的发明创造，单位与发明人或技术人订有合同，对申请专利的权利和专利权的归属作出约定的，从其约定。

②受让人。受让人是指依法通过合同或其他合法方式而获得专利权的单位或个人。

③专利权客体。专利权客体即专利权的保护对象，是指依法应授予专利的发明创造。根据《专利法》及其实施细则的规定，专利权客体包括发明、实用新型和外观设计。

发明是指对产品、方法或其改进所提出的新的技术方案；实用新型是指对产品的形状、构造或其结合所提出的适于实用的新的技术方案；外观设计是指对产品的形状、图案或其结合以及色彩与形状、图案的结合所作出的富有美感并适于工业应用的新设计。

发明专利权的期限是20年，实用新型和外观设计专利权的期限是10年，均自申请之日起计算。专利权期限届满后，专利权终止。

(4)商标权。商标是指企业、事业单位和个体工商业者，为使其生产经营的商品或提供的服务项目有别于他人的商品或者提供的服务项目，用具有显著特征的文字、图形、字母、数字、三维标志和颜色组合，以及上述要素的组合来表示的标志。

商标权是指企业、事业单位和个体工商业者对其注册的商标依法享有的专用权。由于商标有表示质量和信誉的作用，他人使用商标所有人的商标，有可能对商标所有人的信誉造成损害，必须严格禁止。

据此，《中华人民共和国商标法》规定，经商标局核准注册的商标为注册商标；商标注册人享有商标专用权，受法律保护。

四、诉讼时效制度

诉讼时效是指权利人在法定的时效期间内，未向法院提起诉讼请求保护其权利，依据法律规定消灭其胜诉权的制度。

超过诉讼时效期间，在法律上发生的效力是权利人胜诉权消灭。超过诉讼时效期间权利人起诉，如果符合《中华人民共和国民事诉讼法》规定的起诉条件，法院仍应受理。如果法院经受理后查明无中止、中断、延长事由的，判决驳回诉讼请求。但是，依照《最高人民法院关于审理民事案件适用诉讼时效制度若干问题的规定》，当事人未提出诉讼时效抗辩，法院不应对诉讼时效问题进行释明及主动适用诉讼时效的规定进行裁判。当事人违反法律规定，约定延长或者缩短诉讼时效期间、预先放弃诉讼时效利益的，法院不予认可。

应当注意的是，根据《民法通则》的规定，超过诉讼时效期间，当事人愿意履行的，不受诉讼时效限制。最高人民法院印发《关于贯彻执行〈中华人民共和国民法通则〉若干问题的意见(试行)》的通知中规定，超过诉讼时效期间的，义务人履行义务后又以超过诉讼时效为由反悔的，不予支持。

1. 不适用诉讼时效的情形

当事人对债权请求权提出诉讼时效抗辩，但对下列债权请求提出诉讼时效抗辩的，法院不予支持：

(1)支付存款本金及利息请求权。

(2)兑付国债、金融债券以及向不特定对象发行的企业债券本金请求权。

(3)基于投资关系产生的缴付出资请求权。

(4)其他依法不适用诉讼时效规定的债权请求权。

2. 诉讼时效期间的种类

诉讼时效期间通常可划分为以下4类：

(1)普通诉讼时效。普通诉讼时效期间通常为2年。

(2)短期诉讼时效。下列的诉讼时效期间为1年：身体受到伤害要求赔偿的；出售质量不合格的商品未声明的；延付或者拒付租金的；寄存财物被丢失或者损毁的。

(3)特殊诉讼时效。特殊诉讼时效不是由民法规定的，而是由特定法律规定的诉讼时效。如《中华人民共和国合同法》规定，因国际货物买卖合同和技术进出口合同争议的时效期间为4年。

(4)权利的最长保护期限。诉讼时效期间从知道或者应当知道权利被侵害时起计算。但是，从权利被侵害之日起超过20年的，人民法院不予保护。

3. 诉讼时效中止

《民法通则》规定，在诉讼时效期间的最后6个月内，因不可抗力或者其他障碍不能行使请求权的，诉讼时效中止。从中止时效的原因消除之日起，诉讼时效期间继续计算。

根据上述规定，诉讼时效中止应当同时满足以下两个条件：

(1)权利人由于不可抗力或其他障碍，不能行使请求权。

(2)导致权利人不能行使请求权的事由发生在诉讼时效期间的最后 6 个月内。

诉讼时效中止，即诉讼时效期间暂时停止计算。在导致诉讼时效中止的原因消除后，也就是权利人可以开始行使请求权时起，诉讼时效期间继续计算。

4. 诉讼时效中断

《民法通则》规定，诉讼时效因提起诉讼、当事人一方提出要求或者同意履行义务而中断。从中断时起，诉讼时效期间重新计算。

另外，最高人民法院印发《关于贯彻执行〈中华人民共和国民法通则〉若干问题的意见(试行)》的通知也规定，诉讼时效因权利人主张权利或者义务人同意履行而中断后，权利人在新的诉讼时效期间内，再次主张权利或者义务人再次同意履行义务的，可以认定诉讼时效再次中断。权利人向债务保证人、债务人的代理人或者财产代管人主张权利的，可以认定诉讼时效中断。

五、担保制度

担保是指当事人双方根据法律、行政法规的规定或双方约定，促使债务人履行债务，实现债权人的权利的法律制度。担保合同是主合同的从合同，主合同无效，则担保合同无效。担保合同另有约定的，按照约定。

《中华人民共和国担保法》(以下简称《担保法》)规定，担保的基本方式有五种，即保证、抵押、质押、留置和定金。本节主要讨论保证和定金两种方式。

1. 保证

保证是指保证人和债权人约定，当债务人不履行债务时，保证人按照约定履行债务或者承担责任的行为。

(1)保证人的规定。保证人须是具有代为清偿债务能力的法人、其他组织或者公民。《担保法》规定，下列单位不可做保证人：

①国家机关不得为保证人，但经国务院批准为使用外国政府或者国际经济组织贷款进行转贷的除外。

②学校、幼儿园、医院等以公益为目的的事业单位、社会团体不得为保证人。

③企业法人的分支机构、职能部门不得为保证人。企业法人的分支机构有法人书面授权的，可以在授权范围内提供保证。

(2)保证合同。保证人与债权人应当以书面形式订立保证合同。保证人与债权人可以就单个主合同分别订立保证合同，也可以协议在最高债权额限度内就一定期间连续发生的借款合同或者某项商品交易合同订立一个保证合同。

《担保法》规定，保证合同应当包括以下内容：被保证的主债权种类、数额；债务人履行债务的期限；保证的方式；保证担保的范围；保证的期间；双方认为需要约定的其他事项。保证合同不完全具备前款规定内容的，可以补正。

(3)保证方式。保证方式有一般保证和连带责任保证两种。

当事人在保证合同中约定，债务人不能履行债务时，由保证人承担保证责任的，称为一般保证。一般保证的保证人在主合同纠纷未经审判或者仲裁，并就债务人财产依法强制执行仍不能履行债务前，对债权人可以拒绝承担保证责任。

当事人在保证合同中约定，保证人与债务人对债务承担连带责任的，称为连带责任保证。连带责任保证的债务人在主合同规定的债务履行期届满没有履行债务的，债权人可以要求债务人履行债务，也可以要求保证人在其保证范围内承担保证责任。当事人对保证方式没有约定或者约定不明确的，按照连带责任保证承担保证责任。

(4)保证责任。

①保证担保的范围。保证担保的范围包括主债权及利息、违约金、损害赔偿金和实现债权的费用。保证合同另有约定的，按照约定。当事人对保证担保的范围没有约定或者约定不明确的，保证人应当对全部债务承担责任。

②保证期间。保证期间是保证人承担保证责任的时间。《担保法》规定，一般保证(连带责任)的保证人与债权人未约定保证期间的，保证期间为主债务履行期届满之日起 6 个月。在合同约定的保证期间和前款规定的保证期间，债权人未对债务人提起诉讼或者申请仲裁的，保证人免除保证责任；债权人已提起诉讼或者申请仲裁的，保证期间适用诉讼时效中断的规定。

保证期间，债权人依法将主债权转让给第三人的，保证人在原保证担保的范围内继续承担保证责任。保证合同另有约定的，按照约定。

保证期间，债权人许可债务人转让债务的，应当取得保证人书面同意，保证人对未经其同意转让的债务，不再承担保证责任。

债权人与债务人协议变更主合同的，应当取得保证人书面同意，未经保证人书面同意的，保证人不再承担保证责任。保证合同另有约定的，按照约定。

2. 定金

当事人可以约定一方向对方给付定金作为债权的担保。债务人履行债务后，定金应当抵作价款或者收回。给付定金的一方不履行约定的债务的，无权要求返还定金；收受定金的一方不履行约定的债务的，应当双倍返还定金。

定金应当以书面形式约定。当事人在定金合同中应当约定交付定金的期限。定金合同从实际交付定金之日起生效。定金的数额由当事人约定，但不得超过主合同标的额的 20%。

六、物权制度

物权是指民事主体在法律规定的范围内，直接支配特定的物而享有其利益，并排除他人干涉的权利。其包括所有权、用益物权和担保物权。

所有权是指所有人依法对自己的财产所享有的占有、使用、收益和处分的权利。它是一种财产权。所有权是物权中最重要也是最完全的一种权利。当然，所有权在法律上也受到一定的限制，最主要的限制是，为了公共利益的需要，依照法律规定的权限和程序可以征收集体所有的土地，单位、个人的房屋及其他不动产。

用益物权是指权利人对他人所有的不动产或者动产，依法享有占有、使用和收益的权利。用益物权包括土地承包经营权、建设用地使用权、宅基地使用权和地役权。

担保物权是指权利人在债务人不履行到期债务或者发生当事人约定的实现担保物权的情形，依法享有该担保财产优先受偿的权利。债权人在借贷、买卖等民事活动中，为保障实现其债权，需要担保的，可以依照《中华人民共和国物权法》和其他法律的规定设立担保物权。

1. 物权的设立、变更、转让、消灭和保护

不动产物权的设立、变更、转让和消灭，应当依照法律规定登记，自记载于不动产登记簿时发生效力。其经依法登记，发生效力；未经登记，不发生效力，但法律另有规定的除外。依法属于国家所有的自然资源，所有权可以不登记。不动产登记，由不动产所在地的登记机构办理。

不动产物权以占有和交付为公示手段。动产物权的设立和转让，应当依照法律规定交付。动产物权的设立和转让，自交付时发生效力，但法律另有规定的除外。船舶、航空器和机动车等物权的设立、变更、转让和消灭，未经登记，不得对抗善意第三人。

物权的保护是指通过法律规定的方法和程序，保障物权人在法律许可的范围内对其财产行使占有、使用、收益和处分权利的制度。物权受到侵害的，权利人可以通过和解、调解、仲裁、诉讼等途径解决。

2. 建设用地使用权和地役权

建设用地使用权是指因建造建筑物、构筑物及其附属设施而使用国家所有的土地的权利。建设用地使用权只能存在于国家所有的土地上，不包括集体所有的土地。

建设用地使用权可以在土地的地表、地上或者地下分别设立。新设立的建设用地使用权，不得损害已设立的用益物权。

地役权是指为使用自己不动产的便利或提高其效益而按照合同约定利用他人不动产的权利。他人的不动产为供役地，自己的不动产为需役地。设立地役权，当事人应当采用书面形式订立地役权合同。

需役地及需役地上的土地承包经营权、建设用地使用权、宅基地使用权部分转让，转让部分涉及地役权的，受让人同时享有地役权。供役地及供役地上的土地承包经营权、建设用地使用权、宅基地使用权部分转让，转让部分涉及地役权的，地役权对受让人具有约束力。

3. 担保物权

(1)抵押权。抵押是指债务人或者第三人不转移对财产的占有，将该财产作为债权的担保。债务人不履行债务时，债权人有权依照法律规定以该财产折价或者拍卖、变卖该财产的价款优先受偿。其中，债务人或者第三人为抵押人，债权人为抵押权人。

①抵押物。《担保法》规定，下列财产可以抵押：抵押人所有的房屋和其他地上定着物；抵押人所有的机器、交通运输工具和其他财产；抵押人依法有权处分的国有的土地使用权、房屋和其他地上定着物；抵押人依法有权处分的国有的机器、交通运输工具和其他财产；抵押人依法承包并经发包方同意抵押的荒山、荒沟、荒丘、荒滩等荒地的土地使用权；抵押人依法可以抵押的其他财产。

当事人以以上财产抵押的，应当办理抵押物登记，抵押合同自登记之日起生效。当事人以其他财产抵押的，可以自愿办理抵押物登记，抵押合同自签订之日起生效。当事人未办理抵押物登记的，不得对抗第三人。当事人办理抵押物登记的，登记部门为抵押人所在地的公证部门。

下列财产不得抵押：土地所有权；耕地、宅基地、自留地、自留山等集体所有的土地使用权；学校、幼儿园、医院等以公益为目的的事业单位、社会团体的教育设施、医疗卫生设施和其他社会公益设施；所有权、使用权不明或者有争议的财产；依法被查封、扣押、监管的财产；依法不得抵押的其他财产。

②抵押的效力。抵押担保的范围包括主债权及利息、违约金、损害赔偿金和实现抵押权的费用。抵押合同另有约定的，按照约定。债务履行期届满，债务人不履行债务致使抵押物被人民法院依法扣押的，自扣押之日起抵押权人有权收取由抵押物分离的天然孳息以及抵押人就抵押物可以收取的法定孳息。抵押权人未将扣押抵押物的事实通知应当清偿法定孳息的义务人的，抵押权的效力不及于该法定孳息。前款孳息应当先充抵收取孳息的费用。

抵押期间，抵押人转让已办理登记的抵押物的，应当通知抵押权人并告知受让人转让物已经抵押的情况；抵押人未通知抵押权人或者未告知受让人的，转让行为无效。转让抵押物的价款明显低于其价值的，抵押权人可以要求抵押人提供相应的担保；抵押人不提供的，不得转让抵押物。抵押人转让抵押物所得的价款，应当向抵押权人提前清偿所担保的债权或者向与抵押权人约定的第三人提存。超过债权数额的部分，归抵押人所有，不足部分由债务人清偿。

③抵押权的实现。债务履行期届满抵押权人未受清偿的，可以与抵押人协议以抵押物折价或者以拍卖、变卖该抵押物所得的价款受偿；协议不成的，抵押权人可以向人民法院提起诉讼。抵押物折价或者拍卖、变卖后，其价款超过债权数额的部分归抵押人所有，不足部分由债务人清偿。

同一财产向两个以上债权人抵押的，拍卖、变卖抵押物所得的价款按照以下规定清偿：抵押合同已登记生效的，按照抵押物登记的先后顺序清偿；顺序相同的，按照债权比例清偿。抵押合同自签订之日起生效的、该抵押物已登记的，按照上述规定清偿；未登记的，按照合同生效时间的先后顺序清偿；顺序相同的，按照债权比例清偿。抵押物已登记的先于未登记的受偿。为债务人抵押担保的第三人，在抵押权人实现抵押权后，有权向债务人追偿。抵押权因抵押物灭失而消灭。因灭失所得的赔偿金，应当作为抵押财产。

(2)质押权。质押是指债务人或者第三人将其动产或权力移交债权人占有，将该动产或权利作为债权的担保。债务人不履行债务时，债权人有权依照法律规定以该动产折价或者以拍卖、变卖该动产的价款优先受偿。上述规定的债务人或者第三人为抵押权人，债权人为质押权人，移交的动产为质押物。质押权是一种约定的担保物权，以转移占有为特征。

质押分为动产质押和权利质押。动产质押是指债务人或者第三人将其动产移交债权人占有，将该动产作为债权的担保；权利质押是将权利凭证交付质押人的担保。质押物包括：汇票、支票、本票、债券、存款单、仓单、提单；依法可以转让的股份、股票；依法可以转让的商标专用权，专利权、著作权中的财产权；依法可以质押的其他权利。

(3)留置权。债权人按照合同约定占有债务人的动产，债务人不按照合同约定的期限履行债务的，债权人有权依照本法规定留置该财产，以该财产折价或者以拍卖、变卖该财产的价款优先受偿。

留置担保的范围包括主债权及利息、违约金、损害赔偿金、留置物保管费用和实现留置权的费用。因保管合同、运输合同、加工承揽合同发生的债权，债务人不履行债务的，债权人有留置权。

债权人与债务人应当在合同中约定，债权人留置财产后，债务人应当在不少于两个月的期限内履行债务。债权人与债务人在合同中未约定的，债权人留置债务人财产后，应当确定两个月以上的期限，通知债务人在该期限内履行债务。债务人逾期仍不履行的，债权人可以与债务人协议以留置物折价，也可以依法拍卖、变卖留置物。留置物折价或者拍卖、变卖后，其价款超过债权数额的部分归债务人所有，不足部分由债务人清偿。

第三节　建设工程法人制度

《民法通则》规定，法人是具有民事权利能力和民事行为能力，依法独立享有民事权利和承担民事义务的组织。法人是与自然人相对应的概念，是法律赋予社会组织具有法律人格的一项制度。这一制度为确立社会组织的权利、义务，为社会组织独立承担责任提供了基础。

一、法人应当具备的条件

(1)依法成立。法人的设立目的和方式必须符合法律的规定，必须经过法定的程序，设立法人必须经过政府主管机关的批准或者核准登记。

(2)有必要的财产或者经费。法人的财产或者经费必须与法人的经营范围或者设立目的相适应，否则将不能被批准设立或者核准登记。必要的财产或者经费是法人进行民事活动的物质基础。

(3)有自己的名称、组织机构和场所。

(4)能够独立承担民事责任。法人必须能够以自己的财产或者经费承担在民事活动中的债务，在民事活动中给其他主体造成损失时能够承担赔偿责任。

法人的法定代表人是自然人。他依照法律或者法人组织章程的规定，代表法人行使职权。法人以它的主要办事机构所在地为住所。

二、法人的分类

法人可以分为非企业法人和企业法人两大类。非企业法人包括行政法人、事业法人、社团法人；企业法人依法经工商行政管理机关核准登记后取得法人资格。企业法人分立、合并或者有其他重要事项变更，应当向登记机关办理登记并公告。企业法人分立、合并，其权利和义务由变更后的法人享有和承担。

有独立经费的机关从成立之日起，具有法人资格。具有法人条件的事业单位、社会团体，依法不需要办理法人登记的，从成立之日起，具有法人资格。依法需要办理法人登记的，经核准登记，取得法人资格。

三、法人在建设工程中的地位和作用

在建设工程中，大多数建设活动主体都是法人。施工单位、勘察设计单位、监理单位

都是具有法人资格的组织。建设单位一般也应当具有法人资格。但有时候，建设单位也可能是没有法人资格的其他组织。

法人在建设工程中的地位，表现在其具有民事权利能力和民事行为能力。依法独立享有民事权利和承担民事义务，方能承担民事责任。

【案例 1-1】

(1)背景：地处A市的某设计院承担了坐落在B市的某项“设计—采购—施工”成本任务。该设计院将工程的施工任务分包给B市的某施工单位。设计院在施工现场派驻了包括甲在内的项目管理班子，施工单位则由乙为项目经理组成了项目经理部。施工任务完成后，施工单位以设计院尚欠工程款为由向仲裁委员会申请仲裁，主要依据是有甲签字确认的所增加的工程量。设计院认为甲并不是该项目的设计院方的项目经理，不承认甲签字的效力。经查实，甲既不是合同中约定的设计院的授权负责人，也没有设计院的授权委托书。但合同中约定的授权负责人基本没有去过该项目现场。事实上，该项目一直由甲实际负责，且有设计院曾经认可甲签字付款的情形。

(2)问题：

设计院是否应当承担付款责任，为什么？

(3)分析：

设计院应当承担付款责任。因为，由于设计院方面的管理原因，让施工单位认为甲具有签字付款的权利，致使本案付款纠纷的出现。《民法通则》第四十三条规定：“企业法人对它的法定代表人和其他工作人员的经营活动，承担民事责任。”由于种种原因，我国目前经常存在着名义上的项目负责人经常不在现场的情况。本案中真实背景是设计院认为甲被施工单位买通而拒绝付款。本案对施工单位的教训是：施工单位需要让发包或总包单位签字时，一定要找其授权人；如果发包或总包单位变更授权人的，应当要求发包单位完成变更的手续。(摘自2017年二级建造师《建设工程法规与相关知识》案例)

第四节　建设工程保险制度

一、保险概述

1. 保险的法律概念

《中华人民共和国保险法》规定，保险是指投保人根据合同约定，向保险人支付保险费，保险人对于合同约定的可能发生的事故因其发生所造成的财产损失承担赔偿保险金责任，或者当被保险人死亡、伤残、疾病或者达到合同约定的年龄、期限时承担给付保险金责任的商业保险行为。

保险是一种受法律保护的分散危险、消化损失的法律制度。因此，危险的存在是保险产生的前提。但保险制度上的危险具有损失发生的不确定性，包括发生与否的不确定性、发生时间的不确定性和发生后果的不确定性。

2. 保险合同

保险合同是指投保人与保险人约定保险权利义务关系的协议。投保人是指与保险人订立保险合同，并按照保险合同负有支付保险费义务的人。保险人是指与投保人订立保险合同，并承担赔偿或者给付保险金责任的保险公司。保险合同在履行中还会涉及被保险人和受益人。被保险人是指其财产或者人身受保险合同保障，享有保险金请求权的人，投保人可以为被保险人；受益人是指人身保险合同中由被保险人或者投保人指定的享有保险金请求权的人，投保人、被保险人可以为受益人。保险合同一般是以保险单的形式订立的。保险合同分为财产保险合同、人身保险合同。

(1)财产保险合同。财产保险合同是以财产及其有关利益为保险标的的保险合同。在财产保险合同中，保险合同的转让应当通知保险人，经保险人同意继续承保后，依法转让合同。在合同的有效期内，保险标的的危险程度显著增加的，被保险人应当按照合同约定及时通知保险人，保险人可以按照合同约定增加保险费或者解除合同。建筑工程一切险和安装工程一切险即为财产保险合同。

(2)人身保险合同。人身保险合同是以人的寿命和身体为保障标的的保障合同。投保人应向保险人如实申报被保险人的年龄、身体状况。投保人在合同成立后，可以向保障人一次支付全部保险费，也可以按照合同规定分期支付保险费。人身保险的受益人由被保险人或者投保人指定。保险人对人身保险的保险费，不得用诉讼方式要求投保人支付。

二、保险索赔

对于投保人而言，保险的根本目的是发生灾难事件时能够得到补偿，而这一目的必须通过索赔来实现。

1. 投保人进行保险索赔须提供必要的有效证明

保险事故发生后，依照保险合同请求保障人赔偿或者给付保险金时，投保人、被保险人或者受益人应当向保险人提供其所能提供的与确认保险事故的性质、原因、损失程度等有关的证明和资料。这就要求投保人在日常管理中应当注意证据的收集和保存。当保险事件发生后，更应注意证据收集，有时还需要有关部门的证明。索赔的证据一般包括保单、建设工程合同、事故照片、鉴定报告以及保单中规定的证明文件。

2. 投保人等应当及时提出保险索赔

投保人、被保险人或者受益人知道保险事故发生后，应当及时通知保险人。这与索赔的成功与否密切相关。因为资金有时间价值，如果保险事件发生后很长时间才能取得索赔，即使是全额赔偿也不足以补偿自己的全部损失。而且时间过长还会给索赔人的取证或保险人的理赔增加很大的难度。

3. 计算损失大小

保险单上载明的保险财产全部损失，应当按照全损进行保险索赔。保险单上载明的保险财产没有全部损失，应当按照部分损失进行保险索赔。但是，财产虽然没有全部毁损或者灭失，但其损坏程度已达到无法修理，或者虽然能够修理但修理费将超过赔偿金额的，也应当按照全损进行索赔。如果一个建设工程项目同时由多家保险公司承保，则应当按照约定的比例分别向不同的保险公司提出索赔要求。

三、建设工程保险的主要种类和投保权益

建设工程活动涉及的法律关系较为复杂，风险较为多样。因此，建设工程活动涉及的

险种也较多。主要包括：建筑工程一切险(及第三者责任险)、安装工程一切险(及第三者责任险)、建筑职工意外伤害险等。

1. 建筑工程一切险(及第三者责任险)

建筑工程一切险是承保各类民用、工业和公用事业建筑工程项目，包括道路、桥梁、水坝、港口等，在建造过程中因自然灾害或意外事故而引起的一切损失的险种。因在建工程抗灾能力差，危险程度高，一旦发生损失，不仅会对工程本身造成巨大的物质财富损失，甚至可能殃及邻近人员与财物。因此，随着各种新建、扩建、改建的建设工程项目日渐增多，许多保险公司已经开设这一险种。建筑工程一切险往往还加保第三者责任险。第三者责任险是指在保险有效期内因在施工工地上发生意外事故造成在施工工地及邻近地区的第三者人身伤亡或财产损失，依法应由被保险人承担的经济赔偿责任。

(1)投保人与被保险人。《建设工程施工合同(示范文本)》中规定，工程开工前，发包人应当为建设工程办理保险，支付保险费用。建筑工程一切险的被保险人范围较宽，所有在工程进行期间，对该项工程承担一定风险的有关各方(即具有可保利益的各方)，均可作为被保险人。如果被保险人不止一家，则各家接受赔偿的权利以不超过其对保险标的的可保利益为限。被保险人具体包括：

①业主或工程所有人。

②承包商或者分包商。

③技术顾问，包括业主聘用的建筑师、工程师及其他专业顾问。

(2)保险责任范围。保险人对下列原因造成的损失和费用，负责赔偿：

①自然事件，是指地震、海啸、雷电、飓风、台风、龙卷风、风暴、暴雨、洪水、水灾、冻灾、冰雹、地崩、山崩、雪崩、火山爆发、地面下陷下沉及其他人力不可抗拒的破坏力强大的自然现象。

②意外事故，是指不可预料的以及被保险人无法控制并造成物质损失或人身伤亡的突发性事件，包括火灾和爆炸。

(3)除外责任。保险人对下列各项原因造成的损失不负责赔偿：

①设计错误引起的损失和费用。

②自然磨损、内在或潜在缺陷、物质本身变化、自燃、自热、氧化、锈蚀、渗漏、鼠咬、虫蛀、大气(气候或气温)变化、正常水位变化或其他渐变原因造成的保险财产自身的损失和费用。

③因原材料缺陷或工艺不善引起的保险财产本身的损失以及为换置、修理或矫正这些缺点错误所支付的费用。

④非外力引起的机械或电气装置的本身损失，或施工用机具、设备、机械装置失灵造成的本身损失。

⑤维修保养或正常检修的费用。

⑥档案、文件、账簿、票据、现金、各种有价证券、图表资料及包装物料的损失。

⑦盘点时发现的短缺。

⑧领有公共运输行驶执照的，或已由其他保险予以保障的车辆、船舶和飞机的损失。

⑨除非另有约定，在保险工程开始以前已经存在或形成的位于工地范围内或其周围的属于被保险人的财产的损失。

⑩除非另有约定，在本保险单保险期限终止以前，保险财产中已由工程所有人签发完工验收证书或验收合格或实际占有或使用或接收的部分。

(4)第三者责任险。建筑工程一切险如果加保第三者责任险，保险人对下列原因造成的损失和费用，负责赔偿：

①在保险期限内，因发生与所保工程直接相关的意外事故引起工地内及邻近区域的第三者人身伤亡、疾病或财产损失。

②被保险人因上述原因支付的诉讼费用以及事先经保险人书面同意而支付的其他费用。

(5)赔偿金额。保险人对每次事故引起的赔偿金额以法院或政府有关部门根据现行法律裁定的应由被保险人偿付的金额为准，但在任何情况下，均不得超过保险单明细表中对应列明的每次事故赔偿限额。在保险期限内，保险人经济赔偿的最高赔偿责任不得超过本保险单明细表中列明的累计赔偿限额。

(6)保险期限。建筑工程一切险的保险责任自保险工程在工地动工或用于保险工程的材料、设备运抵工地之时起始，至工程所有人对部分或全部工程签发完工验收证书或验收合格，或工程所有人实际占用或使用或接收该部分或全部工程之时终止，以先发生者为准。但在任何情况下，保险期限的起始或终止不得超出保险单明细表中列明的保险生效日或终止日。

2. 安装工程一切险(及第三者责任险)

安装工程一切险是承保安装机器、设备、储油罐、钢结构工程、起重机、吊车以及包含机械工程因素的各种安装工程的险种。由于科学技术日益进步，现代工业的机器设备已进入电子计算机操控的时代，工艺精密、构造复杂，技术高度密集，价格十分昂贵。在安装、调试机器设备的过程中遇到自然灾害和意外事故的发生都会造成巨大的经济损失。安装工程一切险可以保障机器设备在安装、调试过程中，被保险人可能遭受的损失能够得到经济补偿。安装工程一切险往往还加保第三者责任险。安装工程一切险的第三者责任险，负责被保险人在保险期限内，因发生意外事故，造成在土地及邻近地区的第三者人身伤亡、疾病或财产损失，依法应由被保险人赔偿的经济损失，以及因此而支付的诉讼费用和经保险人书面同意支付的其他费用。

(1)保险责任范围。保险人对因自然灾害、意外事故(具体内容与建筑工程一切险基本相同)造成的损失和费用，负责赔偿。

(2)除外责任。其除外责任与建筑工程一切险的第②、⑤、⑥、⑦、⑧、⑨、⑩相同，不同之处主要是：

①因设计错误、铸造或原材料缺陷或工艺不完善引起的保险财产本身的损失以及为换置、修理或矫正这些缺点错误所支付的费用。

②由于超负荷、超电压、碰线、电弧、漏电、短路、大气放电及其他电气原因造成电气设备或电气用具本身的损失。

③施工用机具、设备、机械装置失灵造成的本身损失。

(3)保险期限。安装工程一切险的保险责任从保障工程在工地动工或用于保障工程的材料、设备运抵工地之时起始，至工程所有人对部分或全部工程签发完工验收证书或验收合格，或工程所有人实际占有或使用接收该部分或全部工程之时终止，以先发生者为准。但在任何情况下，安装期保险期限的起始或终止不得超出保险单明细表中列明的安装期保险生效日或终止日。

【案例 1-2】

(1)背景：2006 年 3 月 7 日，某养殖公司与某财产保险公司签订了《建筑工程一切险保险合同》，保险项目为该养殖公司的围埝工程，投保金额为 3 485 000 元，事故绝对免赔额为 50 000 元；保险期限自 2006 年 3 月 16 日中午 12 时起至 2006 年 5 月 5 日中午 12 时止。双方在合同第 13 条还特别约定：物质损失部分每次事故赔偿限额为 500 000 元。2006 年 3 月 11 日，该养殖公司交付保险公司保险费 12 455 元。在保险期间，该围埝工程施工时，2006 年 4 月 15 日、4 月 30 日海上出现大风天气，导致两次海损事故发生，造成一定经济损失。在理赔过程中，双方就损失赔偿问题未达成一致意见，该养殖公司起诉到人民法院。2007 年 6 月 15 日，一审法院依法委托某工程咨询管理公司对两次海损工程量进行了司法鉴定，同年 7 月 31 日得出鉴定结论：两次海损损毁的工程量合计 26 525.25m^3。若按照双方提供的工程承包合同单价每立方米 41 元计算，则海损部分的工程造价为 1 087 535.25 元。原告支付了鉴定费 80 000 元。

(2)问题：被告是否应当赔偿损失，赔偿额应当是多少？

(3)分析：一审法院认为，市气象预警中心的气象资料证实，2006 年 4 月 15 日、4 月 30 日的最大风速为 8 级。按照双方所签订的保险条款的规定，两次海损均属不可抗力所致，属于保险责任的范围，被告应按照保险合同的约定承担保险赔偿责任。同时，两次海损工程量司法鉴定报告书认定程序合法，对该鉴定报告予以采信。根据鉴定结论，2006 年 4 月 15 日第一次海损给原告造成的损失为 266 336 元，减去绝对免赔额 50 000 元，被告应赔偿 216 336 元；2006 年 4 月 30 日，第二次海损造成的损失为 821 199.25 元，因双方约定了物质损失部分每次事故赔偿限额为 500 000 元，故被告应赔偿损失 500 000 元。法院于 2007 年 12 月 16 日依法判决：被告赔偿原告 2006 年 4 月 15 日海损损失 216 336 元；被告赔偿原告 2006 年 4 月 30 日海损损失 500 000 元；案件受理费 18 118 元，其他费用 4 670 元，共计 22 788 元，由原告担负 11 394 元，被告担负 11 394 元；鉴定费 80 000 元，由被告担负。

3. 建筑职工意外伤害险

《中华人民共和国建筑法》《建设工程安全生产管理条例》均对施工单位为施工现场从事危险作业的人员办理意外伤害保险作了规定。

第五节　建设工程法律责任制度

法律责任是指行为人由于违法行为、违约行为或者由于法律规定而应承受的某种不利的法律后果。法律责任不同于其他社会责任，法律责任的范围、性质、大小、期限等均在法律上有明确规定。

一、法律责任的基本种类和特征

按照违法行为的性质和危害程度，可以将法律责任分为：违反宪法的法律责任、刑事法律责任、民事法律责任、行政法律责任和国家赔偿责任。

法律责任的特征为：

(1)法律责任是因违反法律上的义务(包括违约等)而形成的法律后果，以法律义务的存在为前提。

(2)法律责任是承担不利的后果。

(3)法律责任的认定和追究，由国家专门机关依照法定程序进行。

(4)法律责任的实现由国家强制力作保障。

二、建设工程民事责任的种类及承担方式

民事责任是指民事主体在民事活动中，因实施了民事违法行为，根据民法所应承担的对其不利的民事法律后果或者基于法律特别规定而应承担的民事法律责任。民事责任的功能主要是一种民事救济手段，使受害人被侵犯的权益得以恢复。民事责任主要是财产责任，如《合同法》规定的损害赔偿、支付违约金等；但也不限于财产责任，还有恢复名誉、赔礼道歉等。

1. 民事责任的种类

民事责任可以分为违约责任和侵权责任两类。违约责任是指合同当事人违反法律规定或合同约定的义务而应承担的责任；侵权责任是指行为人因过错侵害他人财产、人身而依法应当承担的责任，以及虽没有过错，但在造成损害以后，依法应当承担的责任。

2. 民事责任的承担方式

承担民事责任的方式主要有：停止侵害；排除妨碍；消除危险；返还财产；恢复原状；修理、重作、更换；赔偿损失；支付违约金；消除影响、恢复名誉；赔礼道歉。以上承担民事责任的方式，可以单独适用，也可以合并适用。

三、建设工程行政责任的种类及承担方式

行政责任是指违反有关行政管理的法律法规规定，但尚未构成犯罪的行为，依法应承担的行政法律后果，包括行政处罚和行政处分。

1. 行政处罚

《中华人民共和国行政处罚法》规定，行政处罚的种类有：警告；罚款；没收违法所得，没收非法财物；责令停产停业；暂扣或者吊销许可证，暂扣或者吊销执照；行政拘留；法律、行政法规规定的其他行政处罚。

在建设工程领域，法律、行政法规所设定的行政处罚主要有：警告、罚款、没收违法所得、责令限期改正、责令停业整顿、取消一定期限内参加依法必须进行招标的项目的投标资格、责令停止施工、降低资质等级、吊销资质证书(同时吊销营业执照)、责令停止执业、吊销执业资格证书或其他许可证等。

2. 行政处分

行政处分是指国家机关、企事业单位对所属的国家工作人员违法失职行为尚不构成犯罪，依据法律、法规所规定的权限而给予的一种惩戒。行政处分种类有：警告、记过、记大过、降级、撤职、开除。《建设工程质量管理条例》规定，国家机关工作人员在建设工程质量监督管理工作中玩忽职守、滥用职权、徇私舞弊，构成犯罪的，依法追究刑事责任；尚不构成犯罪的，依法给予行政处分。

四、建设工程刑事责任的种类及承担方式

刑事责任，是指犯罪主体因违反刑法实施了犯罪行为所应承担的法律责任。《中华人民共和国刑法》(以下简称《刑法》)规定，刑罚分为主刑和附加刑。主刑包括：管制；拘役；有期徒刑；无期徒刑；死刑。附加刑包括：罚金；剥夺政治权利；没收财产；驱逐出境。

在建设工程领域，常见的刑事法律责任如下。

1. 工程重大安全事故罪

《刑法》第137条规定，建设单位、设计单位、施工单位、工程监理单位违反国家规定，降低工程质量标准，造成重大安全事故的，对直接责任人员，处5年以下有期徒刑或者拘役，并处罚金；后果特别严重的，处5年以上10年以下有期徒刑，并处罚金。

2. 重大责任事故罪

《刑法》规定，在生产、作业中违反有关安全管理的规定，因而发生重大伤亡事故或者造成其他严重后果的，处3年以下有期徒刑或者拘役；情节特别恶劣的，处3年以上7年以下有期徒刑。强令他人违章冒险作业，因而发生重大伤亡事故或者造成其他严重后果的，处5年以下有期徒刑或者拘役；情节特别恶劣的，处5年以上有期徒刑。

3. 重大劳动安全事故罪

安全生产设施或者安全生产条件不符合国家规定，因而发生重大伤亡事故或者造成其他严重后果的，对直接负责的主管人员和其他直接责任人员，处3年以下有期徒刑或者拘役；情节特别恶劣的，处3年以上7年以下有期徒刑。

4. 串通投标罪

《刑法》第223条规定，投标人相互串通投标报价，损害招标人或者其他投标人利益，情节严重的，处3年以下有期徒刑或者拘役，并处或者单处罚金。投标人与招标人串通投标，损害国家、集体、公民的合法利益的，依照以上规定处罚。

第六节　解决建设工程纠纷的法律制度

建设工程纠纷是指在工程建设过程中，有关当事人对建设过程中的权利和义务产生了不同的理解，进而使得当事人之间以及当事人与有关行政管理机关之间所产生的纠纷。就工程建设当事人与有关建设行政管理机关而言，其纠纷主要体现为工程当事人不服建设行政管理机关作出的调解或者处理。

建设工程民事纠纷的法律解决途径主要有四种，分别是和解、调解、仲裁和民事诉讼。《合同法》规定，当事人可以通过和解或者调解解决合同争议。

一、和解

1. 和解的概念

和解是指当事人在自愿互谅的基础上，就已经发生的争议进行协商并达成协议，是自行解决争议的一种方式。和解达成的协议不具有强制执行的效力，但是可以成为原合同的

补充部分。当事人不按照和解达成的协议执行，也不可以申请强制执行，但是可以追究其违约责任。

2. 和解的适用范围

(1)未经仲裁或诉讼的和解。发生争议后，当事人即可自行和解。如果达成一致意见，就不需要进行仲裁或诉讼。

(2)申请仲裁后的和解。当事人申请仲裁后，可以自行和解，达成和解协议的，可以请求仲裁庭根据和解协议作出裁决书，也可以撤回仲裁申请。当事人达成和解协议，撤回仲裁申请后反悔的，可以根据仲裁协议申请仲裁。

(3)诉讼中的和解。当事人在诉讼中和解的，应由原告申请撤诉，经法院裁定撤诉后结束诉讼。

(4)执行中的和解。在执行中，双方当事人在自愿协商的基础上，达成和解协议，产生结束执行程序的效力。如果一方当事人不履行和解协议或者反悔的，对方当事人只可以申请人民法院按照原生效法律文书执行。

二、调解

1. 调解的概念

调解是指第三人(即调解人)应纠纷当事人的请求，依法或以合同约定，对双方当事人进行说服教育，居中调停，使其在互相谅解、让步的基础上解决其纠纷的一种途径。

2. 调解的形式

(1)民间调解。民间调解是指在当事人以外的第三人或者组织的主持下，通过相互谅解，使纠纷得到解决的方式。民间调解达成的协议不具有强制约束力。

在民间调解中，常见的调解形式为人民调解。《中华人民共和国人民调解法》规定，人民调解是指人民调解委员会通过说服、疏导等方法，促使当事人在平等协商基础上自愿达成调解协议，解决民间纠纷的活动。人民调解制度作为一种司法辅助制度，是人民群众自己解决纠纷的法律制度，也是一种具有中国特色的司法制度。

人民调解的组织形式是人民调解委员会。人民调解委员会是村民委员会、居民委员会设立的调解民间纠纷的群众性自治组织，在人民政府和基层人民法院指导下进行工作。人民调解委员会由委员 3～9 人组成，设主任 1 人，必要时，可以设副主任若干人。

经人民调解委员会调解达成调解协议的，可以制作调解协议书。当事人认为无须制作调解协议书的，可以采取口头协议方式，人民调解员应当记录协议内容。经人民调解委员会调解达成的调解协议，具有法律约束力，当事人应当按照约定履行。经人民调解委员会调解达成调解协议后，当事人之间就调解协议的履行或者调解协议的内容发生争议的，一方当事人可以向人民法院提起诉讼。

经人民调解委员会调解达成调解协议后，双方当事人认为有必要的，可以自调解协议生效之日起 30 日内共同向人民法院申请司法确认，人民法院应当及时对调解协议进行审查，依法确认调解协议的效力。人民法院依法确认调解协议有效的，一方当事人拒绝履行或者未全部履行的，对方当事人可以向人民法院申请强制执行。人民法院依法确认调解协议无效的，当事人可以通过人民调解方式变更原调解协议或者达成新的调解协议，也可以向人民法院提起诉讼。

(2)行政调解。行政调解是指在当事人以外的第三人或者组织的主持下，依照相关法律、法规规章及政策，处理纠纷的方式。

行政调解分为两种：基层人民政府即乡、镇人民政府对一般民间纠纷的调解；国家行政机关依照法律规定对某些特定民事纠纷或经济纠纷或劳动纠纷等进行的调解。

行政调解达成的协议也不具有强制执行力。

(3)法院调解。法院调解是指在人民法院的主持下，在双方当事人自愿的基础上，以制作调解书的形式，达成解决纠纷的方式。调解书经双方当事人签收后，即具有法律效力。

(4)仲裁调解。仲裁调解是指仲裁庭在作出裁决前进行调解的解决纠纷的方式。当事人自愿调解的，仲裁庭应当调解。仲裁的调解达成协议，仲裁庭应当制作调解书或者根据协议的结果制作裁决书。调解书与裁决书具有同等法律效力，调解书经当事人签收后即发生法律效力。

三、仲裁

仲裁是解决民事纠纷的重要途径，由于仲裁本身的特点，在建设工程纠纷的解决过程中其被广泛应用。

1. 仲裁的概念

仲裁是指发生争议的双方当事人，根据其在争议发生前或争议发生后所达成的协议，自愿将该争议提交中立的第三者(仲裁机构)进行裁判的争议解决制度和方式。

根据《中华人民共和国仲裁法》(以下简称《仲裁法》)的规定，以下纠纷不能仲裁：

(1)婚姻、收养、监护、扶养、继承纠纷。

(2)依法应当由行政机关处理的行政争议。

2. 仲裁的基本特点

作为一种解决财产权益纠纷的民间性裁判制度，仲裁既不同于解决同类争议的司法、行政途径，也不同于人民调解委员会的调解和当事人的自行和解。其具有以下特点：

(1)自愿性。当事人的自愿性是仲裁最突出的特点。仲裁以双方当事人的自愿为前提，即当事人之间的纠纷是否提交仲裁，交于谁仲裁，仲裁庭如何组成，由谁组成，以及仲裁庭的审理方式、开庭形式等都是在当事人自愿的基础上，由双方当事人协商确定的。因此，仲裁是最能充分体现当事人意思自治原则的争议解决方式。

(2)专业性。民商事纠纷往往涉及特殊的知识领域，会遇到许多复杂的法律、经济贸易和有关的技术性问题，所以专家裁判更能体现专业权威性。因此，由具有一定专业水平和能力的专家担任仲裁员对当事人之间的纠纷进行裁决是仲裁公正性的重要保障。根据《仲裁法》的规定，仲裁机构都备有分专业的、由专家组成的仲裁员名册供当事人进行选择，专家仲裁由此成为民商事仲裁的重要特点之一。

(3)保密性。仲裁以不公开审理为原则。有关的仲裁法律和规则也同时规定了仲裁员及仲裁秘书人员的保密义务。因此，当事人的商业秘密和贸易活动不会因仲裁活动而泄露。仲裁表现出极强的保密性。

(4)快捷性。仲裁实行一裁终局制，仲裁裁决一经仲裁庭作出即发生法律效力，这使得当事人之间的纠纷能够迅速得以解决。

(5)独立性。仲裁机构独立于行政机构，仲裁机构之间也无隶属关系。在仲裁过程中，仲裁庭独立进行仲裁，不受任何机关、社会团体和个人的干涉，也不受仲裁机构的干涉，显示出最大的独立性。

3. 仲裁协议

(1)仲裁协议的概念。仲裁协议是指当事人自愿将他们之间已经发生或者可能发生的争议提交仲裁解决的书面文件。仲裁协议的法律效力主要表现在对双方当事人的法律效力、对法院的法律效力及对仲裁机构的法律效力。

仲裁协议是双方当事人就纠纷解决方式达成的一致意思表示。发生纠纷后，当事人只能通过向仲裁协议中所确定的仲裁机构申请仲裁的方式解决纠纷，而丧失了就该纠纷提起诉讼的权利。如果一方当事人违背仲裁协议，就该争议起诉的，另一方当事人有权要求法院停止诉讼，法院也应当驳回当事人的起诉。

这样，有效的仲裁协议可以排除法院对订立于仲裁协议中的争议事项的司法管辖权。这是仲裁协议法律效力的重要体现。

仲裁协议是仲裁委员会受理仲裁案件的依据。没有仲裁协议就没有仲裁机构对案件的管辖权。同时，仲裁机构的管辖权又受到仲裁协议的严格限制，即仲裁庭只能对当事人在仲裁协议中约定的争议事项进行仲裁，而对仲裁协议约定范围之外的其他争议无权仲裁。

(2)仲裁协议的内容。合法有效的仲裁协议应当具备以下法定内容。

①请求仲裁的意思表示。这是仲裁协议的首要内容，因为当事人以仲裁方式解决纠纷的意愿正是通过请求仲裁的意思表现出来的。

②仲裁事项。仲裁事项是当事人提交仲裁的具体争议事项。仲裁庭只能在仲裁协议确定的仲裁事项的范围内进行仲裁，超出这一范围所作出的仲裁裁决，经一方当事人申请，法院可以不予执行或者撤销。因此仲裁协议应约定仲裁事项。

③选定的仲裁委员会。仲裁委员会是受理仲裁案件的机构。由于仲裁没有法定管辖的规定，因此，仲裁委员会是由当事人自主选定的。如果当事人在仲裁协议中不选定仲裁委员会，仲裁就无法进行。

(3)仲裁协议效力的确认。

①确认方式。当事人对仲裁协议效力有异议的，应当在仲裁庭首次开庭前提出。当事人既可以请求仲裁委员会作出决定，也可以请求人民法院裁定。一方请求仲裁委员会作出决定，另一方请求人民法院作出裁定的，由人民法院裁定。

当事人协议选择国内的仲裁机构仲裁后，一方对仲裁协议的效力有异议、请求人民法院裁定的，由该仲裁委员会所在地的中级人民法院管辖。当事人对仲裁委员会没有约定或约定不明确的，由被告所在地的中级人民法院管辖。

当事人对仲裁协议的效力有异议，一方申请仲裁机构确认协议有效，另一方请求人民法院确认仲裁协议无效，如果仲裁机构先于人民法院接受申请并已作出决定，人民法院不予受理；如果仲裁机构接受申请后尚未作出决定，人民法院应予受理，同时通知仲裁机构终止仲裁。

②仲裁协议无效的情形。以口头方式订立的仲裁协议无效。仲裁协议必须以书面形式订立，以口头形式订立的仲裁协议不受法律保护；约定的仲裁事项超出法律规定的仲裁范

围无效；无民事行为能力人或限制民事行为能力人订立的仲裁协议无效；一方采取胁迫手段，迫使对方订立仲裁协议的，该仲裁协议无效；仲裁协议对仲裁事项、仲裁委员会没有约定或约定不明确，当事人对此又达不成补充协议的，仲裁协议无效。

4. 仲裁程序

仲裁程序即仲裁委员会对当事人提请仲裁的争议案件进行审理并作出仲裁裁决，以及当事人为解决争议案件进行仲裁活动所遵守的程序规定。

(1)申请与受理。当事人申请仲裁必须符合以下条件：存在有效的仲裁协议；有具体的仲裁请求、事实和理由；属于仲裁委员会的受理范围。

仲裁委员会收到仲裁申请书之日起 5 日内经审查认为符合受理条件的，应当受理并通知当事人；认为不符合受理条件的，应当书面通知当事人不予受理并说明理由。如果仲裁委员会在审查中发现仲裁申请书有欠缺，应当让申请人予以完备；如果认为仲裁协议需要补充，也应当让当事人补充仲裁协议。仲裁委员会自当事人递交完备的仲裁申请书或者补充好仲裁协议之日起 5 日内予以受理。

(2)仲裁庭的组成。仲裁庭是行使仲裁权的主体。在我国，仲裁庭的组成有两种，即合议仲裁庭和独任仲裁庭。仲裁庭的组成必须按照法定程序进行。

①仲裁庭形式的确定。当事人收到仲裁委员会的仲裁规则和仲裁名册后，应约定仲裁庭的组成形式，并在仲裁规则规定的期间内加以确定。对于仲裁庭的组成形式，当事人既可以选择合议仲裁庭，又可以选择独任仲裁庭。如果当事人没有在仲裁规定的时间内约定仲裁形式，则由仲裁委员会主任指定。

②仲裁员的产生。《仲裁法》规定，当事人约定由 3 名仲裁员组成仲裁庭的，应当各自选定或者各自委托仲裁委员会主任指定 1 名仲裁员，第三名仲裁员由当事人共同选定或者共同委托仲裁委员会主任指定。第三名仲裁员是首席仲裁员。

独任仲裁员应当由当事人共同选定或共同委托仲裁委员会主任指定。当事人没有在规定期限内选定的，由仲裁委员会主任指定。

5. 仲裁审理

仲裁审理的主要任务是审查、核实证据，查明案件事实，分清责任是非，正确适用法律，确认当事人之间的权利义务关系，解决当事人间的纠纷。

(1)仲裁审理的形式。仲裁审理的形式可以分为开庭审理和书面审理两种。开庭审理是指在仲裁庭的主持下，在双方当事人和其他仲裁参与人的参加下，按照法律程序，对案件进行审理并作出裁决。开庭审理是仲裁审理的主要形式。开庭不公开进行，当事人协议公开的，可以公开进行，但涉及国家秘密的除外。

书面审理是指在双方当事人及其仲裁参与人不到庭参加审理的情况下，仲裁庭根据当事人提供的仲裁申请书、答辩书及其他书面材料作出裁决的过程。书面审理是开庭审理的必要补充。

(2)开庭通知。仲裁委员会应当在仲裁规则规定的时间内将开庭日期通知双方当事人。向双方当事人通知开庭日期是仲裁程序的重要环节，它有利于切实保护当事人参加仲裁保护的权利。如果申请人经书面通知，无正当理由不到庭可以视为撤回仲裁申请；被申请人经书面通知，无正当理由不到庭可以缺席裁决。

(3)开庭审理程序。

①开庭仲裁。由首席仲裁员或独任仲裁员宣布开庭。随后，首席仲裁员或独任仲裁员核对当事人，宣布案由以及仲裁庭组成人员名单和记录人员名单，告知当事人有关的权利和义务，询问是否提出回避申请。

②开庭调查。仲裁庭通常按照下列顺序进行开庭调查：当事人陈述，证人作证，出示书证、物证和视频资料，宣读勘探笔录，现场笔录，宣读鉴定结论。

③当事人辩论。当事人在仲裁过程中有权辩论。辩论终结时，首席仲裁员或独任仲裁员应当征询当事人最后意见。当事人辩论是开庭审理的重要环节。辩论通常按照下列程序进行：申请人及其代理人发言；被申请人及其代理人发言；双方相互辩论。

在仲裁程序中，仲裁申请人和被申请人都应当按时出庭，未经仲裁庭许可不得退庭。对申请人经书面通知，无正当理由不到庭或未经仲裁庭许可中途退庭的，视为撤回仲裁申请；对被申请人经书面通知，无正当理由不到庭或者未经仲裁庭许可中途退庭的，则按缺席裁决。

④仲裁和解、调解。仲裁和解是指仲裁当事人通过协商，自行解决提交仲裁的争议事项的行为。《仲裁法》规定，当事人申请仲裁后，可以自行和解。达成和解协议的，可以请求仲裁庭根据和解协议作出裁决书，也可以撤回仲裁申请。如果当事人撤回仲裁申请后反悔，则可以仍根据原仲裁协议申请仲裁。

仲裁调解是指在仲裁庭的主持下，仲裁当事人在自愿协商、互谅互让的基础上达成协议从而解决纠纷的一种制度。《仲裁法》规定，在作出裁决前可以先行调解，调解达成，则由仲裁庭作出调解书，经双方当事人签收后即发生法律效力。如果调解书签收前当事人反悔，仲裁庭应当及时作出裁决。仲裁庭除了可以制作仲裁调解书之外，也可以根据协议的结果制作裁决书。调解书与裁决书具有同等的法律效力。

⑤仲裁裁决。仲裁裁决是指仲裁庭对当事人之间所争议的事项进行审理后所作出的终局权威性判定。仲裁裁决的作出，标志着当事人之间纠纷的最终解决。

仲裁裁决是由仲裁庭作出的。独任仲裁庭审理的案件由独任仲裁员作出仲裁裁决。合议仲裁庭审理的案件由3名仲裁员集体作出仲裁裁决。当仲裁庭成员不能形成一致意见时，按多数仲裁员的意见作出仲裁决定；在仲裁庭无法形成多数意见时，按首席仲裁员的意见作出仲裁。

仲裁裁决书是仲裁庭对纠纷案件作出裁决的法律文书。《仲裁法》规定，仲裁裁决书应当写明仲裁请求、争议事实、裁决事由、裁决结果、仲裁费用的负担和裁决日期。如果当事人协议不愿写明争议事实和裁决理由，则可以不写。仲裁裁决书由仲裁员签名，加盖仲裁委员会印章。对仲裁裁决持不同意见的仲裁员可以不签名。

仲裁裁决自裁决书作出之日起即发生法律效力。其效力体现为：当事人不得就已经裁决的事项再行申请裁决，也不得就此提起诉讼；仲裁机构不得随意变更已经生效的仲裁裁决；其他任何机关或个人均不得变更仲裁裁决；仲裁裁决具有执行力。

6. 仲裁裁决的撤销

仲裁裁决实行一裁终局制度，仲裁裁决一经作出，即发生法律效力。如果仲裁裁决发生错误，就必然损害当事人的合法权益，而仲裁制度没有内部的监督制度，因此，只能由法院进行外部监督，具体体现在仲裁决定的撤销和不予执行。

(1)仲裁裁决撤销的概念。仲裁裁决撤销是指对符合法定应予撤销情形的仲裁裁决，当事人申请，人民法院裁定撤销仲裁裁决的行为。

(2)申请撤销仲裁裁决必须符合的条件。

①提出撤销仲裁裁决申请的主体必须是仲裁当事人。

②必须向仲裁委员会所在地的中级人民法院申请撤销裁决。

③申请撤销裁决的，应当自收到裁决书之日起6个月内提出。

④必须有证据证明仲裁裁决有法律规定的应予撤销的情形。

(3)可以撤销仲裁裁决的情形。

①没有仲裁协议的。

②裁决的事项不属于仲裁协议的范围或者仲裁委员会无权仲裁的。

③仲裁庭的组成或者仲裁的程序违反法定程序的。

④裁决所根据的证据是伪造的。

⑤对方当事人隐瞒了足以影响公正裁决的证据的。

⑥仲裁员在仲裁该案时有索贿受贿、徇私舞弊、枉法裁决行为的。

7. 仲裁裁决的执行与不予执行

仲裁裁决能否得到执行事关当事人实体权利的体现。在裁决履行期限内，义务方若不履行仲裁裁决，权利方可以申请人民法院强制执行，义务方也可以提出证明仲裁裁决有法定不予执行的情形，请求人民法院不予执行。

(1)仲裁裁决的执行。仲裁裁决的执行是指人民法院经当事人申请，采取强制措施将仲裁裁决书中的内容付诸实现的行为和程序。

义务方在规定的期限内不履行仲裁裁决时，权利方在符合前述条件的情况下，有权请求人民法院强制执行。当事人申请执行时应向人民法院递交申请书，在申请书中应说明对方当事人的基本情况以及申请执行的事项和理由，并向法院提交作为执行依据的生效仲裁裁决书或仲裁调解书。受申请的人民法院应当根据《民事诉讼法》规定的执行程序予以执行。

(2)仲裁裁决的不予执行。人民法院接到当事人的执行申请后，应当及时按照仲裁裁决予以执行。但是，如果被申请执行人提出证据证明仲裁裁决有法定不予执行的情形，被申请执行人可以请求人民法院不予执行该仲裁裁决，人民法院组成合议庭审查核实后，裁定不予执行。根据《仲裁法》和《中华人民共和国民事诉讼法》(以下简称《民事诉讼法》)的规定，对国内仲裁而言，不予执行仲裁裁决的情形包括以下几种：

①当事人在合同中没有仲裁条款或者事后没有达成仲裁协议的。

②裁决的事项不属于仲裁协议约定的范围或仲裁机构无权仲裁的。

③仲裁庭的组成或者仲裁的程序违反法定程序的。

④认定事实的主要证据不足的。

⑤适用法律确有错误的。

⑥仲裁员在仲裁案件时有贪污受贿、徇私舞弊、枉法裁决行为的。

人民法院经组成合议庭审查核实仲裁裁决，确认有以上情形之一的，应当作出不予执行的裁定，并将此裁定送达双方当事人和仲裁委员会。如果人民法院发现仲裁机构作出的调解书确有错误，也应当不予执行。仲裁裁决被人民法院裁定不予执行的，当事人不能申请人民法院再审，就该纠纷双方当事人可以重新达成协议，并依据该仲裁协议申请仲裁，也可以向人民法院提起诉讼。

四、民事诉讼

民事诉讼是指人民法院在当事人和其他参与人的参与下，以审理、裁判、执行等方式解决民事纠纷的活动。民事诉讼是解决民事纠纷的最终方式，只要没有仲裁协议的民事纠纷，最终都可以通过民事诉讼解决。

《民事诉讼法》是调整和规范法院和诉讼参加人的各种民事诉讼活动的基本法律。诉讼参加人包括原告、被告、第三人、证人、鉴定人、勘验人等。

1. 民事诉讼的基本特点

(1)公权性。民事诉讼是由法院代表国家行使审判权解决民事争议。它既不同于群众自治组织性质的人民调解委员会以调解方式解决纠纷，也不同于有民间性质的仲裁委员会以仲裁方式解决纠纷。

(2)强制性。民事诉讼的强制性既表现在案件的受理上，又反映在裁判的执行上。调解、仲裁均建立在当事人自愿的基础上，只要有一方不愿意选择上述方式解决争议，调解、仲裁就无从进行，民事诉讼则不同，只要原告起诉符合《民事诉讼法》规定的条件，无论被告是否愿意，诉讼均会发生。诉讼外调解协议的履行依靠当事人的自觉性，不具有强制力，法院裁判则不同，当事人不自动履行生效判决所确定的义务，法院可以依法强制执行。

(3)程序性。民事诉讼是依照法定程序进行的诉讼活动，无论是法院还是当事人和其他诉讼参与人，都需要按照《民事诉讼法》设定的程序实施诉讼行为，违反诉讼程序常常会引起一定的法律后果。而民事调解没有严格的程序规则，仲裁虽然也需要按照预先设定的程序进行，但其程序相对灵活，当事人对程序的选择权也较大。

2. 诉讼管辖

民事诉讼中的管辖，是指各级法院之间同同级法院之间受理第一审民事案件的分工和权限。

(1)级别管辖。级别管辖是指按照一定的标准，划分上下级法院之间受理第一审民事案件的分工和权限。《民事诉讼法》主要根据案件的性质、复杂程度和案件影响来确定级别管辖。各级人民法院均可管辖第一审民事案件。

①基层人民法院管辖第一审民事案件，但本法另有规定的除外。

②中级人民法院管辖下列第一审民事案件：重大涉外案件；在本辖区有重大影响的案件；最高人民法院确定由中级人民法院管辖的案件。

③高级人民法院管辖在本辖区有重大影响的第一审民事案件。

④最高人民法院管辖下列第一审民事案件：在全国有重大影响的案件；认为应当由本院审理的案件。

(2)地域管辖。地域管辖是指按照法院的辖区和民事案件的隶属关系，划分同级法院受理第一审民事案件的分工和权限。地域管辖实际上是着重于法院和当事人、诉讼标的以及法律事实之间的隶属关系和关联关系来确定的，主要包括以下几种情况：

①一般地域管辖。一般地域管辖，通常实行“原告就被告”原则，即对公民提起的民事诉讼，由被告住所地人民法院管辖；被告住所地与经常居住地不一致的，由经常居住地人

民法院管辖。对法人或者其他组织提起的民事诉讼，由被告住所地人民法院管辖。被告住所地是指法人或其他组织的主要办事机构所在地或者营业地；同一诉讼的几个被告住所地、经常居住地在两个以上人民法院辖区的，各个人民法院都有管辖权。

②特殊地域管辖。特殊地域管辖是指以被告住所地、诉讼标的所在地或者法律事实所在地为标准确定的管辖。《民事诉讼法》规定了 9 种特殊的地域管辖的诉讼，其中与建设工程关系最为密切的是因合同纠纷提起的诉讼。

《民事诉讼法》规定，因合同纠纷提起的诉讼，由被告住所地或者合同履行地人民法院管辖。合同当事人可以书面协议选择被告住所地、合同履行地、合同签订地、原告住所地、标的物所在地人民法院管辖，但不得违反本法对级别管辖和专属管辖的规定。

③专属管辖。专属管辖是指法律规定某些特殊类型的案件专门由特定的法院管辖。专属管辖是排他性管辖，排除了诉讼当事人协议专属选择管辖法院的权利。凡是法律规定为专属的诉讼，均属于专属管辖。

《民事诉讼法》规定了 3 种适用于专属管辖的案件，其中，因不动产纠纷提起的诉讼，由不动产所在地人民法院管辖，如房屋买卖纠纷、土地使用权转让纠纷等。但应当注意的是，根据最高人民法院《关于审理建设工程施工合同纠纷案件适用法律问题的解释》的规定，建设工程施工合同纠纷以施工行为地为合同履行地。发包人和承包人也可根据《民事诉讼法》的规定在发包人住所地、承包人住所地、合同签订地、施工行为地(工程所在地)的范围内，通过协议确定管辖法院。

(3)移送管辖和指定管辖。

①移送管辖。人民法院发现受理的案件不属于本院管辖的，应当移送有管辖权的人民法院，受移送的人民法院应当受理。受移送的人民法院认为受移送的案件依照规定不属于本院管辖的，应当报请上级人民法院指定管辖，不得再自行移送。

②指定管辖。有管辖权的人民法院由于特殊原因，不能行使管辖权的，由上级人民法院指定管辖。人民法院之间因管辖权发生争议，由争议双方协商解决；协商解决不了的，报请它们的共同上级人民法院指定管辖。

上级人民法院有权审理下级人民法院管辖的第一审民事案件；确有必要将本院管辖的第一审民事案件交下级人民法院审理的，应当报请其上级人民法院批准。

下级人民法院对它所管辖的第一审民事案件，认为需要由上级人民法院审理的，可以报请上级人民法院审理。

(4)管辖权异议。管辖权异议是指当事人向受诉法院提出的该法院对案件无管辖权的主张。《民事诉讼法》规定，人民法院受理案件后，当事人对管辖权有异议的，应当在提交答辩状期间提出。人民法院对当事人提出的异议，应当审查。异议成立的，裁定将案件移交有管辖权的人民法院；异议不成立的，裁定驳回。

3. 诉讼参加人

诉讼参加人既包括当事人，又包括诉讼代理人，他们是民事诉讼活动中的重要主体。

(1)当事人。民事诉讼中的当事人，是指因民事权利和义务发生争议，以自己的名义进行诉讼，请求人民法院进行裁判的公民、法人和其他组织。民事诉讼当事人主要包括原告和被告。

(2)诉讼代理人。诉讼代理人是指根据法律规定或者当事人的委托，在民事诉讼活动中为维护当事人的合法权益而代为进行诉讼活动的人。民事诉讼代理人可以分为法定诉讼代理人和委托诉讼代理人。

①法定诉讼代理人。无诉讼行为能力人由他的监护人作为法定代理人代为诉讼。法定代理人之间互相推诿代理责任的，由人民法院指定其中一人代为诉讼。

②委托诉讼代理人。当事人可以委托1～2人作为诉讼代理人。根据《民事诉讼法》的规定，律师、基层法律服务工作者；当事人的近亲属或者工作人员；当事人所在社区、单位以及有关社会团体推荐的公民均可以被委托为诉讼代理人。

委托诉讼代理是基于委托合同与单方授权而产生的。委托他人代为诉讼的，必须向人民法院提交由委托人签证或盖章的授权委托书，授权委托书必须记明委托事项和权限。

委托授权根据授权范围的不同分为一般授权和特别授权。一般授权的委托代理人仅有程序性的诉讼权利；而特别授权的诉讼代理人可以行使实体性的诉讼权利，即代为承认、放弃、变更诉讼请求，进行和解，提起反诉或者上诉。在实际工作中，经常在授权委托书中出现"全权代理"的授权而无具体授权的情形，该情形视为诉讼代理人没有获得特别授权，无权行使实体性诉讼权利。

4. 证据

证据是在诉讼中能够证明案件真实情况的各种资料。当事人要证明自己提出的主张，需要向法院提供相应的证明资料。

(1)证据的种类。

①当事人的陈述。当事人的陈述是指当事人在诉讼或仲裁中，就本案的事实向法院或仲裁机构所做的陈述。《民事诉讼法》规定，人民法院对当事人的陈述，应当结合本案的其他证据，审查确定能否作为认定事实的根据。《最高人民法院关于民事诉讼证据的若干规定》还规定，当事人对自己的主张，只有本人陈述而不能提出其他相关证据的，其主张不予支持。但对方当事人认可的除外。

②书证。书证是指以所记载的文字、符号、图案等方式所表达的思想内容来证明案件事实的书面材料或者其他物品。书证在民事诉讼和仲裁中普遍存在，并且被大量运用，具有非常重要的作用。书证一般表现为各种书面形式的文件或纸面文字材料(非纸类材料也可成为书证载体)，如合同文件、各种信函、会议纪要、电报、传真、电子邮件、图纸、图表等。

③物证。物证是指能够证明案件事实的物品及其痕迹，凡是以其存在的外形、质量、规格、损坏程度等物品的内部或者外部特征来证明待证事实的一部分或者全部的物品及痕迹，均属于物证范畴。例如，在工程实践中，在对建筑材料、设备以及工程质量进行鉴定的过程中所涉及的各种证据，往往表现为物证形式。

在民事诉讼和仲裁过程中，应当遵循"优先提供原件或原物"原则。《民事诉讼法》规定，书证应当提交原件。物证应当提交原物。提交原件或者原物确有困难的，可以提交复制品、照片、副本、节录本。根据《最高人民法院关于民事诉讼证据的若干规定》的有关规定，当事人"如需自己保存证据原件、原物或者提供原件、原物确有困难的，可以提供经人民法院核对无异议的复制件或复制品"，但是无法与原件、原物核对的复印件、复制品，不能单独作为认定案件事实的依据。

④视听资料。视听资料是指利用录音、录像等方法记录下来的有关案件事实的材料，

如用录音机录制的当事人的谈话、用摄像机拍摄的人物形象及其活动等。

视听资料虽然具有易于保存、生动逼真等优点，但是也有容易通过技术手段篡改的缺点。因此，《最高人民法院关于民事诉讼证据的若干规定》中规定，存有疑点的视听资料，不能单独作为认定案件事实的依据。

对于未经对方当事人同意私自录制其谈话取得的资料，根据《最高人民法院关于民事诉讼证据的若干规定》的规定，只要不是以侵害他人合法权益或者违反法律禁止性规定的方法取得的，仍可以作为认定案件事实的依据。

⑤电子数据。电子数据是指与案件事实有关的电子邮件、网上聊天记录、电子签名、网络访问记录等以电子形式存在的证据，如存储在计算机等电子设备的软盘、硬盘或光盘中的电子数据等。

⑥证人证言。证人是指了解案件情况并向法院、仲裁机构或当事人提供证词的人。证人就案件情况所做的陈述即为证人证言。

《民事诉讼法》规定，凡是知道案件情况的单位和个人，都有义务出庭作证。有关单位的负责人应当支持证人作证。不能正确表达意志的人，不能作证。《最高人民法院关于民事诉讼证据的若干规定》还规定，与一方当事人或者其代理人有利害关系的证人出具的证言，以及无正当理由未出庭作证的证人证言，不能单独作为认定案件事实的证据。

⑦鉴定意见。鉴定意见是指具备相应资格的鉴定人对民事案件中出现的专门性问题，通过鉴别和判断后作出的书面意见。在建设工程领域，常见的如工程质量鉴定、技术鉴定、工程造价鉴定、伤残鉴定、笔迹鉴定等。

当事人对人民法院委托的鉴定部门作出的鉴定意见有异议申请重新鉴定，提出证据证明存在鉴定机构或鉴定人员不具备相应的鉴定资格的、鉴定程序严重违法的、鉴定结论明显依据不足的、经过认证认定不能作为证据使用的其他情形中的任一情形的，人民法院应予以准许。对于有缺陷的鉴定意见，可以通过补充鉴定、重新质证或者补充质证等方法解决的，不予重新鉴定。

【小提示】一方当事人自行委托有关部门作出的鉴定意见，另一方当事人有证据足以反驳并申请重新鉴定的，人民法院应予以准许。

⑧勘验笔录。勘验笔录是指人民法院为了查明案件的事实，指派勘验人员对与案件争议有关的现场、物品或物体进行查验、拍照、测量，并将查验的情况与结果制成笔录。《民事诉讼法》规定，勘验物证或者现场，勘验人必须出示人民法院的证件，并邀请当地基层组织或者当事人所在单位派人参加。当事人或者当事人的成年家属应当到场，拒不到场的，不影响勘验的进行。有关单位和个人根据人民法院的通知，有义务保护现场，协助勘验工作。勘验人应当将勘验的情况和结果制成笔录，由勘验人、当事人和被邀参加人签名或者盖章。

(2)证据保全。解决纠纷的过程就是证明的过程。在诉讼或仲裁中，哪些事实需要证据证明，哪些无须证明；这些事实有谁证明；靠什么证明；怎么证明；证明到什么程度。这5个问题构成了证据应用的全部内容，即证明对象、举证责证、证据收集、证明过程和证明标准。证据保全是重要的证据固定措施。

①证据保全的概念和作用。证据保全是指在证据可能灭失或以后难以取得的情况下，法院根据申请人的申请或依职权，对证据加以固定和保护的制度。

民事诉讼或仲裁均是以证据为基础展开的。依据有关证据，当事人和法院、仲裁机构才能够了解或查明案件真相，确定争议的原因，从而正确地处理纠纷。但是，从纠纷的产生直至案件开庭审理必然有一个时间间隔。在这段时间内，有些证据由于自然原因或人为原因，可能会灭失或难以取得。为防止这种情况可能给当事人的举证以及法院、仲裁机构的审理带来困难，《民事诉讼法》规定，在证据可能灭失或者以后难以取得的情况下，诉讼参加人可以向人民法院申请保全证据，人民法院也可以主动采取保全措施。

【小提示】 因情况紧急，在证据可能灭失或者以后难以取得的情况下，利害关系人可以在提起诉讼或者申请仲裁前向证据所在地、被申请人住所地或者对案件有管辖权的人民法院申请保全证据。

②证据保全的事实。《最高人民法院关于民事诉讼证据的若干规定》中规定，人民法院进行证据保全可以根据具体情况，采取查封、扣押、拍照、录音、录像、复制、鉴定、勘验、制作笔录等方法。人民法院进行证据保全，可以要求当事人或诉讼代理人到场。

5. 审判程序

审判程序是《民事诉讼法》规定的最重要的内容，它是人民法院审理案件适用的程序，分为第一审程序、第二审程序和审判监督程序。

(1)第一审程序。第一审程序包括普通程序和简易程序。普通程序是指人民法院审理第一审民事案件通常适用的程序，普通程序是第一审程序中最基础的程序，具有独立性和广泛性，是整个民事审判程序的基础。普通程序分为以下几个阶段：

①起诉。起诉是指公民、法人和其他组织成员在其民事权益受到侵害或者发生争议时，请求人民法院通过审判给予司法保护的诉讼行为。起诉是当事人获得司法保护的手段，也是人民法院对民事案件进行审判的前提。

依照《民事诉讼法》的规定，起诉必须符合下列条件：原告是与本案有直接利害关系的公民、法人和其他组织；有明确的被告；有具体的诉讼请求和事实、理由；属于人民法院受理民事诉讼的范围和受诉人民法院管辖。

起诉的方式分为书面形式和口头形式两种。《民事诉讼法》规定，起诉应当向人民法院递交起诉状。由此可见，起诉形式应以书面为原则。但当事人书写起诉状确有困难的，可以口头起诉，由人民法院记入笔录，并告知对方当事人。

②审查与受理。人民法院对原告的起诉情况进行审查后，符合起诉条件的，应当在 7 日内立案，并通知当事人；不符合起诉条件的，应当在 7 日内作出裁定书，不予受理；原告对裁定不服的，可以提起上诉。如果人民法院在立案后发现起诉不符合法定条件，裁定驳回起诉，当事人对驳回起诉不服的，可以上诉。

③审理前的准备。审理前的准备是指人民法院接受原告起诉并决定立案受理后，在开庭审理前，由承办案件的审判员依法所做的各种准备工作。

人民法院应当在立案之日起 5 日内将起诉状副本发送被告，被告应当在收到之日起 15 日内提出答辩状。人民法院应当在收到答辩状之日起 5 日内将答辩状副本发送原告。被告不提出答辩状的，不影响人民法院审理。

经当事人申请，人民法院可以组织当事人在开庭审理前交换证据。经当事人申请，人民法院可以调查或搜集证据，或者在法定情况下，依职权调查或搜集证据或者委托外地人民法院调查。

④开庭审理。开庭审理是指人民法院在当事人和其他诉讼参加人的参与下，对案件进行实体审理的诉讼活动。其主要包括准备开庭、法庭调查、法庭辩论、合议庭评议和宣判 4 个步骤。

准备开庭是开庭审理前，需要进行的相关准备工作。书记员应当查明当事人和其他诉讼参加人是否到庭，宣布法庭纪律，由审判长核对当事人，宣布开庭并公布法庭组成人员。

根据《民事诉讼法》规定，法庭调查按照下列顺序进行：当事人陈述；告知证人的权利义务，证人作证，宣读未到庭的证人证言；出示书证、物证、视听资料和电子数据；宣读鉴定意见；宣读勘验笔录。

法庭调查是一个证明过程，由举证、质证、认证组成。经过庭审质证的证据，能够当即认定的应当当庭认定；未经质证的证据材料不能作为认定案件的依据。

审判员如果认为案件已经查清，即可宣布终结法庭调查，转入法庭辩论阶段。

法庭辩论的顺序为：原告及其诉讼代理人发言；被告及其诉讼代理人答辩；第三人及其诉讼代理人发言或者答辩；互相辩论。法庭辩论终结，应当依法作出判决。判决前能够调解的，还可以进行调解，调解不成的，应当及时判决。

法庭辩论结束后，调解又未达成协议的，合议庭成员退庭进行评议。评议是秘密进行的。合议庭评议完后制作判决书，宣告判决公开进行。宣告判决后，须告知当事人上诉的权利、上诉期限和上诉法院。

人民法院适用普通程序审理的案件，应当在立案之日起 6 个月内审结。有特殊情况需要延长的，由本院院长批准，可以延长 6 个月；还需要延长的，报请上级人民法院批准。

(2)第二审程序。第二审程序又称终审程序，是指民事诉讼当事人不服地方各级人民法院未生效的第一审裁判，在法定时间内向上一级人民法院提起的上诉，上一级人民法院对案件进行审理所适用的程序。第二审程序并不是每一个民事案件的必经程序，如果当事人在案件一审过程中达成调解协议或者上诉期内未提起上诉，一审法院的裁判就发生法律效力，第二审程序也因无当事人的上诉而无从发生。当事人的上诉是第二审程序发生的前提。

1)上诉的提出。《民事诉讼法》规定，当事人不服地方人民法院第一审判决的，有权在判决书送达之日起 15 日内向上一级人民法院提起上诉。当事人不服地方人民法院第一审裁定的，有权在裁定书送达之日起 10 日内向上一级人民法院提起上诉。上诉应当递交上诉状。

2)上诉的受理。上一级人民法院接到上诉状后，认为符合法定条件的，应当立案受理。上诉人在第二审人民法院受理上诉后，到第二审作为终审判决以前，认为上诉理由不充分，或接受了第一审人民法院的裁判，而向第二审人民法院申请撤回上诉，这种行为称为上诉的撤回。撤回是否准许，由第二审人民法院裁定。

第二审人民法院应当对上述请求的有关事实和适用法律进行审查。但判决违反法律禁止性规定、侵害社会公共利益或者他人利益者除外。当事人没有提出要求的，不予审查。被上诉人在答辩中要求变更或者补充第一审判决内容的可以不予审查。

3)对上诉案件的裁判。第二审人民法院对上诉案件，经过审理，按照下列情形，分别处理：

①原判决、裁定认定事实清楚，适用法律正确的，以判决、裁定方式驳回上诉，维持原判决、裁定；

②原判决、裁定认定事实错误或者适用法律错误的，以判决、裁定方式依法改判、撤销或者变更；

③原判决认定基本事实不清的，裁定撤销原判决，发回原审人民法院重审，或者查清事实后改判；

④原判决遗漏当事人或者违法缺席判决等严重违反法定程序的，裁定撤销原判决，发回原审人民法院重审。原审人民法院对发回重审的案件作出判决后，当事人提起上诉的，第二审人民法院不得再次发回重审。

(3)审判监督程序。审判监督程序即再审程序，是指由具有审判监督权的法定机关和人员提起，或经当事人申请，由人民法院对发生法律效力的判决、裁定、调解书再次审理的程序。

审判监督程序可以由人民法院提起、当事人申请和人民检察院抗诉引起。

6. 执行

审判程序与执行程序是并列的独立程序。审判程序是产生判决书的过程，执行程序是实现裁判书内容的过程。执行根据是当事人申请执行，人民法院移交执行以及人民法院采取强制措施的依据。执行根据是执行程序发生的基础，没有执行根据，当事人不能向人民法院申请执行，人民法院也不得采取强制措施。

(1)执行根据。执行根据主要有以下几项：

①人民法院制作的发生法律效力的民事判决书、裁定书以及生效的调解书等。

②人民法院作出的具有财产给付内容的发生法律效力的刑事判决书、裁定书。

③仲裁机构制作的依法由人民法院执行的仲裁裁决书、生效的仲裁调解书。

④公证机关依法作出的赋予强制执行效力的公正债权文书。

⑤人民法院作出的先予执行的裁定、执行回转的裁定以及承认并协助执行外国判决、裁定或裁决的裁定。

⑥我国行政机关作出的、法律明确规定由人民法院执行的行政决定。发生法律效力的民事判决、裁定等法律文书，当事人必须履行。一方拒绝履行的，对方当事人可以向人民法院申请执行。申请强制执行应提交申请强制执行书，并附作为执行根据的法律文书。申请强制执行，还需遵守执行时间的规定。

申请执行的期间为 2 年。申请执行时效的中止、中断，适用法律有关诉讼时效中止、中断的规定。申请执行期间从法律文书规定履行期间的最后一日起计算；法律文书规定分期履行的，从规定的每次履行期间的最后一日起计算；法律文书未规定履行期间的，从法律文书生效之日起计算。

人民法院自收到申请执行书之日起超过 6 个月未执行的，申请执行人可以向上一级人民法院申请执行。上一级人民法院经审查，可以责令原人民法院在一定期限内执行，也可以决定由本院执行或者指令其他人民法院执行。

(2)执行措施。执行措施是指人民法院依照法定程序强制执行生效法律文书的方法和手段。在执行中，执行措施和执行程序是合为一体的，执行员接到申请执行书或者移交执行书，应当向被执行人发出执行通知，责令其在指定的期间履行，逾期不履行的，强制执行；被执行人不履行法律文书确定的义务，并有可能隐匿、转移财产的，执行员可以立即采取强制执行措施。执行措施主要有以下几项：

①查封、冻结、划拨被执行人的存款。

②扣留、提取被执行人的收入。

③查封、扣押、拍卖、变卖被执行人的财产。

④对被执行人及其住所或财产隐匿地进行搜查。

⑤强制被执行人交付法律文书指定的财物或票证。

⑥强制被执行人迁出房屋或退出土地。

⑦强制被执行人履行法律文书指定的行为。

⑧办理财产权证照转移手续。

⑨强制被执行人支付迟延履行的债务利息或迟延履行金。

⑩债权人可以随时请求人民法院执行。

《最高人民法院关于适用〈中华人民共和国民事诉讼法〉执行程序若干问题的解释》以及《最高人民法院关于限制被执行人高消费的若干规定》，对于执行措施增加了如下内容：

①被执行人未按执行通知履行法律文书确定的义务，应当报告当前以及收到执行通知之日前一年的财产情况。被执行人拒绝报告或者虚假报告的，人民法院可以根据情节轻重对被执行人或者其法定代理人、有关单位的主要负责人或者直接负责人予以罚款、拘留。

②被执行人不履行法律文书确定的义务的，人民法院可以对其采取或者通知有关单位协助采取限制出境，在征信系统记录、通过媒体公布不履行义务信息以及法律规定的其他措施。

(3)执行中止和终结。

①执行中止。执行中止即在执行过程中，因发生特殊情况，需要暂时停止执行程序。有下列情形之一的，人民法院应裁定中止执行：申请人表示可以延期执行的；案外人对执行标的提出确有理由的异议的；作为一方当事人的公民死亡，需要等待继承人继承权利或者承担义务的；作为一方当事人的法人或者其他组织终止，尚未确定权利义务承受人的；人民法院认为应当中止执行的其他情形。中止的情形消失后，恢复执行。

②执行终结。执行终结即在执行过程中，由于出现某些特殊情况，执行工作无法继续进行或没有必要继续进行时，执行程序结束。有下列情形之一的，人民法院裁定终结执行：申请人撤销申请的；据以执行的法律文书被撤销的；作为被执行人的公民死亡，无遗产可供执行，又无义务承担人的；追索赡养费、扶养费、抚育费案件的权利人死亡的；作为被执行人的公民因生活困难无力偿还借款，无收入来源，又丧失劳动能力的；人民法院认为应当终结执行的其他情形。

本章小结

法律体系是指一国的全部现行法律规范，按照一定的标准和原则，划分为不同的法律部门而形成的内部和谐一致、有机联系的整体。民事法律关系是指由民事法律规范所确认的人与人之间以权利和义务为内容的社会关系。代理是指代理人在代理权限内，以被代理人的名义实施民事法律行为。债是按照合同的约定或者依照法律的规定，在当事人之间产生的特定的权利和义务关系，享有权利的人是债权人，负有义务的人是债务人。知识产权是指民事主体对智力成果依法享有的专有权利。诉讼时效是指权利人在法定的时效期间内，未向法院提起诉讼请求保护其权利，依据法律规定消灭其胜诉权的制度。担保是指当事人双方根据法律、行政法规的规定或双方约定，促使债务人履行债务，实现债权人的权利的法律制度。物权是指民事主体在法律规定的范围内，直接支配特定的物而享有其利益，并排除他人干涉的权利，其包括所有权、用益物权和担保物权。法人是具有民事权利能力和民事行为能力，依法独立享有民事权利和承担民事义务的组织。保险是一种受法律保护的分散危险、消化损失的法律制度。法律责任是指行为人由于违法行为、违约行为或者由于法律规定而应承受的某种不利的法律后果。建设工程民事纠纷的法律解决途径主要有四种，分别是和解、调解、仲裁和民事诉讼。

思考与练习

一、选择题

1. 根据法的效力等级，《招标公告发布暂行办法》属于(　　)，《建设工程质量管理条例》属于(　　)，《建设工程安全生产管理条例》属于(　　)。

A. 法律　　B. 地方性法规

C. 行政法规　　D. 部门规章

2. 下列关于法律效力等级排序正确的是(　　)。

A. 宪法＞法律＞行政法规＞地方政府规章

B. 法律＞行政法规＞地方性法规＞部门规章

C. 行政法规＞部门规章＞地方性法规＞地方政府规章

D. 国际条约＞宪法＞地方性法规＞司法解释

3. 法律事件与法律行为的划分标准是(　　)。

A. 是否以人的主观意志为转移

B. 是否能引起法律关系的产生、变更或消灭

C. 是否由法律规范予以调整

D. 是否与当事人的意志有关

4. 关于和解的说法，下列错误的是(　　)。

A. 当事人和解后可以请求法院调解，制作调解书

B. 当事人在申请仲裁或提起民事诉讼后仍然可以和解

C. 和解协议具有强制执行的效力

D. 和解可以发生在民事诉讼的任何阶段

5. 施工单位与物资供应单位因采购的防水材料质量问题发生争议，双方多次协商，但没有达成和解，则关于此争议的处理说法，下列正确的是(　　)。

A. 双方依仲裁协议申请仲裁后，仍可以和解

B. 如果双方在申请仲裁后达成了和解协议，该和解协议即具有法律强制执行力

C. 如果双方通过诉讼方式解决争议，不能再和解

D. 如果在人民法院执行中，双方当事人达成和解协议，则原判决书终止执行

6. 关于诉讼与仲裁的区别，下列说法错误的是(　　)。

A. 与诉讼相比，仲裁的保密性更强

B. 与诉讼相比，仲裁程序更加灵活、更具弹性

C. 仲裁无须多审级收费，使得仲裁费往往低于诉讼费

D. 仲裁裁决书不具有强制执行的效力，法院的判决书具有强制执行的效力

7. 关于民事诉讼的基本特征表述，下列错误的是(　　)。

A. 民事诉讼的强制性，决定了其在案件的受理和执行等方面具有公诉性

B. 民事诉讼是由人民法院代表国家意志行使司法审判权

C. 在民事诉讼中，只要原告起诉符合法定的条件，无论被告是否愿意，诉讼都会发生

D. 法院的裁判具有强制执行的效力

8. 仲裁的基本特点不包括(　　)。

A. 自愿性　　B. 专业性　　C. 公权性　　D. 保密性

9. 关于仲裁协议效力的说法，下列正确的是(　　)。

A. 当事人对仲裁协议有异议的，可以在仲裁进行中随时提出

B. 如果合同终止，则合同中仲裁条款的效力也终止

C. 当事人对仲裁协议效力有异议的，只能请求仲裁机构作出决定

D. 未约定仲裁机构的仲裁协议无效

二、案例分析

某施工项目在施工过程中，施工单位与A材料供应商订立了材料买卖合同，但施工单位误将应支付给A材料供应商的货款支付给了B材料供应商。

问题：

(1)B材料供应商是否应当返还材料款，应当返还给谁，为什么？

(2)如果B材料供应商拒绝返还材料款，A材料供应商应当如何保护自己的权利，为什么？

三、思考题

1. 简述我国法的形式。
2. 民事法律关系主体包括哪些？客体又包括哪些？
3. 代理可分为哪几种？
4. 什么是著作权？著作权保护的对象有哪些？
5. 什么是法人？法人应当具备怎样的条件？
6. 简述建设工程保险的主要种类和投保权益。
7. 简述建设工程民事责任的种类及承担方式。
8. 解决建设工程民事纠纷的法律途径有哪些？其各自的使用范围是什么？

第二章　施工许可法律制度

知识目标

通过本章的学习，了解建筑企业资质等级的划分、建筑企业资质管理制度、工程建设从业人员执业资格法律制度的规定；掌握申领建筑工程施工许可证的时间、范围、条件及程序。

能力目标

能明确建设工程的法定程序，能明确建筑工程施工许可证的有效期。

驱动案例

背景：某施工劳务企业，净资产为250万元，其与某工程的施工总承包企业签订的施工劳务分包合同金额为158万元，但最终实际结算金额为1 536万元。经查，该施工劳务企业实际承揽的劳务作业工程，除木工、砌筑、抹灰作业外，还包括脚手架、模板、混凝土等专业工程内容。

请思考：本案中的施工劳务企业在承揽该劳务分包工程中有无违法行为？（摘自2017年一级建造师《建设工程法规与相关知识》案例）

第一节　建设工程许可立法概述

一、建设许可的概念

建设许可是指建设行政主管部门或者其他有关行政主管部门准许、变更或终止公民、法人和其他组织从事建设活动的具体行政行为。根据《中华人民共和国建筑法》（以下简称《建筑法》）的规定，建设许可包括三项许可制度，即建设工程施工许可制度、从事建设活动单位资质制度和从事建设活动的个人资格制度。

二、建设许可的特点

(1)建设许可行为的主体是建设行政主管部门，而不是其他行政机关，也不是其他公民、法人或组织。

(2)建设许可以对建设工程的开工和从事建设活动的单位和个人资格实施行政监督管理为目的。

(3)许可的反面是禁止。建设工程开工和从事建筑活动，只有在符合特定条件的情况下才允许进行。

(4)建设许可是依据建设单位或从事建筑活动的单位和个人的申请而做出的行政行为。申请是许可的必要条件。

(5)建设许可的有关事项与条件必须依据法律法规的规定进行，不能随意设定。

三、实行建设许可的意义

《建筑法》对三项许可制度作出明确规定，体现了国家对作为一种特殊经济活动的建设活动进行从严和事前控制的管理，具有非常重要的意义。

(1)实行建设许可制度有利于国家对基本建设活动进行宏观调控，既可以监督建设单位尽快建成拟建项目，防止闲置土地，影响公众利益，又能保证建设项目开工后顺利进行，避免由于不具备条件盲目开工，给参与建设的各方造成不必要的损失，同时，也有助于建设行政主管部门对在建项目实施有效的监督管理。

(2)建设许可制度实行从业资格许可，既有利于确保从事建设活动的单位和人员素质，又有利于维护他们的合法权益。

(3)实行建设许可制度有利于规范建设市场，保证建设工程质量和建设安全生产，维护社会经济秩序，提高投资效益，保障公民生命财产和国家财产安全。

第二节　建设工程程序法规

一、建设工程项目概述

1. 建设工程项目的定义

建设工程项目是指土木建筑工程、线路管道和设备安装工程、建筑装修工程等项目的新建、扩建和改建，是形成固定资产的基本生产过程及其与相关联的其他建设工程的总称。

建设工程项目是最为常见、最为典型的一类项目，它是以实物形态表示的具体项目，如建一座办公楼、建一座工厂、建一个公园等都属于建设工程项目，在项目的进行过程中都涉及具体的建设活动，最终都要形成实物形态的建设成果。在我国，工程项目多为固定资产投资项目。

2. 建设工程项目的基本分类

建设工程项目大致可分为基本建设项目和更新改造项目。

(1)以投资和再生产的性质为标准分类。基本建设项目按投资和再生产的性质可分为新建项目、扩建项目、恢复项目、迁建项目和改建项目；更新改造项目按投资和再生产的性质可分为技术改造项目、技术引进项目和设备更新项目。

(2)以建设规模为标准分类。基本建设项目按建设规模可分为大型项目、中型项目和小型项目。按投资额划分的基本建设项目，属于生产性建设项目中的能源、交通、原材料部门的工程项目，投资额达到5 000万元以上为大中型项目；其他部门和非工业建设项目，投资额达到3 000万元以上为大中型建设项目；按生产能力或使用效益划分的建设项目，以国家对各行各业的具体规定作为标准。

更新改造项目按建设规模可分为限额以上项目和限额以下项目。更新改造项目只按投资额标准划分，能源、交通、原材料部门投资额达到5 000万元及以上的工程项目和其他部门投资额达到3 000万元及以上的项目为限额以上项目，否则为限额以下项目。

不同等级标准的建设工程项目，其国家规定的审批机关和报建程序各不相同。

二、建设工程程序简介

1. 建设工程程序的概念

建设工程程序是指一个建设项目从建设设想或者建设意图的提出到项目的选择、评估、决策，再到设计、施工，直到竣工投产、交付使用的整个建设过程中各项工作必须遵循的先后工作次序。世界各国关于建设工程程序阶段的划分大体类似，简单来说，建设工程程序可分为投资决策、建设实施和交付使用三大阶段。

建设工程程序是在认识工程建设客观规律的基础上总结提出的、建设工程全过程中各项工作都必须遵守的先后次序，也是建设工程各个环节相互衔接的顺序。建设工程程序是一个自然的、客观的过程，是国家通过法律规定的规范程序，必须遵守。

2. 我国一般大中型及限额以上项目的基本建设程序

按现行规定，我国一般大中型及限额以上项目的基本建设程序可以分为以下几个阶段，如图 2-1 所示。

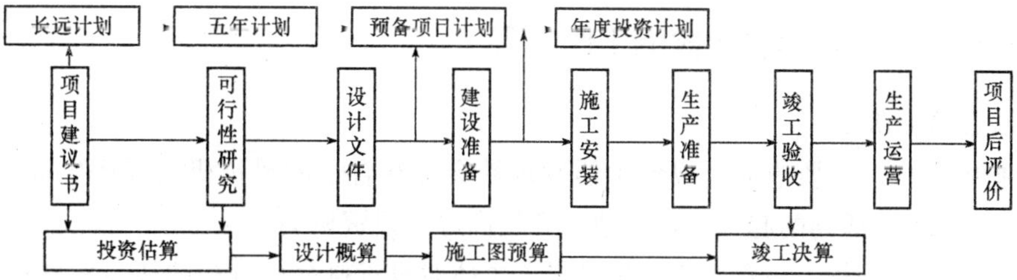

图 2-1 大中型及限额以上项目的基本建设程序

(1)根据国民经济和社会发展长远规划，结合行业和地区发展规划的要求，提出项目建议书。

(2)在勘察、试验、调查及研究技术经济论证的基础上，编制可行性研究报告。

(3)根据咨询评估情况，对建设项目进行决策。

(4)根据可行性研究报告，编制设计文件。

(5)初步设计经批准后，做好施工前的各项准备工作。

(6)组织施工，并根据施工进度做好生产或动用前的准备工作。

(7)项目按批准的设计内容建完，经投料试车验收合格后正式投产、交付使用。

(8)生产运营一段时间(一般为1年)后，进行项目后评价。

3. 建设工程项目的审批权限划分

基本建设程序始终是国家对建设项目管理的一项重要内容，其审批程序非常严格。1998年9月，国务院办公厅颁布的《关于加强建设项目管理确保工程建设质量的通知》中再次强调：进一步加强建设项目管理，要严格执行国家关于基本建设项目审批的各项规定。任何单位和个人都不得越权审批项目，也不得降低标准批准项目。按照规定，需报国务院审批的项目，必须报国务院审批；需报国家发改委审批的项目，必须报国家发改委审批。对前期工作达不到深度要求的项目，一律不予审批。

一般情况下，项目建议书、可行性研究报告、初步设计等的审批权限、部门是一致的，按照规定，其审批权限可划分为以下几级：

(1)所有大中型和限额以上项目，按照项目隶属关系由行业主管部门或省、自治区、直辖市和计划单列市审查同意后，报国家发改委审批。凡投资额在2亿元以上的项目，由国家发改委审核后报国务院审批。

(2)地方投资安排的地方院校、医院及其他文教卫生事业的大中型基本建设项目，由省、自治区、直辖市和计划单列市发改委审批，抄报国家发改委和有关部门备案。

(3)企业横向联合投资的大中型基本建设项目，凡自行解决资金、能源、原材料、设备，以及投产后的产供销、动力、运力等能够自己落实，而且已经与有关部门、地方、企业签订了合同，不需要国家安排的，由有关部门或省、自治区、直辖市和计划单列市发改委审批，抄报国家发改委备案。

(4)小型和限额以下项目，按照项目隶属关系，分别由行业主管部门或省、自治区、直辖市、计划单列市发改委审批。属于地方发改委审批的，地方发改委可以根据项目规模再行确定具体审批权限。

三、基本建设程序各阶段的工作内容

1. 建设前期阶段

(1)投资意向。投资意向是投资主体发现社会存在合适的投资机会所产生的投资愿望，它是工程建设投资活动的起点。如房地产开发商寻找投资机会。

(2)投资机会分析。投资机会分析是投资主体对投资机会所进行的初步考察和分析，在认为机会合适、有良好的预期效益时，则可进行进一步的行动。

(3)项目建议书。项目建议书是投资机会分析结果文字化后所形成的书面文件，以方便投资决策者分析、抉择。项目建议书主要确定拟建项目的必要性和是否具备建设条件及拟建规模等，为进一步研究论证工作提供依据。1984年起，国家明确规定，所有国内建设项目都要经过项目建议书这一阶段，并规定了具体内容要求。一份完整的项目建议书应包括以下内容：

①建设项目提出的必要性和依据；

②产品方案、拟建规模和建设地点的初步设想；

③资源情况、建设条件、协作关系等的初步分析；

④投资估算和资金筹措设想；

⑤经济效益和社会效益初步估计。

项目建议书须经过有关部门审批，才可进行下一步的工作。

(4)可行性研究。可行性研究是指项目建议书批准后，对拟建项目在技术上是否可行、经济上是否合理等内容所进行的分析论证。

(5)审批立项。可行性研究报告应报主管部门审查，予以立项。可行性研究报告审批通过后，项目正式立项。

【小提示】 国际上习惯把前期阶段统称为可行性研究阶段，具体分为投资机会研究、初步可行性研究、详细可行性研究三个阶段。前两项内容可以认为是投资机会研究阶段的内容。

2. 施工准备阶段

施工准备阶段的工作包括为勘察、设计、施工创造条件所做的建设现场、建设队伍、建设设备等方面的准备工作。

(1)规划。在规划区内建设的工程，必须符合城市规划或村庄、集镇规划的要求，其工程选址和布局必须取得城市规划行政主管部门或村、镇规划部门的同意、批准。

在城市规划区内进行工程建设的，要依法先后领取城市规划行政主管部门核发的“选址意见书”“建设用地规划许可证”“建设工程规划许可证”，方可进行获取土地使用权、设计、施工等相关建设活动。

(2)获取土地使用权。工程建设用地都必须通过国家对土地使用权的划拨或出让而取得。

①划拨。土地使用权划拨是指经县级以上人民政府依法批准，土地使用者在城市承担拆迁费用、在农村和郊区承担补偿和安置费用后，无偿使用该幅土地的行为。

以划拨方式取得土地使用权的，除法律、行政法规另有规定外，没有使用期限的限制。

下列建设用地的土地使用权，确属必需的，可以由县级以上人民政府依法批准划拨：国家机关用地和军事用地；城市基础设施用地和公益事业用地；国家重点扶持的能源、交通、水利等项目用地；法律、行政法规规定的其他用地。

②出让。土地使用权出让是指国家将国有土地使用权在一定年限内出让给土地使用者，由土地使用者向国家支付土地使用权出让金的行为。出让方式有拍卖出让、招标出让和挂牌出让。

土地使用权出让最高年限按用途确定，居住用地 70 年；工业用地 50 年；教育、科技、文化、卫生、体育用地 50 年；商业、旅游、娱乐用地 40 年；综合或其他用地(如商住楼用地)50 年。土地使用权出让合同约定的使用年限届满，土地使用者需要继续使用土地的，应当在使用年限届满前一年申请续期，除根据社会公共利益需要收回该幅土地的，应当予以批准。经批准准予续期的，应当重新签订土地使用权出让合同，依照规定支付土地使用权出让金。土地使用权出让合同约定的使用年限届满，土地使用者未申请续期或者虽申请续期但依照上述规定未获批准的，土地使用权由国家无偿收回。

城市规划区内集体所有的土地，经依法征用转为国有土地后，该幅国有土地的使用权方可有偿出让。在农民集体所有的土地上进行工程建设的，也必须先由国家征用农民土地，然后再将土地使用权出让或划拨给建设单位或个人。

(3)拆迁。要获得房屋拆迁主管部门批准并取得房屋拆迁许可证后方可拆迁。拆迁人与被拆迁人应签订书面协议，被拆迁人必须服从城市建设的需要，在规定的期限内完成搬迁，拆迁人对被拆迁人应依法给予补偿和安置；对违章建筑及超过批准期限的临时建筑的被拆迁人和使用人，则不予补偿和安置。

(4)报建。建设项目的可行性研究报告经审批通过立项后，持工程项目立项批准文件、银行出具的资信证明、建设用地批准文件等资料向当地建设行政主管部门或其授权机构进行报建。未报建的工程不得办理招标投标手续和发放施工许可证，设计、施工单位不得承接该项目的设计、施工任务。

(5)工程发包与承包。工程发包与承包有招标投标和直接发包两种方式。

3. 建设实施阶段

(1)工程勘察设计。设计是工程项目建设的重要环节，设计文件是制订建设计划、组织工程施工和控制建设投资的依据。设计与勘察密不可分，设计工作只有在进行工程勘察，取得足够的地质、水文等基础资料后才能进行。

(2)施工准备。施工准备包括施工单位技术、物质等方面的准备，以及建设单位取得施工许可证。

施工单位熟悉、审查图纸，向下属单位进行计划、技术、质量、安全、经济责任的交底，下达施工任务书，准备工程施工所需的设备、材料等。

建设单位向工程所在地县级以上建设主管部门申领施工许可证，未取得施工许可证的，不得擅自组织开工；已取得施工许可证的，自批准之日起 3 个月内组织开工，如不能开工可向发证机关申请延期，延期以两次为限，每次不超过 3 个月，否则施工许可证作废。

(3)工程施工。工程施工是指将工程设计物转化为建筑产品的过程；同时注意施工安全、文明施工和环境保护。

(4)生产准备。生产准备是指工程施工临近结束时，为保证建设项目及时投产使用所进行的准备活动。如招收和培训必要的生产人员等。

4. 工程竣工验收与保修阶段

(1)工程竣工验收。

(2)工程保修。

在保修期限内，承包单位要对工程中出现的任何缺陷承担保修与赔偿责任。

5. 生产运营与投资后评价阶段

(1)生产运营。

(2)投资后评价。

此阶段是工程建设管理的一项重要内容，也是工程建设程序的最后一个环节。

第三节　建设工程施工许可制度

建设工程施工许可制度是指建设行政主管部门根据建设单位的申请，依法对建筑工程是否具备施工条件进行审查，符合条件者准许该建筑工程开始施工并颁发施工许可证的一种制度。

施工许可证是指建设工程开始施工前，建设单位向建设行政主管部门申请的可以施工的证明。

《建筑法》第七条规定：“建筑工程开工前，建设单位应当按照国家有关规定向工程所在地县级以上地方人民政府住房城乡建设主管部门申请领取施工许可证；但是，国务院建设行政主管部门确定的限额以下的小型工程除外。”

一、建设工程施工许可证的申领时间与范围

1. 建设工程施工许可证的申领时间

设立和实施建设工程施工许可制度的目的，是通过对建设工程施工所应具备的基本条件的审查，来避免不具备条件的建设工程盲目开工而给相关当事人造成损失和社会财富的浪费，保证建设工程开工后的顺利实施。这是一种事前控制制度。

建设工程开工前，建设单位应当按照国家有关规定向工程所在地县级以上人民政府建设行政主管部门申请领取施工许可证。

2. 建设工程施工许可证的申领范围

在中华人民共和国境内从事各类房屋建筑及其附属设施的建造、装修装饰和与其配套的线路、管道、设备的安装，以及城镇市政基础设施工程的施工，建设单位在开工前，应当按照国家有关规定向工程所在地县级以上地方人民政府住房城乡建设主管部门(以下简称发证机关)申请领取施工许可证。

住房和城乡建设部发布的《建筑工程施工许可管理办法》规定：工程投资额在 30 万元以下或者建筑面积在 300 m^2 以下的建筑工程，可以不申请办理施工许可证。省、自治区、直辖市人民政府住房城乡建设主管部门可以根据当地的实际情况，对限额进行调整，并报国务院住房城乡建设主管部门备案。

抢险救灾工程、临时性建筑工程、农民自建两层以下(含两层)住宅工程，不适用施工许可制度。军事房屋建筑工程施工许可的管理，按国务院、中央军事委员会制定的办法执行。

二、建设工程施工许可证的申领条件

施工许可证的申领条件，是指申请领取施工许可证应当达到的要求。根据《建筑法》第八条的规定，申请领取施工许可证应当具备下列条件：

(1)已经办理该建筑工程用地批准手续。

(2)在城乡规划区的建筑工程，已经取得规划许可证。

(3)需要拆迁的，其拆迁进度符合施工要求。

(4)已经确定建筑施工企业。

(5)有满足施工需要的施工图纸及技术资料。

(6)有保证工程质量和安全的具体措施。

(7)建设资金已经落实。

(8)法律、行政法规规定的其他条件。

上述条件是建设单位申领施工许可证的必要条件，必须同时具备，缺一不可。

三、申请办理施工许可证的程序

1. 建设单位是施工许可证的申领人

建设单位又称业主或项目法人，是指建设项目的投资者。做好各项施工准备工作是建设单位应尽的义务。因此，施工许可证的申领应当由建设单位来承担，而不是施工单位、监理单位或其他单位。

2. 施工许可证的审批权限

施工许可证制度是工程建设管理的一项基本制度。各级建设行政主管部门是工程建设与建筑业的主管部门，因此，施工许可证的核发和管理是建设行政主管部门的一项重要职责。

3. 申请办理施工许可证的程序

根据《建筑法》和《建筑工程施工许可管理办法》的规定，申请办理施工许可证时，应当按照下列程序进行：

(1)建设单位向发证机关领取建筑工程施工许可证申请表。

(2)建设单位持加盖单位及法定代表人印鉴的建筑工程施工许可证申请表，并附上述规定的证明文件，向发证机关提出申请。

(3)发证机关在收到建设单位报送的建筑工程施工许可证申请表和所附证明文件后，对于符合条件的，应当自收到申请之日起 15 日内颁发施工许可证；对于证明文件不齐全或者失效的，应当限期要求建设单位补正，审批时间可以自证明文件补正齐全后做相应顺延；对于不符合条件的，应当自收到申请之日起 15 日内书面通知建设单位，并说明理由。

四、施工许可证的有效期与延期

为了维护施工许可证的严肃性，《建筑法》和《建筑工程施工许可管理办法》中对施工许可证的有效期与延期做了相关规定：

(1)建设单位应当自领取施工许可证之日起 3 个月内开工，这是一项义务规定，目的是保证施工许可证的有效性，利于发证机关进行监督。所谓领取施工许可证日，应当以建设行政主管部门通知领取之日为准。

(2)工程因故不能开工的，可以申请延期。申请时间是在施工许可证期满前由建设单位向发证机关提出，并说明理由。理由应当合理，如不可抗力的原因，“三通一平”没有完成，材料、构件等没有按计划进场等。

(3)延期以两次为限，每次不超过 3 个月。也就是说，延期最长为 6 个月，再加上领取之日起的 3 个月，建设单位有合理理由不开工的最长期限可达 9 个月。如果超过 9 个月仍不开工，该工程许可证即失去效力。

(4)施工许可证的自行废止。所谓自行废止，即自动失去法律效力。施工许可证自动废止的情况有两种：一是既不在 3 个月内开工，又不向发证机关申请延期；二是超过延期的次数或时限。

【小提示】 施工许可证失去法律效力后，建设单位如组织开工，还必须重新领取新的施工许可证。

五、中止施工与恢复施工

1. 中止施工

中止施工是指建筑工程开工后，在施工过程中因特殊情况的发生而中途停止施工的一种行为。中止施工的时间一般都较长，恢复施工的日期难以在中止时确定。中止施工的原因有以下几项：

(1)地震、洪水等不可抗力。

(2)宏观调控压缩基建规模。

(3)停建、缓建在建工程。

(4)发现古文物等。

中止施工后，建设单位应做好以下两个方面的工作：

(1)向该建筑工程颁发施工许可证的建设行政主管部门报告中止施工的情况，报告内容包括中止施工的时间、原因、在施部位、施工现状、维护管理措施等。此报告应在中止施工之日起 1 个月内完成。

(2)按照规定做好建筑工程的维护管理工作。

2. 恢复施工

恢复施工是指建筑工程中止施工后，造成中断施工的情况消除，而继续进行施工的一种行为。

恢复施工时，中止施工不满 1 年的，建设单位应当向该建筑工程颁发施工许可证的建设行政主管部门报告恢复施工的有关情况；中止施工满 1 年的，建筑工程恢复施工前，建设单位应当报发证机关核验施工许可证。建设行政主管部门对中止施工满 1 年的建筑工程进行审查，看其是否仍具备组织施工的条件，对符合条件的，应允许恢复施工，施工许可证继续有效；对不符合条件的，不允许恢复施工，且收回施工许可证，待具备条件后，建设单位须重新申领施工许可证。

另外，按照国务院有关规定批准开工报告的建筑工程，因故不能按期开工或者中止施工的，应当及时向批准机关报告情况。因故不能按期开工超过 6 个月的，应当重新办理开工报告的批准手续。

六、违法责任

《建筑工程施工许可管理办法》规定，对于未取得施工许可证或者为规避办理施工许可证将工程项目分解后擅自施工的，由有管辖权的发证机关责令停止施工，限期改正，对建设单位处工程合同价款 1%以上 2%以下罚款；对施工单位处 3 万元以下罚款。

建设单位采用欺骗、贿赂等不正当手段取得施工许可证的，由原发证机关撤销施工许可证，责令停止施工，并处 1 万元以上 3 万元以下罚款；构成犯罪的，依法追究刑事责任。

建设单位隐瞒有关情况或者提供虚假材料申请施工许可证的，发证机关不予受理或者不予许可，并处 1 万元以上 3 万元以下罚款；构成犯罪的，依法追究刑事责任。

建设单位伪造或者涂改施工许可证的，由发证机关责令停止施工，并处 1 万元以上 3 万元以下罚款；构成犯罪的，依法追究刑事责任。

第四节　工程建设从业单位资质许可管理制度

从业单位资格许可包括从业单位的条件和从业单位的资质。为了维护建筑市场的正常秩序，确立进入建筑市场从事建筑活动的准入规则，《建筑法》第十二条和第十三条规定了从事建筑活动的建筑施工企业、勘察单位、设计单位、工程监理单位进入建筑市场应当具备的条件和资质审查制度。

所谓资质管理，是指资格认证、资质审查的管理，是建筑市场管理的一项重要内容。《建筑法》第十二条规定，从事建筑活动的建筑施工企业、勘察单位、设计单位和工程监理单位应当具备下列条件：

(1)有符合国家规定的注册资本。从事建筑活动的单位在进行建筑活动过程中必须拥有足够的资金，这是进行正常业务活动的物质保证。一定数量的资金也是建立建筑施工企业、勘察单位、设计单位和工程监理单位的前提。关于最低注册资本金，《建筑业企业资质等级标准》做了详细规定，其中房屋建筑工程施工总承包企业、公路工程施工总承包企业最低资本注册金见表 2-1。

表 2-1　最低注册资本金

资质等级	最低注册资本金	
	房屋建筑工程施工总承包企业	公路工程施工总承包企业
特级/亿元	＞3	＞3
一级/万元	＞5 000	＞6 000
二级/万元	＞2 000	＞3 000
三级/万元	＞600	＞1 000

(2)有与其从事的建筑活动相适应的具有法定执业资格的专业技术人员。

(3)有从事相关建筑活动所应有的技术装备。具有与其建筑活动相关的装备，是建筑施工企业、勘察单位、设计单位和工程监理单位正常进行施工、勘察、设计和监理工作的重要的物质保障。如从事建筑施工活动，必须有相应的施工机械设备与质量检验测试手段，如塔式起重机、混凝土搅拌机、钢筋切断机、龙门架、垂直运输设备等。从事勘察设计活动，必须有相应的勘察仪器设备和设计机具仪器。因此，从事建筑活动的建筑施工企业、勘察单位、设计单位和工程监理单位，必须有从事相关建筑活动所应有的技术装备。没有相应技术装备的单位，不得从事建筑活动。

(4)法律、行政法规规定的其他条件。建筑活动是一种专业性、技术性很强的活动，从事建筑活动的建筑施工企业、勘察单位、设计单位和工程监理单位必须有足够的专业技术人员。如设计单位不仅要有建造师，还要有结构、水、暖、电等方面的工程师。建筑活动是涉及公民生命和财产安全的一种特殊活动，从事建筑活动的专业技术人员，还必须有法定执业资格。这种法定执业资格必须依法通过考试和注册才能取得。如工程设计文件必须由注册建造师签字才能生效。建筑工程的规模和复杂程度各不相同，因此，建筑活动所要求的专业技术人员的级别和数量也不同，建筑施工企业、勘察单位、设计单位和工程监理单位必须有与其从事的建筑活动相适应的专业技术人员。

从事建筑活动的建筑施工企业、勘察单位、设计单位和工程监理单位，按照其拥有的注册资本、专业技术人员、技术装备和已完成的建筑工程业绩等资质条件，划分为不同的资质类别和等级，经资质审查合格，取得相应等级的资质证书后，方可在其资质等级许可范围内从事建筑活动。

一、建设工程勘察、设计单位资质许可管理制度

1. 建设工程勘察、设计的概念

建设工程勘察是指根据建设工程的要求，查明、分析、评价建设场地的地质地理环境特征和岩土工程条件，编制建设工程勘察文件的活动。

建设工程设计是指根据建设工程的要求，对建设工程所需的技术、经济、资源、环境等条件进行综合分析、论证，编制建设工程设计文件的活动。建筑工程设计的内容包括以下几项：

(1)建设工程项目的主体工程和配套工程以及与主体工程、配套工程相关的工艺、土木、建筑、环境保护、水土保持、消防、安全、卫生、节能、防雷、抗震、照明工程等的设计。

(2)建设工程建设用地规划许可证范围内的室外工程设计、建筑物(构筑物)设计、民用建筑修建的地下工程设计及住宅小区、工厂厂前区、工厂生活区、小区规划设计及单体设计等，以及上述建设工程所包含的相关专业的设计内容(包括总平面布置、竖向设计、各类管网管线设计、景观设计、室内外环境设计及建筑装饰、道路、消防、安保、通信、防雷、人防、供配电、照明、废水治理、空调设施、抗震加固等)。

2. 资质分类和分级

(1)建设工程勘察资质分类和分级。工程勘察资质分为工程勘察综合资质、工程勘察专业资质、工程勘察劳务资质。工程勘察综合资质包括工程勘察所有专业；工程勘察专业资质是指岩土工程、水文地质勘查、工程测量等专业中的某一项，其中岩土工程专业类可以是岩土工程勘察、设计、测试监测检测、咨询监理中的一项或全部；工程勘察劳务资质是指岩土工程治理、工程钻探、凿井等。

工程勘察综合资质只设甲级；工程勘察专业资质设甲级、乙级，根据工程性质和技术特点，部分专业可以设丙级；工程勘察劳务资质不分等级。

取得工程勘察综合资质的企业，可以承接各专业(海洋工程勘察除外)、各等级工程勘察业务；取得工程勘察专业资质的企业，可以承接相应等级——相应专业的工程勘察业务；取得工程勘察劳务资质的企业，可以承接岩土工程治理、工程钻探、凿井等工程勘察劳务业务。

(2)建设工程设计资质分类和分级。工程设计资质分为工程设计综合资质、工程设计行业资质、工程设计专业资质和工程设计专项资质。

工程设计综合资质是指涵盖煤炭、化工石化医药、石油天然气(海洋石油)、电力、冶金、军工、机械、商物粮、核工业、电子通信广电、轻纺、建材、铁道、公路、水运、民航、市政、农林、水利、海洋建筑等21个行业的设计资质；工程设计行业资质是指涵盖某个行业资质标准中的全部设计类型的设计资质；工程设计专业资质是指某个行业资质标准中的某一个设计类型的设计资质；工程设计专项资质是指为适应和满足行业发展的需求，对已形成产业的专项技术独立进行设计以及设计、施工一体化而设立的资质。

工程设计综合资质只设甲级；工程设计行业资质、工程设计专业资质、工程设计专项资质设甲级、乙级。根据工程性质和技术特点，个别行业、专业、专项资质可以设丙级，建筑工程专业资质可以设丁级。

各级别标准主要对企业资历和信誉、技术条件、技术装备及管理水平进行考核。

取得工程设计综合资质的企业，可以承接各行业、各等级的建设工程设计业务；取得工程设计行业资质的企业，可以承接相应行业相应等级的工程设计业务及本行业范围内同级别的相应专业、专项(设计、施工一体化资质除外)工程设计业务；取得工程设计专业资质的企业，可以承接本专业相应等级的专业工程设计业务及同级别的相应专项工程设计业务(设计、施工一体化资质除外)；取得工程设计专项资质的企业，可以承接本专项相应等级的专项工程设计业务。

取得工程勘察、工程设计资质证书的企业，可以从事资质证书许可范围内相应的建设工程总承包业务，可以从事工程项目管理和相关的技术与管理服务。

3. 资质申请和审批

企业资质申请、资质升级、资质增项、资质证书变更，企业合并、分立、改制后的资质申请等，均应按照《建设工程勘察设计资质管理规定》规定的程序提出申请，提供规定的相应材料，报有关部门审批。

申请工程勘察甲级资质、工程设计甲级资质以及涉及铁路、交通、水利、信息产业、民航等方面的工程设计乙级资质的，应当向企业工商注册所在地的省、自治区、直辖市人民政府住房城乡建设主管部门提出申请，省、自治区、直辖市人民政府住房城乡建设主管部门应当自受理申请之日起20日内初审完毕，并将初审意见和申请材料报国务院住房城乡建设主管部门。国务院住房城乡建设主管部门应当自省、自治区、直辖市人民政府住房城乡建设主管部门受理申请材料之日起60日内完成审查，公示审查意见，公示时间为10日。

工程勘察乙级及以下资质、劳务资质、工程设计乙级(涉及铁路、交通、水利、信息产业、民航等方面的工程设计乙级资质除外)及以下资质许可由省、自治区、直辖市人民政府住房城乡建设主管部门实施。具体实施程序由省、自治区、直辖市人民政府住房城乡建设主管部门依法确定。省、自治区、直辖市人民政府建设主管部门应当自作出决定之日起30日内，将准予资质许可的决定报国务院住房城乡建设主管部门备案。

工程勘察、工程设计资质证书分为正本和副本，正本一份，副本六份，正、副本具备同等法律效力。资质证书有效期为5年。

4. 监督管理

国务院建设主管部门对全国的建设工程勘察、设计资质实施统一的监督管理。县级以上地方人民政府住房城乡建设主管部门负责对本行政区域内的建设工程勘察、设计资质实施监督管理。

建设工程勘察、设计单位应当在其资质等级许可的范围内承揽建设工程勘察、设计业务。禁止建设工程勘察、设计单位超越其资质等级许可的范围或者以其他建设工程勘察、设计单位的名义承揽建设工程勘察、设计业务。禁止建设工程勘察、设计单位允许其他单位或者个人以本单位的名义承揽建设工程勘察、设计业务。严禁无证勘察设计，严禁转让和挂靠，严禁为其他单位和个人提供图章、图签，不得私拉外单位人员为其进行勘察设计。

二、建筑业企业资质许可管理制度

所谓建筑业企业，是指从事土木工程、建筑工程、线路管道设备安装工程、装修工程的新建、扩建、改建活动的企业。

1. 资质序列、类别和等级

工程建设从业单位资质分为施工总承包、专业承包和劳务分包三个序列。

(1)取得施工总承包资质的企业(以下简称施工总承包企业)，可以承接施工总承包工程。施工总承包企业可以对所承接的施工总承包工程内各专业工程全部自行施工，也可以将专业工程或劳务作业依法分包给具有相应资质的专业承包企业或劳务分包企业。

(2)取得专业承包资质的企业(以下简称专业承包企业)，可以承接施工总承包企业分包的专业工程和建设单位依法发包的专业工程。专业承包企业可以对所承接的专业工程全部自行施工，也可以将劳务作业依法分包给具有相应资质的劳务分包企业。

(3)取得劳务分包资质的企业(以下简称劳务分包企业)，可以承接施工总承包企业或专业承包企业分包的劳务作业。

施工总承包资质、专业承包资质、劳务分包资质序列按照工程性质和技术特点分别划分为若干资质类别，各资质类别按照规定的条件划分为若干资质等级。

2. 资质许可

(1)下列工程建设从业单位资质的许可，由国务院建设主管部门实施：

①施工总承包序列特级资质、一级资质。

②国务院国有资产管理部门直接监管的企业及其下属一层级的企业的施工总承包二级资质、三级资质。

③水利、交通、信息产业方面的专业承包序列一级资质。

④铁路、民航方面的专业承包序列一级、二级资质。

⑤公路交通工程专业承包不分等级资质，城市轨道交通专业承包不分等级资质。

(2)下列工程建设从业单位资质许可，由企业工商注册所在地省、自治区、直辖市人民政府建设主管部门实施：

①施工总承包序列二级资质(不含国务院国有资产管理部门直接监管的企业及其下属一层级的企业的施工总承包序列二级资质)。

②专业承包序列一级资质(不含铁路、交通、水利、信息产业、民航方面的专业承包序列一级资质)。

③专业承包序列二级资质(不含民航、铁路方面的专业承包序列二级资质)。

④专业承包序列不分等级资质(不含公路交通工程专业承包序列和城市轨道交通专业承包序列的不分等级资质)。

(3)下列工程建设从业单位资质许可，由企业工商注册所在地设区的市人民政府建设主管部门实施：

①施工总承包序列三级资质(不含国务院国有资产管理部门直接监管的企业及其下属一层级的企业的施工总承包三级资质)。

②专业承包序列三级资质。

③劳务分包序列资质。

④燃气燃烧器具安装、维修企业资质。

工程建设从业单位资质证书分为正本和副本，正本一份，副本若干份，正、副本具备同等法律效力。资质证书有效期为5年。

工程建设从业单位可以申请一项或多项工程建设从业单位资质；申请多项工程建设从业单位资质的，应当选择等级最高的一项资质为企业主项资质。

3. 法律责任

申请人隐瞒有关情况或者提供虚假材料申请工程建设从业单位资质的，不予受理或者不予行政许可，并给予警告，申请人在1年内不得再次申请工程建设从业单位资质。

以欺骗、贿赂等不正当手段取得工程建设从业单位资质证书的，由县级以上地方人民政府住房城乡建设主管部门或者有关部门给予警告，并依法处以罚款，申请人3年内不得再次申请工程建设从业单位资质。

4. 监督管理

县级以上人民政府住房城乡建设主管部门和其他有关部门应当依照有关法律、法规，加强对工程建设从业单位资质的监督管理。上级建设主管部门应当加强对下级住房城乡建设主管部门资质管理工作的监督检查，及时纠正资质管理中的违法行为。住房城乡建设主管部门、其他有关部门履行监督检查职责时，有权采取下列措施：

(1)要求被检查单位提供工程建设从业单位资质证书，注册执业人员的注册执业证书，有关施工业务的文档，有关质量管理、安全生产管理、档案管理、财务管理等企业内部管理制度的文件。

(2)进入被检查单位进行检查，查阅相关资料。

(3)纠正违反有关法律、法规及有关规范和标准的行为。

【案例2-1】

(1)背景：某大学新校区的学生餐饮中心工程由甲公司总承包，该公司将工程项目的土石方工程分包给乙公司。乙公司则将土石方工程交由非本公司的王某，由王某组织人员负责土石方的开挖、装卸和运输，实行单独核算、自负盈亏。

(2)问题：

①本案中的乙公司有何违法行为?

②对乙公司应当依法作何处理?

(3)分析：

①本案中的乙公司以分包方式承接了土石方工程，但允许非本公司的王某负责该土石方工程开挖、装卸和运输，并将现场全权交由王某负责，其技术、质量、安全管理及核算人员均由王某自行组织而非该分包公司的人员。按照《房屋建筑和市政基础设施工程施工分包管理办法》第十五条第二款的规定，应视同允许他人以本企业名义承揽工程。

②《建设工程质量管理条例》第六十一条规定："……施工……单位允许其他单位或者个人以本单位名义承揽工程的，责令改正，没收违法所得，……对施工单位处工程合同价款2%以上4%以下的罚款；可以责令停业整顿，降低资质等级；情节严重的，吊销资质证书。"据此，应当对乙公司作出相应的处罚。

（摘自2017年二级建造师《建设工程法规与相关知识》案例）

三、房屋建筑工程施工总承包企业资质许可管理制度

1. 资质分级

房屋建筑工程施工总承包企业资质分为特级、一级、二级和三级。

2. 资质标准

(1)特级资质标准。

1)企业资信能力。

①企业净资产6亿元以上。

②企业近三年营业收入均在50亿元以上。

③企业银行授信额度近三年均在10亿元以上。

④企业未被列入失信被执行人名单。

⑤近三年未被列入行贿犯罪档案。

2)企业技术负责人。

技术负责人应当具有15年以上从事本类别工程技术管理经历，且具有工程序列高级工程师或注册建造师执业资格；主持完成过2项符合施工总承包一级资质标准要求的代表工程。

3)科技进步水平。

①企业具有省部级(或相当于省部级水平)及以上的企业技术中心。

②企业近三年科技活动经费支出均达到营业收入的0.8%以上。

4)企业工程业绩。

近5年承担过下列4类中的3类工程的施工总承包或主体工程承包，工程质量合格：

①高度120 m以上的建筑物。

②钢筋混凝土结构单跨30 m以上(或钢结构单跨36 m以上)的建筑工程2项。

③以工程总承包方式承建的单项合同额5亿元以上的建筑工程。

④高度60 m以上的预制装配式建筑工程。

(2)一级资质标准。

1)企业资产。净资产1亿元以上。

2)企业主要人员。技术负责人具有10年以上从事工程施工技术管理工作经历，且具有结构专业高级职称。

3)企业工程业绩。

近5年承担过下列4类中的2类工程的施工总承包或主体工程承包，工程质量合格：

①地上25层以上的民用建筑工程1项或地上18～24层的民用建筑工程2项。

②高度100 m以上的构筑物工程1项或高度80～100 m(不含)的构筑物工程2项。

③建筑面积 12 万 m^2 以上的建筑工程 1 项或建筑面积 10 万 m^2 以上的建筑工程 2 项。

④钢筋混凝土结构单跨 30 m 以上(或钢结构单跨 36 m 以上)的建筑工程 1 项或钢筋混凝土结构单跨 27～30 m(不含)[或钢结构单跨 30～36 m(不含)]的建筑工程 2 项。

(3)二级资质标准

1)企业资产。净资产 4 000 万元以上。

2)企业主要人员。技术负责人具有 8 年以上从事工程施工技术管理工作经历，且具有结构专业高级职称或建筑工程专业一级注册建造师执业资格。

3)企业工程业绩。

近 5 年承担过下列 4 类中的 2 类工程的施工总承包或主体工程承包，工程质量合格：

①地上 12 层以上的民用建筑工程 1 项或地上 8～11 层的民用建筑工程 2 项。

②高度 50 m 以上的构筑物工程 1 项或高度 35～50 m(不含)的构筑物工程 2 项。

③建筑面积 6 万 m^2 以上的建筑工程 1 项或建筑面积 5 万 m^2 以上的建筑工程 2 项。

④钢筋混凝土结构单跨 21 m 以上(或钢结构单跨 24 m 以上)的建筑工程 1 项或钢筋混凝土结构单跨 18～21 m(不含)[或钢结构单跨 21～24 m(不含)]的建筑工程 2 项。

(4)三级资质标准。

1)企业资产。净资产 800 万元以上。

2)企业主要人员。

①建筑工程、机电工程专业注册建造师合计不少于 5 人，其中建筑工程专业注册建造师不少于 4 人。

②技术负责人具有 5 年以上从事工程施工技术管理工作经历，且具有结构专业中级以上职称或建筑工程专业注册建造师执业资格；建筑工程相关专业中级以上职称人员不少于 6 人，且结构、给水排水、电气等专业齐全。

③持有岗位证书的施工现场管理人员不少于 15 人，且施工员、质量员、安全员、机械员、造价员、劳务员等人员齐全。

④经考核或培训合格的中级工以上技术工人不少于 30 人。

⑤技术负责人(或注册建造师)主持完成过本类别资质二级以上标准要求的工程业绩不少于 2 项。

3. 承包工程范围

(1)取得施工总承包特级资质的企业可承担本类别各等级工程的工程总承包、施工总承包和项目管理业务。

(2)取得施工总承包一级资质的企业可承担高度 200 m 以下的工业、民用建筑工程；高度 240 m 以下的构筑物工程。

(3)取得施工总承包二级资质的企业可承担下列建筑工程的施工：高度 100 m 以下的工业、民用建筑工程；高度 120 m 以下的构筑物工程；建筑面积 15 万 m^2 以下的建筑工程；单跨 39 m 以下的建筑工程。

(4)取得施工总承包三级资质的企业可承担下列建筑工程的施工：高度 50 m 以下的工业、民用建筑工程；高度 70 m 以下的构筑物工程；建筑面积 8 万 m^2 以下的建筑工程；单跨 27 m 以下的建筑工程。

4. 资质管理

建筑业企业资质条件符合资质等级标准，建设行政主管部门颁发相应资质等级的建筑业企业资质证书。建筑业企业资质证书分为正本和副本，由国务院建设行政主管部门统一印制，正、副本具有同等法律效力。

任何单位和个人不得涂改、伪造、出借、转让建筑业企业资质证书；不得非法扣压、没收建筑业企业资质证书。

四、工程造价咨询企业资质许可管理制度

（一）资质分级

工程造价咨询企业资质等级分为甲级、乙级。

（二）资质标准

1. 甲级工程造价咨询企业资质标准

（1）已取得乙级工程造价咨询企业资质证书满 3 年。

（2）企业出资人中，注册造价工程师人数不低于出资人总人数的 60%，且其出资额不低于企业认缴出资总额的 60%。

（3）技术负责人已取得造价工程师注册证书，并具有工程或工程经济类高级专业技术职称，且从事工程造价专业工作 15 年以上。

（4）专职从事工程造价专业工作的人员（以下简称专职专业人员）不少于 20 人，其中，具有工程或者工程经济类中级以上专业技术职称的人员不少于 16 人；取得造价工程师注册证书的人员不少于 10 人，其他人员具有从事工程造价专业工作的经历。

（5）企业与专职专业人员签订劳动合同，且专职专业人员符合国家规定的职业年龄（出资人除外）。

（6）专职专业人员人事档案关系由国家认可的人事代理机构代为管理。

（7）企业近 3 年工程造价咨询营业收入累计不低于人民币 500 万元。

（8）具有固定的办公场所，人均办公建筑面积不少于 10 m^2。

（9）技术档案管理制度、质量控制制度、财务管理制度齐全。

（10）企业为本单位专职专业人员办理的社会基本养老保险手续齐全。

（11）在申请核定资质等级之日前 3 年内无《工程造价咨询企业管理办法》第二十七条禁止的行为。

2. 乙级工程造价咨询企业资质标准

（1）企业出资人中，注册造价工程师人数不低于出资人总人数的 60%，且其出资额不低于认缴出资总额的 60%。

（2）技术负责人已取得造价工程师注册证书，具有工程或工程经济类高级专业技术职称，且从事工程造价专业工作 10 年以上。

（3）专职专业人员不少于 12 人，其中，具有工程或者工程经济类中级以上专业技术职称的人员不少于 8 人；取得造价工程师注册证书的人员不少于 6 人，其他人员具有从事工程造价专业工作的经历。

(4)企业与专职专业人员签订劳动合同，且专职专业人员符合国家规定的职业年龄(出资人除外)。

(5)专职专业人员人事档案关系由国家认可的人事代理机构代为管理。

(6)具有固定的办公场所，人均办公建筑面积不少于10 m^2。

(7)技术档案管理制度、质量控制制度、财务管理制度齐全。

(8)企业为本单位专职专业人员办理的社会基本养老保险手续齐全。

(9)暂定期内工程造价咨询营业收入累计不低于人民币50万元。

(10)申请核定资质等级之日前无《工程造价咨询企业管理办法》第二十七条禁止的行为。

(三)资质申请和许可

1. 资质申请

申请甲级工程造价咨询企业资质的，可以向申请人工商注册所在地省、自治区、直辖市人民政府住房城乡建设主管部门或者国务院有关专业部门提交申请材料。省、自治区、直辖市人民政府住房城乡建设主管部门、国务院有关专业部门收到申请材料后，应当在5日内将全部申请材料报国务院住房城乡建设主管部门；国务院住房城乡建设主管部门应当自受理之日起20日内作出决定。

申请乙级工程造价咨询企业资质的，由省、自治区、直辖市人民政府住房城乡建设主管部门审查决定。其中，申请有关专业乙级工程造价咨询企业资质的，由省、自治区、直辖市人民政府住房城乡建设主管部门商同级有关专业部门审查决定。乙级工程造价咨询企业资质许可的实施程序由省、自治区、直辖市人民政府住房城乡建设主管部门依法确定。省、自治区、直辖市人民政府住房城乡建设主管部门应当自作出决定之日起30日内，将准予资质许可的决定报国务院住房城乡建设主管部门备案。

2. 资质许可

准予资质许可的，资质许可机关应当向申请人颁发工程造价咨询企业资质证书。工程造价咨询企业资质证书由国务院住房城乡建设主管部门统一印制，分正本和副本。正本和副本具有同等法律效力。工程造价咨询企业遗失资质证书的，应当在公众媒体上声明作废后，向资质许可机关申请补办。

工程造价咨询企业资质有效期为3年。资质有效期届满，需要继续从事工程造价咨询活动的，应当在资质有效期届满30日前向资质许可机关提出资质延续申请。资质许可机关应当根据申请作出是否准予延续的决定。准予延续的，资质有效期延续3年。

新申请工程造价咨询企业资质的，其资质等级依法定标准核定为乙级，设暂定期1年。暂定期届满需继续从事工程造价咨询活动的，应当在暂定期届满30日前，向资质许可机关申请换发资质证书。符合乙级资质条件的，由资质许可机关换发资质证书。

工程造价咨询企业的名称、住所、组织形式、法定代表人、技术负责人、注册资本等事项发生变更的，应当自变更确立之日起30日内，到资质许可机关办理资质证书变更手续。

(四)承揽业务范围

1. 工程造价咨询业务的范围

(1)建设项目建议书及可行性研究投资估算、项目经济评价报告的编制和审核。

(2)建设项目概预算的编制与审核，并配合设计方案比选、优化设计、限额设计等工作进行工程造价分析与控制。

(3)建设项目合同价款的确定(包括招标工程工程量清单和招标控制价、投标报价的编制和审核)；合同价款的签订与调整(包括工程变更、工程洽商和索赔费用的计算)及工程款支付，工程结算及竣工结(决)算报告的编制与审核等。

(4)工程造价经济纠纷的鉴定和仲裁的咨询。

(5)提供工程造价信息服务等。

工程造价咨询企业可以对建设项目的组织实施进行全过程或者若干阶段的管理和服务。

2. 承揽业务的限制

工程造价咨询企业依法从事工程造价咨询活动，不受行政区域限制。

甲级工程造价咨询企业可以从事各类建设项目的工程造价咨询业务。

乙级工程造价咨询企业可以从事工程造价5 000万元人民币以下的各类建设项目的工程造价咨询业务。

3. 承揽业务的形式

工程造价咨询企业在承接各类建设项目的工程造价咨询业务时，应当与委托人订立书面工程造价咨询合同。工程造价咨询企业与委托人可以参照《建设工程造价咨询合同》(示范文本)(GF—2015—0212)订立合同。

工程造价咨询企业从事工程造价咨询业务，应当按照有关规定的要求出具工程造价成果文件。工程造价成果文件应当由工程造价咨询企业加盖有企业名称、资质等级及证书编号的执业印章，并由执行咨询业务的注册造价工程师签字，加盖执业印章。工程造价咨询收费应当按照有关规定，由当事人在建设工程造价咨询合同中约定。

4. 法定禁止行为

工程造价咨询企业不得有下列行为：

(1)涂改、倒卖、出租、出借资质证书，或者以其他形式非法转让资质证书。

(2)超越资质等级业务范围承接工程造价咨询业务。

(3)同时接受招标人和投标人或两个以上投标人对同一工程项目的工程造价咨询业务。

(4)以给予回扣、恶意压低收费等方式进行不正当竞争。

(5)转包承接的工程造价咨询业务。

(6)法律、法规禁止的其他行为。

除法律、法规另有规定外，未经委托人书面同意，工程造价咨询企业不得对外提供工程造价咨询服务过程中获知的当事人的商业秘密和业务资料。

(五)资质管理

1. 监督检查机关

县级以上地方人民政府住房城乡建设主管部门、有关专业部门应当依照有关法律、法规和《工程造价咨询企业管理办法》的规定，对工程造价咨询企业从事工程造价咨询业务的活动实施监督检查。

监督检查机关履行监督检查职责时，有权采取下列措施：要求被检查单位提供工程造价咨询企业资质证书、造价工程师注册证书，有关工程造价咨询业务的文档，有关技术档案管理制度、质量控制制度、财务管理制度的文件；进入被检查单位进行检查，查阅工程造价咨询成果文件以及工程造价咨询合同等相关资料；纠正违反有关法律、法规和《工程造价咨询企业管理办法》及执业规程规定的行为。监督检查机关应当将监督检查的处理结果向社会公布。

2. 撤销资质

有下列情形之一的，资质许可机关或者其上级机关，根据利害关系人的请求或者依据职权，可以撤销工程造价咨询企业资质：

(1)资质许可机关工作人员滥用职权、玩忽职守作出准予工程造价咨询企业资质许可的。

(2)超越法定职权作出准予工程造价咨询企业资质许可的。

(3)违反法定程序作出准予工程造价咨询企业资质许可的。

(4)对不具备行政许可条件的申请人作出准予工程造价咨询企业资质许可的。

(5)依法可以撤销工程造价咨询企业资质的其他情形。

工程造价咨询企业以欺骗、贿赂等不正当手段取得工程造价咨询企业资质的，应当予以撤销。

3. 撤回资质

工程造价咨询企业取得工程造价咨询企业资质后，不再符合相应资质条件的，资质许可机关根据利害关系人的请求或者依据职权，可以责令其限期改正；逾期不改的，可以撤回其资质。

4. 注销资质

有下列情形之一的，资质许可机关应当依法注销工程造价咨询企业资质：

(1)工程造价咨询企业资质有效期满，未申请延续的。

(2)工程造价咨询企业资质被撤销、撤回的。

(3)工程造价咨询企业依法终止的。

第五节　工程建设从业人员执业资格许可制度

工程建设从业人员执业资格制度是指对具备一定专业学历、资历的从事建筑活动的专业技术人员，通过考试和注册确定其执业的技术资格，获得相应建筑工程文件签字权的一种制度。在技术要求较高的行业，实行专业技术人员执业资格制度已成为国际惯例。《建筑法》第十四条规定，从事建筑活动的专业技术人员，应当依法取得相应的执业资格证书，并在执业资格证书许可的范围内从事建筑活动。

工程建设从业人员资格包括注册建筑师、注册建造师、注册工程师、注册造价工程师、注册结构工程师、注册土木工程师、工程施工现场人员岗位资格。

一、注册建造师执业资格制度

执业资格制度是指对具有一定专业学历和资历并从事特定专业技术活动的专业技术人

员，通过考试和注册确定其执业的技术资格，获得相应文件签字权的一种制度。

(一)建设工程专业人员执业资格的准入管理

建设工程的技术要求比较复杂，建设工程的质量和安全生产直接关系到人身安全及公共财产安全，责任极为重大。因此，对从事建设工程活动的专业技术人员，应当建立起必要的个人执业资格制度，只有依法取得相应执业资格证书的专业技术人员，方可在其执业资格证书许可的范围内从事建设工程活动。没有取得个人执业资格的人员，不能执行相应的建设工程业务。

我国对从事建设工程活动的单位实行资质管理制度比较早，较好地从整体上把住了单位的建设市场准入关，但对建设工程专业技术人员(即在勘察、设计、施工、监理等专业技术岗位上工作的人员)的个人执业资格的准入制度起步较晚，导致了一些高资质的单位承接建设工程，却由低水平人员甚至非专业技术人员来完成的现象，不仅影响了建设工程的质量和安全，还影响到投资效益的发挥。因此，实行专业技术人员的执业资格制度，严格执行建设工程相关活动的准入与清出，有利于避免上述种种问题，并明确专业技术人员的责、权、利，保证建设工程确实由具有相应资格的专业技术人员主持完成设计、施工、监理等任务。

世界上发达国家大多对从事涉及公众生命和财产安全的建设工程活动的专业技术人员实行了严格的执业资格制度，如美国、英国、日本、加拿大等。建造师执业资格制度起源于英国，迄今已有近 160 年的历史。许多发达国家不仅早已建立这项制度，1997 年还成立了建造师的国际组织——国际建造师协会。我国在工程建设领域实行专业技术人员的执业资格制度，有利于促进与国际接轨，适应对外开放的需要，并可以同有关国家谈判执业资格对等互认，使我国的专业技术人员更好地进入国际建设市场。

我国工程建设领域最早建立的执业资格制度是注册建筑师制度，1995 年 9 月国务院颁布了《中华人民共和国注册建筑师条例》；之后又相继建立了注册监理工程师、结构工程师、造价工程师等制度。2002 年 12 月 9 日人事部、建设部(即现在的人力资源和社会保障部、住房和城乡建设部，下同)联合颁发了《建造师执业资格制度暂行规定》，这标志着我国建造师制度的建立和建造师工作的正式启动。到 2009 年，我国通过考试或考核取得一级、二级建造师资格的已有近百万人。

(二)建造师考试和注册的规定

注册建造师是指通过考核认定或考试合格取得中华人民共和国建造师资格证书，并按照规定注册，取得中华人民共和国建造师注册证书和执业印章，担任施工单位项目负责人及从事相关活动的专业技术人员。未取得注册证书和执业印章的，不得担任大中型建设工程项目的施工单位项目负责人，不得以注册建造师的名义从事相关活动。《建造师执业资格制度暂行规定》中规定，经国务院有关部门同意，获准在中华人民共和国境内从事建设工程项目施工管理的外籍及港、澳、台地区的专业人员，符合本规定要求的，也可报名参加建造师执业资格考试以及申请注册。

1. 建造师的考试

《建造师执业资格制度暂行规定》中规定，一级建造师执业资格实行统一大纲、统一命题、统一组织的考试制度，由人力资源和社会保障部、住房和城乡建设部共同组织实施，原则上每年举行一次考试。

住房和城乡建设部负责编制一级建造师执业资格考试大纲和组织命题工作，统一规划建造师执业资格的培训等有关工作。培训工作按照培训与考试分开、自愿参加的原则进行。人力资源和社会保障部负责审定一级建造师执业资格考试科目、考试大纲和考试试题，组织实施考务工作；会同住房和城乡建设部对考试考务工作进行检查、监督、指导和确定合格标准。

住房和城乡建设部负责拟定二级建造师执业资格考试大纲，人力资源和社会保障部负责审定考试大纲。二级建造师执业资格实行全国统一大纲，各省、自治区、直辖市命题并组织考试的制度。各省、自治区、直辖市人力资源和社会保障厅(局)，住房和城乡建设厅(委)按照国家确定的考试大纲和有关规定，在本地区组织实施二级建造师执业资格考试。

(1)考试内容和时间。《建造师执业资格制度暂行规定》中规定，一级建造师执业资格考试，分综合知识与能力和专业知识与能力两个部分。《建造师执业资格考试实施办法》进一步规定，一级建造师执业资格考试设“建设工程经济”“建设工程法规及相关知识”“建设工程项目管理”和“专业工程管理与实务”4 个科目。目前，“专业工程管理与实务”科目分为：建筑工程、公路工程、铁路工程、民航机场工程、港口与航道工程、水利水电工程、市政公用工程、通信与广电工程、矿业工程、机电工程 10 个专业类别。考生在报名时可根据实际工作需要选择专业类别。

一级建造师执业资格考试时间定于每年的第三季度。一级建造师执业资格考试分 4 个半天，以纸笔作答方式进行。“建设工程经济”科目的考试时间为 2 小时，“建设工程法规及相关知识”和“建设工程项目管理”科目的考试时间均为 3 小时，“专业工程管理与实务”科目的考试时间为 4 小时。

二级建造师执业资格考试设“建设工程施工管理”“建设工程法规及相关知识”“专业工程管理与实务”3 个科目。

(2)报考条件和考试申请。《建造师执业资格制度暂行规定》中规定，凡遵守国家法律、法规，具备下列条件之一者，可以申请参加一级建造师执业资格考试：

①取得工程类或工程经济类大学专科学历，工作满 6 年，其中从事建设工程项目施工管理工作满 4 年。

②取得工程类或工程经济类大学本科学历，工作满 4 年，其中从事建设工程项目施工管理工作满 3 年。

③取得工程类或工程经济类双学士学位或研究生班毕业，工作满 3 年，其中从事建设工程项目施工管理工作满 2 年。

④取得工程类或工程经济类硕士学位，工作满 2 年，其中从事建设工程项目施工管理工作满 1 年。

⑤取得工程类或工程经济类博士学位，从事建设工程项目施工管理工作满 1 年。

凡遵纪守法、具备工程类或工程经济类中等专科以上学历并从事建设工程项目施工管理工作满 2 年，可报名参加二级建造师执业资格考试。

已取得一级建造师执业资格证书的人员，还可根据实际工作需要，选择“专业工程管理与实务”科目的相应专业，报名参加考试。考试合格后核发国家统一印制的相应专业合格证明。该证明作为注册时增加执业专业类别的依据。

参加考试需由本人提出申请，携带所在单位出具的有关证明及相关材料到当地考试管理机构报名。考试管理机构按规定程序和报名条件审查合格后，发给准考证。考生凭准考证在指定的时间、地点参加考试。中央管理的企业和国务院各部门及其所属单位的人员按属地原则报名参加考试。

考试成绩实行 2 年为一个周期的滚动管理办法，参加全部 4 个科目考试的人员须在连续的两个考试年度内通过全部科目；免试部分科目的人员须在一个考试年度内通过应试科目。

(3)建造师执业资格证书的使用范围。参加一级建造师执业资格考试合格，由各省、自治区、直辖市人力资源和社会保障部门颁发人力资源和社会保障部统一印制，人力资源和社会保障部、住房和城乡建设部用印的中华人民共和国一级建造师执业资格证书。该证书在全国范围内有效。二级建造师执业资格考试合格者，由省、自治区、直辖市人力资源和社会保障部门颁发由人力资源和社会保障部、住房和城乡建设部统一格式的中华人民共和国二级建造师执业资格证书。该证书在所在行政区域内有效。

2. 建造师的注册

《注册建造师管理规定》中规定，注册建造师实行注册执业管理制度，注册建造师分为一级注册建造师和二级注册建造师。取得资格证书的人员，经过注册方能以注册建造师的名义执业。

(1)注册管理机构。住房和城乡建设部或其授权的机构为一级建造师执业资格的注册管理机构。省、自治区、直辖市住房城乡建设行政主管部门或其授权的机构为二级建造师执业资格的注册管理机构。人力资源和社会保障部和各级地方人力资源和社会保障部门对建造师执业资格注册和使用情况有检查、监督的责任。

(2)注册申请。《注册建造师管理规定》规定，取得一级建造师资格证书并受聘于一个建设工程勘察、设计、施工、监理、招标代理、造价咨询等单位的人员，应当通过聘用单位提出注册申请，并可以向单位工商注册所在地的省、自治区、直辖市人民政府住房城乡建设主管部门提出申请材料。申请初始注册时应当具备以下条件：

①经考核认定或考试合格取得资格证书。

②受聘于一个相关单位。

③达到继续教育要求。

④没有《注册建造师管理规定》中规定不予注册的情形。

初始注册者，可自资格证书签发之日起 3 年内提出申请。逾期未申请者，须符合本专业继续教育的要求后方可申请初始注册。申请初始注册需要提交下列材料：

①注册建造师初始注册申请表。

②资格证书、学历证书和身份证明复印件。

③申请人与聘用单位签订的聘用劳动合同复印件或其他有效证明文件(逾期申请初始注册的，应当提供达到继续教育要求的证明材料)。

(3)延续注册与增项注册。建造师执业资格注册有效期一般为 3 年。《注册建造师管理规定》中规定，注册有效期满需继续执业的，应当在注册有效期届满 30 日前，按照规定申请延续注册。延续注册的有效期为 3 年。申请延续注册的，应当提交下列材料：

①注册建造师延续注册申请表。

②原注册证书。

③申请人与聘用单位签订的聘用劳动合同复印件或其他有效证明文件。

④申请人注册有效期内达到继续教育要求的证明材料。注册建造师需要增加执业专业的，应当按照规定申请专业增项注册，并提供相应的资格证明。

(4)注册的受理与审批。省、自治区、直辖市人民政府住房城乡建设主管部门受理一级建造师注册申请后提出初审意见，并将初审意见和全部申报材料报国务院住房城乡建设主管部门审批；涉及铁路、公路、港口与航道、水利水电、通信与广电、民航专业的，国务院建设主管部门应当将全部申报材料送同级有关部门审核。符合条件的，由国务院住房城乡建设主管部门核发《中华人民共和国一级建造师注册证书》，并核定执业印章编号。

对申请初始注册的，省、自治区、直辖市人民政府住房城乡建设主管部门应当自受理申请之日起，20 日内审查完毕，并将申请材料和初审意见报国务院住房城乡建设主管部门。国务院住房城乡建设主管部门应当自收到省、自治区、直辖市人民政府住房城乡建设主管部门上报材料之日起，20 日内审批完毕并作出书面决定。有关部门应当在收到国务院住房城乡建设主管部门移送的申请材料之日起，10 日内审核完毕，并将审核意见送国务院住房城乡建设主管部门。

对申请变更注册、延续注册的，省、自治区、直辖市人民政府建设主管部门应当自受理申请之日起 5 日内审查完毕。国务院住房城乡建设主管部门应当自收到省、自治区、直辖市人民政府住房城乡建设主管部门上报材料之日起 10 日内审批完毕并作出书面决定。有关部门在收到国务院住房城乡建设主管部门移送的申请材料后，应当在 5 日内审核完毕，并将审核意见送国务院住房城乡建设主管部门。

取得二级建造师资格证书的人员申请注册，由省、自治区、直辖市人民政府住房城乡建设主管部门负责受理和审批，具体审批程序由省、自治区、直辖市人民政府住房城乡建设主管部门依法确定。对批准注册的，核发由国务院住房城乡建设主管部门统一样式的《中华人民共和国二级建造师注册证书》和执业印章，并在核发证书后 30 日内送国务院住房城乡建设主管部门备案。

原建设部《注册建造师执业管理办法(试行)》规定，注册建造师注册证书和执业印章由本人保管，任何单位(发证机关除外)和个人不得扣押注册建造师注册证书或执业印章。

(5)不予注册和注册证书的失效、注销。《注册建造师管理规定》中规定，申请人有下列情形之一的，不予注册：

①不具有完全民事行为能力的。

②申请在两个或者两个以上单位注册的。

③未达到注册建造师继续教育要求的。

④受到刑事处罚，刑事处罚尚未执行完毕的。

⑤因执业活动受到刑事处罚，自刑事处罚执行完毕之日起至申请注册之日止不满 5 年的。

⑥因前项规定以外的原因受到刑事处罚，自处罚决定之日起至申请注册之日止不满 3 年的。

⑦被吊销注册证书，自处罚决定之日起至申请注册之日止不满 2 年的。

⑧在申请注册之日前3年内担任项目经理期间，所负责项目发生过重大质量和安全事故的。

⑨申请人的聘用单位不符合注册单位要求的。

⑩年龄超过65周岁的。

⑪法律、法规规定不予注册的其他情形。

注册建造师有下列情形之一的，其注册证书和执业印章失效：

①聘用单位破产的。

②聘用单位被吊销营业执照的。

③聘用单位被吊销或者撤回资质证书的。

④已与聘用单位解除聘用合同关系的。

⑤注册有效期满且未延续注册的。

⑥年龄超过65周岁的。

⑦死亡或不具有完全民事行为能力的。

⑧其他导致注册失效的情形。

注册建造师有下列情形之一的，由注册机关办理注销手续，收回注册证书和执业印章或者公告其注册证书和执业印章作废：

①有以上规定的注册证书和执业印章失效情形发生的。

②依法被撤销注册的。

③依法被吊销注册证书的。

④受到刑事处罚的。

⑤法律、法规规定应当注销注册的其他情形。

(6)变更、续期、注销注册的申请办理。在注册有效期内，注册建造师变更执业单位，应当与原聘用单位解除劳动关系，并按照规定办理变更注册手续，变更注册后仍延续原注册有效期。申请变更注册的，应当提交下列材料：

①注册建造师变更注册申请表。

②注册证书和执业印章。

③申请人与新聘用单位签订的聘用合同复印件或有效证明文件。

④工作调动证明(与原聘用单位解除聘用合同或聘用合同到期的证明文件、退休人员的退休证明)。

《注册建造师执业管理办法(试行)》规定，注册建造师应当通过企业按规定及时申请办理变更注册、续期注册等相关手续。多专业注册的注册建造师，其中一个专业注册期满仍需以该专业继续执业和以其他专业执业的，应当及时办理续期注册。注册建造师变更聘用企业的，应当在与新聘用企业签订聘用合同后的1个月内，通过新聘用企业申请办理变更手续。因变更注册申报不及时影响注册建造师执业、导致工程项目出现损失的，由注册建造师所在聘用企业承担责任，并作为不良行为计入企业信用档案。聘用企业与注册建造师解除劳动关系的，应当及时申请办理注销注册或变更注册。聘用企业与注册建造师解除劳动合同关系后无故不办理注销注册或变更注册的，注册建造师可向省级建设主管部门申请注销注册证书和执业印章。注册建造师要求注销注册或变更注册的，应当提供与原聘用企业解除劳动关系的有效证明材料。建设主管部门经向原聘用企业核实，聘用企业在7日内没有提供书面反对意见和相关证明材料的，应予办理注销注册或变更注册。

(三)建造师执业资格的考核认定

《建造师执业资格制度暂行规定》中规定，国家在实施一级建造师执业资格考试之前，对长期在建设工程项目总承包及施工管理岗位上工作，具有较高理论水平与丰富实践经验，并受聘高级专业技术职务的人员，可通过考核认定办法取得建造师执业资格证书。据此，对长期从事建设工程总承包及施工管理工作，业绩突出，无工程质量责任事故，职业道德行为良好，身体健康，并符合规定条件的在职在编人员，经人力资源和社会保障部、住房和城乡建设部以及省、自治区、直辖市人力资源和社会保障部门与住房城乡建设行政部门批准，考核认定了一批建造师。目前，国家已实施建造师执业资格考试，考核认定工作已经结束。

(四)建造师的受聘单位和执业岗位范围

1. 建造师的受聘单位

《建造师执业资格制度暂行规定》中规定，建造师的执业范围包括：

(1)担任建设工程项目施工的项目经理。

(2)从事其他施工活动的管理工作。

(3)法律、行政法规或国务院住房城乡建设行政主管部门规定的其他业务。

一级建造师可以担任特级、一级建筑业企业资质的建设工程项目施工的项目经理；二级建造师可以担任二级及以下建筑业企业资质的建设工程项目施工的项目经理。《注册建造师管理规定》进一步规定，取得资格证书的人员应当受聘于一个具有建设工程勘察、设计、施工、监理、招标代理、造价咨询等一项或者多项资质的单位，经注册后方可从事相应的执业活动。担任施工单位项目负责人的，应当受聘并注册于一个具有施工资质的企业。据此，建造师不仅可以在施工单位担任建设工程施工项目的项目经理，也可以在勘察、设计、监理、招标代理、造价咨询等单位或具有多项上述资质的单位执业。但是，如果要担任施工单位的项目负责人即项目经理，其所受聘的单位必须具有相应的施工企业资质，而不能是仅具有勘察、设计、监理等资质的其他企业。

2. 建造师执业范围

(1)执业区域范围。《注册建造师执业管理办法(试行)》规定，一级注册建造师可在全国范围内以一级注册建造师名义执业。通过二级建造师资格考核认定，或参加全国统考取得二级建造师资格证书并经注册人员，可在全国范围内以二级注册建造师名义执业。工程所在地各级住房和城乡建设主管部门与有关部门不得增设或者变相设置跨地区承揽工程项目执业准入条件。

(2)执业岗位范围。建造师经注册后，有权以建造师名义担任建设工程项目施工的项目经理及从事其他施工活动的管理，但不得同时担任两个及以上建设工程施工项目负责人。发生下列情形之一的除外：

①同一工程相邻分段发包或分期施工的。

②合同约定的工程验收合格的。

③因非承包方原因致使工程项目停工超过120天(含)，经建设单位同意的。

注册建造师担任施工项目负责人期间原则上不得更换。如发生下列情形之一的，应当办理书面交接手续后更换施工项目负责人：

①发包方与注册建造师受聘企业已解除承包合同的。

②发包方同意更换项目负责人的。

③因不可抗力等特殊情况必须更换项目负责人的。

注册建造师担任施工项目负责人，在其承建的建设工程项目竣工验收或移交项目手续办结前，除以上规定的情形外，不得变更注册至另一企业。

建设工程合同履行期间变更项目负责人的，企业应当于项目负责人变更 5 个工作日内报住房城乡建设行政主管部门和有关部门及时进行网上变更。另外，注册建造师还可以从事建设工程项目总承包管理或施工管理、建设工程项目管理服务、建设工程技术经济咨询，以及法律、行政法规和国务院住房城乡建设主管部门规定的其他业务。

(3)执业工程范围。注册建造师应当在其注册证书所注明的专业范围内从事建设工程施工管理活动。注册建造师分 10 个专业，各专业的执业工程范围如下：

①建筑工程专业，执业工程范围如下：房屋建筑、装饰装修，地基与基础、土石方、建筑装修装饰、建筑幕墙、预拌商品混凝土、混凝土预制构件、园林古建筑、钢结构、高耸建筑物、电梯安装、消防设施、建筑防水、防腐保温、附着升降脚手架、金属门窗、预应力、爆破与拆除、建筑智能化、特种专业。

②公路工程专业，执业工程范围如下：公路，地基与基础、土石方、预拌商品混凝土、混凝土预制构件、钢结构、消防设施、建筑防水、防腐保温、预应力、爆破与拆除、公路路面、公路路基、公路交通、桥梁、隧道、附着升降脚手架、起重设备安装、特种专业。

③铁路工程专业，执业工程范围如下：铁路，土石方、地基与基础、预拌商品混凝土、混凝土预制构件、钢结构、附着升降脚手架、预应力、爆破与拆除、铁路铺轨架梁、铁路电气化、铁路桥梁、铁路隧道、城市轨道交通、铁路电务、特种专业。

④民航机场工程专业，执业工程范围如下：民航机场，土石方、预拌商品混凝土、混凝土预制构件、钢结构、高耸构筑物、电梯安装、消防设施、建筑防水、防腐保温、附着升降脚手架、金属门窗、预应力、爆破与拆除、建筑智能化、桥梁、机场场道、机场空管、航站楼弱电系统、机场目视助航、航油储运、暖通、空调、给排水、特种专业。

⑤港口与航道工程专业，执业工程范围如下：港口与航道，土石方、地基与基础、预拌商品混凝土、混凝土预制构件、消防设施、建筑防水、防腐保温、附着升降脚手架、爆破与拆除、港口及海岸、港口装卸设备安装、航道、航运梯级、通航设备安装、水上交通管制、水工建筑物基础处理、水工金属结构制性与安装、船台、船坞、滑道、航标、灯塔、战桥、人工岛、筒仓、堆场道路及陆域构筑物、围堤、护岸、特种专业。

⑥水利水电工程专业，执业工程范围如下：水利水电，土石方、地基与基础、预拌商品混凝土、混凝土预制构件、钢结构、建筑防水、消防设施、起重设备安装、爆破与拆除、水土建筑物基础处理、水利水电金属结构制作与安装、水利水电机电设备安装、河湖整治、堤防、水工大坝、水工隧洞、送变电、管道、无损检测、特种专业。

⑦矿业工程专业，执业工程范围如下：矿山，地基与基础、土石方、高耸构筑物、消防设施、防腐保温、环保、起重设备安装、管道、预拌商品混凝土、混凝土预制构件、钢

结构、建筑防水、爆破与拆除、隧道、窑炉、特种专业。

⑧市政公用工程专业，执业工程范围如下：市政公用，土石方、地基与基础、预拌商品混凝土、混凝土预制构件、预应力、爆破与拆除、环保、桥梁、隧道、道路路面、道路路基、道路交通、城市轨道交通、城市及道路照明、体育场地设施、给排水、燃气、供热、垃圾处理、园林绿化、管道、特种专业。

⑨通信与广电工程专业，执业工程范围如下：通信与广电，通信线路、微波通信、传输设备、交换、卫星地球站、移动通信基站、数据通信及计算机网络、本地网、接入网、通信管道、通信电源、综合布线、信息化工程、铁路信号、特种专业。

⑩机电工程专业，执业工程范围如下：机电、石油化工、电力、冶炼，钢结构、电梯安装、消防设施、防腐保温、起重设备安装、机电设备安装、建筑智能化、环保、电子、仪表安装、火电设备安装、送变电、核工业、炉窑、冶炼机电设备安装、化工石油设备、管道安装、管道、无损检测、海洋石油、体育场地设施、净化、旅游设施、特种专业。

(五)建造师的基本权利和义务

1. 建造师的基本权利

《建造师执业资格制度暂行规定》中规定，建造师经注册后，有权以建造师名义担任建设工程项目施工的项目经理及从事其他施工活动的管理。《注册建造师管理规定》进一步规定，注册建造师享有下列权利：

(1)使用注册建造师名称。

(2)在规定范围内从事执业活动。

(3)在本人执业活动中形成的文件上签字并加盖执业印章。

(4)保管和使用本人注册证书、执业印章。

(5)对本人执业活动进行解释和辩护。

(6)接受继续教育。

(7)获得相应的劳动报酬。

(8)对侵犯本人权利的行为进行申述。

建设工程施工活动中形成的有关工程施工管理文件，应当由注册建造师签字并加盖执业印章。施工单位签署质量合格的文件上，必须有注册建造师的签字盖章。担任建设工程施工项目负责人的注册建造师，应当按原建设部《关于印发〈注册建造师施工管理签章文件目录〉(试行)的通知》要求，在建设工程施工管理相关文件上签字并加盖执业印章，签章文件作为工程竣工备案的依据。只有注册建造师签章完整的工程施工管理文件方为有效。注册建造师有权拒绝在不合格或者有弄虚作假内容的建设工程施工管理文件上签字并加盖执业印章。建设工程合同包含多个专业工程的，担任施工项目负责人的注册建造师，负责该工程施工管理文件签章。专业工程独立发包时，注册建造师执业范围涵盖该专业工程的，可担任该专业工程施工项目负责人。分包工程施工管理文件应当由分包企业注册建造师签章。分包企业签署质量合格的文件上，必须由担任总包项目负责人的注册建造师签章。

修改注册建造师签字并加盖执业印章的工程施工管理文件，应当征得所在企业同意后由注册建造师本人进行修改；注册建造师本人不能进行修改的，应当由企业指定同等资格条件的注册建造师修改，并由其签字并加盖执业印章。

2. 建造师的基本义务

《建造师执业资格制度暂行规定》规定，建造师在工作中，必须严格遵守法律、法规和行业管理的各项规定，恪守职业道德。建造师必须接受继续教育，更新知识，不断提高业务水平。

《注册建造师管理规定》规定，注册建造师应当履行下列义务：

(1)遵守法律、法规和有关管理规定，恪守职业道德。

(2)执行技术标准、规范和规程。

(3)保证执业的质量，并承担相应责任。

(4)继续接受教育，努力提高执业水准。

(5)保守在执业中知悉的国家秘密和他人的商业、技术等秘密。

(6)与当事人有利害关系的，应当主动回避。

(7)协助注册管理机关完成相关工作。

注册建造师不得有下列行为：

(1)不履行注册建造师义务。

(2)在执业过程中，索贿、受贿或者谋取合同约定费用外的其他利益。

(3)在执业过程中实施商业贿赂。

(4)签署有虚假记载等不合格的文件。

(5)允许他人以自己的名义从事执业活动。

(6)同时在两个或者两个以上单位受聘或者执业。

(7)涂改、倒卖、出租、出借、复制或以其他形式非法转让资格证书、注册证书和执业印章。

(8)超出执业范围和聘用单位业务范围内从事执业活动。

(9)法律、法规、规章禁止的其他行为。

《注册建造师执业管理办法(试行)》还规定，注册建造师不得有下列行为：

(1)不按设计图纸施工。

(2)使用不合格建筑材料。

(3)使用不合格设备、建筑构配件。

(4)违反工程质量、安全、环保和用工方面的规定。

(5)在执业过程中，索贿、行贿、受贿或者谋取合同约定费用外的其他不法利益。

(6)签署有虚假记载等不合格的文件。

(7)以他人名义或允许他人以自己的名义从事执业活动。

(8)同时在两个或者两个以上企业受聘并执业。

(9)超出执业范围和聘用企业业务范围从事执业活动。

(10)未变更注册单位，而在另一家企业从事执业活动。

(11)所负责工程未办理竣工验收或移交手续前，变更注册到另一企业。

(12)伪造、涂改、倒卖、出租、出借或以其他形式非法转让资格证书、注册证书和执业印章。

(13)不履行注册建造师义务和法律、法规、规章禁止的其他行为。

担任建设工程施工项目负责人的注册建造师在执业过程中，应当及时、独立完成建设工程施工管理文件签章，无正当理由不得拒绝在文件上签字并加盖执业印章。担任施工项目负责人的注册建造师应当按照国家法律法规、工程建设强制性标准组织施工，保证工程施工符合国家有关质量、安全、环保、节能等有关规定。担任施工项目负责人的注册建造师，应当按照国家劳动用工有关规定，规范项目劳动用工管理，切实保障劳务人员合法权益。担任建设工程施工项目负责人的注册建造师对其签署的工程管理文件承担相应责任。建设工程发生质量、安全、环境事故时，担任该施工项目负责人的注册建造师应当按照有关法律法规规定的事故处理程序及时向企业报告，保护事故现场，不得隐瞒。

（六）注册机关的监督管理

《注册建造师管理规定》中规定，县级以上人民政府住房城乡建设主管部门和有关部门履行监督检查职责时，有权采取下列措施：

(1)要求被检查人员出示注册证书。

(2)要求被检查人员所在聘用单位提供有关人员签署的文件及相关业务文档。

(3)就有关问题询问签署文件的人员。

(4)纠正违反有关法律、法规、本规定及工程标准规范的行为。

有下列情形之一的，注册机关依据职权或者根据利害关系人的请求，可以撤销注册建造师的注册：

(1)注册机关工作人员滥用职权、玩忽职守作出准予注册许可的。

(2)超越法定职权作出准予注册许可的。

(3)违反法定程序作出准予注册许可的。

(4)对不符合法定条件的申请人颁发注册证书和执业印章的。

(5)依法可以撤销注册的其他情形。

申请人以欺骗、贿赂等不正当手段获准注册的，应当予以撤销。

《注册建造师执业管理办法(试行)》规定，注册建造师违法从事相关活动的，违法行为发生地县级以上地方人民政府住房城乡建设主管部门或有关部门应当依法查处，并将违法事实、处理结果告知注册机关；依法应当撤销注册的，应当将违法事实、处理建议及有关材料报注册机关，注册机关或有关部门应当在 7 个工作日内作出处理，并告知行为发生地人民政府住房城乡建设主管部门或有关部门。注册建造师异地执业的，工程所在地省级人民政府住房城乡建设主管部门应当将处理建议转交注册建造师注册所在地省级人民政府住房城乡建设主管部门，注册所在地省级人民政府住房城乡建设主管部门应当在 14 个工作日内作出处理，并告知工程所在地省级人民政府住房城乡建设行政主管部门。

（七）建造师及建造师工作中违法行为应承担的主要法律责任

《注册建造师管理规定》规定，隐瞒有关情况或者提供虚假材料申请注册的，住房城乡建设主管部门不予受理或者不予注册，并给予警告，申请人 1 年内不得再次申请注册。以欺骗、贿赂等不正当手段取得注册证书的，由注册机关撤销其注册，3 年内不得再次申请注册，并由县级以上地方人民政府住房城乡建设主管部门处以罚款。其中没有违法所得的，处以 1 万元以下的罚款；有违法所得的，处以违法所得 3 倍以下且不超过 3 万元的罚款。聘用单位为申请人提供虚假注册材料的，由县级以上地方人民政府住房城乡建设主管部门或者其他有关部门给予警告，责令限期改正；逾期未改正的，可处以 1 万元以上 3 万元以下的罚款。

《注册建造师管理规定》中规定，未取得注册证书和执业印章，担任大中型建设工程项目施工单位项目负责人，或者以注册建造师的名义从事相关活动的，其所签署的工程文件无效，由县级以上地方人民政府住房城乡建设主管部门或者其他有关部门给予警告，责令停止违法活动，并可处以 1 万元以上 3 万元以下的罚款。未办理变更注册而继续执业的，由县级以上地方人民政府住房城乡建设主管部门或者其他有关部门责令限期改正；逾期不改正的，可处以 5 000 元以下的罚款。

《注册建造师管理规定》中规定，注册建造师在执业活动中有下列行为之一的，由县级以上地方人民政府住房城乡建设主管部门或者其他有关部门给予警告，责令改正，没有违法所得的，处以 1 万元以下的罚款；有违法所得的，处以违法所得 3 倍以下且不超过 3 万元的罚款：

(1)不履行注册建造师义务。

(2)在执业过程中，索贿、受贿或者谋取合同约定费用外的其他利益。

(3)在执业过程中实施商业贿赂。

(4)签署有虚假记载等不合格的文件。

(5)允许他人以自己的名义从事执业活动。

(6)同时在两个或者两个以上单位受聘或者执业。

(7)涂改、倒卖、出租、出借或以其他形式非法转让资格证书、注册证书和执业印章。

(8)超出执业范围和聘用单位业务范围从事执业活动。

(9)法律、法规、规章禁止的其他行为。

《注册建造师管理规定》中规定，注册建造师或者其聘用单位未按照要求提供注册建造师信用档案信息的，由县级以上地方人民政府住房城乡建设主管部门或者其他有关部门责令限期改正；逾期未改正的，可处以 1 000 元以上 1 万元以下的罚款。

《注册建造师管理规定》中规定，县级以上人民政府住房城乡建设主管部门及其工作人员，在注册建造师管理工作中，有下列情形之一的，由其上级行政机关或者监察机关责令改正，对直接负责的主管人员和其他直接责任人员依法给予处分；构成犯罪的，依法追究刑事责任：

(1)对不符合法定条件的申请人准予注册的。

(2)对符合法定条件的申请人不予注册或者不在法定期限内作出准予注册决定的。

(3)对符合法定条件的申请不予受理或者未在法定期限内初审完毕的。

(4)利用职务上的便利，收受他人财物或者其他好处的。

(5)不依法履行监督管理职责或者监督不力，造成严重后果的。

《建设工程质量管理条例》规定，违反本条例规定，注册建筑师、注册结构工程师、监理工程师等注册执业人员因过错造成质量事故的，责令停止执业 1 年；造成重大质量事故的，吊销执业资格证书，5 年以内不予注册；情节特别恶劣的，终身不予注册。

二、注册造价工程师执业资格制度

1. 注册造价工程师的概念

注册造价工程师是指通过全国造价工程师执业资格统一考试或者资格认定、资格互认，取得中华人民共和国造价工程师执业资格(以下简称执业资格)，并按照《注册造价工程师管理办法》注册，取得中华人民共和国造价工程师注册执业证书(以下简称注册证书)和执业印章，从事工程造价活动的专业人员。

全国造价工程师执业资格考试由国家住房和城乡建设部与国家人力资源和社会保障部共同组织，考试每年举行一次，造价工程师执业资格考试实行全国统一大纲、统一命题、统一组织的办法。原则上每年举行一次，只在省会城市设立考点。考试采用滚动管理，共设4个科目，单科滚动周期为2年。

国家在工程造价领域实施造价工程师执业资格制度。凡从事工程建设活动的建设、设计、施工、工程造价咨询、工程造价管理等单位和部门，必须在计价、评估、审查(核)、控制及管理等岗位配有具有造价工程师执业资格的专业技术人员。

2. 注册造价工程师执业范围

《注册造价工程师管理办法》规定，注册造价工程师执业范围包括：

(1)建设项目建议书、可行性研究投资估算的编制和审核，项目经济评价，工程概、预、结算，竣工结(决)算的编制和审核。

(2)工程量清单、标底(或者招标控制价)、投标报价的编制和审核，工程合同价款的签订及变更、调整，工程款支付与工程索赔费用的计算。

(3)建设项目管理过程中设计方案的优化、限额设计等工程造价分析与控制，工程保险理赔的核查。

(4)工程经济纠纷的鉴定。

三、工程施工现场人员岗位资格管理

1. 项目经理的概念

施工企业项目经理是指受企业法定代表人的委托，对工程项目施工过程全面负责的项目管理者，是建筑施工企业法定代表人在工程项目上的代表人。项目经理岗位是保证工程项目建设质量、安全、工期的重要岗位。项目经理责任制是我国施工管理体制上一个重大的改革，建造师执业资格制度建立以后，仍然要坚持落实项目经理岗位责任制。大中型工程项目的项目经理必须由取得建造师执业资格的建造师担任。注册建造师资格是担任大中型工程项目经理的一项必要条件，是国家的强制性要求。

2. 项目经理岗位职责

(1)项目经理是施工企业法人代表在工程项目上的全权委托代理人，独立承担项目的决策、质量、进度、安全责任。

(2)负责项目部全面工作，按施工组织设计，精心施工，实现工程利润、成本、工期、质量目标。

(3)会同各职能部门对工程材料、设备进行计划、采购、供应、使用和管理，控制工程成本，均衡材料占用资金比例，贯彻材料管理制度，提交材料消耗报告。

(4)合理地安排、组织施工，协调技术管理部门，实行全面质量管理，推行“科学管理，质量为先；遵纪守法，关爱环境；以人为本，安全生产；诚信守诺，追求卓越”的方针。同时，推行“向顾客提供一流的产品及服务，对污染环境、危及职工身体健康与安全的危险源进行有效的控制，以达到国家相关法律、法规的要求”的目标，使工程质量达到优良。

(5)建立以项目经理为首的安全生产领导小组，落实安全生产责任制，监督检查安全工作执行落实情况。亲自主持定期的安全生产例会，协调安全与生产间的矛盾，消除施工中的一切不安全因素。

(6)管理协调各工种、各施工单位的交叉施工，保持与管理部门的联系，树立企业形象，实行栋号经营核算，实行文明施工。

(7)管理工地日常事务，考察管理人员工作状况，查处违规、违章、违法行为；团结同志，全心全意为公司利益而服务。

(8)认真学习国家关于职业健康安全、环境、卫生等方面的法规文件。

3. 关键岗位从业资格管理

我国实行建筑企业关键岗位持证上岗制度，规定凡需在关键岗位工作的人员，必须经过有关部门的培训考试合格后，才能取得相应岗位证书；未取得岗位证书的人员，一律不得在关键岗位工作。目前实施施工现场人员岗位资格的有施工员、质检员、安全员和其他特种作业工种人员。

本章小结

建设许可包括三项许可制度，即建设工程施工许可制度、从事建设活动单位资质制度和从事建设活动的个人资格制度。项目建设程序是指一个建设项目从建设设想或者建设意图的提出到项目的选择、评估、决策，再到设计、施工，直到竣工投产、交付使用的整个建设过程中，各项工作必须遵循的先后工作次序。建设工程施工许可制度是指建设行政主管部门根据建设单位的申请，依法对建筑工程是否具备施工条件进行审查，符合条件者准许该建筑工程开始施工并颁发施工许可证的一种制度。从业单位资格许可包括从业单位的条件和从业单位的资质。工程建设从业人员执业资格制度是指对具备一定专业学历、资历的从事建筑活动的专业技术人员，通过考试和注册确定其执业的技术资格，获得相应建筑工程文件签字权的一种制度。

思考与练习

一、单项选择题

1. 根据《注册建筑师管理规定》，负责核发《中华人民共和国一级建造师注册证书》的机构是(　　)。

   A. 省、自治区、直辖市人民政府住房城乡建设主管部门

   B. 国务院住房城乡建设主管部门

   C. 中国建筑业协会建造师分会

   D. 国务院发展和改革委员会

2. 在注册有效期内，注册建造师变更执业单位，应当与原聘用单位解除劳动关系，同时按规定办理(　　)手续。

A. 初始注册　　　　　　　　　　　　B. 延续注册

C. 变更注册　　　　　　　　　　　　D. 增项注册

3. 根据《建筑企业资质管理规定》，关于施工企业资质证书的说法，下列正确的是(　　)。

A. 资质许可机关未在企业资质证书有效期届满前作出是否准予延续资质证书约定的，视为不准予延续

B. 企业发生合并、重组以及改制等事项，可以直接继承原施工企业资质

C. 资质证书有效期届满，未依法申请延续的，资质许可机关应当撤回其资质证书

D. 项目未取得施工许可证，施工企业擅自施工的，资质许可机关不予批准该施工企业的资质升级申请和增项申请

4. 关于二级建造师执业范围的说法，下列正确的是(　　)。

A. 注册建造师不得同时担任两个及以上建设工程施工项目负责人，项目均为小型工程施工项目的除外

B. 注册建造师担任施工项目负责人期间经受聘企业同意，可以变更注册另一企业

C. 发包人与注册建造师受聘企业已解除承包合同的，办理书面交接手续后可以更换施工项目负责人。

D. 因非承包人原因致使工程项目停工超过 120 日，注册建造师可同时担任另一工程施工项目负责人

5. 根据相关法律，下列情形中，符合施工许可证办理和报告制度的是(　　)。

A. 某工程因故延期开工，向发证机关报告后，施工许可证自动延期

B. 某工程因地震中止施工一年后向发证机关报告

C. 某工程因洪水终止施工 1 个月内，向发证机关报告，2 个月后自行恢复施工

D. 某工程因政府宏观调控停建，1 个月内向发证机关报告，一年后恢复施工前报发证机关核验施工许可证

二、多项选择题

1. 在建设师的注册管理中，下列属于不予注册情形的有(　　)。

A. 在获得建造师执业资格证书的第二年申请注册的

B. 申请人年龄超过 65 周岁的

C. 因执业活动受刑事处罚，自刑事处罚开始执行到申请注册之日止不满 5 年的

D. 申请人因交通肇事罪被判处 3 年有期徒刑，自刑满释放至申请注册之日不满 3 年的

E. 被吊销注册证书，自处罚决定之日起至申请注册之日止不满 2 年的

2. 有五位人员通过了建造师执业资格考试，目前打算申请注册。下列情形中不予注册的有(　　)。

A. 李某三年前担任工长时，由于偷工减料导致生产安全事故而受到刑事处罚

B. 赵某就职于工商行政主管部门，希望能利用业余时间从事施工管理工作

C. 王某由于业务水平高，同时受聘于两家施工企业，申请在这两个单位分别注册

D. 周某拖欠农民工工资

E. 张某由于在今年的施工过程中擅自修改图纸而受到了处分

三、思考题

1. 什么是建设工程许可？我国的建筑许可制度包括哪些内容？
2. 工程建设的法定程序分为哪几个阶段？
3. 施工许可证的申领条件有哪些？
4. 关于施工许可证的有效期有哪些规定？
5. 什么是工程建设从业单位？施工企业资质分为哪些？
6. 不同资质等级的房屋建筑工程施工总承包企业应具备哪些条件？
7. 目前我国对从事工程建设的专业技术人员已建立起哪些执业资格制度？
8. 什么是注册建造师？注册建造师的资质分为几级？
9. 什么是注册工程造价师？注册工程造价师的执业方向包括哪些？
10. 什么是项目经理？项目经理有哪些岗位职责？

四、案例分析

万方商场为了扩大营业范围，购得本市地皮一块，准备兴建万方商场分店。万方商场通过招标投标的形式与第十建筑工程公司签订了建筑工程承包合同。合同约定由第十建筑工程公司申请获得施工许可证后开工。

承包人第十建筑工程公司于2016年3月20日领取工程施工许可证，直到2016年8月20日将各种设备、材料运抵工地开始施工。

问题：

(1)万方商场是通过哪种途径取得土地使用权的？

(2)根据工程建设程序，万方商场在取得土地使用权之前还应获得哪些许可？

(3)建筑工程承包合同约定由第十建筑工程公司申请施工许可证是否符合法律规定？为什么？

第三章　建设工程发承包法律制度

知识目标

通过本章的学习，掌握建设工程必须招标的范围、规模，招标方式，建设工程招标投标的程序及要求，建设工程承发包的种类，总分包责任的划分，违法行为应承担的法律责任。

能力目标

能识别招标投标过程中的违法行为。

驱动案例

背景：A施工公司承担了某大型建设项目的桩基工程施工任务，但该公司拿到桩基工程后，由于施工力量不足，就将该工程全部转交给了具有桩基施工资质的B公司。双方还签订了《桩基工程施工合同》，就合同单价、暂定总价、工期、质量、付款方式、结算方式以及违约责任等做了约定。在合同签订后，B公司组织实施并完成了该桩基工程施工任务。建设单位在组织竣工验收时，发现有部分桩基工程质量不符合规定的质量标准，便要求A公司负责返工、修理，并赔偿因此造成的损失。但A公司以该桩基工程已交由B公司施工为由，拒不承担任何赔偿责任。

请思考：

(1)A施工公司是通过什么方式承揽到工程建设项目的？

(2)A公司在该桩基工程的承包活动中有何违法行为？

(3)A公司是否应对该桩基工程的质量问题承担赔偿责任？

(摘自2017年二级建造师《建设工程法规与相关知识》案例)

第一节　建设工程招标投标制度

一、建设工程必须招标的范围、规模和招标方式

1. 建设工程必须招标的范围

《中华人民共和国招标投标法》(以下简称《招标投标法》)规定，必须招标投标的项目包括：大型基础设施、公用事业等关系社会公共利益、公共安全的项目；全部或者部分使用

国有资金投资或者国家融资的项目；使用国际组织或者外国政府贷款援助资金的项目。

2. 建设工程必须招标的规模标准

按照《工程建设项目招标范围和规模标准规定》，必须招标范围内的各类工程建设项目，达到下列标准之一的，必须进行招标：

(1)施工单项合同估算价在人民币 200 万元以上的。

(2)重要设备、材料等货物的采购，单项合同估算价在 100 万元人民币以上的。

(3)勘察、设计、监理等服务的采购，单项合同估算价在 50 万元人民币以上的。

(4)单项合同估算价低于第(1)、(2)、(3)项规定的标准，但项目总投资额在 3 000 万元人民币以上的。

3. 可以不进行招标的建设工程项目

《工程建设项目施工招标投标办法》中规定，有下列情形之一的，经该办法规定的审批部门批准，可以不进行施工招标：

(1)涉及国家安全、国家秘密、抢险救灾或者属于利用扶贫资金实行以工代赈需要使用农民工等特殊情况，不适宜进行招标。

(2)施工主要技术采用不可替代的专利或者专有技术。

(3)已通过招标方式选定的特许经营项目投资人依法能够自行建设。

(4)采购人依法能够自行建设。

(5)在建工程追加的附属小型工程或者主体加层工程，原中标人仍具备承包能力，并且其他人承担将影响施工或者功能配套要求。

(6)国家规定的其他情形。

4. 建设工程招标方式

(1)《招标投标法》规定：招标分为公开招标和邀请招标。

(2)国有资金控股或者占主导地位的依法必须进行招标的项目，应当公开招标。

(3)对于应当公开招标的项目，有下列情形之一的，经批准可以进行邀请招标：

①项目技术复杂或有特殊要求，或者受自然地域环境限制，只有少量潜在投标人可供选择。

②涉及国家安全、国家秘密或者抢险救灾，适宜招标但不宜公开招标的。

③采用公开招标方式的费用与项目合同金额的比例过大。

二、招标基本程序和禁止肢解发包的规定

1. 招标基本程序

(1)落实招标条件：《工程建设项目施工招标投标办法》规定，依法必须招标的工程建设项目，应当具备下列条件才能进行施工招标：

①招标人已经依法成立。

②初步设计及概算应当履行审批手续的，已经批准。

③有相应资金或资金来源已经落实。

④有招标所需的设计图纸及技术资料。

(2)委托招标代理机构：招标代理机构可以在其资格等级范围内承担下列招标事宜：

①拟定招标方案，编制和出售招标文件、资格预审文件。

②审查投标人资格。

③编制控制价(标底)。

④组织投标人踏勘现场。

⑤组织开标、评标，协助招标人定标。

⑥草拟合同。

⑦招标人委托的其他事项。

(3)编制招标文件：招标人应当在招标文件中规定实质性要求和条件，并用醒目的方式标明。招标人对已发出招标文件进行必要的澄清或者修改的，应当在招标文件要求提交投标文件截止时间至少 15 日前，以书面形式通知所有招标文件收受人。依法必须进行招标的项目，自招标文件开始发出之日起至投标人提交投标文件截止之日止，最短不得少于 20 日。

(4)发布招标公告或投标邀请书：招标人采用公开招标方式的，应当发布招标公告。招标人采用邀请招标方式的，应当向三个以上具备承担招标项目的能力、资信良好的特定的法人或者其他组织发出招标邀请书。招标人应当按照招标公告或者投标邀请书规定的时间、地点出售招标文件。自招标文件出售之日起至停止出售之日止，最短不得少于 5 日。

(5)资格审查：资格审查应主要审查潜在投标人或投标人是否符合下列条件：

①具有独立订立合同的权利。

②具有履行合同的能力。

③没有处于被责令停业，投标资格取消，财产被接管、冻结、破产状态。

④在最近三年内没有骗取中标和严重违约及重大工程质量问题。

⑤国家规定的其他资格条件。

(6)开标：招标人在招标文件要求提交投标文件的截止时间前收到的所有投标文件，开标时都应当众予以拆封、宣读。开标过程应当记录，并存档备查。《中华人民共和国招标投标法实施条例》规定，未通过资格预审的申请人提交的投标文件，以及逾期送达或者不按照招标文件要求密封的投标文件，招标人应当拒收。

(7)评标：其评标委员会由招标人的代表和有关技术、经济等方面的专家组成，成员人数为 5 人以上单数，其中技术、经济等方面的专家不得少于成员总数的 2/3。

(8)中标：招标人根据评标委员会提出的书面评标报告和推荐的中标候选人确定中标人。招标人也可以授权评标委员会直接确定中标人。

(9)签订合同：招标人和中标人应当在投标有效期内并在自中标通知书发出之日起 30 日内，按照招标文件和中标人的投标文件订立书面合同。招标人和中标人不得再行订立背离合同实质性内容的其他协议。

2. 禁止肢解发包

《建筑法》规定，提倡对建筑工程实行总承包，禁止将建筑工程肢解发包。建筑工程的发包单位可以将建筑工程的勘察、设计、施工、设备采购一并发包给一个工程总承包单位；但是，不得将应当由一个承包单位完成的建筑工程肢解成若干部分发包给几个承包单位。

《建筑工程质量管理条例》规定，建设单位不得将建设工程肢解发包。建设单位将建设工程肢解发包的，责令改正，处工程合同价款 0.5%以上 1%以下的罚款；对全部或者部分使用国有资金的项目，可以暂停项目执行或者暂停资金拨付。

三、投标文件的法定要求和投标保证金

1. 投标文件的要求

《工程建设项目施工招标投标办法》规定，投标文件一般包括下列内容：

(1)投标函。

(2)投标报价。

(3)施工组织设计。

(4)商务和技术偏差表。

响应招标文件的实质性要求是投标的基本前提。实质性要求和条件主要是指招标文件中有关招标项目的价格、期限、技术规范、合同的主要条款等内容。

2. 投标文件的修改与撤回

《招标投标法》规定，投标人在招标文件要求提交投标文件的截止时间前，可以补充、修改或者撤回已提交的投标文件，并书面通知招标人。补充、修改的内容为投标文件的组成部分。

《工程建设项目施工招标投标办法》进一步规定，在提交投标文件截止时间后到招标文件规定的投标有效期终止之前，投标人不得撤销其投标文件，否则招标人可以不退还其投标保证金。

3. 投标保证金

(1)投标保证金的形式与金额：投标保证金除现金外，可以是银行出具的银行保函、保兑支票、银行汇票或现金支票。投标保证金一般不得超过招标项目估算价的2%，投标保证金有效期应当与投标有效期一致。投标人应当按照投标文件要求的方式和金额，将投标保证金随投标文件提交给招标人或其委托的招标代理机构。

(2)投标保证金的退还：招标人最迟应当在与中标人签订合同后五日内，向中标人和未中标的投标人退还投标保证金及银行同期存款利息。

4. 投标文件的无效

《工程建设项目施工招标投标办法》规定，投标文件有下列情形之一的，招标人应当拒收：

(1)逾期送达。

(2)未按招标文件要求密封。

有下列情形之一的，评标委员会应当否决其投标：

(1)投标文件未经投标单位盖章和单位负责人签字。

(2)投标联合体没有提交共同投标协议。

(3)投标人不符合国家或者招标文件规定的资格条件。

(4)同一投标人提交两个以上不同的投标文件或者投标报价，但招标文件要求提交备选投标的除外。

(5)投标报价低于成本或者高于招标文件设定的最高投标限价。

(6)投标文件没有对招标文件的实质性要求和条件作出响应。

(7)投标人有串通投标、弄虚作假、行贿等违法行为。

5. 投标有效期

投标有效期是从投标人提交投标文件截止之日起计算，一般至中标通知书签发日期止。在此期限内，所有招标文件均保持有效。

四、禁止投标人实施不正当竞争行为

1. 投标人相互串通投标

《工程建设项目施工招标投标办法》规定，下列行为均属于投标人串通投标报价：

(1)投标人之间相互约定抬高或降低投标报价。

(2)投标人之间相互约定，在招标项目中分别以高、中、低价位报价。

(3)投标人之间先进行内部竞价，内定中标人，然后再参加投标。

(4)投标人之间其他串通投标报价行为。

2. 投标人与招标人串通投标

《工程建设项目施工招标投标办法》规定，下列行为均属招标人与投标人串通投标：

(1)招标人在开标前开启投标文件，并将有关信息泄露给其他投标人，或者协助投标人撤换、修改投标文件。

(2)招标人向投标人泄露标底、评标委员会成员等信息。

(3)招标人明示或者暗示投标人压低或抬高投标报价。

(4)招标人明示或者暗示投标人为特定投标人中标提供方便。

(5)招标人与投标人为谋求特定中标人中标而采取的其他串通行为。

3. 投标人以他人名义投标

以他人名义投标，指投标人挂靠其他施工单位，或从其他单位通过受让或租借的方式获取资格或资质证书，或者由其他单位及其法定代表人在自己编制的投标文件上加盖印章和签字等行为。

五、联合体投标

1. 联合体投标的特点

(1)联合体由两个或者两个以上的投标人组成，参与投标是各方的自愿行为。

(2)联合体是一个临时性的组织，不具有法人资格。

(3)联合体各方以一个投标人的身份共同投标，中标后，招标人与联合体各方共同签订一个承包合同，联合体各方就中标项目向招标人承担连带责任。

(4)联合体各方签订共同投标协议后，不得再以自己名义单独投标，也不得组成新的联合体或参与其他联合体在同一项目中投标。

2. 联合体的资格条件

联合体各方均应当具备承担招标项目的相应能力；国家有关规定或者招标文件对投标人资格条件有规定的，联合体各方均应当具备规定的相应资格条件。由同一专业的单位组成的联合体，按照资质等级较低的单位确定资质等级。

3. 联合体投标应当签订协议

联合体各方应当签订共同投标协议，明确约定各方拟承担的过程和责任，并将共同投标协议连同投标文件一并提交招标人。联合体中标的，联合体各方应当共同与招标人签订合同，就中标项目向招标人承担连带责任。

4. 联合体投标保证金

联合体投标的，应当以联合体各方或者联合体中牵头人的名义提交投标保证金。以联合体中牵头人名义提交的投标保证金，对联合体各成员具有约束力。招标不得强制投标人组成联合体共同投标，不得限制投标人之间的竞争。

六、中标的法定条件

1. 确定中标人

招标人根据评标委员会提出的书面评标报告和推荐的中标候选人确定中标人。招标人也可以授权评标委员会直接确定中标人。中标人的投标应当符合的条件包括以下几项：

(1)能够最大限度地满足招标文件中规定的各项综合评价标准。

(2)能够满足招标文件的性质要求，并且经评审的投标价格最低，但是投标价格低于成本的除外。

2. 中标人的确定期限和中标候选人公示

招标人一般应当在 15 日内确定招标人，最迟应当在投标有效期结束日 30 个工作日前确定要将预中标人的情况在该工程项目招标公告发布的同一信息网络和建设工程交易中心予以公示，公示的时间最短不少于 2 个工作日。

3. 报告招标投标情况

《招标投标法》规定，依法必须进行招标的项目，招标人应当自确定中标人之日起 15 日内，向有关行政监督部门提交招标投标情况的书面报告。《工程建设项目施工招标投标办法》进一步规定，依法必须进行施工招标的项目，招标人应当自发出中标通知书之日起 15 日内，向有关行政监督部门提交招标投标情况的书面报告。书面报告至少应包括下列内容：

(1)招标范围。

(2)招标方式和发布招标公告的媒介。

(3)招标文件中投标人须知、技术条款、评标标准和方法、合同主要条款等内容。

(4)评标委员会的组成和评标报告。

(5)中标结果。

4. 履约保证金的提交

《招标投标法》规定，招标文件要求中标人提交履约保证金的，中标人应当提交。

《工程建设项目施工招标投标办法》规定，招标人要求中标人提供履约保证金或者其他形式履约担保的，招标人应当同时向中标人提供工程款支付担保。招标人不得擅自提高履约保证金，不得强制要求中标人垫付中标项目建设资金。

七、招投标中的违法行为应承担的法律责任

1. 招标人违法行为应承担的法律责任

《招标投标法》规定，必须进行招标的项目而不招标的，将必须进行招标的项目化整为零或者以其他任何方式规避招标的，责令限期改正，可以处项目合同金额千分之五以上千

分之十以下的罚款；对全部或者部分使用国有资金的项目，可以暂停项目执行或者暂停资金拨付；对单位直接负责的主管人员和其他直接责任人员依法给予处分。

2. 招标代理机构违法行为应承担的法律责任

《招标投标法》规定，招标代理机构违反规定，泄露应当保密的与招标投标活动有关的情况和资料的，或者与招标人、投标人串通损害国家利益、社会公共利益或者其他人合法利益的，处 5 万元以上 25 万元以下的罚款，对单位直接负责的主管人员和其他直接责任人员处单位罚款数额 5%以上 10%以下的罚款；有违法所得的，并处没收违法所得；情节严重的，禁止其一年至二年内代理依法必须进行招标的项目并予以公告，直至由工商行政管理机关吊销营业执照；构成犯罪的，依法追究刑事责任。给他人造成损失的，依法承担赔偿责任。前述所列行为影响中标结果的，中标无效。

《工程建设项目招标代理机构资格认定办法》规定，未取得工程招标代理资格或者超越资格许可范围承担工程招标代理业务的，该工程招标代理无效，由原资格许可机关处以 3 万元罚款。

3. 评标委员会违法行为应承担的法律责任

《招标投标法》规定，评标委员会成员收受投标人的财务或者其他好处的，评标委员会成员或者参加评标有关工作人员向他人透露对投标文件的评审和比较，中标候选人的推荐以及与评标有关的其他情况的，给予警告，没收收受的财物，可以并处 3 000 元以上 5 万元以下的罚款，对有违法行为的评标委员会成员取消担任委员会成员的资格，不得再参加任何依法必须进行招标的项目的评标；构成犯罪的，依法追究刑事责任。

4. 中标人违法行为应承担的法律责任

《招标投标法》规定，中标人将中标项目转让给他人的，将中标项目肢解后分别转让给他人，违反本法规定将中标项目的部分主体、关键性工作分包给他人，或者分包人再次分包的，转让、分包无效，处转让、分包项目金额千分之五以上千分之十以下的罚款；有违法所得的，并处没收违法所得，可以责令停业整顿；情节严重的，由工商行政机关吊销营业执照。

5. 国家机关工作人员违法行为应承担的法律责任

《招标投标法》规定，对招标投标活动依法负有行政监督职责的国家机关工作人员徇私舞弊、滥用职权或者玩忽职守，构成犯罪的，依法追究刑事责任；不构成犯罪的，依法给予行政处分。

6. 其他法律责任

《招标投标法》规定，任何单位违反本法规定，限制或者排斥本地区、本系统以外的法人或者其他组织参加投标的，为投标人指定招标代理机构的，强制招标人委托招标代理机构办理招标事宜的，或者以其他方式干涉招标投标活动的，责令改正；对单位直接负责的主管人员和其他直接责任人员依法给予警告、记过、记大过的处分，情节较重的，依法给予降级、撤职、开除的处分。个人利用职权进行以上违反本法行为的，依照以上规定追究责任。依法必须进行招标的项目违反本法规定，中标无效的，应当依照本法规定的中标条件从其余投标人中重新确定中标人或者依照本法重新进行招标。

【案例 3-1】

(1)背景：某建设单位准备建一座图书馆，建筑面积为 5 000 m^2，预算投资为 400 万元，工期为10个月。工程采用公开招标的方式确定承包商。按照《招标投标法》和《建筑法》的规定，建设单位编制了招标文件，并向当地的住房城乡建设行政主管部门提出了招标申请，得到批准。建设单位依照有关招标投标程序进行公开招标。

由于该工程设计上比较复杂，根据当地建设局的建议，对参加投标单位的要求应不低于二级资质。

拟参加此次投标的五家单位中A、B、D单位为二级资质，C单位为三级资质，E单位为一级资质，而C单位的法定代表人是建设单位某主要领导的亲戚。

建设单位招标工作小组在资格预审时出现了分歧，正在犹豫不决时，C单位准备组成联合体投标，经C单位的法定代表人的私下活动，建设单位同意让C与A联合承包工程，并明确向A暗示，如果不接受这个投标方案，则该工程的中标将授予B单位。A单位为了中标，同意了与C组成联合体承包该工程。于是A和C联合投标获得成功，与建设单位签订了合同，A与C也签订了联合承包工程的协议。

(2)问题：

1)简述公开招标的基本程序。

2)在上述招标过程中，作为该项目的建设单位其行为是否合法？为什么？

3)A和C组成投标联合体是否有效？为什么？

(3)分析：

1)公开招标的基本程序为：提出招标申请—由建设单位组成符合招标要求的招标班子—编制招标文件和招标控制价(标底)—发布招标公告—投标单位报名申请投标—对投标单位进行资格预审—向合格的投标单位发招标文件及设计图纸—组织标前会议—踏勘现场，并对招标文件答疑—接受投标文件—召开开标会议—组织评标，决定中标单位—发出中标通知书—签订合同。

2)作为该项目的建设单位的行为不合法。因为作为建设单位，为了照顾某些个人关系，指使A和C强行联合，并最终排斥了B、D、E可能中标的机会，构成了不正当竞争，违反了《招标投标法》中关于不得强制投标人组成联合体共同投标，不得限制投标人之间竞争的强制性规定。

3)A和C组成的投标联合体无效。根据联合体各方应符合相应资格条件，按照资质等级较低的单位资质作为联合体资质等级的规定，A和C组成的联合体的资质等级应为三级，不符合招标对投标人资质等级的要求，所以是无效的。

【案例3-2】

(1)背景：原告：某省B建筑公司；被告：某省A房地产公司。2008年11月22日某省A房地产公司就一住宅建设项目进行公开招标，该省B建筑公司与其他三家建筑公司共同参加了投标。结果由B建筑公司中标。2008年12月14日，A房地产公司就该项工程建设向B建筑公司发出中标通知书，其中载明：工程建筑面积74 781 m^2，中标价格8 000万元人民币，要求于12月25日签订工程承包合同，12月28日开工。中标通知书发出后，B建筑公司按A房地产公司的要求提出，为抓紧工期，应该先做好施工准备，后签工程合同。A房地产公司也就同意了这个意见。之后，B建筑公司进入了施工现场，平整了场地，将打桩桩架运入现场，并配合A房地产公司在12月28日打了两根桩，完成了项目的开工仪式。

但是，工程开工后，还没有等到正式签订承包合同，双方就因为对合同内容的意见不一发生了争议。A房地产公司要求B建筑公司将工程中的一个专项工程分包给自己信赖的C公司，而B建筑公司以招标文件没有要求必须分包而拒绝。2009年3月1日，A房地产公司明确函告B建筑公司：将“另行落实施工队伍”。

无可奈何的B建筑公司只得诉至工程所在地中级人民法院。在法庭上B建筑公司指出，A房地产公司既已发出中标通知书，就表明招投标过程中的要约已经承诺，按招投标文件和《建设工程施工合同(示范文本)》的有关规定，签订工程承包合同是A房地产公司的法定义务。因此，B建筑公司要求A房地产公司继续履行合同，并赔偿损失560万元。但A房地产公司辩称：虽然已发了中标通知书，但这个文件并无合同效力，且双方的合同尚未签订，因此双方还不存在合同上的权利义务关系，A房地产公司有权另行确定合同相对人。

(2)问题：

1)投标行为的法律性质是什么？为什么？

2)发出中标通知书这一行为的法律性质是什么？为什么？

3)由于没有订立合同，双方都有一定损失，双方损失应当如何承担？为什么？

(3)分析：

1)投标行为的法律性质是要约。原因在于，招标行为符合要约的概念和条件。投标的内容具体明确，因为投标意味着对招标文件的接受，再加上投标文件的内容，可以确定合同的全部内容，因此，投标行为将使合同内容具体确定。同时，投标人表明一旦中标，将受投标文件约束，表现为中标后将按照投标文件订立合同，且往往以投标保证金作为保证，因此，也符合“表明经受要约人承诺，要约人即受该意思表示约束”这一条件。

2)发出中标通知书这一行为的法律性质是承诺。由于投标人投标的过程为要约，那么招标人在对各投标人的投标文件进行严格评审，确定某一投标人为中标人之后，向其发出的中标通知书即为对投标人要约的承诺。因为中标通知书的发出意味着招标人接受了投标人的投标文件，即中标通知书是受要约人(招标人)同意要约(投标文件)的意思表示。而投标文件又意味着对招标文件的接受，两者的内容构成了明确具体的合同内容。

3)由于没有订立合同，双方都有一定损失。《招标投标法》第四十五条规定：“中标通知书对招标人和中标人具有法律效力。中标通知书发出后，招标人改变中标结果的，或者中标人放弃中标项目的，应当依法承担法律责任。”第四十六条规定：“招标人和中标人应当自中标通知书发出之日起30日内，按照招标文件和中标人的投标文件订立书面合同。”因此，如果双方最终没有签订合同，则应当有一方对此承担法律责任。

在正常的情况下，合同的内容都应当在招标文件和投标文件中体现出来。但是，在这一过程中，招标人处于主动地位，投标人只是按照招标文件的要求编制投标文件。如果投标文件不符合招标文件的要求，则应当是废标。因此，一旦出现招标文件和投标文件都没有约定合同内容的情况，应当属于招标文件的缺陷。此时的处理原则可以适用《合同法》第六十一条和六十二条的规定：第一，双方协议补充；第二，按照合同有关条款或者交易习惯确定；第三，适用《合同法》第六十二条的规定。

就本案而言，一般情况下，承包人(B建筑公司)应当自己完成发包的全部工作内容，承包的内容进行分包则为特殊情况；况且，我国立法并不鼓励发包人指定分包，因此，不进行分包是一般的理解。从另一角度看，一般情况下不进行分包是交易习惯，因此，A房地产公司如果拒绝签订合同则应当承担法律责任。

第二节 建设工程承包制度

一、建设工程总承包的规定

1. 建设工程总承包

(1)设计采购总承包。设计采购施工总承包是指工程总承包企业按照合同约定，承担工程项目的设计、采购、施工、试运行服务等工作，并对承包工程的质量、安全、工期、造价全面负责。交钥匙总承包是设计采购施工总承包业务和责任的延伸，最终是向建设单位提交一个满足使用功能、具备使用条件的工程项目。

(2)设计施工总承包。设计施工总承包是指工程总承包企业按照合同约定，承担工程项目设计和施工，并对承包工程的设计和施工的质量、安全、工期、造价负责。

(3)设计采购总承包。设计采购总承包是指工程总承包企业按照合同约定，承担工程项目设计和采购工作，并对工程项目设计和采购的质量、进度等负责。

(4)采购施工总承包。采购施工总承包是指工程总承包企业按照合同约定，承担工程项目的采购和施工，并对承包工程的采购和施工的质量、安全、工期、造价负责。

2. 总承包企业的资质管理

《建设工程勘察设计资质管理规定》规定，取得工程勘察、工程设计资质证书的企业，可以从事资质证书许可范围内相应的建设工程总承包业务。

3. 工程总承包单位与工程项目管理

工程项目管理是指从事工程项目管理的企业受工程建设单位委托，按照合同约定，代表建设单位对工程项目的实施进行全过程或若干阶段的管理和服务。工程项目管理企业不直接从事该工程项目的勘察、设计、施工等，但可以按合同约定，协助业主与工程项目的总承包企业或勘察、设计、供货、施工等企业签订合同，并受业主委托监督合同的履行。

工程总承包单位可以接受建设单位委托，按照合同约定承担工程项目管理业务，但不应在同一个工程项目上同时承担工程总承包和工程项目管理业务，也不应与承担工程总承包或者工程项目管理业务的另一方企业有隶属关系或者其他利害关系。

4. 总承包单位的责任

《建筑法》规定，建筑工程总承包单位按照总承包合同的约定对建设单位负责；分包单位按照分包合同的约定对总承包单位负责。总承包单位和分包单位就分包工程对建设单位承担连带责任。

二、联合共同承包

共同承包是指由两个以上具备承包资格的单位共同组成非法人的联合体，以共同的名义对工程进行承包的行为。

在国际工程发承包活动中，由几个承包方组成联合体进行工程承包是一种通行的做法。采用这种方式进行承包，至少有如下优越性：

(1)利用各自优势进行联合投标可以减弱相互间的竞争，增加中标的机会。

(2)减少承包风险，争取更大的利润。

(3)有助于企业之间相互学习先进技术与管理经验，促进企业发展。

1. 联合共同承包的适用范围

《建筑法》规定，大型建筑工程或者结构复杂的工程，可以由两个以上的承包单位联合共同承包。

2. 联合共同承包的资质要求

《建筑法》规定，两个以上不同资质等级的单位实行联合共同承包的，应当按照资质等级低的单位的业务许可范围承揽工程。

3. 联合共同承包的责任

《招标投标法》规定，联合体中标的，联合体各方应当共同与招标人签订合同，就中标项目向招标人承担连带责任。《建筑法》也规定，共同承包的各方对承包合同的履行承担连带责任。

三、建设工程分包

1. 工程分包

工程分包是指工程承包单位将所承包工程中的部分工程或劳务分包给其他工程承包单位完成的活动。工程施工分包可以分为专业工程分包与劳务作业分包。

(1)专业工程分包，是指施工总承包企业将其所承包工程中的专业工程发包给具有相应资质的其他建筑业企业完成的活动。

(2)劳务作业分包，是指施工总承包企业或者专业承包企业将其承包工程中的劳务作业发包给劳务分包企业完成的活动。

2. 分包工程的范围

《建筑法》规定，建筑工程总承包单位可以将承包工程的部分工程发包给具有相应资质条件的分包单位。禁止承包单位将其承包的全部建筑工程转包给他人，禁止承包单位将其承包的全部建筑工程肢解以后以分包的名义转包给他人。施工总承包的，建筑工程主体结构的施工必须由总承包单位自行完成。

《招标投标法》规定，中标人按照合同约定或者经招标人同意，可以将中标项目的部分非主体、非关键性工作分包给他人完成。中标人不得向他人转让中标项目，也不得将中标项目肢解后分别向他人转让。

分包工程发包人可以就分包合同的履行，要求分包工程承包人提供分包工程履约担保；分包工程承包人在提供担保后，要求分包工程发包人同时提供分包工程付款担保的，分包工程发包人应当提供。

3. 分包单位应具备的条件

《建筑法》规定，建筑工程总承包单位可以将承包工程的部分工程发包给具有相应资质条件的发包单位；但是除总承包合同中约定的分包外，必须经建设单位认可。禁止总承包单位将工程分包给不具备相应资质条件的单位。

总承包单位如果要将所承包的工程再分包给他人，应当告知建设单位并取得认可。这种认可应通过两种方式：

(1)在总承包合同中规定分包的内容。

(2)在总承包合同中没有规定分包内容的，应当事先征得建设单位的同意。但是，劳务作业分包由劳务作业承包人通过劳务合同约定，可不经建设单位认可。

4. 分包单位不得再分包

《建筑法》规定，禁止分包单位将其承包的工程再分包。

5. 不得转包和违法分包

违法分包是指以下行为：

(1)总承包单位将建设工程分包给不具备相应资质条件的单位。

(2)建设工程总承包合同中未有约定，又未经建设单位认可，承包单位将其承包的部分建设工程交由其他单位完成。

(3)施工总承包单位将建设工程主体结构的施工分包给其他单位。

(4)分包单位将其承包的建设工程再分包的。

转包是指承包单位承包建设工程后，不履行合同约定的责任和义务，将其承包的全部建设工程转给他人或者将其承包的全部建筑工程肢解以后以分包的名义分包给其他单位承包的行为。

6. 分包单位应承担的责任

《建筑法》规定，建筑工程总承包单位按照总承包合同的约定对建设单位负责；分包单位按照分包合同的约定对总承包单位负责。总承包单位和分包单位就分包工程对建设单位承担连带责任。

【案例 3-3】

(1)背景：某建筑工程公司法定代表人李某与个体经营者张某是老乡。张某要求能以该公司的名义承接一些工程施工业务，双方便签订了一份承包合同，约定张某可使用该公司的资质证书、营业执照等承接工程，每年上交承包费 20 万元，如不能按时如数上交承包费，该公司有权解除合同。合同签订后，张某利用该公司的资质证书、营业执照等多次承揽工程施工业务，但年底只向该公司上交了 8 万元的承包费。为此，该公司与张某发生激烈争执，并诉至法院。

(2)问题：

1)该建筑工程公司与张某是否存在违法行为？

2)该建筑公司的违法行为应当受到什么处罚？

(3)分析：

1)本案中该建筑工程公司将资质证书、营业执照等出借给张某，允许以其名义对外承揽工程，属于违法行为。《建筑法》第二十六条第二款明确规定：“禁止建筑施工企业以任何形式允许其他单位或者个人使用本企业的资质证书、营业执照，以本企业的名义承揽工程。”

2)《建筑法》第六十六条规定：“建筑施工企业转让、出借资质证书或者以其他方式允许他人以本企业的名义承揽工程的，责令改正，没收违法所得，并处罚款。”《建设工程质量管理条例》第六十一条进一步规定："违反本条例规定，勘察、设计、施工、工程监理单位允许其他单位或者个人以本单位名义承揽工程的，责令改正，没收违法所得，……；对施工单位处工程合同价款2%以上4%以下的罚款；可以责令停止整顿，降低资质等级；情节严重的，吊销资质证书。"据此，该建筑工程公司将被责令改正，没收违法所得，处工程合同价款2%以上4%以下的罚款；根据情节，还可能被责令停止整顿，降低资质等级，甚至吊销资质证书。

（摘自2017年二级建造师《建设工程法规与相关知识》案例）

四、违法行为应承担的法律责任

1. 发包单位违法行为应承担的法律责任

《建筑法》规定，发包单位将工程发包给不具有相应资质的承包单位，或者违反本法规定将建筑工程肢解发包，责令改正，处以罚款。

2. 承包单位违法行为应承担的法律责任

《建筑法》规定，超过本单位资质等级承揽工程，责令停止违法行为，处以罚款，可以责令停止整顿，降低资质等级；情节严重，吊销资质证书；有违法所得的予以没收。未取得资质证书承揽工程，予以取缔，并处罚款；有违法所得，予以没收。

3. 其他相关法律责任

《建筑法》规定，在工程发包与承包中索贿、受贿、行贿，构成犯罪，依法追究刑事责任；不构成犯罪，分别处以罚款，没收贿赂的财物，对直接负责的主管人员和其他直接责任人员给予处罚。对在工程承包中行贿的承包单位，除依照以上规定处罚外，可以责令停业整顿，降低资质等级或者吊销资质证书。

【案例3-4】

(1)背景：2015年4月，被告某建筑公司从某新农村投资建设有限公司处承包一集中居住区建筑工程后，将该工程承包给无施工资质的被告杨某，杨某又将该工程混凝土浇筑、砌筑、内外粉刷等项目分包给无施工资质的原告夏某。夏某按约进行了施工。2016年4月，原告夏某因追要工程欠款以及工人工伤赔偿等事宜与被告发生矛盾告上法庭。

(2)法院判决：本案中没有证据证明杨某系被告建筑公司的工作人员，故表明被告杨某相对于建筑公司系实际施工人。杨某又将部分工程分包给原告夏某，原告相对于杨某系实际施工人。因原告及被告杨某均无施工资质，且分包行为违反法律法规强制性规定，故原、被告之间的合同系无效合同，但原告已按合同约定完成了施工任务，并已确定了工程价款。实际施工人要求参照合同约定支付工程款的，法院应予支持。据此，法院判决被告杨某给付原告工程欠款332 961元，被告建筑公司承担连带责任。

(3)案例分析：第一，我国对从事建筑活动的建设工程企业实行资质等级许可制度。《建筑法》第十三条规定："从事建筑活动的建筑施工企业、勘察单位、设计单位和工程监理单位，按照其拥有的注册资本、专业技术人员、技术装备和已完成的建筑工程业绩等资质条件，划分为不同的资质等级，经资质审查合格，取得相应等级的资质证书后，方可在其资质等级许可的范围内从事建筑活动。"因此，承包建筑工程的单位首先应当持有依法取得的资质证书并在其资质等级许可的业务范围内承揽工程。其次，违法分包建设工程应承担连带责任。《合同法》第二百七十二条规定："……承包人不得将其承包的全部建设工程转包给第三人或者将其承包的全部建设工程肢解以后以分包的名义分别转包给第三人。禁止承包人将工程分包给不具备相应资质条件的单位。禁止分包单位将其承包的工程再分包。建设工程主体结构的施工必须由承包人自行完成。"总承包人明知建筑施工承包人没有相应的资质，具有过错，应当承担连带责任。再次，当前建筑业领域资质挂靠、非法转包等现象问题突出。一些资质较低甚至没有资质的建筑企业、工程队乃至个人，挂靠具有较高建筑资质的企业，参与竞标并成功竞标现象比较常见。尽管法律法规对建设工程分包有严格的限制，但在实际运作中，具有相应资质的建筑公司在中标后，往往将工程分包或转包给资质较低或没有资质的建筑企业、工程队甚至个人。此类现象，轻则影响工程质量，重则关系民生安全，比如工程款纠纷往往涉及拖欠农民工工资等问题，处理不当易影响民生及社会稳定，需引起重视和加强综合治理。

本章小结

《招标投标法》规定，必须招标投标的项目包括：大型基础设施、公共事业等关系社会公共利益、公共安全的项目；全部或者部分使用国有资金投资或者国家融资的项目；使用国际组织或者外国政府贷款援助资金的项目。工程总承包单位可以接受建设单位委托，按照合同约定承担工程项目管理业务，但不应在同一个工程项目上同时承担工程总承包和工程项目管理业务，也不应与承担工程总承包或者工程项目管理业务的另一方企业有隶属关系或者其他利害关系。建筑工程总承包单位按照总承包合同的约定对建设单位负责；分包单位按照分包合同的约定对总承包单位负责。总承包单位和分包单位就分包工程对建设单位承担连带责任。

思考与练习

一、单项选择题

1. 我国法律规定的招标方式是(　　)。

   A. 公开招标和议标

   B. 公开招标和邀请招标

   C. 邀请招标和议标

   D. 公开招标、邀请招标和议标

2. 关于投标保证金的说法，下列正确的是(　　)。

   A. 投标保证金有效期应当与投标日期一致

   B. 投标分两阶段进行，招标人要求投标人提交投标保证金的，应当在第一阶段提出

   C. 投标保证金有效期从提交投标文件之日起算

   D. 投标人终止招标的，应当及时退还已收取的投标保证金，投标文件未规定利息的，可以不返还利息

3. 根据《建设工程质量管理条例》的规定，下列行为中不属于违法分包的是(　　)。
A. 承包单位将其承包工程肢解以后以分包的名义分别转给其他单位承包
B. 总承包单位将建设工程主体结构中的混凝土浇筑任务分包给某公司
C. 分包单位将部分工程分包给某公司
D. 分包商不具备相应资质条件而以他人名义承接分包工程
4. 关于联合体投标的说法，下列正确的是(　　)。
A. 招标人联合投标并进行资格评审的，联合体应当再提交资格评审申请文件后组成
B. 招标人应当在资格评审公告、招标公告或者投标邀请书中载明是否接受联合体投标
C. 联合体某成员在统一招标项目中以自己名义单独投标，其投标有效
D. 由同一专业的单位组成的联合体，按照资质等级较高的单位确定其资质等级

二、多项选择题

1. 下列投标人投标的情形中，评标委员会应当否决的有(　　)。
A. 投标人主动提出了对投标文件的澄清、修改
B. 联合体提交共同投标协议
C. 投标报价高于招标文件设定的最高投标限价
D. 投标文件未经投标人盖章和单位负责人签字
E. 投标文件未对招标文件的实质性要求和条件作出响应
2. 下列投标人不正当竞争的情形中，视为投标人互相串通投标的有(　　)。
A. 不同投标人的投标文件相互混装
B. 不同投标人的投标保证金从同一单位的账户转出
C. 不同投标人委托同一单位办理投标事宜
D. 不同投标人的投标报价呈规律性差异
E. 投标人之间约定中标人。
3. 下列叙述错误的有(　　)。
A. 工程总承包单位按照总承包合同的约定对建设单位负责
B. 分包单位按照分包合同的约定对建设单位负责
C. 总承包单位和分包单位就分包工程对建设单位承担各自责任
D. 禁止总承包单位将工程分包给不具备相应资质条件的单位
E. 允许分包单位将其承包的工程再分包

三、思考题

1. 哪些建设工程必须招标？哪些建设工程可不进行招标？
2. 什么是投标保证金？
3. 简述招标人和投标人违法行为应承担的法律责任。
4. 什么是联合共同承包？其具有什么优点？
5. 简述发包单位和承包单位违法行为应承担的法律责任。

四、案例分析

背景：某工程项目，建设单位通过招标选择了一家具有相应资质的监理单位中标，并在中标通知书发出后与该监理单位签订了监理合同，后双方又签订了一份监理酬金比中标

价降低8%的协议。在施工公开招标中，有A、B、C、D、E、F、G、H等施工企业报名投标，经资格预审均符合资格预审文件的要求，但建设单位以A施工企业是外地企业为由，坚持不同意其参加投标。

问题：

(1)建设单位与监理单位签订的监理合同有何违法行为，应分别如何处罚？

(2)外地施工企业是否有资格参加本工程项目的投标，建设单位的做法应如何处罚？

第四章 建设工程合同和劳动合同法律制度

知识目标

通过本章的学习，了解合同的概念、要素及分类，建设工程合同的概念及分类；熟悉合同法的基本原则与调整范围、合同的要约与承诺，建设工程勘察设计合同、施工合同、委托监理合同的概念、分类、内容和义务，劳动合同订立的规定、劳动合同的基本条款及集体合同；掌握合同的履行、变更、转让、撤销、终止和索赔，劳动合同的履行、变更、解除和终止。

能力目标

能正确运用建设工程合同相关法规进行合同的订立、履行、变更、终止、索赔等。

驱动案例

背景：A建筑公司挂靠于一资质较高的B建筑公司，以B建筑公司名义承揽了一项工程，并与建筑单位C公司签订了施工合同。但在施工过程中，由于A建筑公司的实际施工技术力量和管理能力都较差，造成了工程进度的延误和一些工程质量缺陷。C公司以此为由，不予支付余下的工程款。A建筑公司以B建筑公司名义将C公司告上了法庭。

请思考：

(1)A建筑公司以B建筑公司名义与C公司签订的施工合同是否有效？

(2)C公司是否应当支付余下的工程款？

(摘自2017年二级建造师《建设工程法规与相关知识》案例)

第一节 合同法概述

一、合同的概念、要素及分类

(一)合同的概念

合同是具有平等主体资格的自然人、法人、其他组织之间设立、变更或终止权利义务的协议。1999年3月15日第九届全国人民代表大会第二次会议审议通过并发布的《中华人民共和国合同法》(以下简称《合同法》)，是规范我国社会主义市场交易的基本法律。

（二）合同的要素

任何合同均应具备三大要素，即主体、标的和内容。

1. 主体

主体即签约双方的当事人。合同的当事人可为自然人、法人和其他组织，且合同当事人的法律地位平等，一方不得将自己的意志强加给另一方。依法成立的合同具有法律约束力。当事人应当按照合同约定履行各自的义务，不得擅自变更或解除合同。

2. 标的

标的（又称客体）是指当事人的权利和义务共同指向的对象。如建设工程项目、货物、劳务等，标的应规定明确，切忌含混不清。

3. 内容

内容是指合同当事人之间的具体权利与义务。合同作为一种协议，其本质是一种合意，必须是两个以上意思表示一致的民事法律行为。因此，合同的缔结必须由双方当事人协商一致才能成立。合同当事人作出的意思表示必须合法，这样才能具有法律约束力。建设工程合同也是如此。在建设工程合同的订立中即使承包人一方存在着激烈的竞争（如施工合同的订立中，施工单位的激烈竞争是建设单位进行招标的基础），双方当事人仍须协商一致，发包人不能将自己的意志强加给承包人。双方订立的合同即使是协商一致的，但也不能违反法律、行政法规，否则合同就是无效的。如施工单位超越资质等级许可的业务范围订立的施工合同，就没有法律约束力。

（三）合同的分类

1. 有名合同与无名合同

有名合同也称典型合同，是法律上已经确定一定的名称，并设定具体规则的合同，如《合同法》分则所规定的建设工程施工合同等15类合同。

无名合同也称非典型合同，是法律上还未确定专门名称和具体规则的合同。根据合同自由原则，合同当事人可以自由决定合同的内容，可见当事人可自由订立无名合同。

【小提示】 从实践来看，无名合同大量存在，是合同的常态。

2. 双务合同与单务合同

双务合同是当事人之间互负义务的合同。如买卖合同、租赁合同、借款合同、加工承揽合同与建设工程合同等。

单务合同是只有一方当事人负担义务的合同。如赠予合同、借用合同等。

3. 有偿合同与无偿合同

有偿合同是指当事人一方享有合同规定的权益，须向另一方付出相应代价的合同。

有偿合同是商品交换最典型的法律形式。在实践中，绝大多数合同都是有偿的。有偿合同常见的合同形式包括买卖、租赁、运输、承揽等。

无偿合同是指一方当事人享有合同约定的权益，但无须向另一方付出相应代价的合同。例如赠予合同、借用合同等。

4. 诺成合同与实践合同

诺成合同是指当事人各方的意思表示一致即告成立的合同。如委托合同、勘察设计合同等。

实践合同又称要物合同，是指除双方当事人的意思表示一致，还须交付标的物才能成立的合同。例如保管合同、定金合同等。

5. 要式合同与不要式合同

要式合同是法律规定或当事人约定必须具备一定形式的合同。如《合同法》规定建设工程合同应当采用书面形式，建设工程合同即属于要式合同。

不要式合同是法律规定或当事人约定不要求具备一定形式的合同。

6. 格式合同与非格式合同

格式合同又称为定式合同、附和合同或一般交易条件，它是当事人一方为与不特定的多数人进行交易而预先拟定的，且不允许相对人对其内容作任何变更的合同。反之，为非格式合同。

格式条款具有《合同法》规定的导致合同无效的情形的，或者提供格式条款一方免除其责任、加重对方责任、排除对方主要权利的，该条款无效。

对格式条款的理解发生争议的，应当按照通常理解予以解释。对格式条款有两种以上解释的，应当作出不利于提供格式条款一方的解释。

【小提示】 格式条款和非格式条款不一致的，应当采用非格式条款。

7. 主合同与从合同

主合同是指不需要其他合同存在即可独立存在的合同；从合同是以其他合同为存在前提的合同。例如，对于保证合同而言，设立主债务的合同就是主合同，保证合同是从合同。

二、合同法的基本原则与调整范围

(一)合同法的基本原则

《合同法》反映合同普遍规律，反映立法者基本理念，体现合同法总的指导思想，《合同法》的基本原则是立法机关制定合同法、裁判机关处理合同争议以及合同当事人订立、履行合同的基本准则，对适用合同法具有指导、补充、解释的作用。

1. 平等原则

《合同法》第三条规定："合同当事人的法律地位平等，一方不得将自己的意志强加给另一方。"合同当事人的法律地位平等，即享有民事权利和承担民事义务的资格是平等的，一方不得将自己的意志强加给另一方。在订立建设工程合同时，双方当事人的意思表示必须是完全自愿的，不能是在强迫和压力下所作出的非自愿的意思表示。因为建设工程合同是平等主体之间的法律行为，发包人与承包人的法律地位平等，所以只有订立建设工程合同的当事人平等协商，才有可能订立意思表示一致的协议。

2. 自愿原则

《合同法》第四条规定："当事人依法享有自愿订立合同的权利，任何单位和个人不得非法干预。"自愿原则是合同法重要的基本原则，也是市场经济的基本原则之一，还是一般国家的法律准则。自愿原则体现了签订合同作为民事活动的基本特征。自愿原则贯穿于合同的全过程，在不违反法律、行政法规、社会公德的情况下：

(1)当事人依法享有自愿签订合同的权利。合同签订前，当事人通过充分协商，自由表达意见，自愿决定和调整相互权利义务关系，取得一致而达成协议。不允许任何一方违背对方意志，以大欺小，以强凌弱，将自己的意见强加于人，或通过胁迫、欺诈等手段签订合同。

(2)订立合同时，当事人有权选择对方当事人。

(3)合同自由构成。合同的形式、内容、范围由双方在不违法的情况下自愿商定。

(4)在合同履行过程中，当事人可以通过协商修改、变更、补充合同内容。双方也可以通过协议解除合同。

(5)双方可以约定违约责任。在发生争议时，当事人可以自愿选择解决争议的方式。

当然，合同的自愿原则是要受到法律的限制的，这种限制对于不同的合同而言有所不同。相对而言，由于建设工程合同的重要性，法律法规对其干预较多，对当事人的合同自愿原则的限制也较多。例如，建设工程合同内容中的质量条款，必须符合国家的质量标准，因为这是强制性的；建设工程合同的形式，必须采用书面形式，当事人没有选择的权利。

3. 公平原则

《合同法》第五条规定："当事人应当遵循公平原则确定各方的权利和义务。"合同通过权利与义务、风险与利益的结构性配置来调节当事人的行为，公平的本义和价值取向应均衡当事人利益，一视同仁，不偏不倚，等价合理。公平原则主要表现为当事人平等、自愿，当事人权利义务的等价有偿，协调合理，当事人风险的合理分担，防止权利滥用和避免义务加重等方面。

4. 诚实信用原则

《合同法》第六条规定："当事人行使权利、履行义务应当遵循诚实信用原则。"建设工程合同当事人行使权利、履行义务应当遵循诚实信用原则。这是市场经济活动中形成的道德规则，它要求人们在交易活动(订立和履行合同)中讲究信用，恪守诺言，诚实不欺。无论是发包人还是承包人，在行使权利时都应当充分尊重他人和社会的利益，对约定的义务要忠实地履行。具体包括：在合同订立阶段，如招标投标时，在招标文件和投标文件中应当如实说明自己和项目的情况；在合同履行阶段应当相互协作，发生不可抗力时，应当相互告知，并尽量减少损失。

5. 遵守法律和公共秩序的原则

《合同法》第七条规定："当事人订立、履行合同，应当遵守法律、行政法规，尊重社会公德，不得扰乱社会经济秩序，损害社会公共利益。"这是对合同自愿原则的必要限制。当事人在订立、履行合同时，都应当遵守国家的法律，在法律的约束下行使自己的权利，并不能违反公共秩序和社会公共利益。

(二)合同法的调整范围

任何一部法律都有自己的调整范围，《合同法》也不例外。掌握《合同法》的调整范围，有助于正确选择使用《合同法》。我国合同法调整的是平等主体的公民(自然人)、法人、其他组织之间的民事权利义务关系。

(1)合同法调整的是平等主体之间的债权债务关系，属于民事关系。政府对经济的管理活动，属于行政管理关系，不适用合同法；企业、单位内部的管理关系，不是平等主体之间的关系，也不适用合同法。

(2)合同是设立、变更、终止民事权利义务关系的协议，有关婚姻、收养、监护等身份关系的协议，不适用合同法。但不能认为凡是涉及身份关系的合同都不受《合同法》的调整。有些人身权利本身具有财产属性和竞争价值，如商誉、企业名称、肖像等，可以签订转让、许可合同，受《合同法》调整。另外，不能将人身关系与它所引起的财产关系相混淆，在婚姻、收养、监护关系中也存在与身份关系相联系但又独立的财产关系，仍然要适用《合同法》的一般规定，如分家析产协议、婚前财产协议、遗赠扶养协议、离婚财产分割协议等。

(3)合同法主要调整法人、其他经济组织之间的经济贸易关系，同时，还包括自然人之间因买卖、租赁、借贷、赠予等产生的合同关系。这样的调整范围与以前三部合同法的调整范围相比，有适当的扩大。

三、合同的要约与承诺

(一)合同订立与合同成立

合同订立是指缔约人进行意思表示并达成一致意见的状态，包括缔约各方自接触、协商、达成协议前讨价还价的整个动态过程和静态协议。合同订立是交易行为的法律运作。

合同成立是指当事人就合同主要条款达成了合意。合同成立需具备下列条件：

(1)存在两方以上的订约当事人。

(2)订约当事人对合同主要条款达成一致意见。

【小提示】 合同的成立一般要经过要约和承诺两个阶段。《合同法》规定，当事人订立合同，采取要约、承诺方式。

(二)合同订立的方式

当事人订立合同，可采取要约、承诺方式。

1. 要约

(1)要约与要约邀请。要约是希望和他人订立合同的意思表示，该意思表示应当符合下列规定：

1)内容具体确定。所谓具体，是指要约的内容必须具备有足以使合同成立的主要条款，如果没有包含合同的主要条款，受要约人难以作出承诺，即使作出了承诺，也会因为双方的这种合意不具备合同的主要条款而使合同不能成立。所谓确定，是指要约的内容须明确，不能含糊不清，否则无法承诺。

2)表明经受要约人承诺，要约人即受该意思表示约束。要约邀请是希望他人向自己发出要约的意思表示。寄送的价目表、拍卖公告、招标公告、招股说明书、商业广告等为要约邀请。商业广告的内容符合要约规定的，视为要约。

(2)要约生效。要约到达受要约人时生效。采用数据电文形式订立合同，收件人指定特定系统接收数据电文的，该数据电文进入该特定系统的时间，视为到达时间；未指定特定系统的，该数据电文首次进入收件人的任何系统的时间，视为到达时间。

(3)要约撤回与撤销。要约可以撤回，撤回要约的通知应当在要约到达受要约人之前或者与要约同时到达受要约人。要约也可以撤销，撤销要约的通知应当在受要约人发出承诺通知之前到达受要约人。有下列情形之一的，要约不得撤销：

1)要约人确定了承诺期限或者以其他形式明示要约不可撤销；

2)受要约人有理由认为要约是不可撤销的，并已经为履行合同做了准备工作。

(4)要约失效。有下列情形之一的，要约失效：

1)拒绝要约的通知到达要约人；

2)要约人依法撤销要约；

3)承诺期限届满，受要约人未作出承诺；

4)受要约人对要约的内容作出实质性变更。

2. 承诺

承诺是受要约人同意要约的意思表示。承诺应当以通知的方式作出，但根据交易习惯或者要约表明可以通过行为作出承诺的除外。

(1)承诺期限。承诺应当在要约确定的期限内到达要约人。要约没有确定承诺期限的，承诺应当依照下列规定到达：

1)要约以对话方式作出的，应当即时作出承诺，但当事人另有约定的除外；

2)要约以非对话方式作出的，承诺应当在合理期限内到达。要约以信件或者电报作出的，承诺期限自信件载明的日期或者电报交发之日开始计算。信件未载明日期的，自投寄该信件的邮戳日期开始计算。要约以电话、传真等快速通信方式作出的，承诺期限自要约到达受要约人时开始计算。

(2)承诺生效。承诺生效时合同成立。承诺通知到达要约人时生效。承诺不需要通知的，根据交易习惯或者要约的要求作出承诺的行为时生效。采用数据电文形式订立合同的，收件人指定系统接收数据电文的，该数据电文进入该特定系统的时间，视为承诺到达时间；未指定特定系统的，该数据电文进入收件人的任何系统的首次时间，视为承诺到达时间。

(3)承诺应遵循的其他规定。

1)承诺可以撤回。撤回承诺的通知应当在承诺通知到达要约人之前或者与承诺通知同时到达要约人。

2)受要约人超过承诺期限发出承诺的，除要约人及时通知受要约人该承诺有效的以外，为新要约。

3)受要约人在承诺期限内发出承诺，按照通常情形能够及时到达要约人，但因其他原因承诺到达要约人时超过承诺期限的，除要约人及时通知受要约人因承诺超过期限不接受该承诺的以外，该承诺有效。

4)承诺的内容应当与要约的内容一致。受要约人对要约的内容作出实质性变更的，为新要约。有关合同标的、数量、质量、价款或者报酬、履行期限、履行地点和方式、违约责任和解决争议方法等的变更，是对要约内容的实质性变更。

5)承诺对要约的内容作出非实质性变更的，除要约人及时表示反对或者要约表明承诺不得对要约的内容作出任何变更的以外，该承诺有效，合同的内容以承诺的内容为准。

四、合同的效力

合同效力，是指依法成立的合同所产生的法律效果。根据《合同法》第八条的规定，依法成立的合同，受法律保护，对当事人具有法律约束力。当事人应当按照约定履行自己的义务，不得擅自变更或者解除合同。

具体而言，依法成立的合同在当事人之间设定一定的权利义务关系。当事人一方违反合同，不履行所承担的义务，只要有履行的可能(包括法律上的可能和事实上的可能)，对方有权请求人民法院强制违约方履行合同。

(一)一般情况

1. 合同的成立与生效

一般情况下，合同成立的时间即为合同生效的时间。但某些法律、行政法规对合同生效有特别规定，要求办理审批、登记手续的，合同须经批准或办理登记手续才能发生效力。例如，《合同法》规定，工程建设合同必须以书面形式签订方能生效，招标人向中标人发出中标通知书就是作出了与中标人签订合同的承诺，此时合同关系成立，但直到双方签订了书面的施工承包合同，合同方可生效。另外，附生效条件或附生效期限的合同，自条件成熟时或期限届满时起发生效力，如合同双方可在合同中约定，本合同自公证之日起生效，则合同成立后还需经过公证，才能生效。

2. 影响合同效力的因素

判定合同是否有效的依据是合同是否符合民事法律行为的有效条件。因此，具备以下条件的合同是有效的合同：行为人具有相应的民事行为能力；意思表示真实；内容不违反法律或者社会公共利益。合同不具备以上有效条件的，其效力即受影响。

但是，并非不具备上述民事法律行为有效条件的合同均为无效合同。根据欠缺条件程度的不同，法律上将这类合同分为三种：一是无效合同；二是效力待定的合同；三是可变更、可撤销的合同。

(二)无效合同

无效合同是指虽经合同当事人协商订立，但因其不具备或违反了法律规定的有效条件而不发生法律效力。无效合同自始不具有法律效力。

1. 无效合同的范围

根据《合同法》及《最高人民法院关于审理建设工程施工合同纠纷案件适用法律问题的解释》的有关规定，下列合同无效：

(1)一方以欺诈、胁迫的手段订立合同，损害国家利益的。

(2)合同当事人双方恶意串通，损害国家、集体或第三者利益而签订的合同。

(3)以合法形式掩盖非法目的而签订的合同。

(4)损害社会公共利益而签订的合同。

(5)违反法律、行政法规的强制性规定而签订的合同。例如，根据《合同法》规定，工程建设施工合同中，承包人应当是取得相应建筑施工企业资质的法人。承包人未取得建筑施工企业资质或没有资质的实际施工人借用有资质的建筑施工企业名义签订的工程建设施工合同无效。

2. 合同中免责条款无效的法律规定

根据《合同法》的规定，合同中若有下列免责条款，该条款无效：

(1)造成对方人身伤害的。

(2)因故意或者重大过失造成财产损失的。

(三)效力待定合同

效力待定合同是指由于存在影响合同效力的因素，合同的效力在合同订立之时尚不能确定，须依法律规定的具体情况确定效力。这类合同包括以下四点。

1. 无民事行为能力人、限制民事行为能力人订立的合同

行为人具有相应的行为能力，是民事法律行为的有效条件之一。一般情况下，无民事行为能力人订立的合同无效，但无民事行为能力人订立的合同经法定代理人追认后，可产生法律效力。限制行为能力人虽然不具有完全行为能力，但有一定的行为能力。限制行为能力人在其行为能力范围内订立的合同，依法可以成立。超出其行为能力订立合同，应事先征得其法定代理人的同意，才能有效成立，否则依据《合同法》第四十七条的规定，只有经法定代理人追认后才能有效成立，但无民事行为能力人或限制行为能力人订立的纯获利益、不负担义务的合同，则无须法定代理人的追认也可有效成立。

2. 无权代理所订立的合同

代理人代为签订的合同的效力直接约束被代理人与第三人。代理人须有代理权，在代理权限内以被代理人的名义订立合同，才能发生效力。如果行为人没有代理权或者超越代理权或者代理终止后以被代理人的名义订立合同，即构成无权代理。根据《合同法》第四十八条的规定，行为人没有代理权、超越代理权或者代理权终止后以被代理人名义订立的合同，未经被代理人追认，对被代理人不发生效力，由行为人承担责任。

《合同法》第四十九条规定，行为人没有代理权、超越代理权或者代理权终止后以被代理人名义订立的合同，相对人有理由相信行为人有代理权的，该代理行为有效。无权代理人订立的合同，原则上对被代理人不发生效力，由无权代理人承担责任，但无权代理人订立的合同，如经被代理人追认，代理行为有效，合同可以依法成立。

代理行为的相对人享有催告权，即相对人可以催告被代理人在一个月内予以追认，被代理人未作表示的视为拒绝追认。合同被追认之前，善意相对人还享有撤销合同的权利。

3. 法定代表人、负责人越权订立的合同

法人的法定代表人、其他组织的负责人应按照法人章程的规定或者法律的规定，在职权范围内对外签订合同。例如，超越代表权限所订立的合同，在法律上即存在缺陷。

根据《合同法》第五十条的规定，如果是相对人知道或者应当知道法定代表人、负责人超越权限而订立的合同，代表行为无效，合同对法人或其他组织不发生效力；如果是相对人不知道或者不应当知道法定代表人、负责人超越权限而订立的合同，代表行为有效，所订立的合同对法人或其他组织发生效力。

4. 无处分权人处分他人财产所订立的合同

行为人处分自己的财产，或者虽然非自己的财产但经财产所有权人授权而处分该财产，其处分行为依法成立，所订立的合同有效。无处分权而处分了他人的财产，其行为本质上属于侵害他人财产权的行为，所订立的合同不能有效成立。但根据《合同法》第五十一条的规定，无处分权人处分他人财产，经权利人事后追认或者无处分权人订立合同后取得处分权的，合同有效。

(四)可撤销合同

所谓可撤销合同，是指因意思表示不真实，通过有撤销权的机构行使撤销权，使已经生效的意思表示归于无效的合同。

1. 可撤销合同的种类

《合同法》规定，下列合同，当事人一方有权请求人民法院或者仲裁机构变更或者撤销：

(1)因重大误解订立的合同。所谓重大误解，是指误解者作出意思表示时，对涉及合同法律效果的重要事项存在着认识上的显著缺陷，其后果是使误解者的利益受到较大的损失，或者达不到误解者订立合同的目的。这种情况的出现，并不是由于行为人受到对方的欺诈、胁迫或者对方乘人之危而被迫订立的合同，而是由于行为人自己的大意、缺乏经验或者信息不通而造成的。

(2)在订立合同时显失公平的合同。所谓显失公平的合同，就是一方当事人在紧迫或者缺乏经验的情况下订立的使当事人之间享有的权利和承担的义务严重不对等的合同。如标的物的价值与价款过于悬殊，承担责任或风险显然不合理的合同，都可称为显失公平的合同。

(3)以欺诈、胁迫的手段或者乘人之危订立的合同。一方以欺诈、胁迫的手段订立合同，如果损害国家利益，按照《合同法》的规定属无效合同。如果未损害国家利益，则受欺诈、胁迫的一方可以自主决定该合同有效或者请求撤销。

2. 合同撤销权的行使

《合同法》规定，有下列情形之一的，撤销权消灭：

(1)具有撤销权的当事人自知道或者应当知道撤销事由之日起一年内没有行使撤销权。

(2)具有撤销权的当事人知道撤销事由后明确表示或者以自己的行为放弃撤销权。

【小提示】 行使撤销权应当在知道或者应当知道撤销事由之日起一年内行使，并应当向人民法院或者仲裁机构申请。

3. 被撤销合同的法律后果

《合同法》规定，无效的合同或者被撤销的合同自始没有法律约束力。合同部分无效，不影响其他部分效力的，其他部分仍然有效。合同无效、被撤销或者终止的，不影响合同中独立存在的有关解决争议方法的条款的效力。

【案例 4-1】

(1)背景：甲建筑公司(以下简称甲公司)拟向乙建材公司(以下简称乙公司)购买一批钢材。双方经口头协商，约定购买钢材 100 t，单价 3 500 元/t，并拟定了准备签字盖章的买卖合同文本。乙公司签字盖章后，交给了甲公司准备签字盖章。由于施工进度紧张，在甲公司催促下，乙公司在未收到甲公司签字盖章的合同文本情形下，将 100 t 钢材送到甲公司工地现场。甲公司接受了并投入工程使用。后因拖欠贷款，双方产生了纠纷。

(2)问题：甲、乙公司的买卖合同是否成立？

(3)分析：《合同法》第三十二条规定，“当事人采用合同书形式订立合同的，自双方当事人签字或者盖章时合同成立。”第三十七条还规定，“采用合同书形式订立合同，在签字或者盖章之前，当事人一方已经履行主要义务，对方接受的，该合同成立。”

双方当事人在合同中签字盖章十分重要。如果没有双方当事人的签字盖章，就不能最终确认当事人对合同的内容协商一致，也难以证明合同的成立有效。但是，如果一个以书面形式订立的合同已经履行，仅仅是没有签字盖章，就认定合同不成立，则违背了当事人的真实意思。当事人既然已经履行，合同当然依法成立。

(摘自2017年一级建造师《建设工程法规与相关知识》案例)

五、合同的履行、变更、转让、撤销和终止

(一)合同的履行

《合同法》规定，当事人应当按照约定全面履行自己的义务。当事人应当遵循诚实信用原则，根据合同的性质、目的和交易习惯履行通知、协助、保密等义务。

合同生效后，当事人不得因姓名、名称的变更或者法定代表人、负责人、承办人的变动而不履行合同义务。

(二)合同的变更

1. 合同变更的程序和方式

具备变更合同条件的，允许变更合同，但应当符合法律规定的程序和方式。承发包双方协商同意变更合同的，适用订立合同的程序。双方协商同意变更合同，实质上就是订立一个新的合同来变更原合同法律关系，因而应当适用订立合同的程序，由要求变更合同的一方当事人提出变更合同的建议，经双方平等协商一致，变更合同的协议即告成立。

合同的变更按法律、行政法规的规定应当办理批准、登记等手续的，依照办理。例如，房地产开发商原经批准建造商住大厦一幢，高15层，并依法与承包商签订了建设工程施工合同，如果该开发商计划再加盖8层，必须先将扩建计划报城市规划管理部门和住房城乡建设行政主管部门批准，然后才能与承包商变更合同的有关内容。否则，所作变更无效。

另外，如果原合同是经公证的，还应将变更后的合同送公证机关备案，完善手续，确保合同的法律效力。协商变更合同，应当采取书面形式。建设工程合同的一方当事人根据正当理由提出变更合同的请求而对方当事人予以拒绝或者未能满足正当要求的，可以向人民法院或仲裁机构提起诉讼或申请仲裁裁决，请求变更。其请求一经生效法律文书确认，即对双方当事人产生强制约束力。

2. 合同变更的效力

建设工程合同依法变更后，虽然与原合同仍然具有密切联系或者具有连续性，但变更后的合同相对于原合同而言毕竟是一个新的合同，从这个角度而言，合同变更后，原合同不再履行，当事人应当按变更后的合同履行义务。

合同的变更不具有溯及既往效力。无论是发包方还是承包方，均不得以变更后的合同

条款作为重新调整双方在合同变更前的权利义务关系的依据。《民法通则》明确规定："合同的变更或者解除，不影响当事人要求赔偿损失的权利。"当然，根据意思自治的原则，如果债权人免于追究债务人的违约责任，法律也无主动追究之必要。

(三)合同权利义务的转让

1. 合同权利的转让

所谓合同权利的转让，是指债权人将其合同权利的一部分或者全部转让给第三人。合同的转让是一种合同法律关系，该合同的主体是债权人和受让人，而合同的标的则为合同权利。但作为转让合同的标的，合同权利必须为合法的债权，不合法的债权不发生转让的问题。例如，建设工程合同的承包人将工程非法转包所取得或约定取得的收益即为非法所得，不能成为转让的标的。

(1)合同权利转让的限制。合同权利的转让所受到的限制较少，在一般情况下都可以基于债权人和受让人的合意而发生转让。但根据《合同法》的规定，有下列情形之一的，合同权利不得转让：

1)根据合同性质不得转让。即如果根据合同的内容，其权利和义务只能发生在特定的当事人之间，如果转让合同权利，有违合同订立的根本目的。这一类合同权利一般与合同当事人特定的身份有关，如果合同权利转让，就会破坏合同赖以成立的基础。例如，甲建筑公司与乙公司签订合同，由甲公司租用乙公司施工电梯一部，无疑，甲公司负有支付租金的义务，享有使用施工电梯的权利，但甲公司如未经乙公司同意，不得向丙公司转让合同权利(即施工电梯的使用权)，原因在于甲公司拥有操作施工电梯的专门技术、管理人员，乙公司是基于对甲公司管理水平和妥善使用方面的信任而出租该施工电梯的，如甲公司转让该合同权利，丙公司有错误操作问题，便有违乙公司订立合同之本意。凡此种种，其合同权利不得转让。

2)按照当事人约定不得转让。根据意思自治的原则，合同当事人有订立契约的自由。当然，该自由不得违反法律和行政法规的强制性或禁止性的规定和社会公共利益，只要当事人关于合同权利不得转让的约定依法成立，双方就必须严格遵守，否则，让与人须承担违约责任。

3)依照法律规定不得转让。法律对合同权利的转让有禁止性规定的，当事人不得转让。违法转让的，不发生转让的效力，债务人有权拒绝向合同权利的"受让人"履行债务。

(2)合同权利转让的程序和方式。如上所述，合同权利的转让也是一种合同行为。债权人与受让人转让合同权利的，其合同权利转让的程序和方式如下：

1)债权人与受让人订立书面协议。合同权利的转让应当采取何种方式，《合同法》没有明确规定，但因合同权利的转让涉及多方当事人，为了便于各当事人行使权利和履行债务，减少举证困难，应当采取书面形式确认。

2)法律、行政法规规定转让合同权利应当办理批准、登记等手续的，依法办理。在法律、行政法规规定转让合同权利应当办理批准、登记手续的情况下，履行该法律手续系合同权利转让协议生效的必要条件，当事人必须办理，否则转让无效。

3)通知债务人。关于合同权利转让是否须取得债务人同意才能生效的问题，《合同法》与《民法通则》的规定是不一致的。从《合同法》的规定来看，只要债权人将权利转让的内容通知债务人即发生效力，而《民法通则》则规定须取得债务人同意方能发生效力。应当看到，《民法通则》的规定侧重于保护债务人的利益，但客观上对合同权利转让的限制过于严格，不利于商品经济的发展，因为债务人可以不问理由而滥用该权利，阻止债权人转让合同权利，即使债权人转让合同权利于债务人无损仍会因未取得债务人的同意而不能实施转让。显而易见，按《民法通则》的规定执行弊多利少，也有违设立债权转让制度的宗旨，故《合同法》对此作出新的规定是符合社会经济发展需要的。

关于通知债务人的形式，《合同法》也没有明确规定，但根据合同法的基本原理，除即时清结者外，应当采取书面形式。合同对通知的形式有约定的，根据约定采取。

(3)合同权利转让的效力。合同权利依法转让后，产生一定的法律效力，即合同权利转让对内的效力和对外的效力。

1)合同权利转让对内效力。其是指合同权利依法转让在债权人(让与人)与受让人之间所发生的法律约束力。合同权利转让对内效力表现为以下三种：

①合同权利由让与人转让给受让人。如果合同权利转让为部分转让，受让人与原合同权利的债权人一同成为债权的主体；如果合同权利为全部转让，则受让人取代让与人，成为合同权利的主体。

②受让人受让合同权利。受让合同权利的同时，依附于合同权利的其他从权利如利息债权、定金债权、抵押权、留置权等也一并受让。但合同解除权等以原债权人的身份为存在前提的其他从权利，不能随合同权利一并转让。

③让与人须就其转让的合同权利对受让人承担瑕疵担保的责任。即必须保证该合同权利真实、有效，不存在瑕疵。如果由于该合同权利存在瑕疵而给受让人造成损失，让与人应当予以赔偿。

2)合同权利转让对外效力。合同的债务人不是合同权利转让的当事人，但因该转让与债务人有直接利害关系，也对债务人产生法律约束力，该约束力即为合同权利转让的对外效力。

受让人依转让合同取得合同权利后，债务人应当向该受让人履行债务。但法律为了保护债务人的合法权益，使其不因债权人转让债权而蒙受损失，规定债务人对让与人的抗辩权也适用对受让人行使。例如，如果债权人转让债权时该债权已经超过诉讼时效期间，则债务人有权以此为抗辩理由，拒绝向受让人履行债务。

2. 合同义务的转移

合同义务的转移包括债务的承担和第三人代替债务人履行债务两种情况，这两种情况为广义上的合同义务的转移；狭义上的合同义务的转移仅指债务的承担。《合同法》对债务转移所做的规定系对合同义务的承担而言的，对第三人代替债务人履行债务没有作出规定。债务的承担，是指合同当事人协议将合同债务转移由第三人承担。根据转移程度的不同，债务的转移又分为债务的全部转移和债务的部分转移两种情况。

债务的代替履行，是指债务人与第三人达成协议，由第三人代替债务人向债权人履行合同义务。在债务代替履行的情形下，债权人与第三人并不发生合同关系，而只是债务人与第三人之间发生合同关系，债权人与第三人之间彼此不能请求对方履行债务。

(1)合同义务全部转移与部分转移的含义。合同义务的全部转移，即合同债务的全部转移，是指第三人与债务人或与债权人达成转移债务的协议，由第三人承担原债务人所承担的债务。合同义务全部转移的特点是：债务的全部转移只是合同债务主体的变更，即由第三人取代原债务人成为合同债务的主体，并不发生债权债务在内容上的变化，第三人即新的债务人必须依原合同的约定承担由原债务人所承担的债务，并应承担与主债务有关的从债务，但该从债务专属于原债务人自身的，免于承担。当然，新的债务人对原债务人依合同关系所享有的对债权人的抗辩权可以继续行使。

合同义务的部分转移，即合同债务的部分转移，是指第三人与债务人或与债权人达成转移部分债务的协议，由第三人与原债务人一同向债权人履行债务。第三人与原债务人共同对债权人承担债务的形式有两种：其一，第三人与债务人按约定的债务份额承担债务，各自独立履行；其二，第三人与债务人没有约定各自承担的债务份额，而是共同履行债务，对债权人承担连带责任。合同义务部分转移的特点包括债务的部分转移引起合同债务主体的变更，但不是由第三人取代原债务人成为合同债务的主体，而是由第三人与原债务人一同成为合同债务的主体；合同债权、债务的内容不因第三人的加入而发生变化，第三人与原债务人须按原合同的约定向债权人履行债务。

(2)合同义务转移的发生方式。合同义务转移的发生方式有两种：一是第三人与债务人订立债务转移协议，并经债权人同意；二是第三人与债权人订立承担债务协议，并经债务人同意。

《合同法》规定，第三人与债务人订立债务转移协议应当经债权人同意。因为合同一经依法订立即产生约束力，债务人必须严格按合同的约定亲自履行债务，努力保证债权人的利益得以实现，而当债务人向第三人转移债务时，第三人的履约能力、履约的努力程度如何，都将严重影响债权人的利益。如未经债权人同意，转移债务的协议无效，原债务人不履行或怠于履行债务的，承担违约责任。

3. 合同权利义务的概括转让

合同权利义务的概括转让是指原合同的一方当事人将其合同权利和合同义务统一转让给第三人，由第三人享有权利和承担义务。合同权利义务概括转让与合同权利转让、合同义务转移的区别在于，它是权利义务全部转让，而后两者为单纯的债权或债务转移。

合同权利义务概括转让的特点在于，第三人完全取代让与人的地位而成为合同的一方当事人，而让与人则完全退出原合同法律关系，不再享有债权和承担债务。

根据《合同法》的规定，合同权利义务概括转让发生的原因有两个方面：一是基于当事人的合意；二是基于法律的直接规定。

(1)基于当事人的合意而发生的转让。当事人达成概括转让合同权利义务协议的方式实质上是合同的承受，是指一方当事人经对方当事人同意，与第三人约定由该第三人行使其全部合同权利和承担全部合同义务。

由于债权债务的概括转让是同一当事人统一转让其合同权利和合同义务，因而发生债权债务概括转让的情形一般仅限于双务合同，如建设工程合同等。建设工程合同签订后，承包方依法定程序退出该合同而改由第三人承包，原承包方不再享有收取工程价款的权利，也不再负有施工的义务，而改由第三人承受。

合同权利义务基于当事人的合意而发生转让的，也适用单纯的债权转让和债务转移的有关法律规定，如须经对方同意等。应当指出的是，建设工程合同特别是建设工程施工承包合同的合同权利和义务的概括转让，应当履行严格的审批登记手续。换而言之，对建设工程合同权利义务的概括转让，要严格加以限制。

(2)基于法律直接规定而发生的概括转让。基于法律直接规定而发生的概括转让，是指受让人概括承受合同一方当事人的权利和义务是根据法律的直接规定，而不是有关当事人同意的结果。最常见的是企业的合并和分立。

企业的合并是指两个或者两个以上的企业合并成一个新的企业。企业合并后，由新的企业行使原有企业的权利并承担义务。企业的分立是指一个企业分为两个或两个以上的企业。

《合同法》规定，当事人订立合同后分立的，除债权人和债务人另有约定的以外，由分立的法人或者其他组织对合同的权利和义务享有连带债权，承担连带责任。《民法通则》也规定："企业法人分立、合并，它的权利义务由变更后的法人享有或承担。"

(四)合同的终止

合同的终止是指依法生效的合同，因具备法定的或当事人约定的情形，合同的债权、债务归于消灭，债权人不再享有合同的权利，债务人也不必再履行合同的义务。

《合同法》规定，有下列情形之一的，合同的权利义务终止：

(1)债务已经按照约定履行。

(2)合同解除。

(3)债务相互抵消。

(4)债务人依法将标的物提存。

(5)债权人免除债务。

(6)债权债务同归于一人。

(7)法律规定或者当事人约定终止的其他情形。

1. 合同解除的特征

合同解除，是指合同有效成立后，当具备法律规定的合同解除条件时，因当事人一方或双方的意思表示而使合同关系归于消火的行为。

合同解除具有如下特征：

(1)合同解除适用于合法、有效的合同，而无效合同、可撤销合同不发生合同解除。

(2)合同解除须具备法律规定的条件。非依照法律规定，当事人不得随意解除合同。

(3)合同解除须有解除的行为。无论哪一方当事人享有解除合同的权利，其必须向对方提出解除合同的意思表示，才能达到合同解除的法律后果。

(4)合同解除使合同关系自始消灭或者向将来消灭，可视为当事人之间未发生合同关系，或者合同尚存的权利义务不再履行。

2. 合同解除的种类

合同解除分为约定解除和法定解除两大类。

(1)约定解除合同。《合同法》规定，当事人协商一致，可以解除合同。当事人可以约定一方解除合同的条件。解除合同的条件成就时，解除权人可以解除合同。

(2)法定解除合同。《合同法》规定，有下列情形之一的，当事人可以解除合同：

①因不可抗力致使不能实现合同目的。

②在履行期限届满之前，当事人一方明确表示或者以自己的行为表明不履行主要债务。

③当事人一方延迟履行主要债务，经催告后在合理期限内仍未履行。

④当事人一方延迟履行债务或者有其他违约行为致使不能实现合同目的。

⑤法律规定的其他情形。

法定解除是法律直接规定解除合同的条件，当条件具备时，解除权人可直接行使解除权；约定解除则是双方的法律行为，单方行为不能导致合同的解除。

3. 解除合同的程序

《合同法》规定，当事人一方依照本法第九十三条第二款、第九十四条的规定主张解除合同的，应当通知对方。合同自通知到达对方时解除。对方有异议的，可以请求人民法院或者仲裁机构确认解除合同的效力。法律、行政法规规定解除合同应当办理批准、登记等手续的，依照规定。

【小提示】 当事人对异议期限有约定的依照约定，没有约定的，最长期限为3个月。

4. 施工合同的解除

(1)发包人解除施工合同。《最高人民法院关于审理建设工程施工合同纠纷案件适用法律问题的解释》(以下简称《解释》)规定，承包人具有下列情形之一，发包人请求解除建设工程施工合同的，应予支持：

①明确表示或者以行为表明不履行合同主要义务的。

②合同约定的期限内没有完工，且在发包人催告的合理期限内仍未完工的。

③已经完成的建设工程质量不合格，并拒绝修复的。

④将承包的建设工程非法转包、违法分包的。

(2)承包人解除施工合同。《解释》规定，发包人具有下列情形之一，致使承包人无法施工且在催告的合理期限内仍未履行相应义务，承包人请求解除建设工程施工合同的，应予支持：

①未按约定支付工程价款的。

②提供的主要建筑材料、建筑构配件和设备不符合强制性标准的。

③不履行合同约定的协助义务的。

(3)施工合同解除的法律后果。《解释》规定，建设工程施工合同解除后，已经完成的建设工程质量合格的，发包人应当按照约定支付相应的工程价款；已经完成的建设工程质量不合格的，参照本解释第3条规定处理。因一方违约导致合同解除的，违约方应当赔偿因此而给对方造成的损失。

《解释》第3条规定，建设工程施工合同无效，且建设工程经竣工验收不合格的，按照以下情形分别处理：

①修复后的建设工程经竣工验收合格，发包人请求承包人承担修复费用的，应予支持。

②修复后的建设工程经竣工验收不合格，承包人请求支付工程价款的，不予支持。

六、合同的索赔

(一)索赔的概念及分类

1. 索赔的概念

索赔是当事人在合同实施过程中，根据法律、合同规定及惯例，对不应由自己承担责任的情况造成的损失，向合同的另一方当事人提出给予赔偿或补偿要求的行为。

建设工程索赔通常是指在工程合同履行过程中，合同当事人一方因非自身因素或对方不履行或未能正确履行合同而受到经济损失或权利损害时，通过一定的合法程序向对方提出经济或时间补偿的要求。索赔是一种正当的权利要求，它是发包方、监理工程师和承包方之间一项正常的、大量发生而且普遍存在的合同管理业务，是一种以法律和合同为依据的、合情合理的行为。

2. 索赔的分类

对索赔可以从不同的角度、按不同的方法和标准进行分类。

(1)按索赔目的分类。

1)工期索赔。由于非承包人责任的原因而导致施工进程延误，要求批准顺延合同工期的索赔，称为工期索赔。工期索赔形式上是对权利的要求，以避免在原定合同竣工日不能完工时，被发包人追究拖期违约责任。一旦获得批准合同工期顺延后，承包人不仅免除了承担拖期违约赔偿费的严重风险，而且可能提前工期得到奖励，最终仍反映在经济收益上。

2)费用索赔。费用索赔的目的是要求经济补偿。当施工的客观条件改变导致开支增加，承包人会要求对超出计划成本的附加开支给予补偿，以挽回不应由其承担的经济损失。

(2)按索赔当事人分类。

1)承包商与发包人之间的索赔。这类索赔大都是有关工程量计算、变更、工期、质量和价格方面的争议，也有中断或终止合同等其他违约行为的索赔。

2)承包商与分包商之间的索赔。其内容与前一种大致相似，但大多数是分包商向总包商索要付款和赔偿及承包商向分包商罚款或扣留支付款等。

3)承包商与供货商之间的索赔。其内容多是商贸方面的争议，如货品质量不符合技术要求、数量短缺、交货拖延、运输损坏等。

(3)按索赔原因分类。

1)工期延误索赔。因发包人未按合同要求提供施工条件，如未及时交付设计图纸、施工现场、道路等，或因发包人指令工程暂停或不可抗力事件等原因造成工期拖延的，承包商可对此提出索赔。

2)工作范围变更索赔。工作范围的索赔是指发包人和承包商对合同中规定工作理解的不同而引起的索赔。其责任和损失不如延误索赔那么容易确定，如某分项工程所包含的详细工作内容和技术要求、施工要求很难在合同文件中用语言描述清楚，设计图纸也很难对每一个施工细节的要求都说得清清楚楚。另外，设计的错误和遗漏，或发包人和设计者主观意志的改变，都会导致设计变更。

工作范围的索赔很少能独立于其他类型的索赔，例如，工作范围的索赔通常导致延期索赔。如设计变更引起的工作量和技术要求的变化都可能被认为是工作范围的变化，为完成此变更可能增加时间并影响原计划工作的执行，从而可能导致随之而来的延期索赔。

3)施工加速索赔。施工加速索赔经常是延期或工作范围索赔的结果，有时也被称为“赶工索赔”。而加速施工索赔与劳动生产率的降低关系极大，因此，又可称为劳动生产率损失索赔。

如果发包人要求承包商比合同规定的工期提前，或者因工程前段的承包商的工程拖期，要求后一阶段工程的另一位承包商弥补已经损失的工期，使整个工程按期完工。这样，承包商可以因施工加速，成本超过原计划而提出索赔，其索赔的费用一般应考虑加班工资，雇用额外劳动力，采用额外设备，改变施工方法，提供额外监督管理人员和由于拥挤、加班引起的疲劳造成的劳动生产率损失等所引起的费用的增加。在国外的许多索赔案例中，对劳动生产率损失索赔通常数量很大，但一般不易被发包人接受。这就要求承包商在提交施工加速索赔报告时提供施工加速对劳动生产率消极影响的证据。

4)不利现场条件索赔。不利现场条件是指合同的图纸和技术规范中所描述的条件与实际情况有实质性的不同或在合同中未作描述，是一个有经验的承包商无法预料的，一般指地下的水文地质条件，但也包括某些隐藏着的不可知的地面条件。

不利现场条件索赔近似于工作范围索赔，然而又不大像大多数工作范围索赔。不利现场条件索赔应归咎于确实不易预知的某个事实。如现场的水文、地质条件在设计时全部弄得一清二楚几乎是不可能的，只能根据某些地质钻孔和土样试验资料来分析和判断。要对现场进行彻底、全面的调查将会耗费大量的成本和时间，一般发包人不会这样做，承包商在短期投标报价的时间内更不可能做这种现场调查工作。这种不利现场条件的风险由发包人来承担是合理的。

(4)按索赔合同依据分类。

1)合同内索赔。合同内索赔是以合同条款为依据，在合同中有明文规定的索赔，如工期延误、工程变更、工程师提供的放线数据有误、发包人不按合同规定支付进度款等。这种索赔由于在合同中有明文规定，往往容易成功。

2)合同外索赔。合同外索赔在合同文件中没有明确的叙述，但可以根据合同文件的某些内容合理推断出可以进行此类索赔，而且此索赔并不违反合同文件的其他任何内容。例如，在国际工程承包中，当地货币贬值可能给承包商造成损失，对于合同工期较短的，合同条件中可能没有规定对此如何处理。当由于发包人原因使工期拖延，而又出现汇率大幅度下跌时，承包商可以提出这方面的补偿要求。

3)道义索赔(额外支付)。道义索赔是指承包商在合同内或合同外都找不到可以索赔的合同依据或法律根据，没有提出索赔的条件和理由，但承包商认为自己有要求补偿的道义基础，从而对其遭受的损失提出具有优惠性质的补偿要求，即道义索赔。道义索赔的主动权在发包人手中，发包人在下面四种情况下，可能会同意并接受这种索赔：第一，若另找其他承包商，费用会更大；第二，为了树立自己的良好形象；第三，出于对承包商的同情和信任；第四，谋求与承包商更理解或更长久的合作。

(5)按索赔处理方式分类。

1)单项索赔。单项索赔是针对某一干扰事件提出的，在影响原合同正常运行的干扰事件发生时或发生后，由合同管理人员立即处理，并在合同规定的索赔有效期内向发包人或监理工程师提交索赔要求和报告。单项索赔通常原因单一、责任单一，分析起来相对容易，由于涉及的金额一般较小，双方容易达成协议，处理起来也比较简单。因此，合同双方应尽可能地用此种方式来处理索赔。

2)综合索赔。综合索赔又称一揽子索赔，一般在工程竣工前和工程移交前，承包商将工程实施过程中因各种原因未能及时解决的单项索赔集中起来进行综合考虑，提出一份综合索赔报告，由合同双方在工程交付前后进行最终谈判，以一揽子方案解决索赔问题。在合同实施过程中，有些单项索赔问题比较复杂，不能立即解决，为了不影响工程进度，经双方协商同意后留待以后解决；有的是发包人或监理工程师对索赔采用拖延办法，迟迟不作答复，使索赔谈判旷日持久；还有的是承包商因自身原因，未能及时采用单项索赔方式等，这些都有可能导致一揽子索赔。由于在一揽子索赔中许多干扰事件交织在一起，影响因素比较复杂而且相互交叉，责任分析和索赔值计算都很困难，索赔涉及的金额往往又很大，双方都不愿或不容易作出让步，使索赔的谈判和处理都很困难。因此，综合索赔的成功率比单项索赔要低得多。

(二)赔偿损失的范围

《合同法》规定，当事人一方不履行合同义务或者履行合同义务不符合约定，给对方造成损失的，损失赔偿额应当相当于因违约所造成的损失，包括合同履行后可以获得的利益，但不得超过违反合同一方订立合同时预见到或者应当预见到的因违反合同可能造成的损失。

赔偿损失范围包括直接损失和间接损失。直接损失是指财产上的直接减少；间接损失(又称所失利益)是指失去的可以预期取得的利益。可以预期取得的利益(也称可得利益)，是指利润而不是营业额。

(三)约定赔偿损失与法定赔偿损失

《合同法》规定，当事人可以约定一方违约时应当根据违约情况向对方支付一定数额的违约金，也可以约定因违约产生的损失赔偿额的计算方法。约定的违约金低于造成的损失的，当事人可以请求人民法院或者仲裁机构予以增加；约定的违约金高于造成的损失的，当事人可以请求人民法院或者仲裁机构予以适当减少。

法定赔偿损失，是指根据法律规定的赔偿范围、损失计算原则与标准，确定赔偿损失的金额。

一般来说，赔偿损失的主要形式是法定赔偿损失，而约定赔偿损失是为了弥补法定赔偿损失的不足。在确定了适用约定赔偿损失还是法定赔偿损失的情况下，原则上约定赔偿损失优先于法定赔偿损失。作为约定赔偿损失，一旦发生违约并造成受害人的损害以后，受害人不必证明其具体损害范围即可依据约定赔偿损失条款而获得赔偿。如果当事人只是约定了损失赔偿额的计算方法，那么受害人还应当证明其实际遭受的损害。

(四)赔偿损失的限制

1. 赔偿损失的可预见性原则

《合同法》规定，当事人一方不履行合同义务或者履行合同义务不符合约定，给对方造成损失的，损失赔偿额应当相当于因违约所造成的损失，包括合同履行后可以获得的利益，但不得超过违反合同一方订立合同时预见到或者应当预见到的因违反合同可能造成的损失。

据此，只有当违约所造成的损害是违约方在订约时可以预见的情况下，方能认为损害结果与违约行为之间具有因果关系，违约方才应当对这些损害承担赔偿责任。如果损害是不可预见的，则违约方不应赔偿。

2. 采取措施防止损失的扩大

《合同法》规定，当事人一方违约后，对方应当采取适当措施防止损失的扩大；没有采取适当措施致使损失扩大的，不得就扩大的损失要求赔偿。当事人因防止损失扩大而支出的合理费用，由违约方承担。

对于当事人一方违反合同的，另一方不能任凭损失的扩大，在接到对方的通知后，应当及时采取措施防止损失扩大，即使没有接到对方通知，也应当采取适当措施；如果没有及时采取措施致使损失扩大的，无权就扩大的损失部分请求赔偿。

第二节　建设工程合同制度

一、建设工程合同的概念及分类

1. 建设工程合同的概念

建设工程合同是承包人进行工程建设，发包人支付价款的合同。工程建设一般经过勘察、设计、施工等过程，因此，建设工程合同的发包人是业主或者业主委托的管理机构，而承担勘察设计、建筑安装任务的勘察人、设计人、施工人是工程承包人。

2. 建设工程合同的分类

(1)根据承发包的工程范围，可以分为建设工程总承包合同和分包合同。

根据《建筑法》和《合同法》的有关规定，发包人可以将建设工程的勘察、设计、施工、安装和材料设备的采购一并发包给一个工程总承包单位，也可以将上述任务的一项或者多项发包给一个工程总承包单位。据此，工程总承包单位与建设单位之间签订的合同就是建设工程总承包合同。

建设工程总承包单位经发包人同意，可以将承包工程中的部分工程再发包给分包单位，总承包单位与分包单位之间签订的合同即为分包合同。

(2)根据工程建设的不同阶段，可以分为勘察合同、设计合同和施工合同。由于一项工程的建设需要经过勘察、设计、施工等若干过程才能最终完成，因此，我们可以根据工程建设的不同阶段，把建设工程合同分为建设工程勘察合同、建设工程设计合同和建设工程施工合同。

(3)根据付款方式，可以分为总价合同、单价合同和成本加酬金合同。

1)总价合同。总价合同是指在合同中确定一个完成建设工程的总价、承包单位据此完成项目全部内容的合同。这种合同类型能够使建设单位在评标时易于确定报价最低的承包商，易于进行支付计算。但这类合同仅适用于工程量不太大且能精确计算、工期较短、技术不太复杂、风险不大的项目，因而，采用这种合同类型要求建设单位必须准备详细而全面的设计图纸(一般要求施工详图)和各项说明，使承包单位能准确计算工程量。

2)单价合同。单价合同是承包单位在投标时按招标文件就分部分项工程所列出的工程量表确定各分部分项工程费用的合同类型。这类合同的适用范围比较宽，其风险可以得到合理的分摊，并且能鼓励承包单位通过提高工效等手段从成本节约中提高利润。这类合同能够成立的关键在于双方对单价和工程量计算方法的确认，在合同履行中需要注意的问题则是双方对实际工程量计量的确认。

3)成本加酬金合同。成本加酬金合同是由业主向承包单位支付建设工程的实际成本，并按事先约定的某一种方式支付酬金的合同类型。在这类合同中，业主需承担项目实际发生的一切费用，因此也就承担了项目的全部风险。而承包单位由于无风险，其报酬往往也较低。

这类合同的缺点是业主对工程总造价不易控制，承包商也往往不注意降低项目成本。它主要适用于以下项目：

①需要立即开展工作的项目，如地震后的救灾工作。

②新型的工程项目，或对项目工程内容及技术经济指标未确定的。

③风险很大的项目。

另外，建设工程实行监理的，发包人应当与监理人采用书面的形式订立委托监理合同。发包人与监理人的权利、义务和法律责任，适用委托合同的有关规定。

二、建设工程勘察设计合同

(一)建设工程勘察设计合同的概念及分类

1. 建设工程勘察设计合同的概念

建设工程勘察设计合同，是建设工程勘察设计的发包方与勘察人、设计人(即承包方)为完成一定的勘察设计任务，明确双方的权利义务而签订的协议。

建设工程勘察设计合同的发包方一般为建设单位或工程项目业主，承包方即勘察、设计方必须是具有国家认可的相应资质等级的勘察设计单位。承包方不能承接与其资质等级不符的工程项目的勘察设计任务，发包方在发包工程项目的勘察设计任务时，也要注意审查勘察设计单位的资质等级证书和勘察设计许可证；否则，如果造成勘察设计工程项目的越级承包，则合同会因主体资格不合法而被认定无效。建设工程的勘察设计合同必须依照法律规定的程序订立，并须有国家有关机关批准的设计任务书和其他的必备资料文件。否则，将使合同的效力受到重大影响。

2. 建设工程勘察设计合同的分类

建设工程勘察设计合同按委托的内容(即合同标的)及计价方式不同，有不同的合同形式。

(1)按委托的内容分类。

1)勘察设计总承包合同。其是由具有相应资质的承包人与发包人签订的包含勘察和设计两部分内容的承包合同。其中，承包人可以是：

①具有勘察、设计双重资质的勘察设计单位。

②分别拥有勘察与设计资质的勘察单位和设计单位的联合。

③设计单位作为总承包单位并承担其中的设计任务，而勘察单位作为勘察分包商。

【小提示】 勘察设计总承包合同减轻了发包人的协调工作，尤其是减少了勘察与设计之间的责任推诿和扯皮。

2)勘察合同。其是发包人与具有相应勘察资质的承包商签订的委托勘察任务的合同。

3)设计合同。其是发包人与具有相应资质的设计承包商签订的委托设计任务的合同。

(2)按计价方式分类。

1)总价合同，适用于勘察设计总承包，也适用于勘察设计分别承包的合同。

2)单价合同，与总价合同适用范围相同。

3)按工程造价比例收费合同，适用于勘察设计总承包和设计承包合同。

(二)建设工程勘察设计合同订立的程序

依法必须进行招标的建设工程勘察设计任务通过招标或设计方案的竞投确定勘察设计单位后，应遵循工程项目建设程序，签订勘察设计合同。

签订勘察设计合同由建设单位、设计单位或有关单位提出委托，经双方协商同意，即可签订。

(1)确定合同标的。合同标的是合同的中心。这里所谓的确定合同标的实际上就是决定勘察设计分开发包还是合在一起发包。

(2)选定承包商。依法必须招标的项目，按招标投标程序优选出中标人即为承包商。小型项目及可以不招标的项目由发包人直接选定承包商。选定的过程即为向几家潜在承包商询价、初商合同的过程，也是发包人提出勘察设计的内容、质量等要求并提交勘察设计所需资料，承包商据以报价、作出方案及进度安排的过程。

(3)商签勘察设计合同。如果是通过招标方式确定承包商的，则由于合同的主要条件都在招标文件、投标文件中得到确认，进入签约阶段需要协商的内容就不是很多。而通过协商、直接委托的合同谈判，则要涉及几乎所有的合同条款，必须认真对待。

(三)合同当事人对对方资格和资信的审查

(1)资格审查。资格审查是指工程勘察设计合同的当事人审查对方是否具有民事权利能力和民事行为能力，即对方是否为具有法人资格的组织、其他社会组织或法律允许范围内的个人。作为发包方，必须是国家批准建设项目，落实投资计划的企事业单位、社会组织；作为承包方，应当是具有国家批准的勘察设计许可证，具有经由有关部门核准的资质等级的勘察设计单位。

另外，还要审查参加签订合同的有关人员，是否是法定代表人或法人委托的代理人，以及代理的活动是否越权等。

(2)资信审查。资信，即资金和信用。资金是当事人有权支配并能运用于生产经营的财产的货币形态；信用是指商品买卖中的延期付款或货币的借贷。审查当事人的资信情况，可以了解当事人对于合同的履行能力和履行态度，以慎重签订合同。

(3)履约能力审查。主要是发包方审查勘察设计单位的专业业务能力，了解其以往的工程实绩。

(四)建设工程勘察设计的定金

(1)定金收取。勘察设计合同生效后，委托方应先向承包方支付定金。合同履行后，定金抵作勘察设计费。

(2)定金数额。勘察任务的定金为勘察费的30%；设计任务的定金为设计费的20%。

(3)定金退还。如果委托方不履行合同，则无权要求返还定金；如果承包方不履行合同，应双倍返还定金。

三、建设工程施工合同

（一）建设工程施工合同的概念与形式

1. 建设工程施工合同的概念

建设工程施工合同是建设工程合同中的重要部分，是指施工人（承包人）根据发包人的委托，完成建设工程项目的施工工作，发包人接受工作成果并支付报酬的合同。

2. 建设工程施工合同的法定形式

《合同法》规定，当事人订立合同，有书面形式、口头形式和其他形式。法律、行政法规规定采用书面形式的，应当采用书面形式；当事人约定采用书面形式的，应当采用书面形式。

书面形式合同的内容明确，有据可查，对于防止和解决争议有积极意义。口头形式合同具有直接、简便、快速的特点，但缺乏凭证，一旦发生争议，难以取证且不易分清责任。其他形式合同，可以根据当事人的行为或者特定情形推定合同的成立，也可以称之为默示合同。

【小提示】《合同法》明确规定，建设工程合同应当采用书面形式。

（二）建设工程施工合同的内容

《合同法》规定，施工合同的内容包括工程范围、建设工期、中间交工工程的开工和竣工时间、工程质量、工程造价、技术资料交付时间、材料和设备供应责任、拨款和结算、竣工验收、质量保修范围和质量保证期、双方相互协作条款等。

1. 工程范围

工程范围是指施工的界区，是施工人进行施工的工作范围。

2. 建设工期

建设工期是指施工人完成施工任务的期限。在实践中，有的发包人常常要求缩短工期，施工人为了赶进度，往往导致严重的工程质量问题。因此，为了保证工程质量，双方当事人应当在施工合同中确定合理的建设工期。

3. 中间交工工程的开工和竣工时间

中间交工工程是指施工过程中的阶段性工程。为了保证工程各阶段的交接，顺利完成工程建设，当事人应当明确中间交工工程的开工时间和竣工时间。

4. 工程质量

工程质量条款是明确施工人施工要求，确定施工人责任的依据。施工人必须按照工程设计图纸和施工技术标准施工，不得擅自修改工程设计，不得偷工减料。发包人也不得明示或者暗示施工人违反工程建设强制性标准，降低建设工程质量。

5. 工程造价

工程造价是指进行工程建设所需的全部费用，包括人工费、材料费、施工机械使用费、措施费等。在实践中，有的发包人为了获得更多的利益，往往压低工程造价，而施工人为了盈利或不亏本，不得不偷工减料、以次充好，结果导致工程质量不合格，甚至造成严重的工程质量事故。因此，为了保证工程质量，双方当事人应当合理确定工程造价。

6. 技术资料交付时间

技术资料主要是指勘察设计文件以及其他施工所必需的基础资料。当事人应当在施工合同中明确技术资料的交付时间。

7. 材料和设备供应责任

材料和设备供应责任，是指由哪一方当事人提供工程所需材料设备及其应承担的责任。材料和设备可以由发包人负责提供，也可以由施工人负责采购。如果按照合同约定由发包人负责采购建筑材料、构配件和设备的，发包人应当保证建筑材料、构配件和设备符合设计文件和合同要求。施工人则须按照工程设计要求、施工技术标准和合同约定，对建筑材料、构配件和设备进行检验。

8. 拨款和结算

拨款是指工程款的拨付。结算是指施工人按照合同约定和已完工程量向发包人办理工程款的清算。拨款和结算条款是施工人请求发包人支付工程款与报酬的依据。

9. 竣工验收

竣工验收条款一般应包括验收范围与内容、验收标准与依据、验收人员组成、验收方式和日期等内容。

10. 质量保修范围和质量保证期

建设工程质量保修范围和质量保证期，应按照《建设工程质量管理条例》的规定执行。

11. 双方相互协作条款

双方相互协作条款一般包括双方当事人在施工前的准备工作，施工人及时向发包人提出开工通知书、施工进度报告书、对发包人的监督检查提供必要协助等。

（三）建设工程施工合同发承包双方的主要义务

1. 发包人的主要义务

（1）不得违法发包。《合同法》规定，发包人不得将应当由一个承包人完成的建设工程肢解成若干部分发包给几个承包人。

（2）提供必要施工条件。发包人未按照约定的时间和要求提供原材料、设备、场地、资金、技术资料的，承包人可以顺延工程日期，并有权要求赔偿停工、窝工等损失。

（3）及时检查隐蔽工程。隐蔽工程在隐蔽以前，承包人应通知发包人检查。发包人没有及时检查的，承包人可以顺延工程日期，并有权要求赔偿停工、窝工等损失。

（4）及时验收工程。建设工程竣工后，发包人应根据施工图纸及说明书、国家颁发的施工验收规范和质量检验标准及时进行验收。

（5）支付工程价款。发包人应按照合同约定的时间、地点和方式等，向承包人支付工程价款。

2. 承包人的主要义务

（1）不得转包和违法分包工程。承包人不得将其承包的全部建设工程转包给第三人，不得将其承包的全部建设工程肢解以后以分包的名义分别转包给第三人。禁止承包人将工程分包给不具备相应资质条件的单位。禁止分包单位将其承包的工程再分包。

（2）自行完成建设工程主体结构施工。建设工程主体结构的施工必须由承包人自行完成。承包人将建设工程主体结构的施工分包给第三人的，该分包合同无效。

(3)接受发包人有关检查。发包人在不妨碍承包人正常作业的情况下，可以随时对作业进度、质量进行检查。隐蔽工程在隐蔽以前，承包人应当通知发包人检查。

(4)交付竣工验收合格的建设工程。建设工程竣工经验收合格后，方可交付使用；未经验收或者验收不合格的，不得交付使用。

(5)建设工程质量不符合约定的无偿修理。因施工人的原因致使建设工程质量不符合约定的，发包人有权要求施工人在合理期限内无偿修理或者返工、改建。经过修理或者返工、改建后，造成逾期交付的，施工人应当承担违约责任。

【案例 4-2】

(1)背景：某电器公司与某建筑公司签订了《建筑工程施工合同》，对工程内容、工程价款、支付时间、工程质量、工期、违约责任等作了具体约定。电器公司对施工图纸先后做了 8 次修改，但未能按期交付图纸，致使工期有所拖延。竣工验收时，电器公司对部分工程质量提出了异议。经双方协商无果，电器公司以建筑公司工期延误为由向法院提起了诉讼，要求建筑公司承担相应的违约责任。

(2)问题：

1)建筑公司是否应当对工期的延误承担违约责任?

2)建筑公司今后在施工合同中应当注意哪些问题?

(3)分析：

1)对于工期的延误，该建筑公司不应当承担违约责任，但需要举证。因为，该建筑公司在施工过程中，电器公司对施工图纸做了 8 次修改，并未按期交付图纸，导致了工期延误，建筑公司不应当为此而承担违约责任。但是，建筑公司应向法院将电器公司修改的图纸以及图纸修改的时间等相关证据予以举证，即证明工期延误非本建筑公司的行为所致。

2)该建筑公司在今后的施工合同签订与履行过程中，应当对可能出现的工期延误情况作出专门的预期性的约定，或者在合同履行中对由于对方原因而导致合同延期的情况作出书面认定，以备将来一旦发生诉讼时有据可查。

(摘自 2017 年二级建造师《建设工程法规与相关知识》案例)

四、建设工程委托监理合同

(一)建设工程委托监理合同的概念及形式

1. 建设工程委托监理合同的概念

建设工程委托监理合同简称监理合同，是指委托人与监理人就委托的工程项目管理内容签订的明确双方权利、义务的协议。

工程建设监理制度是我国建筑业在市场经济条件下保证工程质量、规范市场主体行为、提高管理水平的一项重要措施。建设监理与发包人和承包商一起共同构成了建筑市场的主体，为了使建筑市场的管理规范化、法制化，大型工程建设项目不仅要实行建设监理制度，而且要求发包人必须以合同形式委托监理任务。监理工作的委托与被委托实质上是一种商业行为，所以必须以书面合同形式来明确工程服务的内容，以便为发包人和监理单位的共同利益服务。监理合同不仅明确了双方的责任和合同履行期间应遵守的各项约定，成为当事人的行为准则，而且可以作为保护任何一方合法权益的依据。

作为合同当事人一方的工程建设监理公司应具备相应的资格，不仅要求其是依法成立并已注册的法人组织，而且要求它所承担的监理任务应与其资质等级和营业执照中批准的业务范围相一致，既不允许低资质的监理公司承接高等级工程的监理业务，也不允许承接虽与资质级别相适应但工作内容超越其监理能力范围的工作，以保证所监理工程的目标顺利、圆满实现。

2. 建设工程委托监理合同的形式

为了明确监理合同当事人双方的权利和义务关系，应当以书面形式签订监理合同，而不能采用口头形式。由于发包人委托监理任务有繁有简，具体工程监理工作的特点各异，因此监理合同的内容和形式也不尽相同。经常采用的合同形式有以下四种：

(1)双方协商签订的合同。这种监理合同以法律和法规的要求作为基础，双方根据委托监理工作的内容和特点，通过友好协商订立有关条款，达成一致后签字盖章生效。合同的格式和内容不受任何限制，双方就权利和义务所关注的问题以条款形式具体约定即可。

(2)信件式合同。通常由监理单位编制有关内容，由发包人签署批准意见，并留一份备案后退给监理单位执行。这种合同形式适用于监理任务较小或简单的小型工程。也可能是在正规合同的履行过程中，依据实际工作进展情况，监理单位认为需要增加某些监理工作任务时，以信件的形式请示发包人，经发包人批准后作为正规合同的补充合同文件。

(3)委托通知单。正规合同履行过程中，发包人以通知单形式把监理单位在订立委托合同时建议增加而当时未接受的工作内容进一步委托给监理方。这种委托只是在原定工作范围之外增加少量工作任务，一般情况下原订合同中的权利、义务不变。

【小提示】 如果监理单位不表示异议，委托通知单就成为监理单位所接受的协议。

(4)标准化合同。为了使委托监理行为规范化，减少合同履行过程中的争议或纠纷，政府部门或行业组织制订出标准化的合同示范文本，供委托监理任务时作为合同文件采用。标准化合同通用性强，采用规范的合同格式，条款内容覆盖面广，双方只要就达成一致的内容写入相应的具体条款中即可。标准合同由于对履行过程中所涉及的法律、技术、经济等各方面问题都作出了相应的规定，合理地分担双方当事人的风险并约定了各种情况下的执行程序，不仅有利于双方在签约时讨论、交流和统一认识，而且有助于监理工作的规范化实施。

(二)项目监理机构和人员

监理人应组建满足工作需要的项目监理机构，配备必要的检测设备。项目监理机构的主要人员应具有相应的资格条件。

监理合同履行过程中，总监理工程师及重要岗位监理人员应保持相对稳定，以保证监理工作正常进行。

监理人可根据工程进展和工作需要调整项目监理机构人员。监理人更换总监理工程师时，应提前7天向委托人书面报告，经委托人同意后方可更换；监理人更换项目监理机构其他监理人员，应以相当资格与能力的人员替换并通知委托人。委托人可要求监理人更换不能胜任本职工作的项目监理机构人员。

监理人应及时更换有下列情形之一的监理人员：

(1)严重过失行为的。

(2)有违法行为不能履行职责的。

(3)涉嫌犯罪的。

(4)不能胜任岗位职责的。

(5)严重违反职业道德的。

(6)专用条件约定的其他情形。

(三)建设工程监理

建设工程监理的主要内容是控制建设工程的投资、建设工期和工程质量，进行建设工程合同管理，协调有关单位间的工作关系。监理工作具体内容包括以下几项：

(1)收到工程设计文件后编制监理规划，并在第一次工地会议 7 天前报委托人。根据有关规定和监理工作需要，编制监理实施细则。

(2)熟悉工程设计文件，并参加由委托人主持的图纸会审和设计交底会议。

(3)参加由委托人主持的第一次工地会议；主持监理例会并根据工程需要主持或参加专题会议。

(4)审查施工承包人提交的施工组织设计，重点审查其中的质量安全技术措施、专项施工方案与工程建设强制性标准的符合性。

(5)检查施工承包人工程质量、安全生产管理制度及组织机构和人员资格。

(6)检查施工承包人专职安全生产管理人员的配备情况。

(7)审查施工承包人提交的施工进度计划，核查承包人对施工进度计划的调整。

(8)检查施工承包人的试验室。

(9)审核施工分包人资质条件。

(10)查验施工承包人的施工测量放线成果。

(11)审查工程开工条件，对条件具备的签发开工令。

(12)审查施工承包人报送的工程材料、构配件、设备质量证明文件的有效性和符合性，并按规定对用于工程的材料采取平行检验或见证取样方式进行抽检。

(13)审核施工承包人提交的工程款支付申请，签发或出具工程款支付证书，并报委托人审核、批准。

(14)在巡视、旁站和检验过程中，发现工程质量、施工安全存在事故隐患的，要求施工承包人整改并报委托人。

(15)经委托人同意，签发工程暂停令和复工令。

(16)审查施工承包人提交的采用新材料、新工艺、新技术、新设备的论证材料及相关验收标准。

(17)验收隐蔽工程、分部分项工程。

(18)审查施工承包人提交的工程变更申请，协调处理施工进度调整、费用索赔、合同争议等事项。

(19)审查施工承包人提交的竣工验收申请，编写工程质量评估报告。

(20)参加工程竣工验收，签署竣工验收意见。

(21)审查施工承包人提交的竣工结算申请并报委托人。

(22)编制、整理工程监理归档文件并报委托人。

(四)建设工程监理合同签订的步骤

按照国家的有关规定和市场竞争的规则，监理项目的发包和承包应通过招投标方式进行。目前我国实行工程监理的时间还不长，有些工作还受到一些客观条件的限制，一些工程的委托监理业务还是通过双向议定承包的。一般情况下，订立监理合同的步骤大致如下：

1. 合同签订前双方的相互考察

(1)业主对监理人的考察。合同签订前，业主应对监理人的资格、资质、履约能力及信誉等方面进行必要的考察或审查。资格和资质方面具体包括：监理人是否是具有法人资格的监理企业；是否持有工商行政管理机关核发的营业执照；是否持有建设主管部门签发的工程监理资质等级证书；其资质等级是否达到合同监理项目的等级要求。履约能力和信誉方面包括：监理单位的技术人员构成情况；主要检测设备情况；企业财务状况；银行信誉情况；社会信誉情况；以前承接的监理业务的完成情况；承担类似业务的监理业绩及合同的履行情况等。

(2)监理人对业主的考察。监理人在与业主签订合同之前要对业主进行必要的了解和考察，如业主是否具有签订合同的合法资格，是否具有履行合同的财力，以及合同标的是否符合国家政策规定等。另外，监理人还应对委托的监理业务进行详尽的了解和分析，根据自身的技术力量、装备和对该项业务的经验等实际情况，对照合同价格，考察承担该项目的盈利情况。

2. 合同的谈判与签订

(1)合同的谈判。无论是直接委托还是通过中标确定的委托，业主和监理人都要就监理合同的主要条款和应负责任进行谈判。在使用示范文本时，要根据合同条件结合协议条款逐条加以讨论，通过协商加以落实哪些条款不宜采用、哪些条款需要修改，还需补充哪些内容，应提供的资料及提供的时间等。

谈判的顺序通常是从工作计划安排开始，其次是人员配备、业主方的投入等，最后再商谈合同价格。谈判的内容应有准确的文字记录。

(2)合同的签订。经过谈判，双方就合同的各项条款达成一致意见，即可正式签订合同文件。订立监理合同时要注意以下事项：

1)坚持按法定程序签署合同。监理合同的签订，意味着委托关系的形成，委托方与被委托方的关系都将受到合同的约束。因而，签订合同必须是双方法定代表人或经其授权的代表签署并监督执行。在合同签署过程中，应检验代表对方签字人的授权委托书，避免合同失效或不必要的合同纠纷。

2)不可忽视来往函件。在合同洽商过程中，双方通常会用一些函件来确认双方达成的某些口头协议或书面交往文件，后者构成招标文件和投标文件的组成部分。为了确认合同责任以及明确双方对项目的有关理解和意图以免将来出现分歧，签订合同时双方达成一致的部分应写入合同附录或专用条款内。

3)其他应注意的问题。在监理合同的签署过程中，双方都应认真注意，涉及合同的每一份文件都是双方在执行合同过程中对各自承担义务相互理解的基础。一旦出现争议，这些文件也是保护双方权利的法律基础。因此，一是要注意合同文字的简洁、清晰，每个措辞都应该经过双方充分讨论，以保证对工作范围、采取的工作方式方法以及双方对相互间的权利和义务确切理解。如果一份写得很清楚的合同未经充分的讨论，那么只能是“一厢情愿”的东西，双方的理解不可能完全一致。二是对于一项时间要求特别紧迫的任务，在委托方选择了监理单位之后，在签订监理合同之前，双方可以通过使用意图性信件进行交流，监理单位对意图性信件的用词要认真审查，尽量使对方容易理解和接受；否则，就有可能在忙乱中致使合同谈判失败或者遭受其他意外损失。三是监理单位在合同事务中，要注意充分利用有效的法律服务。监理合同的法律性很强，监理单位必须配备这方面的专家，这样在准备标准合同格式、检查其他人提供的合同文件及研究意图性信件时，才不至于出现失误。

【案例 4-3】

(1)背景：某开发商在某建筑公司商谈建筑工程施工合同时，要求该建筑公司必须先行垫资施工。该建筑公司为了获得签约，答应了开发商的要求，但对垫资作何处理没有作出特别约定。当工程按期如约完工后，该建筑公司要求开发商除支付工程款外，还应将先前的工程垫资款按照借款处理，并支付相应的利息。

(2)问题：该建筑公司要求开发商将工程垫资按借款处理并支付相应的利息是否可以得到法律的支持？

(3)分析：《解释》第 6 条规定：“当事人对垫资和垫资利息有约定，承包人请求按照约定返还垫资及其利息的，应予支持，但是约定的利息计算标准高于中国人民银行发布的同期同类贷款利率的部分除外。当事人对垫资没有约定的，按照工程欠款处理。当事人对垫资利息没有约定，承包人请求支付利息的，不予支持。”依据上述规定，该建筑公司要求开发商支付工程垫资款的要求可以得到法律支持，但是对其按借款并支付相应利息的要求不符合司法解释的规定，不能得到法律的支持。

(摘自 2017 年二级建造师《建设工程法规与相关知识》案例)

第三节 劳动合同及劳动关系制度

一、劳动合同订立的规定

(一)订立劳动合同应当遵守的原则

劳动合同是在市场经济体制下，用人单位与劳动者进行双向选择、确定劳动关系、明确双方权利与义务的协议，是保护劳动者合法权益的基本依据。

《劳动合同法》规定，订立劳动合同，应当遵循合法、公平、平等自愿、协商一致、诚实信用的原则。用人单位招用劳动者，不得要求劳动者提供担保或者以其他名义向劳动者收取财物，不得扣押劳动者的居民身份证或者其他证件。

(二)劳动合同的种类

《劳动合同法》规定，劳动合同分为固定期限劳动合同、无固定期限劳动合同和以完成一定工作任务为期限的劳动合同。

1. 劳动合同期限

劳动合同期限是指劳动合同的有效时间，是劳动关系当事人双方享有权利和履行义务的时间。它一般始于劳动合同的生效之日，终于劳动合同的终止之时。

劳动合同期限由用人单位和劳动者协商确定，是劳动合同的一项重要内容。无论劳动者与用人单位建立何种期限的劳动关系，都需要双方将该期限用合同的方式确认下来，否则就不能保证劳动合同内容的实现，劳动关系将会处于一个不确定状态。劳动合同期限是劳动合同存在的前提条件。

2. 固定期限劳动合同

固定期限劳动合同，是指用人单位与劳动者约定合同终止时间的劳动合同，即劳动合同双方当事人在劳动合同中明确规定了合同效力的起始和终止的时间。劳动合同期限届满，劳动关系即告终止。固定期限劳动合同可以是 1 年、2 年，也可以是 5 年、10 年，甚至更长时间。

3. 无固定期限劳动合同

无固定期限劳动合同，是指用人单位与劳动者约定无确定终止时间的劳动合同。无确定终止时间的劳动合同并不是没有终止时间，一旦出现了法定的解除情形(如到了法定退休年龄)或者双方协商一致解除的，无固定期限劳动合同同样可以解除。

用人单位与劳动者协商一致，可以订立无固定期限劳动合同。有下列情形之一，劳动者提出或者同意续订、订立劳动合同的，除劳动者提出订立固定期限劳动合同外，应当订立无固定期限劳动合同：

(1)劳动者在该用人单位连续工作满 10 年的。

(2)用人单位初次实行劳动合同制度或者国有企业改制重新订立劳动合同时，劳动者在该用人单位连续工作满 10 年且距法定退休年龄不足 10 年的。

(3)连续订立两次固定期限劳动合同，且劳动者没有《劳动合同法》第三十九条和第四十条第一款、第二款规定的情形，续订劳动合同的。需要注意的是，按照《劳动合同法》规定，用人单位自用工之日起满 1 年不与劳动者订立书面劳动合同的，则视为用人单位与劳动者已订立无固定期限劳动合同。

4. 以完成一定工作任务为期限的劳动合同

《劳动合同法》规定，以完成一定工作任务为期限的劳动合同，是指用人单位与劳动者约定以某项工作的完成为合同期限的劳动合同。

二、劳动合同的基本条款

劳动合同应当具备以下条款：

(1)用人单位的名称、住所和法定代表人或者主要负责人。

(2)劳动者的姓名、住址和居民身份证或者其他有效身份证件号码。

(3)劳动合同期限。

(4)工作内容和工作地点。

(5)工作时间和休息休假。

(6)劳动报酬。

(7)社会保险。

(8)劳动保护、劳动条件和职业危害防护。

(9)法律、法规规定应当纳入劳动合同的其他事项。

劳动合同除上述规定的必备条款外，用人单位与劳动者可以约定试用期、培训、保守秘密、补充保险和福利待遇等其他事项。

三、订立劳动合同应当注意的事项

(一)建立劳动关系即应订立劳动合同

用人单位自用工之日起即与劳动者建立劳动关系。《劳动合同法》规定，建立劳动关系，应当订立书面劳动合同。已建立劳动关系，未同时订立书面劳动合同的，应当自用工之日起1个月内订立书面劳动合同。用人单位未在用工的同时订立书面劳动合同，与劳动者约定的劳动报酬不明确的，新招用的劳动者的劳动报酬应当按照企业的或者同行业的集体合同规定的标准执行；没有集体合同的，用人单位应当对劳动者实行同工同酬。用人单位与劳动者在用工前订立劳动合同的，劳动关系自用工之日起建立。

合同有书面形式、口头形式和其他形式。按照《劳动合同法》的规定，除非全日制用工(即以小时计酬为主，劳动者在同一用人单位一般平均每日工作时间不超过4小时，每周工作时间累计不超过24小时的用工形式)可以订立口头协议外，建立劳动关系应当订立书面劳动合同。如果没有订立书面合同，不订立书面合同的一方将要承担相应的法律后果。劳动合同文本由用人单位和劳动者各执一份。

(二)劳动报酬和试用期

《劳动合同法》规定，劳动合同对劳动报酬和劳动条件等标准约定不明确，引发争议的，用人单位与劳动者可以重新协商；协商不成的，适用集体合同规定；没有集体合同或者集体合同未规定劳动报酬的，实行同工同酬；没有集体合同或者集体合同未规定劳动条件等标准的，适用国家有关规定。

劳动合同期限3个月以上不满1年的，试用期不得超过1个月；劳动合同期限1年以上不满3年的，试用期不得超过2个月；3年以上固定期限和无固定期限的劳动合同，试用期不得超过6个月。同一用人单位与同一劳动者只能约定1次试用期。以完成一定工作任务为期限的劳动合同或者劳动合同期限不满3个月的，不得约定试用期。试用期包含在劳动合同期限内。劳动合同仅约定试用期的，试用期不成立，该期限为劳动合同期限。

劳动者在试用期的工资不得低于本单位相同岗位最低档工资或者劳动合同约定工资的80%，并不得低于用人单位所在地的最低工资标准。在试用期中，除劳动者有《劳动合同法》第三十九条和第四十条第一款、第二款规定的情形外，用人单位不得解除劳动合同。用人单位在试用期解除劳动合同的，应当向劳动者说明理由。

（三）劳动合同的生效与无效

劳动合同由用人单位与劳动者协商一致，并经用人单位与劳动者在劳动合同文本上签字或者盖章生效。双方当事人签字或者盖章时间不一致的，以最后一方签字或者盖章的时间为准；如果一方没有写签字时间，则另一方写明的签字时间就是合同生效时间。

《劳动合同法》第二十六条规定，下列劳动合同无效或者部分无效：

(1)以欺诈、胁迫的手段或者乘人之危，使对方在违背真实意思的情况下订立或者变更劳动合同的。

(2)用人单位免除自己的法定责任、排除劳动者权利的。

(3)违反法律、行政法规强制性规定的。劳动合同部分无效，不影响其他部分效力的，其他部分仍然有效。劳动合同被确认无效，劳动者已付出劳动的，用人单位应当向劳动者支付劳动报酬。劳动报酬的数额，参照本单位相同或者相近岗位劳动者的劳动报酬确定。

对劳动合同的无效或者部分无效有争议的，由劳动争议仲裁机构或者人民法院确认。

四、集体合同

企业职工一方与用人单位通过平等协商，可以就劳动报酬、工作时间、休息休假、劳动安全卫生、保险福利等事项订立集体合同。集体合同草案应当提交职工代表大会或者全体职工讨论通过。集体合同由工会代表企业职工一方与用人单位订立；尚未建立工会的用人单位，由上级工会指导劳动者推举的代表与用人单位订立。企业职工一方与用人单位还可订立劳动安全卫生、女职工权益保护、工资调整机制等专项集体合同。集体合同中劳动报酬和劳动条件等标准不得低于当地人民政府规定的最低标准；用人单位与劳动者订立的劳动合同中劳动报酬和劳动条件等标准不得低于集体合同规定的标准。

集体合同订立后，应当报送劳动行政部门；劳动行政部门自收到集体合同文本之日起15日内未提出异议的，集体合同即行生效。依法订立的集体合同对用人单位和劳动者均具有约束力。

用人单位违反集体合同，侵犯职工劳动权益的，工会可以依法要求用人单位承担责任；因履行集体合同发生争议，经协商解决不成，工会可以依法申请仲裁、提起诉讼。

五、劳动合同的履行、变更、解除和终止

（一）劳动合同的履行和变更

劳动合同一经依法订立便具有法律效力。用人单位与劳动者应当按照劳动合同的约定，全面履行各自的义务。当事人双方既不能只履行部分义务，也不能擅自变更合同，更不能任意不履行合同或者解除合同，否则将承担相应的法律责任。

1. 用人单位应当履行向劳动者支付劳动报酬的义务

《劳动合同法》规定，用人单位应当按照劳动合同约定和国家规定，向劳动者及时足额支付劳动报酬。

劳动报酬是指劳动者为用人单位提供劳动而获得的各种报酬，通常包括三个部分：

(1)货币工资，包括各种工资、奖金、津贴、补贴等。

(2)实物报酬，即用人单位以免费或低于成本价提供给劳动者的各种物品和服务等。

(3)社会保险，即用人单位为劳动者支付的医疗、失业、养老、工伤等保险金。

用人单位和劳动者可以在法律允许的范围内对劳动报酬的金额、支付时间、支付方式等进行平等协商。劳动报酬的支付要遵守国家的有关规定：

(1)用人单位支付劳动者的工资不得低于当地的最低工资标准。

(2)工资应当以货币形式按月支付劳动者本人，即不得以实物或有价证券等形式代替货币支付。

(3)用人单位应当依法向劳动者支付加班费。

(4)劳动者在法定休假日、婚丧假期间、探亲假期间、产假期间和依法参加社会活动期间以及非因劳动者原因停工期间，用人单位应当依法支付工资。

用人单位拖欠或者未足额支付劳动报酬的，劳动者可以依法向当地人民法院申请支付令，人民法院应当依法发出支付令。

2. 依法限制用人单位安排劳动者的加班

用人单位应当严格执行劳动定额标准，不得强迫或者变相强迫劳动者加班。用人单位安排加班的，应当按照国家有关规定向劳动者支付加班费。

3. 劳动者有权拒绝违章指挥、冒险作业

《劳动合同法》规定，劳动者对危害生命安全和身体健康的劳动条件，有权对用人单位提出批评、检举和控告。

劳动者拒绝用人单位管理人员违章指挥、强令冒险作业的，不视为违反劳动合同。

4. 用人单位发生变动不影响劳动合同的履行

用人单位变更名称、法定代表人、主要负责人或者投资人等事项，不影响劳动合同的履行。

用人单位发生合并或者分立等情况，原劳动合同继续有效，劳动合同由承继其权利和义务的用人单位继续履行。

5. 劳动合同的变更

《劳动合同法》规定，用人单位与劳动者协商一致，可以变更劳动合同约定的内容。变更劳动合同，应当采用书面形式。变更后的劳动合同文本由用人单位和劳动者各执一份。

变更劳动合同时应当注意：

(1)必须在劳动合同依法订立之后，在合同没有履行或者履行完毕之前的有效时间内进行。

(2)必须坚持平等自愿、协商一致的原则，即须经用人单位和劳动者双方当事人的同意。

(3)不得违反法律法规的强制性规定。

(4)劳动合同的变更须采用书面形式。

(二)劳动合同的解除和终止

劳动合同的解除，是指当事人双方提前终止劳动合同、解除双方权利义务关系的法律行为，可分为协商解除、法定解除和约定解除三种情况。劳动合同的终止，是指劳动合同期满或者出现法定情形以及当事人约定的情形而导致劳动合同的效力消灭，劳动合同即行终止。

1. 劳动者可以单方解除劳动合同的规定

《劳动合同法》规定，劳动者提前30日以书面形式通知用人单位，可以解除劳动合同。劳动者在试用期内提前3日通知用人单位，可以解除劳动合同。

《劳动合同法》第三十八条规定，用人单位有下列情形之一的，劳动者可以解除劳动合同：

(1)未按照劳动合同约定提供劳动保护或者劳动条件的。

(2)未及时足额支付劳动报酬的。

(3)未依法为劳动者缴纳社会保险费的。

(4)用人单位的规章制度违反法律、法规的规定，损害劳动者权益的。

(5)《劳动合同法》第二十六条第一款规定的情形致使劳动合同无效的。

(6)法律、行政法规规定劳动者可以解除劳动合同的其他情形。

用人单位以暴力、威胁或者非法限制人身自由的手段强迫劳动者劳动的，或者用人单位违章指挥、强令冒险作业危及劳动者人身安全的，劳动者可以立即解除劳动合同，不需事先告知用人单位。

2. 用人单位可以单方解除劳动合同的规定

《劳动合同法》在赋予劳动者单方解除权的同时，也赋予用人单位对劳动合同的单方解除权，以保障用人单位的用工自主权。

《劳动合同法》第三十九条规定，劳动者有下列情形之一的，用人单位可以解除劳动合同：

(1)在试用期间被证明不符合录用条件的。

(2)严重违反用人单位的规章制度的。

(3)严重失职，营私舞弊，给用人单位造成重大损害的。

(4)劳动者同时与其他用人单位建立劳动关系，对完成本单位的工作任务造成严重影响，或者经用人单位提出，拒不改正的。

(5)《劳动合同法》第二十六条第一款第一项规定的情形致使劳动合同无效的。

(6)被依法追究刑事责任的。

《劳动合同法》第四十条规定，有下列情形之一的，用人单位提前30日以书面形式通知劳动者本人或者额外支付劳动者1个月工资后，可以解除劳动合同：

(1)劳动者患病或者非因工负伤，在规定的医疗期满后不能从事原工作，也不能从事由用人单位另行安排的工作的。

(2)劳动者不能胜任工作，经过培训或者调整工作岗位，仍不能胜任工作的。

(3)劳动合同订立时所依据的客观情况发生重大变化，致使劳动合同无法履行，经用人单位与劳动者协商，未能就变更劳动合同内容达成协议的。

裁减人员时，应当优先留用三种人员：

(1)与本单位订立较长期限的固定期限劳动合同的。

(2)与本单位订立无固定期限劳动合同的。

(3)家庭无其他就业人员，有需要扶养的老人或者未成年人的。用人单位在6个月内重新招用人员的，应当通知被裁减的人员，并在同等条件下优先招用被裁减人员。

3. 用人单位不得解除劳动合同的规定

为了保护一些特殊群体劳动者的权益，《劳动合同法》第四十二条规定，劳动者有下列情形之一的，用人单位不得依照该法第四十条、第四十一条的规定解除劳动合同：

(1)从事接触职业病危害作业的劳动者未进行离岗前职业健康检查，或者疑似职业病病人在诊断或者医学观察期间的。

(2)在本单位患职业病或者因工负伤并被确认丧失或者部分丧失劳动能力的。

(3)患病或者非因工负伤，在规定的医疗期内的。

(4)女职工在孕期、产期、哺乳期的。

(5)在本单位连续工作满 15 年，且距法定退休年龄不足 5 年的。

(6)法律、行政法规规定的其他情形。

用人单位违反《劳动合同法》规定解除或者终止劳动合同，劳动者要求继续履行劳动合同的，用人单位应当继续履行；劳动者不要求继续履行劳动合同或者劳动合同已经不能继续履行的，用人单位应当依照《劳动合同法》第八十七条规定向劳动者支付赔偿金。赔偿金标准为经济补偿标准的 2 倍。

4. 劳动合同的终止

《劳动合同法》第四十四条规定，有下列情形之一的，劳动合同终止：

(1)劳动合同期满的。

(2)劳动者开始依法享受基本养老保险待遇的。

(3)劳动者死亡，或者被人民法院宣告死亡或者宣告失踪的。

(4)用人单位被依法宣告破产的。

(5)用人单位被吊销营业执照、责令关闭、撤销或者用人单位决定提前解散的。

(6)法律、行政法规规定的其他情形。

但是，在劳动合同期满时，有《劳动合同法》第四十二条规定的情形之一的，劳动合同应当继续延续至相应的情形消失时才能终止。但是，在本单位患有职业病或者因工负伤并被确认丧失或者部分丧失劳动能力的劳动者的劳动合同的终止，按照国家有关工伤保险的规定执行。

根据《工伤保险条例》的规定：

(1)职工因工致残被鉴定为 1～4 级伤残的，即丧失劳动能力的，保留劳动关系，退出工作岗位。

(2)劳动者因工致残被鉴定为 5 级、6 级伤残的，即大部分丧失劳动能力的，保留与用人单位的劳动关系，由用人单位安排适当工作；也可以经工伤职工本人提出，该职工可以与用人单位解除或者终止劳动关系。

(3)职工因工致残被鉴定为 7～10 级伤残的，即部分丧失劳动能力的，劳动合同期满终止。

六、劳动保护的规定

2009 年 8 月经修改后颁布的《中华人民共和国劳动法》(以下简称《劳动法》)对劳动者的工作时间、休息休假、工资、劳动安全卫生、女职工和未成年工特殊保护、社会保险和福利等作了法律规定。

(一)劳动者的工作时间和休息休假

工作时间(又称劳动时间)，是指法律规定的劳动者在一昼夜和一周内从事生产、劳动或工作的时间。休息休假(又称休息时间)，是指劳动者在国家规定的法定工作时间外，不从事生产、劳动或工作而由自己自行支配的时间，包括劳动者每天休息的时数、每周休息的天数、节假日、年休假、探亲假等。

1. 工作时间

《劳动法》第三十六条、第三十八条规定，国家实行劳动者每日工作时间不超过 8 小时、平均每周工作时间不超过 44 小时的工时制度。用人单位应当保证劳动者每周至少休息1日。

《劳动法》还规定，企业因生产特点不能实行本法第三十六条、第三十八条规定的，经劳动行政部门批准，可以实行其他工作和休息办法。

(1)缩短工作日。1995 年 3 月经修改后颁布的《国务院关于职工工作时间的规定》中规定，在特殊条件下从事劳动和有特殊情况，需要适当缩短工作时间的，按照国家有关规定执行。目前，我国实行缩短工作时间的主要是：从事矿山、高山、有毒、有害、特别繁重和过度紧张的体力劳动职工，以及纺织、化工、建筑冶炼、地质勘探、森林采伐、装卸搬运等行业或岗位的职工；从事夜班工作的劳动者；在哺乳期工作的女职工；16～18 岁的未成年劳动者等。

(2)不定时工作日。1994 年 12 月劳动部发布的《关于企业实行不定时工作制和综合计算工时工作制的审批办法》中规定，企业对符合下列条件之一的职工，可以实行不定时工作日制：

①企业中的高级管理人员、外勤人员、推销人员、部分值班人员和其他因工作无法按标准工作时间衡量的职工。

②企业中的长途运输人员、出租汽车司机和铁路、港口、仓库的部分装卸人员以及因工作性质特殊，需机动作业的职工。

③其他因生产特点、工作特殊需要或职责范围的关系，适合实行不定时工作日制的职工。

(3)综合计算工作日，即分别以周、月、季、年等为周期综合计算工作时间，但其平均日工作时间和平均周工作时间应与法定标准工作时间基本相同。按规定，企业对交通、铁路等行业中因工作性质特殊需要连续作业的职工，地质及资源勘探、建筑等受季节和自然条件限制的行业的部分职工等，可实行综合计算工作日。

(4)计件工资时间。对实行计件工作的劳动者，用人单位应当根据《劳动法》第 36 条规定的工时制度合理确定其劳动定额和计件报酬标准。

2. 休息休假

《劳动法》规定，用人单位在下列节日期间应当依法安排劳动者休假：

(1)元旦。

(2)春节。

(3)国际劳动节。

(4)国庆节。

(5)法律、法规规定的其他休假节日。目前，法律、法规规定的其他休假节日有：全体公民放假的节日是清明节、端午节和中秋节；部分公民放假的节日及纪念日是妇女节、青年节、儿童节、中国人民解放军建军纪念日。

劳动者连续工作1年以上的，享受带薪年休假。另外，劳动者按有关规定还可以享受探亲假、婚丧假、生育(产)假、节育手术假等。

用人单位由于生产经营需要，经与工会和劳动者协商可以延长工作时间，一般每日不得超过1小时；因特殊原因需要延长工作时间的，在保障劳动者身体健康的条件下延长工作时间每日不得超过3小时，但是每月不得超过36小时。在发生自然灾害、事故或者其他原因，威胁劳动者生命健康和财产安全需要紧急处理，或者生产设备、交通运输线路、公共设施发生故障，影响生产和公众利益，必须及时抢修等法律、行政法规规定的特殊情况的，延长工作时间不受上述限制。

用人单位应当按照下列标准支付高于劳动者正常工作时间工资的工资报酬：安排劳动者延长工作时间的，支付不低于工资的150％的工资报酬；休息日安排劳动者工作又不能安排补休的，支付不低于工资的200％的工资报酬；法定休假日安排劳动者工作的，支付不低于300％的工资报酬。

(二)劳动者的工资

工资是指用人单位依据国家有关规定和劳动关系双方的约定，以货币形式支付给劳动者的劳动报酬，如计时工资、计件工资、奖金、津贴和补贴等。

1. 工资基本规定

《劳动法》规定，工资分配应当遵循按劳分配原则，实行同工同酬。工资水平在经济发展的基础上逐步提高。国家对工资总量实行宏观调控。用人单位根据本单位的生产经营特点和经济效益，依法自主确定本单位的工资分配方式和工资水平。

工资应当以货币形式按月支付给劳动者本人。不得克扣或者无故拖欠劳动者的工资。劳动者在法定休假日和婚丧假期间以及依法参加社会活动期间，用人单位应当依法支付工资。

在我国，企业、机关(包括社会团体)、事业单位实行不同的基本工资制度。企业基本工资制度主要有等级工资制和岗位技能工资制、岗位工资制、结构工资制和经营者年薪制等。

2. 最低工资保障制度

最低工资标准，是指劳动者在法定工作时间或依法签订的劳动合同约定的工作时间内提供了正常劳动的前提下，用人单位依法应支付的最低劳动报酬。所谓正常劳动，是指劳动者按依法签订的劳动合同约定，在法定工作时间或劳动合同约定的工作时间内从事的劳动。劳动者依法享受带薪年休假、探亲假、婚丧假、生育(产)假、节育手术假等国家规定的假期间，以及法定工作时间内依法参加社会活动期间，视为提供了正常劳动。

《劳动法》规定，国家实行最低工资保障制度。最低工资的具体标准由省、自治区、直辖市人民政府规定，报国务院备案。用人单位支付劳动者的工资不得低于当地最低工资标准。

根据2004年1月劳动和社会保障部颁布的《最低工资规定》，在劳动者提供正常劳动的情况下，用人单位应支付给劳动者的工资在剔除下列各项以后，不得低于当地最低工资标准：延长工作时间工资；中班、夜班、高温、低温、井下、有毒有害等特殊工作环境、条件下的津贴；法律、法规和国家规定的劳动者福利待遇等。实行计件工资或提成工资等工资形式的用人单位，在科学、合理的劳动定额基础上，其支付劳动者的工资不得低于相应的最低工资标准。

（三）劳动安全卫生制度

《劳动法》规定，用人单位必须建立、健全劳动安全卫生制度，严格执行国家劳动安全卫生规程和标准，对劳动者进行劳动安全卫生教育，防止劳动过程中的事故，减少职业危害。

劳动安全卫生设施必须符合国家规定的标准。新建、改建、扩建工程的劳动安全卫生设施，必须与主体工程同时设计、同时施工、同时投入生产和使用。用人单位必须为劳动者提供符合国家规定的劳动安全卫生条件和必要的劳动防护用品，对从事有职业危害作业的劳动者应当定期进行健康检查。

从事特种作业的劳动者必须经过专门培训并取得特种作业资格。劳动者在劳动过程中必须严格遵守安全操作规程，对用人单位管理人员违章指挥、强令冒险作业，有权拒绝执行；对危害生命安全和身体健康的行为，有权提出批评、检举和控告。

（四）女职工和未成年工的特殊保护

国家对女职工和未成年工实行特殊劳动保护。

1. 女职工的特殊保护

《劳动法》规定，禁止安排女职工从事矿山井下、国家规定的第4级体力劳动强度的劳动和其他禁忌从事的劳动。不得安排女职工在经期从事高处、低温、冷水作业和国家规定的第3级体力劳动强度的劳动。不得安排女职工在怀孕期间从事国家规定的第3级体力劳动强度的劳动和孕期禁忌从事的活动。对怀孕7个月以上的女职工，不得安排其延长工作时间和夜班劳动。女职工生育享受不少于90天的产假。不得安排女职工在哺乳未满1周岁的婴儿期间从事国家规定的第3级体力劳动强度的劳动和哺乳期禁忌从事的其他劳动，不得安排其延长工作时间和夜班劳动。

2012年4月国务院颁布的《女职工劳动保护特别规定》还规定，用人单位应当遵守女职工禁忌从事的劳动范围(详见《女职工劳动保护特别规定》附录)的规定。用人单位应当将本单位属于女职工禁忌从事的劳动范围的岗位书面告知女职工。用人单位不得因女职工怀孕、生育、哺乳降低其工资、予以辞退、与其解除劳动或者聘用合同。女职工生育享受98天产假，其中产前可以休假15天；难产的，增加产假15天；生育多胞胎的，每多生育1个婴儿，增加产假15天。女职工怀孕未满4个月流产的，享受15天产假；怀孕满4个月流产的，享受42天产假。用人单位违反本规定，侵害女职工合法权益的，女职工可以依法投诉、举报、申诉，依法向劳动人事争议调解仲裁机构申请调解仲裁。对仲裁裁决不服的，依法向人民法院提起诉讼。

2. 未成年工的特殊保护

未成年工的特殊保护是针对未成年工处于生长发育期的特点，以及接受义务教育的需要，采取的特殊劳动保护措施。未成年工是指年满16周岁未满18周岁的劳动者。

《劳动法》规定，禁止用人单位招用未满16周岁的未成年人。不得安排未成年工从事矿山井下、有毒有害、国家规定的第4级体力劳动强度的劳动和其他禁忌从事的劳动。用人单位应对未成年工定期进行健康检查。

1994年12月劳动部颁布的《未成年工特殊保护规定》中规定，用人单位应根据未成年工的健康检查结果安排其从事适合的劳动，对不能胜任原劳动岗位的，应根据医务部门的证明，予以减轻劳动量或安排其他劳动。对未成年工的使用和特殊保护实行登记制度。用人单位招收未成年工除符合一般用工要求外，还须向所在地的县级以上劳动行政部门办理登记。未成年工上岗前，用人单位应对其进行有关的职业安全卫生教育、培训。

（五）劳动者的社会保险与福利

2010年10月颁布的《中华人民共和国社会保险法》（以下简称《社会保险法》）规定，国家建立基本养老保险、基本医疗保险、工伤保险、失业保险、生育保险等社会保险制度，保障公民在年老、疾病、工伤、失业、生育等情况下依法从国家和社会获得物质帮助的权利。

1. 基本养老保险

职工应当参加基本养老保险，由用人单位和职工共同缴纳基本养老保险费。用人单位应当按照国家规定的本单位职工工资总额的比例缴纳基本养老保险费，记入基本养老保险统筹基金。职工应当按照国家规定的本人工资的比例缴纳基本养老保险费，记入个人账户。

(1)基本养老金的组成。基本养老金由统筹养老金和个人账户养老金组成。基本养老金根据个人累计缴费年限、缴费工资、当地职工平均工资、个人账户金额、城镇人口平均预期寿命等因素确定。

(2)基本养老金的领取。参加基本养老保险的个人，达到法定退休年龄时累计缴费满15年的，按月领取基本养老金。参加基本养老保险的个人，达到法定退休年龄时累计缴费不足15年的，可以缴费至满15年，按月领取基本养老金；也可以转入新型农村社会养老保险或者城镇居民社会养老保险，按照国务院规定享受相应的养老保险待遇。

参加基本养老保险的个人，因病或者非因工死亡的，其遗属可以领取丧葬补助金和抚恤金；在未达到法定退休年龄时因病或者非因工致残完全丧失劳动能力的，可以领取病残津贴。所需资金从基本养老保险基金中支付。

个人跨统筹地区就业的，其基本养老保险关系随本人转移，缴费年限累计计算。个人达到法定退休年龄时，基本养老金分段计算、统一支付。

2. 基本医疗保险

职工应当参加职工基本医疗保险，由用人单位和职工按照国家规定共同缴纳基本医疗保险费。医疗机构应当为参保人员提供合理、必要的医疗服务。

参加职工基本医疗保险的个人，达到法定退休年龄时累计缴费达到国家规定年限的，退休后不再缴纳基本医疗保险费，按照国家规定享受基本医疗保险待遇；未达到国家规定年限的，可以缴费至国家规定年限。

符合基本医疗保险药品目录、诊疗项目、医疗服务设施标准以及急诊、抢救的医疗费用，按照国家规定从基本医疗保险基金中支付。下列医疗费用不纳入基本医疗保险基金支付范围：

(1)应当从工伤保险基金中支付的。

(2)应当由第三人负担的。

(3)应当由公共卫生负担的。

(4)在境外就医的。医疗费用依法应当由第三人负担，第三人不支付或者无法确定第三人的，由基本医疗保险基金先行支付。基本医疗保险基金先行支付后，有权向第三人追偿。

个人跨统筹地区就业的，其基本医疗保险关系随本人转移，缴费年限累计计算。

3. 工伤保险

职工应当参加工伤保险，由用人单位缴纳工伤保险费，职工不缴纳工伤保险费。另外，《建筑法》还规定，鼓励企业为从事危险作业的职工办理意外伤害保险，支付保险费。

4. 失业保险

《社会保险法》规定，职工应当参加失业保险，由用人单位和职工按照国家规定共同缴纳失业保险费。职工跨统筹地区就业的，其失业保险关系随本人转移，缴费年限累计计算。

(1)失业保险金的领取。失业人员符合下列条件的，从失业保险基金中领取失业保险金：

①失业前用人单位和本人已经缴纳失业保险费满1年的。

②非因本人意愿中断就业的。

③已经进行失业登记，并有求职要求的。

失业人员失业前用人单位和本人累计缴费满1年不足5年的，领取失业保险金的期限最长为12个月；累计缴费满5年不足10年的，领取失业保险金的期限最长为18个月；累计缴费10年以上的，领取失业保险金的期限最长为24个月。重新就业后，再次失业的，缴费时间重新计算，领取失业保险金的期限与前次失业应当领取而尚未领取的失业保险金的期限合并计算，最长不超过24个月。

失业保险金的标准，由省、自治区、直辖市人民政府确定，但不得低于城市居民最低生活保障标准。

(2)领取失业保险金期间的有关规定。失业人员在领取失业保险金期间，参加职工基本医疗保险，享受基本医疗保险待遇。失业人员应当缴纳的基本医疗保险费从失业保险基金中支付，个人不缴纳基本医疗保险费。

失业人员在领取失业保险金期间死亡的，参照当地对在职职工死亡的规定，向其遗属发给一次性丧葬补助金和抚恤金。所需资金从失业保险基金中支付。个人死亡同时符合领取基本养老保险丧葬补助金、工伤保险丧葬补助金和失业保险丧葬补助金条件的，其遗属只能选择领取其中的1项。

(3)办理领取失业保险金的程序。用人单位应当及时为失业人员出具终止或者解除劳动关系的证明，并将失业人员的名单自终止或者解除劳动关系之日起15日内告知社会保险经办机构。

失业人员应当持本单位为其出具的终止或者解除劳动关系的证明，及时到指定的公共就业服务机构办理失业登记。失业人员凭失业登记证明和个人身份证明，到社会保险经办机构办理领取失业保险金的手续。失业保险金领取期限自办理失业登记之日起计算。

(4)停止享受失业保险待遇的规定。失业人员在领取失业保险金期间有下列情形之一的，停止领取失业保险金，并同时停止享受其他失业保险待遇：

①重新就业的。

②应征服兵役的。

③移居境外的。

④享受基本养老保险待遇的。

⑤无正当理由，拒不接受当地人民政府指定部门或者机构介绍的适当工作或者提供的培训的。

5. 生育保险

《社会保险法》规定，职工应当参加生育保险，由用人单位按照国家规定缴纳生育保险费，职工不缴纳生育保险费。用人单位已经缴纳生育保险费的，其职工享受生育保险待遇；职工未就业配偶按照国家规定享受生育医疗费用待遇。所需资金从生育保险基金中支付。

生育保险待遇包括生育医疗费用和生育津贴。生育医疗费用包括下列各项：

(1)生育的医疗费用。

(2)计划生育的医疗费用。

(3)法律、法规规定的其他项目费用。

职工有下列情形之一的，可以按照国家规定享受生育津贴：

(1)女职工生育享受产假。

(2)享受计划生育手术休假。

(3)法律、法规规定的其他情形。生育津贴按照职工所在用人单位上年度职工月平均工资计发。

6. 福利

《劳动法》规定，国家发展社会福利事业，兴建公共福利设施，为劳动者休息、休养和疗养提供条件。

用人单位应当创造条件，改善集体福利，提高劳动者的福利待遇。

(六)劳动争议的解决

劳动争议(又称劳动纠纷)，是指劳动关系当事人之间因劳动的权利与义务发生分歧而引起的争议。

1. 劳动争议的范围

按照2007年12月颁布的《劳动争议调解仲裁法》和2001年4月发布的《最高人民法院关于审理劳动争议案件适用法律若干问题的解释》的规定，劳动争议的范围主要是：

(1)因确认劳动关系发生的争议。

(2)因订立、履行、变更、解除和终止劳动合同发生的争议。

(3)因除名、辞退和辞职、离职发生的争议。

(4)因工作时间、休息休假、社会保险、福利、培训以及劳动保护发生的争议。

(5)因劳动报酬、工伤医疗费、经济补偿或者赔偿金等发生的争议。

(6)劳动者与用人单位在履行劳动合同过程中发生的纠纷。

(7)劳动者与用人单位之间没有订立书面劳动合同，但已形成劳动关系后发生的纠纷。

(8)劳动者退休后，与尚未参加社会保险统筹的原用人单位因追索养老金、医疗费、工伤保险待遇和其他社会保险而发生的纠纷。

(9)法律、法规规定的其他劳动争议。

2006 年 8 月发布的《最高人民法院关于审理劳动争议案件适用法律若干问题的解释(二)》规定，下列纠纷不属于劳动争议：

(1)劳动者请求社会保险经办机构发放社会保险金的纠纷。

(2)劳动者与用人单位因住房制度改革产生的公有住房转让纠纷。

(3)劳动者对劳动能力鉴定委员会的伤残等级鉴定结论或者对职业病诊断鉴定委员会的职业病诊断鉴定结论的异议纠纷。

(4)家庭或者个人与家政服务人员之间的纠纷。

(5)个体工匠与帮工、学徒之间的纠纷。

(6)农村承包经营户与受雇人之间的纠纷。

2. 劳动争议的解决方式

《劳动法》规定，用人单位与劳动者发生劳动争议，当事人可以依法申请调解、仲裁、提起诉讼，也可以协商解决。调解原则适用于仲裁和诉讼程序。

(1)调解。劳动争议发生后，当事人可以向本单位劳动争议调解委员会申请调解。

在用人单位内，可以设立劳动争议调解委员会。劳动争议调解委员会由职工代表、用人单位代表和工会代表组成。劳动争议调解委员会主任由工会代表担任。劳动争议经调解达成协议的，当事人应当履行。

(2)仲裁。对于调解不成，当事人一方要求仲裁的，可以向劳动争议仲裁委员会申请仲裁。当事人一方也可以直接向劳动争议仲裁委员会申请仲裁。

劳动争议仲裁委员会由劳动行政部门代表、同级工会代表、用人单位方面的代表组成。劳动争议仲裁委员会主任由劳动行政部门代表担任。

按照《劳动争议调解仲裁法》的规定，劳动争议申请仲裁的时效期间为 1 年。仲裁时效期间从当事人知道或者应当知道其权利被侵害之日起计算。前款规定的仲裁时效，因当事人一方向对方当事人主张权利，或者向有关部门请求权利救济，或者对方当事人同意履行义务而中断。从中断时起，仲裁时效期间重新计算。因不可抗力或者有其他正当理由，当事人不能在规定的仲裁时效期间申请仲裁的，仲裁时效中止。从中止时效的原因消除之日起，仲裁时效期间继续计算。劳动关系存续期间因拖欠劳动报酬发生争议的，劳动者申请仲裁不受规定的仲裁时效期间的限制；但是，劳动关系终止的，应当自劳动关系终止之日起 1 年内提出。

2016 年 1 月颁发的《国务院办公厅关于全面治理拖欠农民工工资问题的意见》中规定，充分发挥基层劳动争议调解等组织的作用，引导农民工就地就近解决工资争议。劳动人事争议仲裁机构对农民工因拖欠工资申请仲裁的争议案件优先受理、优先开庭、及时裁决、快速结案。对集体欠薪争议或涉及金额较大的欠薪争议案件要挂牌督办。加强裁审衔接与工作协调，提高欠薪争议案件裁决效率。畅通申请渠道，依法及时为农民工讨薪提供法律服务和法律援助。

(3)诉讼。《劳动法》规定，劳动争议当事人对仲裁裁决不服的，可以自收到仲裁裁决书之日起 15 日内向人民法院提起诉讼。一方当事人在法定期限内不起诉又不履行仲裁裁决的，另一方当事人可以申请人民法院强制执行。

3. 集体合同争议的解决

因签订集体合同发生争议，当事人协商解决不成的，当地人民政府劳动行政部门可以组织有关各方协调处理。

因履行集体合同发生争议，当事人协商解决不成的，可以向劳动争议仲裁委员会申请仲裁；对仲裁裁决不服的，可以自收到仲裁裁决书之日起 15 日内向人民法院提起诉讼。

本章小结

合同是具有平等主体资格的自然人、法人、其他组织之间设立、变更或终止权利义务的协议。合同法具有平等原则、自愿原则、公平原则、诚实信用原则、遵守法律和公共秩序的原则。当事人订立合同，可采取要约、承诺方式。成立的合同受法律保护，对当事人具有法律约束力。当事人应当按照约定履行自己的义务，不得擅自变更或者解除合同。建设工程索赔通常是指在工程合同履行过程中，合同当事人一方因非自身因素或对方不履行或未能正确履行合同而受到经济损失或权利损害时，通过一定的合法程序向对方提出经济或时间补偿的要求。建设工程合同是承包人进行工程建设，发包人支付价款的合同。劳动合同是在市场经济体制下，用人单位与劳动者进行双向选择、确定劳动关系、明确双方权利与义务的协议，是保护劳动者合法权益的基本依据。

思考与练习

一、单项选择题

1. 根据不同的分类标准，建设工程施工合同属于(　　)。
   A. 有名合同，双务合同，有偿合同
   B. 有名合同，双务合同，不要式合同
   C. 无名合同，单务合同，要式合同
   D. 有名合同，单务合同，要式合同

2. 某小型施工项目，甲乙双方只订立了口头合同。工程完工后，因甲方拖欠乙方工程款而发生纠纷，应当认定该合同(　　)。
   A. 未成立　　B. 补签后成立
   C. 成立　　D. 备案登记后成立

3. 按照《合同法》规定，要约人撤销要约的通知应在(　　)到达受要约人，才能取消该项要约。
   A. 要约到达受要约人之前　　B. 受要约人发出承诺通知之前
   C. 承诺通知到达要约人之前　　D. 受要约人发出承诺通知之后

4. 某施工单位分别对两个建设单位的工程项目投标，但是，在提交标书时，不慎将两个项目的投标文件互相错投。则此施工单位的两个投标文件均不构成要约，其原因是(　　)。

A. 要约内容不明确　　B. 要约人不特定

C. 受要约人错误　　D. 无订立合同的意思表示

5. 甲公司根据乙公司的选择，向丙公司购买了一台大型设备，出租给乙使用。乙在该设备安装完毕后，发现不能正常运行，关于该合同的说法，下列正确的是(　　)。

A. 甲应当对乙承担违约责任

B. 若乙破产，该大型设备属于乙的破产财产

C. 乙可以基于设备质量瑕疵而直接向丙索赔

D. 租赁期满，乙取得该设备的所有权

二、多项选择题

1. 甲建筑公司收到了某水泥厂寄发的价目表但无其他内容。甲按标明价格提出订购1 000 t某型号水泥，并附上主要合同条款，却被告知原材料价格上涨使得原来的价格不再适用，要采用提价后的新价格，则下列说法正确的有(　　)。

A. 水泥厂的价目表属于要约邀请　　B. 甲建筑公司的订购表属于要约

C. 水泥厂的价目表属于要约　　D. 水泥厂新报价属于承诺

E. 水泥厂新报价属于新要约

2. 发包人将在建工程抵押给银行贷款，后因发包人经营状况不佳而无力还贷及支付工程款，则关于承包人权利的说法中，下列正确的有(　　)。

A. 承包人可申请人民法院将该工程拍卖

B. 承包人无权就该工程拍卖款优先于银行受偿

C. 承包人申请拍卖该工程，应按照诉讼时效的规定，在工程竣工之日提出

D. 承包人可不申请拍卖，而直接与发包人协商将工程折价

E. 承包人因发包人违约所造成的损失，可在工程拍卖所得中扣除

3. 根据《合同法》，当事人一方可以解除合同的情形有(　　)。

A. 作为当事人一方的公民死亡

B. 由不可抗力致使合同不能履行

C. 当事人一方延迟履行主要债务，经催告后在合理期限内仍未履行

D. 法院代表人变更

E. 当事人一方发生合并、分立

4. 根据《合同法》的相关规定，下列施工合同履行过程中发生的情形，当事人可以解除合同的有(　　)。

A. 发生泥石流将拟建工厂选址覆盖

B. 由于报价失误，施工单位在订立合同后表示无力履行

C. 建设单位延期支付工程款，经催告后同意提供担保

D. 施工单位施工组织不力，导致工程工期延误，使该项目已无投产价值

E. 施工单位未经建设单位同意，擅自更换了现场技术人员

5. 劳动合同履行过程中，劳动者不需事先告知用人单位，可以立即与用人单位解除劳

动合同的情形有(　　)。

A. 在试用期内

B. 用人单位濒临破产

C. 用人单位未依法缴纳社会保险费

D. 用人单位违章指挥，强令冒险作业危及劳动者人身安全

E. 用人单位以暴力威胁手段，强迫劳动者劳动

6. 下列终止劳动合同的情形中，用人单位应向劳动者支付经济补偿的有(　　)。

A. 用人单位未及时足额支付劳动报酬，解除劳动合同的

B. 劳动合同期满，但劳动者不同意按原劳动合同条件续订劳动合同，终止固定期限劳动合同的

C. 因劳动者同时与他人建立劳动关系，对完成本单位的工作任务造成严重影响，解除劳动合同的

D. 用人单位与劳动者协商一致解除劳动合同的

E. 劳动者不能胜任工作经培训或者调整工作岗位后仍不能胜任工作而解除劳动合同的

7. 下列建设工程施工合同中，属于无效的有(　　)。

A. 承包人对工程内容有重大误解订立的

B. 承包人胁迫发包人订立的

C. 未取得相应施工企业资质的承包人订立的

D. 建设工程必须进行招标而未招标订立的

E. 总承包人将主体结构的施工分包给他人订立的

三、思考题

1. 合同的要素包括哪些?

2. 合同法的基本原则是什么？合同法的调整范围有哪些?

3. 什么是合同订立？什么是合同成立?

4. 简述合同变更的程序和方式。

5. 根据《合同法》的规定，合同权利义务概括转让发生的原因有哪两方面?

6. 合同解除具有哪些特征?

7. 简述勘察设计合同订立的程序。

8. 建设工程施工合同发承包双方的主要义务有哪些?

9. 劳动报酬的支付要遵守国家的哪些规定?

四、案例分析

1. 背景：甲建筑公司(以下简称甲公司)拟向乙建材公司(以下简称乙公司)购买一批钢材。双方经口头协商，约定购买钢材 100 t，单价 3 500 元/t，并拟订了准备签字盖章的买卖合同文本。乙公司签字盖章后，交给了甲公司准备签字盖章。由于施工进度紧张，在甲公司催促下，乙公司在未收到甲公司签字盖章的合同文本情形下，将 100 t 钢材送到甲公司工地现场。甲公司接收并投入了工程使用。后因拖欠货款，双方产生了纠纷。

问题：甲、乙公司的买卖合同是否成立?

2. 背景：某公司有 3 名员工已在该企业工作满 10 年，需要续签新的劳动合同。但该公

司不打算再与其续签劳动合同。该公司人力资源部的经理依据原先的各地关于无固定期限劳动合同的做法与规定，向3位员工下发了到期不再续签劳动合同的书面通知。但3位员工不服，认为在该公司工作了这么多年，公司不应该这样做，于是他们向有关人员进行咨询。

问题：

(1)该3位员工坚决要求签订劳动合同，并且要求签订无固定期限劳动合同，依据《劳动合同法》的规定，是否应当签订无固定期限劳动合同？

(2)在公司不同意的情况下，是否可以签订无固定期限劳动合同？

第五章　建设工程施工环境保护、文物保护和节能制度

知识目标

通过本章的学习，了解环境噪声污染的概念，建设项目环境噪声污染防治的基本要求；掌握施工现场环境保护制度，施工节约能源制度，文物保护制度。

能力目标

能运用所学的环境保护与节能法规的知识，采取相关的措施保护环境；能做好建筑节能的监督管理。

驱动案例

背景：某小区居民向市住房和城乡建设局投诉，反映其居住的住宅小区有一处建筑工地正在施工，尘土飞扬，已严重影响了当地居民的正常生活，市住房和城乡建设局立即派人对该工地进行检查，发现该工地正处于土石方开挖阶段，大量的建筑土方堆积在工地且没有任何覆盖，造成工地周边尘土飞扬，对临近住宅小区居民的日常生活造成了严重影响。市住房和城乡建设局当即要求该施工单位进行限期整改。但是，该施工单位迟迟不采取任何整改措施，依然照常施工作业。

请思考：

(1)施工单位有何违法行为？

(2)市住房和城乡建设局应当对其做何行政处罚？

(摘自 2017 年二级建造师《建设工程法规与相关知识》案例)

第一节　施工现场环境保护制度

建筑施工企业应当遵守有关环境保护和安全生产的法律、法规的规定，采取控制和处理施工现场的各种粉尘、废气、废水、固体废物以及噪声、振动对环境的污染和危害的措施。

一、环境噪声污染的防治

1. 环境噪声与环境噪声污染

环境噪声是指在工业生产、建筑施工、交通运输和社会生活中所产生的干扰周围生活

环境的声音。环境噪声污染，则是指产生的环境噪声超过国家规定的环境噪声排放标准，并干扰他人正常生活、工作和学习的现象。

2. 建设项目环境噪声污染的防治

在工程建设领域，环境噪声污染的防治主要包括两个方面：一是建设项目环境噪声污染的防治；二是施工现场环境噪声污染的防治。前者主要是解决建设项目建成后使用过程中可能产生的环境噪声污染问题；后者则是要解决建设工程施工过程中产生的施工噪声污染问题。

《中华人民共和国环境噪声污染防治法》(以下简称《环境噪声污染防治法》)规定，新建、改建、扩建的建设项目，必须遵守国家有关建设项目环境保护管理的规定。

若建设项目可能产生环境噪声污染，建设单位必须提出环境影响报告书，规定环境噪声污染的防治措施，并按照国家规定的程序报环境保护行政主管部门批准。环境影响报告书中，应当有该建设项目所在地单位和居民的意见。

建设项目的环境噪声污染防治设施必须与主体工程同时设计、同时施工、同时投产使用。建设项目在投入生产或者使用之前，其环境噪声污染防治设施必须经原审批环境影响报告书的环境保护行政主管部门验收，达不到国家规定要求的，该建设项目不得投入生产或者使用。

3. 施工现场环境噪声污染的防治

施工噪声是指在建设工程施工过程中产生的干扰周围生活环境的声音。随着城市化进程的不断加快及工程建设的大规模开展，施工噪声污染问题日益突出，影响周围居民的正常生活，损害城市的环境形象。施工单位与周围居民因噪声而引发的纠纷也时有发生，群众投诉日渐增多。因此，应当依法加强施工现场噪声管理，采取有效措施防治施工噪声污染。

(1)建筑施工场界环境噪声排放标准。《环境噪声污染防治法》规定，在城市市区范围内向周围生活环境排放建筑施工噪声的，应当符合国家规定的建筑施工场界环境噪声排放标准。

《建筑施工场界环境噪声排放标准》(GB 12523—2011)规定，建筑施工场界环境噪声排放限值：昼间不超过 70 dB(A)，夜间不超过 55 dB(A)。昼间是指 6：00—22：00；夜间是指 22：00 至次日 6：00 之间的时段。

(2)使用机械设备可能产生环境噪声污染的申报。《环境噪声污染防治法》规定，在城市市区范围内，建筑施工过程中使用机械设备，可能产生环境噪声污染的，施工单位必须在工程开工 15 日以前向工程所在地县级以上地方人民政府环境保护行政主管部门申报该工程的项目名称、施工场所和期限、可能产生的环境噪声值以及所采取的环境噪声污染防治措施的情况。

国家对环境噪声污染严重的落后设备实行淘汰制度。国务院经济综合主管部门应当会同国务院有关部门公布限期禁止生产、禁止销售、禁止进口的环境噪声污染严重的设备名录。

4. 禁止夜间进行产生环境噪声污染施工作业的规定

《环境噪声污染防治法》规定，在城市市区噪声敏感建筑物集中区域内，禁止夜间进行产生环境噪声污染的施工作业，但抢修、抢险作业和因生产工艺上要求或者特殊需要必须连续作业的除外。因特殊需要必须连续作业的，必须有县级以上人民政府或者其有关主管部门的证明。以上规定的夜间作业，必须公示于附近居民。

噪声敏感建筑物集中区域，是指医疗区、文教科研区和以机关或者居民住宅为主的区域。噪声敏感建筑物，是指医院、学校、机关、科研单位、住宅等需要保持安静的建筑物。

《环境噪声污染防治法》规定，县级以上人民政府环境保护行政主管部门和其他环境噪声污染防治工作的监督管理部门、机构，有权依据各自的职责对管辖范围内排放环境噪声的单位进行现场检查。建设项目在投入生产或者使用之前，其环境噪声污染防治设施必须经原审批环境影响报告书的环境保护行政主管部门验收。达不到国家规定要求的，该建设项目不得投入生产或者使用。

【案例 5-1】

(1)背景：2016 年 4 月 15 日夜 23 时，某市环境保护行政主管部门接到居民投诉，称某项目工地有夜间施工噪声扰民情况。执法人员立刻赶赴施工现场，并在施工场界进行了噪声测量。经现场勘查：施工噪声源主要是商品混凝土运输车、混凝土输送泵和施工电梯等设备的施工作业噪声，施工场界噪声经测试为 72.4 dB(A)。通过调查，执法人员核实此次夜间施工作业既不属于抢修、抢险作业，也不属于因生产工艺要求必须进行的连续作业，并无有关主管部门出具的因特殊需要必须连续作业的证明。

(2)问题：

1)本案中施工单位的夜间施工作业行为是否合法?

2)对本案中施工单位的夜间施工作业行为应作何处理?

(3)分析：

1)本案中，施工单位的夜间施工作业行为是不合法的，因为《环境噪声污染防治法》第三十条规定：“在城市市区噪声敏感建筑物集中区域内，禁止夜间进行产生环境噪声污染的建筑施工作业，但抢修、抢险作业和因生产工艺上要求或者特殊需要必须连续作业的除外。因特殊需要必须连续作业的，必须有县级以上人民政府或者其有关主管部门的证明。前款规定的夜间作业，必须公告附近居民。”经执法人员核实，该施工单位夜间作业既不属于抢修、抢险作业，也不属于因生产工艺上要求必须进行的连续作业，并没有有关主管部门出具的因特殊需要必须连续作业的证明。

《环境噪声污染防治法》第二十八条规定：“在城市市区范围内向周围生活环境排放建筑施工噪声的，应当符合国家规定的建筑施工场界环境噪声排放标准。”经执法人员检测，施工场界噪声为 72.4 dB(A)，超过了《建筑施工场界环境噪声排放标准》(GB 12523—2011)关于夜间噪声限制 55 dB(A)的标准。

2)对该施工单位应由该市环境保护行政主管部门依法责令改正，可以并处罚款。依据是《环境噪声污染防治法》第五十六条规定：“在城市市区噪声敏感建筑物集中区域内，夜间进行禁止进行的产生环境噪声污染的建筑施工作业的，由工程所在地县级以上地方人民政府环境保护行政主管部门责令改正，可以并处罚款。”

5. 交通运输噪声污染的防治

交通运输噪声是指机动车辆、铁路机车、机动船舶、航空器等交通运输工具在运行时所产生的干扰周围生活环境的声音。

《环境噪声污染防治法》规定，在城市市区范围内行驶的机动车辆的消声器和喇叭必须符合国家规定的要求。机动车辆必须加强维修和保养，保持技术性能良好，防治环境噪声污染。警车、消防车、工程抢险车、救护车等机动车辆安装、使用警报器，必须符合国务院公安部门的规定；在执行非紧急任务时，禁止使用警报器。

6. 对产生环境噪声污染企业事业单位的规定

《环境噪声污染防治法》规定，产生环境噪声污染的企业事业单位，必须保持防治环境噪声污染的设施的正常使用；拆除或者闲置环境噪声污染防治设施的，必须事先报经所在地的县级以上地方人民政府环境保护行政主管部门批准。

产生环境噪声污染的单位，应当采取措施进行治理，并按照国家规定缴纳超标准排污费。征收的超标准排污费必须用于污染的防治，不得挪作他用。对于在噪声敏感建筑物集中区域内造成严重环境噪声污染的企业事业单位，限期治理。被限期治理的单位必须按期完成治理任务。

二、大气污染的防治

大气污染通常是指由于人类活动或自然过程引起某些物质进入大气中，呈现出足够的浓度，达到足够的时间，并因此影响了人体的舒适、危害了人体的健康或造成环境污染的现象。如果不对大气污染物的排放总量加以控制和防治，将会严重破坏生态系统和人类生存条件。

1. 施工现场大气污染的防治

在城市市区进行建设施工或者从事其他产生扬尘污染活动的单位，必须按照当地环境保护的规定，采取防治扬尘污染的措施。

在人口集中地区存放煤炭、煤渣、煤灰、砂石、灰土等物料，必须采取防燃、防尘措施，以防止污染大气。严格限制向大气排放含有毒物质的废气和粉尘；确需排放的，必须经过净化处理，不超过规定的排放标准。

施工现场大气污染的防治重点是防治扬尘。建设部《绿色施工导则》中对于扬尘控制作了如下规定：

(1)运送土方、垃圾、设备及建筑材料等，不污损场外道路。运输过程中容易散落、飞扬、流漏的物料的车辆，必须采取措施封闭严密，保证车辆清洁。施工现场出口应设置洗车槽。

(2)土方作业阶段，采取洒水、覆盖等措施，达到作业区目测扬尘高度小于1.5 m，不扩散到场区外。

(3)结构施工、安装装饰装修阶段，作业区目测扬尘高度小于0.5 m。对易产生扬尘的堆放材料应采取覆盖措施；对粉末状材料应封闭存放；场区内可能引起扬尘的材料及建筑垃圾搬运应有降尘措施，如覆盖、洒水等；浇筑混凝土前清理灰尘和垃圾时尽量使用吸尘器，避免使用吹风器等易产生扬尘的设备；机械剔凿作业时可用局部遮挡、掩盖、水淋等防护措施；高层或多层建筑清理垃圾应搭设封闭性临时专用道或采用容器吊运。

(4)施工现场非作业区达到目测无扬尘的要求。对现场易飞扬物质采取有效措施，如洒水、地面硬化、围挡、密网覆盖、封闭等，防止扬尘产生。

(5)构筑物机械拆除前，做好扬尘控制计划。可采取清理积尘、拆除体洒水、设置隔挡等措施。

(6)构筑物爆破拆除前，做好扬尘控制计划。可采用清理积尘、淋湿地面、预湿墙体、屋面敷水袋、楼面蓄水、建筑外设高压喷雾状水系统、搭设防尘排栅和直升机投水弹等综合降尘。选择风力小的天气进行爆破作业。

(7)在场界四周隔挡高度位置测得的大气总悬浮颗粒物(TSP)月平均浓度与城市背景值的差值不大于0.08 mg/m³。

2. 大气污染防治的监督管理

《中华人民共和国大气污染防治法》(以下简称《大气污染防治法》)规定，企业事业单位和其他生产经营者建设对大气环境有影响的项目，应当依法进行环境影响评价、公开环境影响评价文件；向大气排放污染物的，应当符合大气污染物排放标准，遵守重点大气污染物排放总量控制要求。企业事业单位和其他生产经营者向大气排放污染物的，应当依照法律法规和国务院环境保护主管部门的规定设置大气污染物排放口。禁止通过偷排、篡改或者伪造监测数据、以逃避现场检查为目的的临时停产、非紧急情况下开启应急排放通道、不正常运行大气污染防治设施等逃避监管的方式排放大气污染物。企业事业单位和其他生产经营者应当按照国家有关规定和监测规范，对其排放的工业废气和本法第七十八条规定名录中所列有毒有害大气污染物进行监测，并保存原始监测记录。其中，重点排污单位应当安装、使用大气污染物排放自动监测设备，与环境保护主管部门的监控设备联网，保证监测设备正常运行并依法公开排放信息。监测的具体办法和重点排污单位的条件由国务院环境保护主管部门规定。企业事业单位和其他生产经营者违反法律法规规定排放大气污染物，造成或者可能造成严重大气污染；或者有关证据可能灭失或者被隐匿的，县级以上人民政府环境保护主管部门和其他负有大气环境保护监督管理职责的部门，可以对有关设施、设备、物品采取查封、扣押等行政强制措施。

三、水污染的防治

水污染是指水体由某种物质的介入导致其化学、物理、生物或者放射性等方面特性的改变，从而影响水的有效利用，危害人体健康或者破坏生态环境，造成水质恶化的现象。水污染防治包括江河、湖泊、运河、渠道、水库等地表水体以及地下水体的污染防治。

《中华人民共和国水污染防治法》(以下简称《水污染防治法》)规定，水污染防治应当坚持预防为主、防治结合、综合治理的原则，优先保护饮用水水源，严格控制工业污染、城镇生活污染，防治农业面源污染，积极推进生态治理工程建设，预防、控制和减少水环境污染及生态破坏。

1. 建设项目水污染的防治

《水污染防治法》规定，新建、改建、扩建直接或者间接向水体排放污染物的建设项目和其他水上设施，应当依法进行环境影响评价。建设单位在江河、湖泊新建、改建、扩建排污口的，应当取得水行政主管部门或者流域管理机构同意；涉及通航、渔业水域的，环境保护主管部门在审批环境影响评价文件时，应当征求交通、渔业主管部门的意见。建设项目的水污染防治设施，应当与主体工程同时设计、同时施工、同时投入使用。水污染防治设施应当符合经批准或者备案的环境影响评价文件的要求。禁止在饮用水水源一级保护区内新建、改建、扩建与供水设施和保护水源无关的建设项目；已建成的与供水设施和保护水源无关的建设项目，由县级以上人民政府责令拆除或者关闭。禁止在饮用水水源二级保护区内新建、改建、扩建排放污染物的建设项目；已建成的排放污染物的建设项目，由县级以上人民政府责令拆除或者关闭。禁止在饮用水水源准保护区内新建、扩建对水体污染严重的建设项目；改建建设项目，不得增加排污量。

2. 施工现场水污染的防治

《水污染防治法》规定，国家对重点水污染物排放实施总量控制制度。重点水污染物排放总量控制指标，由国务院环境保护主管部门在征求国务院有关部门和各省、自治区、直辖市人民政府意见后，会同国务院经济综合宏观调控部门报国务院批准并下达实施。省、自治区、直辖市人民政府应当按照国务院的规定削减和控制本行政区域的重点水污染物排放总量。具体办法由国务院环境保护主管部门会同国务院有关部门规定。省、自治区、直辖市人民政府可以根据本行政区域水环境质量状况和水污染防治工作的需要，对国家重点水污染物之外的其他水污染物排放实行总量控制。对超过重点水污染物排放总量控制指标或者未完成水环境质量改善目标的地区，省级以上人民政府环境保护主管部门应当会同有关部门约谈该地区人民政府的主要负责人，并暂停审批新增重点水污染物排放总量的建设项目的环境影响评价文件。约谈情况应当向社会公开。

直接或者间接向水体排放工业废水和医疗污水以及其他按照规定应当取得排污许可证方可排放的废水、污水的企业事业单位和其他生产经营者，应当取得排污许可证；城镇污水集中处理设施的运营单位，也应当取得排污许可证。排污许可证应当明确排放水污染物的种类、浓度、总量和排放去向等要求。排污许可的具体办法由国务院规定。禁止企业事业单位和其他生产经营者无排污许可证或者违反排污许可证的规定向水体排放规定的废水、污水。

禁止向水体排放油类、酸液、碱液或者剧毒废液。禁止在水体清洗装贮过油类或者有毒污染物的车辆和容器。禁止向水体排放、倾倒放射性固体废物或者含有高放射性和中放射性物质的废水。向水体排放含低放射性物质的废水，应当符合国家有关放射性污染防治的规定和标准。

禁止向水体排放、倾倒工业废渣、城镇垃圾和其他废弃物。禁止将含有汞、镉、砷、铬、铅、氰化物、黄磷等的可溶性剧毒废渣向水体排放、倾倒或者直接埋入地下。存放可溶性剧毒废渣的场所，应当采取防水、防渗漏、防流失的措施。禁止在江河、湖泊、运河、渠道、水库最高水位线以下的滩地和岸坡堆放、存储固体废弃物和其他污染物。

在饮用水水源保护区内，禁止设置排污口。在风景名胜区水体、重要渔业水体和其他具有特殊经济文化价值的水体的保护区内，不得新建排污口。在保护区附近新建排污口，应当保证保护区水体不受污染。

禁止利用渗井、渗坑、裂隙、溶洞，私设暗管，篡改、伪造监测数据，或者不正常运行水污染防治设施等逃避监管的方式排放水污染物。

兴建地下工程设施或者进行地下勘探、采矿等活动，应当采取防护性措施，防止地下水污染。人工回灌补给地下水，不得恶化地下水质。

3. 发生事故或者其他突发性事件的规定

企业事业单位发生事故或者其他突发性事件，造成或者可能造成水污染事故的，应当立即启动本单位的应急方案，采取隔离等应急措施，防止水污染物进入水体，并向事故发生地的县级以上地方人民政府或者环境保护主管部门报告。环境保护主管部门接到报告后，应及时向本级人民政府报告并抄送有关部门。

四、施工现场固体废物污染防治的规定

固体废物是指在生产、生活和其他活动中产生的丧失原有利用价值或者虽未丧失利用价值但被抛弃或者放弃的固态、半固态和置于容器中的气态的物品、物质以及法律、行政法规规定纳入固体废物管理的物品、物质。

固体废物污染环境是指固体废物在产生、收集、储存、运输、利用、处置的过程中产生的危害环境的现象。

1. 建设项目固体废物污染环境的防治

《中华人民共和国固体废物污染环境防治法》(以下简称《固体废物污染环境防治法》)规定，国家对固体废物污染环境的防治，实行减少固体废物的产生量和危害性、充分合理利用固体废物和无害化处置固体废物的原则，促进清洁生产和循环经济发展。建设产生固体废物的项目以及建设储存、利用、处置固体废物的项目，必须依法进行环境影响评价，并遵守国家有关建设项目环境保护管理的规定。

建设项目的环境影响评价文件确定需要配套建设的固体废物污染环境防治设施，必须与主体工程同时设计、同时施工、同时投入使用。固体废物污染环境防治设施必须经原审批环境影响评价文件的环境保护行政主管部门验收合格后，该建设项目方可投入生产或者使用。对固体废物污染环境防治设施的验收应当与对主体工程的验收同时进行。

在国务院和国务院有关主管部门及省、自治区、直辖市人民政府划定的自然保护区、风景名胜区、饮用水水源保护区、基本农田保护区和其他需要特别保护的区域内，禁止建设工业固体废物集中储存、处置的设施、场所和生活垃圾填埋场。

2. 施工现场固体废物污染环境的防治

施工现场的固体废物主要是建筑垃圾和生活垃圾。固体废物又分为一般固体废物和危险废物。所谓危险废物，是指列入国家危险废物名录或者根据国家规定的危险废物鉴别标准和鉴别方法认定的具有危险特性的固体废物。

(1)一般固体废物污染环境的防治。《固体废物污染环境防治法》规定，产生固体废物的单位和个人，应当采取措施，防止或者减少固体废物对环境的污染。收集、储存、运输、利用、处置固体废物的单位和个人，必须采取防扬散、防流失、防渗漏或者其他防止污染环境的措施；不得擅自倾倒、堆放、丢弃、遗撒固体废物。禁止任何单位或者个人向江河、湖泊、运河、渠道、水库及其最高水位线以下的滩地和岸坡等法律、法规规定禁止倾倒、堆放废弃物的地点倾倒、堆放固体废物。转移固体废物出省、自治区、直辖市行政区域储存、处置的，应当向固体废物移出地的省、自治区、直辖市人民政府环境保护行政主管部门提出申请。移出地的省、自治区、直辖市人民政府环境保护行政主管部门应当经接受地的省、自治区、直辖市人民政府环境保护行政主管部门同意后，方可批准转移该固体废物出省、自治区、直辖市行政区域。未经批准的，不得转移。

工程施工单位应当及时清运工程施工过程中产生的固体废物，并按照环境卫生行政主管部门的规定进行利用或处置。

(2)危险废物污染环境防治的特别规定。对危险废物的容器和包装物以及收集、储存、运输、处置危险废物的设施、场所，必须设置危险废物识别标志。以填埋方式处置危险废物不符合国务院环境保护行政主管部门规定的，应当缴纳危险废物排污费。危险废物排污

费用于污染环境的防治，不得挪作他用。

禁止将危险废物提供或者委托给无经营许可证的单位从事收集、储存、利用、处置的经营活动。运输危险废物，必须采取防止污染环境的措施，并遵守国家有关危险货物运输管理的规定。禁止将危险废物与旅客在同一运输工具上载运。

收集、储存、运输、处置危险废物的场所、设施、设备和容器、包装物及其他物品转作他用时，必须经过消除污染的处理，方可使用。

产生、收集、储存、运输、利用、处置危险废物的单位，应当制定意外事故的防范措施和应急预案，并向所在地县级以上地方人民政府环境保护行政主管部门备案；环境保护行政主管部门应当进行检查。因发生事故或者其他突发性事件，造成危险废物严重污染环境的单位，必须立即采取措施消除或者减轻对环境的污染危害，及时通报可能受到污染危害的单位和居民，并向所在地县级以上地方人民政府环境保护行政主管部门和有关部门报告，接受调查处理。

(3)施工现场固体废物的减量化和回收再利用。《绿色施工导则》规定，制定建筑垃圾减量化计划，如住宅建筑，每万平方米的建筑垃圾不宜超过 400 t。加强建筑垃圾的回收再利用，力争建筑垃圾的再利用和回收率达到 30%，建筑物拆除产生的废弃物的再利用和回收率大于 40%。对于碎石类、土石方类建筑垃圾，可采用地基填埋、铺路等方式提高再利用率，力争使再利用率大于 50%。施工现场生活区设置封闭式垃圾容器，施工场地生活垃圾实行袋装化，及时清运。对建筑垃圾进行分类，并收集到现场封闭式垃圾站，集中运出。

五、违法行为应承担的法律责任

1. 施工现场噪声污染违法行为应承担的法律责任

《环境噪声污染防治法》规定，未经环境保护行政主管部门批准，擅自拆除或者闲置环境噪声污染防治设施，致使环境噪声排放超过规定标准的，由县级以上地方人民政府环境保护行政主管部门责令改正，并处罚款。

排放环境噪声的单位违反规定，拒绝环境保护行政主管部门或者其他依照本法规定行使环境噪声监督管理权的部门、机构现场检查或者在被检查时弄虚作假的，环境保护行政主管部门或者其他依照本法规定行使环境噪声监督管理权的监督管理部门、机构可以根据不同情节，给予警告或者处以罚款。

建筑施工单位违反规定，在城市市区噪声敏感建筑物集中区域内，夜间进行禁止进行的产生环境噪声污染的建筑施工作业的，由工程所在地县级以上地方人民政府环境保护行政主管部门责令改正，可以并处罚款。

机动车辆不按照规定使用声响装置的，由当地公安机关根据不同情节给予警告或者处以罚款。

受到环境噪声污染危害的单位和个人，有权要求加害人排除危害；造成损失的，依法赔偿损失。赔偿责任和赔偿金额的纠纷，可以根据当事人的请求，由环境保护行政主管部门或者其他环境噪声污染防治工作的监督管理部门、机构调解处理；调解不成的，当事人可以向人民法院起诉。当事人也可以直接向人民法院起诉。

2. 施工现场大气污染防治违法行为应承担的法律责任

《大气污染防治法》规定，违反本法规定，以拒绝进入现场等方式拒不接受环境保护主管部门及其委托的环境监察机构或者其他负有大气环境保护监督管理职责的部门的监督检查，或者在接受监督检查时弄虚作假的，由县级以上人民政府环境保护主管部门或者其他负有大气环境保护监督管理职责的部门责令改正，处二万元以上二十万元以下的罚款；构成违反治安管理行为的，由公安机关依法予以处罚。

违反本法规定，有下列行为之一的，由县级以上人民政府环境保护主管部门责令改正或者限制生产、停产整治，并处十万元以上一百万元以下的罚款；情节严重的，报经有批准权的人民政府批准，责令停业、关闭：

(1)未依法取得排污许可证排放大气污染物的。

(2)超过大气污染物排放标准或者超过重点大气污染物排放总量控制指标排放大气污染物的。

(3)通过逃避监管的方式排放大气污染物的。

违反本法规定，有下列行为之一的，由县级以上人民政府环境保护主管部门责令改正，处二万元以上二十万元以下的罚款；拒不改正的，责令停产整治：

(1)侵占、损毁或者擅自移动、改变大气环境质量监测设施或者大气污染物排放自动监测设备的。

(2)未按照规定对所排放的工业废气和有毒有害大气污染物进行监测并保存原始监测记录的。

(3)未按照规定安装、使用大气污染物排放自动监测设备或者未按照规定与环境保护主管部门的监控设备联网，并保证监测设备正常运行的。

(4)重点排污单位不公开或者不如实公开自动监测数据的。

(5)未按照规定设置大气污染物排放口的。

违反本法规定，施工单位有下列行为之一的，由县级以上人民政府住房城乡建设等主管部门按照职责责令改正，处一万元以上十万元以下的罚款；拒不改正的，责令停工整治：

(1)施工工地未设置硬质密闭围挡，或者未采取覆盖、分段作业、择时施工、洒水抑尘、冲洗地面和车辆等有效防尘降尘措施的。

(2)建筑土方、工程渣土、建筑垃圾未及时清运，或者未采用密闭式防尘网遮盖的。

违反本法规定，建设单位未对暂时不能开工的建设用地的裸露地面进行覆盖，或者未对超过三个月不能开工的建设用地的裸露地面进行绿化、铺装或者遮盖的，由县级以上人民政府住房城乡建设等主管部门依照前款规定予以处罚。

违反本法规定，运输煤炭、垃圾、渣土、砂石、土方、灰浆等散装、流体物料的车辆，未采取密闭或者其他措施防止物料遗撒的，由县级以上地方人民政府确定的监督管理部门责令改正，处二千元以上二万元以下的罚款；拒不改正的，车辆不得上道路行驶。

违反本法规定，有下列行为之一的，由县级以上人民政府环境保护等主管部门按照职责责令改正，处一万元以上十万元以下的罚款；拒不改正的，责令停工整治或者停业整治：

(1)未密闭煤炭、煤矸石、煤渣、煤灰、水泥、石灰、石膏、砂土等易产生扬尘的物料的。

(2)对不能密闭的易产生扬尘的物料，未设置不低于堆放物高度的严密围挡，或者未采取有效覆盖措施防治扬尘污染的。

(3)装卸物料未采取密闭或者喷淋等方式控制扬尘排放的。

(4)存放煤炭、煤矸石、煤渣、煤灰等物料，未采取防燃措施的。

(5)码头、矿山、填埋场和消纳场未采取有效措施防治扬尘污染的。

(6)排放有毒有害大气污染物名录中所列有毒有害大气污染物的企业事业单位，未按照规定建设环境风险预警体系或者对排放口和周边环境进行定期监测、排查环境安全隐患并采取有效措施防范环境风险的。

(7)向大气排放持久性有机污染物的企业事业单位和其他生产经营者以及废弃物焚烧设施的运营单位，未按照国家有关规定采取有利于减少持久性有机污染物排放的技术方法和工艺，配备净化装置的。

(8)未采取措施防止排放恶臭气体的。

3. 施工现场水污染防治违法行为应承担的法律责任

《水污染防治法》规定，违反本法规定，有下列行为之一的，由县级以上人民政府环境保护主管部门责令限期改正，处二万元以上二十万元以下的罚款；逾期不改正的，责令停产整治：

(1)未按照规定对所排放的水污染物自行监测，或者未保存原始监测记录的。

(2)未按照规定安装水污染物排放自动监测设备，未按照规定与环境保护主管部门的监控设备联网，或者未保证监测设备正常运行的。

(3)未按照规定对有毒有害水污染物的排污口和周边环境进行监测，或者未公开有毒有害水污染物信息的。

违反本法规定，有下列行为之一的，由县级以上人民政府环境保护主管部门责令改正或者责令限制生产、停产整治，并处十万元以上一百万元以下的罚款；情节严重的，报经有批准权的人民政府批准，责令停业、关闭：

(1)未依法取得排污许可证排放水污染物的。

(2)超过水污染物排放标准或者超过重点水污染物排放总量控制指标排放水污染物的。

(3)利用渗井、渗坑、裂隙、溶洞，私设暗管，篡改、伪造监测数据，或者不正常运行水污染防治设施等逃避监管的方式排放水污染物的。

(4)未按照规定进行预处理，向污水集中处理设施排放不符合处理工艺要求的工业废水的。

在饮用水水源保护区内设置排污口的，由县级以上地方人民政府责令限期拆除，处十万元以上五十万元以下的罚款；逾期不拆除的，强制拆除，所需费用由违法者承担，处五十万元以上一百万元以下的罚款，并可以责令停产整治。

除前款规定外，违反法律、行政法规和国务院环境保护主管部门的规定设置排污口的，由县级以上地方人民政府环境保护主管部门责令限期拆除，处二万元以上十万元以下的罚款；逾期不拆除的，强制拆除，所需费用由违法者承担，处十万元以上五十万元以下的罚款；情节严重的，可以责令停产整治。

未经水行政主管部门或者流域管理机构同意，在江河、湖泊新建、改建、扩建排污口的，由县级以上人民政府水行政主管部门或者流域管理机构依据职权，依照前款规定采取措施、给予处罚。

有下列行为之一的，由县级以上地方人民政府环境保护主管部门责令停止违法行为，限期采取治理措施，消除污染，处以罚款；逾期不采取治理措施的，环境保护主管部门可以指定有治理能力的单位代为治理，所需费用由违法者承担：

(1)向水体排放油类、酸液、碱液的。

(2)向水体排放剧毒废液，或者将含有汞、镉、砷、铬、铅、氰化物、黄磷等的可溶性剧毒废渣向水体排放、倾倒或者直接埋入地下的。

(3)在水体清洗装贮过油类、有毒污染物的车辆或者容器的。

(4)向水体排放、倾倒工业废渣、城镇垃圾或者其他废弃物，或者在江河、湖泊、运河、渠道、水库最高水位线以下的滩地、岸坡堆放、存贮固体废弃物或者其他污染物的。

(5)向水体排放、倾倒放射性固体废物或者含有高放射性、中放射性物质的废水的。

(6)违反国家有关规定或者标准，向水体排放含低放射性物质的废水、热废水或者含病原体的污水的。

(7)未采取防渗漏等措施，或者未建设地下水水质监测井进行监测的。

(8)加油站等的地下油罐未使用双层罐或者采取建造防渗池等其他有效措施，或者未进行防渗漏监测的。

(9)未按照规定采取防护性措施，或者利用无防渗漏措施的沟渠、坑塘等输送或者存贮含有毒污染物的废水、含病原体的污水或者其他废弃物的。

有上述第(3)项、第(4)项、第(6)项、第(7)项、第(8)项行为之一的，处二万元以上二十万元以下的罚款。有上述第(1)项、第(2)项、第(5)项、第(9)项行为之一的，处十万元以上一百万元以下的罚款；情节严重的，报经有批准权的人民政府批准，责令停业、关闭。

4. 施工现场固体废物污染环境防治违法行为应承担的法律责任

《固体废物污染环境防治法》规定，违反有关城市生活垃圾污染环境防治的规定，有下列行为之一的，由县级以上地方人民政府环境卫生行政主管部门责令停止违法行为，限期改正，处以罚款：

(1)随意倾倒、抛洒或者堆放生活垃圾的。

(2)擅自关闭、闲置或者拆除生活垃圾处置设施、场所的。

(3)工程施工单位不及时清运施工过程中产生的固体废物，造成环境污染的。

(4)工程施工单位不按照环境卫生行政主管部门的规定对施工过程中产生的固体废物进行利用或者处置的。

(5)在运输过程中沿途丢弃、遗撒生活垃圾的。

违反有关危险废物污染环境防治的规定，有下列行为之一的，由县级以上人民政府环境保护行政主管部门责令停止违法行为，限期改正，处以罚款：

(1)不设置危险废物识别标志的。

(2)不按照国家规定申报登记危险废物，或者在申报登记时弄虚作假的。

(3)擅自关闭、闲置或者拆除危险废物集中处置设施、场所的。

(4)不按照国家规定缴纳危险废物排污费的。

(5)将危险废物提供或者委托给无经营许可证的单位从事经营活动的。

(6)不按照国家规定填写危险废物转移联单或者未经批准擅自转移危险废物的。

(7)将危险废物混入非危险废物中储存的。

(8)未经安全性处置，混合收集、储存、运输、处置具有不相容性质的危险废物的。

(9)将危险废物与旅客在同一运输工具上载运的。

(10)未经消除污染的处理将收集、储存、运输、处置危险废物的场所、设施、设备和容器、包装物及其他物品转作他用的。

(11)未采取相应防范措施，造成危险废物扬散、流失、渗漏或者造成其他环境污染的。

(12)在运输过程中沿途丢弃、遗撒危险废物的。

(13)未制定危险废物意外事故防范措施和应急预案的。

危险废物产生者不处置其产生的危险废物又不承担依法应当承担的处置费用的，由县级以上地方人民政府环境保护行政主管部门责令限期改正，处代为处置费用1倍以上3倍以下的罚款。造成固体废物严重污染环境的，由县级以上人民政府环境保护行政主管部门按照国务院规定的权限决定限期治理；逾期未完成治理任务的，由本级人民政府决定停业或者关闭。造成固体废物污染环境事故的，由县级以上人民政府环境保护行政主管部门处2万元以上20万元以下的罚款；造成重大损失的，按照直接损失的30%计算罚款，但是最高不超过100万元，对负有责任的主管人员和其他直接责任人员，依法给予行政处分；造成固体废物污染环境重大事故的，由县级以上人民政府按照国务院规定的权限决定停业或者关闭。

收集、储存、利用、处置危险废物，造成重大环境污染事故，构成犯罪的，依法追究刑事责任。

第二节　施工节约能源制度

能源是指煤炭、石油、天然气、生物质能和电力、热力以及其他直接或者通过加工、转换而取得有用能的各种资源。节约能源是指加强用能管理，采取技术上可行、经济上合理以及环境和社会可以承受的措施，从能源生产到消费的各个环节，降低消耗、减少损失和污染物排放、制止浪费，有效、合理地利用能源。节约能源是我国的基本国策。国家实施节约与开发并举、把节约放在首位的能源发展战略。

一、施工中合理使用与节约能源的规定

在工程建设领域，节约能源主要包括建筑节能和施工节能两个方面。建筑节能是解决建设项目建成后使用过程中的节能问题，施工节能则是要解决施工过程中的节约能源问题。

二、合理使用与节约能源的一般规定

1. 节能的产业政策

《中华人民共和国节约能源法》(以下简称《节约能源法》)规定，国家实行有利于节能和环境保护的产业政策，限制发展高耗能、高污染行业，发展节能环保型产业。国家对落后的耗能过高的用能产品、设备和生产工艺实行淘汰制度。禁止使用国家明令淘汰的用能设备、生产工艺。国家鼓励企业制定严于国家标准、行业标准的企业节能标准。

2. 用能单位的法定义务

用能单位应当按照合理用能的原则，加强节能管理，制定并实施节能计划和节能技术

措施，降低能源消耗。用能单位应当建立节能目标责任制。用能单位应当定期开展节能教育和岗位节能培训。用能单位应当加强能源计量管理。用能单位应当建立能源消费统计和能源利用状况分析制度，对各类能源的消费实行分类计量和统计，并确保能源消费统计数据真实、完整。任何单位不得对能源消费实行包费制。

3. 循环经济的法律要求

循环经济是指在生产、流通和消费等过程中进行的减量化、再利用、资源化活动的总称。减量化是指在生产、流通和消费等过程中减少资源消耗和废物产生。再利用是指将废物直接作为产品或者经修复、翻新、再制造后继续作为产品使用，或者将废物的全部或者部分作为其他产品的部件予以使用。资源化是指将废物直接作为原料进行利用或者对废物进行再生利用。

《循环经济促进法》规定，发展循环经济应当在技术可行、经济合理和有利于节约资源、保护环境的前提下，按照减量化优先的原则实施。在废物再利用和资源化过程中，应当保障生产安全，保证产品质量符合国家规定的标准，并防止产生再次污染。企业事业单位应当建立健全管理制度，采取措施，降低资源消耗，减少废物的产生量和排放量，提高废物的再利用和资源化水平。

国务院循环经济发展综合管理部门会同国务院环境保护等有关主管部门，定期发布鼓励、限制和淘汰的技术、工艺、设备、材料和产品名录。禁止生产、进口、销售列入淘汰名录的设备、材料和产品；禁止使用列入淘汰名录的技术、工艺、设备和材料。

三、建筑节能的规定

《节约能源法》规定，国家实行固定资产投资项目节能评估和审查制度。不符合强制性节能标准的项目，建设单位不得开工建设；已经建成的，不得投入生产、使用。政府投资项目不符合强制性节能标准的，依法负责项目审批的机关不得批准建设。国家鼓励在新建建筑和既有建筑节能改造中使用新型墙体材料等节能建筑材料和节能设备，安装和使用太阳能等可再生能源利用系统。建筑工程的建设、设计、施工和监理单位应当遵守建筑节能标准。

1. 采用太阳能、地热能等可再生能源

《民用建筑节能条例》规定，国家鼓励和扶持在新建建筑和既有建筑节能改造中采用太阳能、地热能等可再生能源。在具备太阳能利用条件的地区，有关地方人民政府及其部门应当采取有效措施，鼓励和扶持单位、个人安装使用太阳能热水系统、照明系统、供热系统、采暖制冷系统等太阳能利用系统。

2. 新建建筑节能的规定

国家推广使用民用建筑节能的新技术、新工艺、新材料和新设备，限制使用或者禁止使用能源消耗高的技术、工艺、材料和设备。国家限制进口或者禁止进口能源消耗高的技术、材料和设备。建设单位、设计单位、施工单位不得在建筑活动中使用列入禁止使用目录的技术、工艺、材料和设备。

(1)施工图审查机构的节能义务。施工图设计文件审查机构应当按照民用建筑节能强制性标准对施工图设计文件进行审查；经审查不符合民用建筑节能强制性标准的，县级以上地方人民政府建设主管部门不得颁发施工许可证。

(2)建设单位的节能义务。建设单位不得明示或者暗示设计单位、施工单位违反民用建筑节能强制性标准进行设计、施工，不得明示或者暗示施工单位使用不符合施工图设计文件要求的墙体材料、保温材料、门窗、采暖制冷系统和照明设备。

按照合同约定由建设单位采购墙体材料、保温材料、门窗、采暖制冷系统和照明设备的，建设单位应当保证其符合施工图设计文件要求。

建设单位组织竣工验收，应当对民用建筑是否符合民用建筑节能强制性标准进行查验；对不符合民用建筑节能强制性标准的，不得出具竣工验收合格报告。

(3)设计单位、施工单位、工程监理单位的节能义务。设计单位、施工单位、工程监理单位及其注册执业人员，应当按照民用建筑节能强制性标准进行设计、施工、监理。施工单位应当对进入施工现场的墙体材料、保温材料、门窗、采暖制冷系统和照明设备进行查验；不符合施工图设计文件要求的，不得使用。工程监理单位发现施工单位不按照民用建筑节能强制性标准施工的，应当要求施工单位改正；施工单位拒不改正的，工程监理单位应当及时报告建设单位，并向有关主管部门报告。墙体、屋面的保温工程施工时，监理工程师应当按照工程监理规范的要求，采取旁站、巡视和平行检验等形式实施监理。未经监理工程师签字，墙体材料、保温材料、门窗、采暖制冷系统和照明设备不得在建筑上使用或者安装，施工单位不得进行下一道工序的施工。

3. 既有建筑节能的规定

既有建筑节能改造是指对不符合民用建筑节能强制性标准的既有建筑的围护结构、供热系统、采暖制冷系统、照明设备和热水供应设施等实施节能改造的活动。实施既有建筑节能改造，应当符合民用建筑节能强制性标准，优先采用遮阳、改善通风等低成本改造措施。既有建筑围护结构的改造和供热系统的改造应当同步进行。

四、施工节能的规定

《中华人民共和国循环经济促进法》(以下简称《循环经济促进法》)规定，建筑设计、建设、施工等单位应当按照国家有关规定和标准，对其设计、建设、施工的建筑物及构筑物采用节能、节水、节地、节材的技术工艺和小型、轻型、再生产品。有条件的地区，应当充分利用太阳能、地热能、风能等可再生能源。

1. 节材与材料资源利用

《循环经济促进法》规定，国家鼓励利用无毒、无害的固体废物生产建筑材料，鼓励使用散装水泥，推广使用预拌混凝土和预拌砂浆。禁止损毁耕地烧砖。在国务院或者省、自治区、直辖市人民政府规定的期限和区域内，禁止生产、销售和使用黏土砖。

2. 节水与水资源利用

《循环经济促进法》规定，国家鼓励和支持使用再生水。企业应当发展串联用水系统和循环用水系统，提高水的重复利用率。企业应当采用先进技术、工艺和设备，对生产过程中产生的废水进行再生利用。

《绿色施工导则》进一步对提高用水效率、非传统水源利用和安全用水作出规定。

(1)提高用水效率：

1)施工中采用先进的节水施工工艺。

2)施工现场喷洒路面、绿化浇灌不宜使用市政自来水。现场搅拌用水、养护用水应采取有效的节水措施，严禁无措施浇水养护混凝土。

3)施工现场供水管网应根据用水量设计布置，管径合理、管路简捷，采取有效措施减少管网和用水器具的漏损。

4)现场机具、设备、车辆冲洗用水必须设立循环用水装置。施工现场办公区、生活区的生活用水采用节水系统和节水器具，提高节水器具配置比率。项目临时用水应使用节水型产品，安装计量装置，采取有针对性的节水措施。

5)施工现场建立可再利用水的收集处理系统，使水资源得到梯级循环利用。

6)施工现场分别对生活用水与工程用水确定用水定额指标，并分别计量管理。

7)大型工程的不同单项工程、不同标段、不同分包生活区，凡具备条件的应分别计量用水量。在签订不同标段分包或劳务合同时，将节水定额指标纳入合同条款，进行计量考核。

8)对混凝土搅拌站点等用水集中的区域和工艺点进行专项计量考核。施工现场建立雨水、中水或可再利用水的搜集利用系统。

(2)非传统水源利用：

1)优先采用中水搅拌、中水养护，有条件的地区和工程应收集雨水养护。

2)处于基坑降水阶段的工地，宜优先采用地下水作为混凝土搅拌用水、养护用水、冲洗用水和部分生活用水。

3)现场机具、设备、车辆冲洗、喷洒路面、绿化浇灌等用水，优先采用非传统水源，尽量不使用市政自来水。

4)大型施工现场，尤其是雨量充沛地区的大型施工现场建立雨水收集利用系统，充分收集自然降水用于施工和生活中的适宜部位。

5)力争施工中非传统水源和循环水的再利用量大于30%。

(3)安全用水：在非传统水源和现场循环再利用水的使用过程中，应制定有效的水质检测与卫生保障措施，确保避免对人体健康、工程质量以及周围环境产生不良影响。

3. 节能与能源利用

(1)节能措施：

1)制订合理施工能耗指标，提高施工能源利用率。

2)优先使用国家、行业推荐的节能、高效、环保的施工设备和机具，如选用变频技术的节能施工设备等。

3)施工现场分别设定生产、生活、办公和施工设备的用电控制指标，定期进行计量、核算、对比分析，并有预防与纠正措施。

4)在施工组织设计中，合理安排施工顺序、工作面，以减少作业区域的机具数量，相邻作业区充分利用共有的机具。安排施工工艺时，应优先考虑耗用电能的或其他能耗较少的施工工艺。避免设备额定功率远大于使用功率或超负荷使用设备的现象。

5)根据当地气候和自然资源条件，充分利用太阳能、地热等可再生能源。

(2)机械设备与机具：

1)建立施工机械设备管理制度，开展用电、用油计量，完善设备档案，及时做好维修保养工作，使机械设备保持低耗、高效的状态。

2)选择功率与负载相匹配的施工机械设备，避免大功率施工机械设备低负载长时间运行。机电安装可采用节电型机械设备，如逆变式电焊机和能耗低、效率高的手持电动工具等以利节电。机械设备宜使用节能型油料添加剂，在可能的情况下考虑回收利用，节约油量。

3)合理安排工序，提高各种机械的使用率和满载率，降低各种设备的单位耗能。

(3)生产、生活及办公临时设施：

1)利用场地自然条件，合理设计生产、生活及办公临时设施的体形、朝向、间距和窗墙面积比，使其获得良好的日照、通风和采光。南方地区可根据需要在其外墙窗设遮阳设施。

2)临时设施采用节能材料，墙体、屋面使用隔热性能好的材料，减少夏天空调、冬天取暖设备的使用时间及耗能量。

3)合理配置采暖、空调、风扇数量。规定使用时间，实行分段分时使用，节约用电。

(4)施工用电及照明：

1)临时用电优先选用节能电线和节能灯具，临电线路合理设计、布置，用电设备采用自动控制装置。采用声控、光控等节能照明灯具。

2)照明设计以满足最低照度为原则，照度不应超过最低照度的20%。

4. 节约用地与施工用地保护

(1)临时用地指标：

1)根据施工规模及现场条件等因素合理确定临时设施，如临时加工厂、现场作业棚及材料堆场、办公生活设施等的占地指标。临时设施的占地面积应按用地指标所需的最低面积设计。

2)要求平面布置合理、紧凑，在满足环境、职业健康与安全及文明施工要求的前提下尽可能减少废弃地和死角，临时设施占地面积有效利用率大于90%。

(2)临时用地保护：

1)应对深基坑施工方案进行优化，减少土方开挖和回填量，最大限度地减少对土地的扰动，保护周边自然生态环境。

2)红线外临时占地应尽量使用荒地、废地，少占用农田和耕地。工程完工后，及时对红线外占地恢复原地形、地貌，使施工活动对周边环境的影响降至最低。

3)利用和保护施工用地范围内原有绿色植被。对于施工周期较长的现场，可按建筑永久绿化的要求，安排场地新建绿化。

(3)施工总平面布置：

1)施工总平面布置应做到科学、合理，充分利用原有建筑物、构筑物、道路、管线为施工服务。

2)施工现场搅拌站、仓库、加工厂、作业棚、材料堆场等布置应尽量靠近已有交通线路或即将修建的正式或临时交通线路，缩短运输距离。

3)临时办公和生活用房应采用经济、美观、占地面积小、对周边地貌环境影响较小，且适合于施工平面布置动态调整的多层轻钢活动板房、钢骨架水泥活动板房等标准化装配式结构。生活区与生产区应分开布置，并设置标准的分隔设施。

4)施工现场围墙可采用连续封闭的轻钢结构预制装配式活动围挡，减少建筑垃圾，保护土地。

5)施工现场道路按照永久道路和临时道路相结合的原则布置。施工现场内形成环形通路，减少道路占用土地。

6)临时设施布置应注意远近(本期工程与下期工程)结合，努力减少和避免大量临时建筑拆迁和场地搬迁。

五、违法行为应承担的法律责任

1. 违反建筑节能标准的违法行为应承担的法律责任

《节约能源法》规定，设计单位、施工单位、监理单位违反建筑节能标准的，由住房城乡建设主管部门责令改正，处10万元以上50万元以下罚款；情节严重的，由颁发资质证书的部门降低资质等级或者吊销资质证书；造成损失的，依法承担赔偿责任。

《民用建筑节能条例》规定，施工单位未按照民用建筑节能强制性标准进行施工的，由县级以上地方人民政府住房城乡建设主管部门责令改正，处民用建筑项目合同价款2%以上4%以下的罚款；情节严重的，由颁发资质证书的部门责令停业整顿，降低资质等级或者吊销资质证书；造成损失的，依法承担赔偿责任。

注册执业人员未执行民用建筑节能强制性标准的，由县级以上人民政府建设主管部门责令停止执业3个月以上1年以下；情节严重的，由颁发资格证书的部门吊销执业资格证书，5年内不予注册。

2. 使用黏土砖及其他施工节能违法行为应承担的法律责任

《循环经济促进法》规定，在国务院或者省、自治区、直辖市人民政府规定禁止生产、销售、使用黏土砖的期限或者区域内生产、销售或者使用黏土砖的，由县级以上地方人民政府指定的部门责令限期改正；有违法所得的，没收违法所得；逾期继续生产、销售的，由地方人民政府工商行政管理部门依法吊销营业执照。

《民用建筑节能条例》规定，施工单位有下列行为之一的，由县级以上地方人民政府住房城乡建设主管部门责令改正，处10万元以上20万元以下的罚款；情节严重的，由颁发资质证书的部门责令停业整顿，降低资质等级或者吊销资质证书；造成损失的，依法承担赔偿责任：

(1)未对进入施工现场的墙体材料、保温材料、门窗、采暖制冷系统和照明设备进行查验的。

(2)使用不符合施工图设计文件要求的墙体材料、保温材料、门窗、采暖制冷系统和照明设备的。

(3)使用列入禁止使用目录的技术、工艺、材料和设备的。

3. 用能单位其他违法行为应承担的法律责任

《节约能源法》规定，用能单位未按照规定配备、使用能源计量器具的，由产品质量监督部门责令限期改正；逾期不改正的，处1万元以上5万元以下罚款。瞒报、伪造、篡改能源统计资料或者编造虚假能源统计数据的，依照《中华人民共和国统计法》的规定处罚。

无偿向本单位职工提供能源或者对能源消费实行包费制的，由管理节能工作的部门责令限期改正；逾期不改正的，处5万元以上20万元以下罚款。

进口列入淘汰名录的设备、材料或者产品的，由海关责令退运，可以处10万元以上100万元以下的罚款。进口者不明的，由承运人承担退运责任，或者承担有关处置费用。

第三节　施工文物保护制度

一、国家保护文物的范围

《中华人民共和国文物保护法》(以下简称《文物保护法》)规定，在中华人民共和国境内，下列文物受国家保护：

(1)具有历史、艺术、科学价值的古文化遗址、古墓葬、古建筑、石窟寺和石刻、壁画。

(2)与重大历史事件、革命运动或者著名人物有关的以及具有重要纪念意义、教育意义或者史料价值的近代现代重要史迹、实物、代表性建筑。

(3)历史上各时代珍贵的艺术品、工艺美术品。

(4)历史上各时代重要的文献资料以及具有历史、艺术、科学价值的手稿和图书资料等。

(5)反映历史上各时代、各民族社会制度、社会生产、社会生活的代表性实物。

具有科学价值的古脊椎动物化石和古人类化石同文物一样受国家保护。

二、水下文物的保护范围

《中华人民共和国水下文物保护管理条例》(以下简称《水下文物保护管理条例》)规定，水下文物是指遗存于下列水域的具有历史、艺术和科学价值的人类文化遗产。

(1)遗存于中国内水、领海内的一切起源于中国的、起源国不明的和起源于外国的文物。

(2)遗存于中国领海以外，依照中国法律由中国管辖的其他海域内的起源于中国的和起源国不明的文物。

(3)遗存于外国领海以外的其他管辖海域以及公海区域内的起源于中国的文物。

以上规定内容不包括1911年以后的与重大历史事件、革命运动以及著名人物无关的水下遗存。

三、文物保护单位和文物的分级

《文物保护法》规定，古文化遗址、古墓葬、古建筑、石窟寺、石刻、壁画、近代现代重要史迹和代表性建筑等不可移动文物，根据它们的历史、艺术、科学价值，可以分别确定为全国重点文物保护单位，省级文物保护单位，市、县级文物保护单位。

历史上各时代重要实物、艺术品、文献、手稿、图书资料、代表性实物等可移动文物，分为珍贵文物和一般文物；珍贵文物分为一级文物、二级文物、三级文物。

四、属于国家所有的文物范围

中华人民共和国境内地下、内水和领海中遗存的一切文物，属于国家所有。国有文物所有权受法律保护，不容侵犯。

1. 属于国家所有的不可移动文物范围

古文化遗址、古墓葬、石窟寺属于国家所有。国家指定保护的纪念建筑物、古建筑、石刻、壁画、近代现代代表性建筑等不可移动文物，除国家另有规定的以外，属于国家所有。国有不可移动文物的所有权不因其所依附的土地所有权或者使用权的改变而改变。

2. 属于国家所有的可移动文物范围

下列可移动文物，属于国家所有：

(1)中国境内出土的文物，国家另有规定的除外。

(2)国有文物收藏单位以及其他国家机关、部队和国有企业、事业组织等收藏、保管的文物。

(3)国家征集、购买的文物。

(4)公民、法人和其他组织捐赠给国家的文物。

(5)法律规定属于国家所有的其他文物。

属于国家所有的可移动文物的所有权不因其保管、收藏单位的终止或者变更而改变。

3. 属于国家所有的水下文物范围

《水下文物保护管理条例》规定，遗存于中国内水、领海内的一切起源于中国的、起源国不明的和起源于外国的文物，以及遗存于中国领海以外依照中国法律由中国管辖的其他海域内的起源于中国的和起源国不明的文物，属于国家所有，国家对其行使管辖权。遗存于外国领海以外的其他管辖海域以及公海区域内的起源于中国的文物，国家享有辨认器物物主的权利。

五、属于集体所有和私人所有的文物保护范围

《文物保护法》规定，属于集体所有和私人所有的纪念建筑物、古建筑和祖传文物以及依法取得的其他文物，其所有权受法律保护。文物的所有者必须遵守国家有关文物保护的法律、法规的规定。

六、在文物保护单位保护范围和建设控制地带施工的规定

1. 文物保护单位的保护范围

《中华人民共和国文物保护法实施条例》(以下简称《文物保护法实施条例》)规定，文物保护单位的保护范围是指对文物保护单位本体及周围一定范围实施重点保护的区域。文物保护单位的保护范围，应当根据文物保护单位的类别、规模、内容以及周围环境的历史和现实情况合理划定，并在文物保护单位本体之外保持一定的安全距离，确保文物保护单位的真实性和完整性。

全国重点文物保护单位和省级文物保护单位自核定公布之日起 1 年内，由省、自治区、

直辖市人民政府划定必要的保护范围，作出标志说明并建立记录档案，设置专门机构或者指定专人负责管理。

设区的市、自治州级和县级文物保护单位自核定公布之日起1年内，由核定公布该文物保护单位的人民政府划定保护范围，作出标志说明，建立记录档案，设置专门机构或者指定专人负责管理。文物保护单位的标志说明，应当包括文物保护单位的级别、名称、公布机关、公布日期、立标机关、立标日期等内容。民族自治地区的文物保护单位的标志说明，应当同时用规范汉字和当地通用的少数民族文字书写。

2. 文物保护单位的建设控制地带

《文物保护法实施条例》规定，文物保护单位的建设控制地带，是指在文物保护单位的保护范围外，为保护文物保护单位的安全、环境、历史风貌对建设项目加以限制的区域。文物保护单位的建设控制地带，应当根据文物保护单位的类别、规模、内容以及周围环境的历史和现实情况合理划定。

全国重点文物保护单位的建设控制地带，经省、自治区、直辖市人民政府批准，由省、自治区、直辖市人民政府的文物行政主管部门会同城乡规划行政主管部门划定并公布。

省级、设区的市、自治州级和县级文物保护单位的建设控制地带，经省、自治区、直辖市人民政府批准，由核定公布该文物保护单位的人民政府的文物行政主管部门会同城乡规划行政主管部门划定并公布。

3. 历史文化名城名镇名村的保护

《文物保护法》规定，保存文物特别丰富并且具有重大历史价值或者革命纪念意义的城市，由国务院核定并公布为历史文化名城。保存文物特别丰富并且具有重大历史价值或者革命纪念意义的城镇、街道、村庄，由省、自治区、直辖市人民政府核定公布为历史文化街区、村镇，并报国务院备案。

《历史文化名城名镇名村保护条例》进一步规定，具备下列条件的城市、镇、村庄，可以申报历史文化名城、名镇、名村：

(1)保存文物特别丰富。

(2)历史建筑集中成片。

(3)保留着传统格局和历史风貌。

(4)历史上曾经为政治、经济、文化、交通中心或者军事要地，或者发生过重要历史事件，或者其传统产业、历史上建设的重大工程对本地区的发展产生过重要影响，或者能够集中反映本地区建筑的文化特色、民族特色。

4. 在文物保护单位保护范围和建设控制地带施工的规定

《文物保护法》规定，在文物保护单位的保护范围和建设控制地带内，不得建设污染文物保护单位及其环境的设施，不得进行可能影响文物保护单位安全及其环境的活动。对已有的污染文物保护单位及其环境的设施，应当限期治理。

(1)承担文物保护单位的修缮、迁移、重建工程的单位应当具有相应的资质证书。

(2)有从事文物保护工程所需的技术设备。

(3)法律、行政法规规定的其他条件。

申领文物保护工程资质证书，应当向省、自治区、直辖市人民政府文物行政主管部门或者国务院文物行政主管部门提出申请。省、自治区、直辖市人民政府文物行政主管部门或者国务院文物行政主管部门应当自收到申请之日起30个工作日内作出批准或者不批准的决定。决定批准的，发给相应等级的文物保护工程资质证书；决定不批准的，应当书面告知当事人并说明理由。

5. 在历史文化名城名镇名村保护范围内从事建设活动的相关规定

《历史文化名城名镇名村保护条例》规定，在历史文化名城、名镇、名村保护范围内禁止进行下列活动：

(1)开山、采石、开矿等破坏传统格局和历史风貌的活动。

(2)占用保护规划确定保留的园林绿地、河湖水系、道路等。

(3)修建生产、储存爆炸性、易燃性、放射性、毒害性、腐蚀性物品的工厂、仓库等。

(4)在历史建筑上刻画、涂污。

在历史文化名城、名镇、名村保护范围内进行下列活动，应当保护其传统格局、历史风貌和历史建筑；制订保护方案，经城市、县人民政府城乡规划主管部门会同同级文物主管部门批准，并依照有关法律、法规的规定办理相关手续：

(1)改变园林绿地、河湖水系等自然状态的活动。

(2)在核心保护范围内进行影视摄制、举办大型群众性活动。

(3)其他影响传统格局、历史风貌或者历史建筑的活动。

在历史文化街区、名镇、名村核心保护范围内，不得进行新建、扩建活动。但是，新建、扩建必要的基础设施和公共服务设施除外。

在历史文化街区、名镇、名村核心保护范围内，拆除历史建筑以外的建筑物、构筑物或者其他设施的，应当经市、县人民政府城乡规划主管部门会同同级文物主管部门批准。任何单位或者个人不得损坏或者擅自迁移、拆除历史建筑。

6. 在文物保护单位保护范围和建设控制地带内从事建设活动的相关规定

《文物保护法》规定，文物保护单位的保护范围内不得进行其他建设工程或者爆破、钻探、挖掘等作业。但是，因特殊情况需要在文物保护单位的保护范围内进行其他建设工程或者爆破、钻探、挖掘等作业的，必须保证文物保护单位的安全，并经核定公布该文物保护单位的人民政府批准，在批准前应当征得上一级人民政府文物行政部门同意；在全国重点文物保护单位的保护范围内进行其他建设工程或者爆破、钻探、挖掘等作业的，必须经省、自治区、直辖市人民政府批准，在批准前应当征得国务院文物行政部门同意。在文物保护单位的建设控制地带内进行建设工程，不得破坏文物保护单位的历史风貌；工程设计方案应当根据文物保护单位的级别，经相应的文物行政部门同意后，报城乡建设规划部门批准。

7. 文物修缮保护工程的设计施工管理

《文物保护法实施细则》规定，全国重点文物保护单位和国家文物局认为有必要由其审查批准的省、自治区、直辖市级文物保护单位的修缮计划和设计施工方案，由国家文物局审查批准。省、自治区、直辖市级和县、自治县、市级文物保护单位的修缮计划和设计施工方案，由省、自治区、直辖市人民政府文物行政管理部门审查批准。文物修缮保护工程应当接受审批机关的监督和指导。工程竣工时，应当报审批机关验收。文物修缮保护工程的勘察设计单位、施工单位应当执行国家有关规定，保证工程质量。

七、施工发现文物报告和保护的规定

《文物保护法》规定，地下埋藏的文物，任何单位或者个人都不得私自发掘。考古发掘的文物，任何单位或者个人不得侵占。

1. 配合建设工程进行考古发掘工作的规定

进行大型基本建设工程，建设单位应当事先报请省、自治区、直辖市人民政府文物行政部门组织从事考古发掘的单位在工程范围内有可能埋藏文物的地方进行考古调查、勘探。确因建设工期紧迫或者有自然破坏危险，对古文化遗址、古墓葬急需进行抢救发掘的，由省、自治区、直辖市人民政府文物行政部门组织发掘，并同时补办审批手续。

2. 施工中发现文物的报告和保护

《文物保护法》规定，在进行建设工程或者在农业生产中，任何单位或者个人发现文物，应当保护现场，立即报告当地文物行政部门，文物行政部门接到报告后，如无特殊情况，应当在 24 小时内赶赴现场，并在 7 日内提出处理意见。

依照以上规定发现的文物属于国家所有，任何单位或者个人不得哄抢、私分、藏匿。《文物保护法实施细则》进一步规定，在进行建设工程中发现古遗址、古墓葬必须发掘时，由省、自治区、直辖市人民政府文物行政管理部门组织力量及时发掘；特别重要的建设工程和跨省、自治区、直辖市的建设工程范围内的考古发掘工作，由国家文物局组织实施，发掘结束前不得继续施工。在配合建设工程进行的考古发掘工作中，建设单位、施工单位应当配合考古发掘单位，保护出土文物或者遗迹的安全。

3. 水下文物的报告和保护

《水下文物保护管理条例》规定，任何单位或者个人以任何方式发现遗存于中国内水、领海内的一切起源于中国的、起源国不明的和起源于外国的文物，以及遗存于中国领海以外依照中国法律由中国管辖的其他海域内的起源于中国的和起源国不明的文物，应当及时报告国家文物局或者地方文物行政管理部门；已打捞出水的，应当及时上缴国家文物局或者地方文物行政管理部门处理。

任何单位或者个人以任何方式发现遗存于外国领海以外的其他管辖海域以及公海区域内的起源于中国的文物，应当及时报告国家文物局或者地方文物行政管理部门；已打捞出水的，应当及时提供国家文物局或者地方文物行政管理部门辨认、鉴定。

八、违法行为应承担的法律责任

1. 对施工中文物保护违法行为应承担的主要法律责任

《文物保护法》规定，有下列行为之一，构成犯罪的，依法追究刑事责任：

(1)盗掘古文化遗址、古墓葬的。

(2)故意或者过失损毁国家保护的珍贵文物的。

(3)擅自将国有馆藏文物出售或者私自送给非国有单位或者个人的；将国家禁止出境的珍贵文物私自出售或者送给外国人的；以牟利为目的倒卖国家禁止经营的文物的；走私文物的；盗窃、哄抢、私分或者非法侵占国有文物的。

2. 在文物保护单位的保护范围和建设控制地带内进行建设工程违法行为应承担的法律责任

《文物保护法》规定，有下列行为之一，尚不构成犯罪的，由县级以上人民政府文物主管部门责令改正，造成严重后果的，处5万元以上50万元以下的罚款；情节严重的，由原发证机关吊销资质证书：

(1)擅自在文物保护单位的保护范围内进行建设工程或者爆破、钻探、挖掘等作业的。

(2)在文物保护单位的建设控制地带内进行建设工程，其工程设计方案未经文物行政部门同意、报城乡建设规划部门批准，对文物保护单位的历史风貌造成破坏的。

(3)擅自迁移、拆除不可移动文物的。

(4)擅自修缮不可移动文物、明显改变原状的。

(5)擅自在原址重建已全部毁坏的不可移动文物，造成文物破坏的。

(6)施工单位未取得文物保护工程资质证书，擅自从事文物修缮、迁移、重建的。

刻画、涂污或者损坏文物尚不严重的，或者损毁依法设立的文物保护单位标志的，由公安机关或者文物所在单位给予警告，可以并处罚款。

在文物保护单位的保护范围内或者建设控制地带内建设污染文物保护单位及其环境的设施的，或者对已有的污染文物保护单位及其环境的设施未在规定的期限内完成治理的，由环境保护行政部门依照有关法律、法规的规定给予处罚。

3. 无资质证书擅自承担文物保护单位修缮、迁移、重建工程违法行为应承担的法律责任

《文物保护法实施条例》规定，未取得相应等级的文物保护工程资质证书，擅自承担文物保护单位的修缮、迁移、重建工程的，由文物行政主管部门责令限期改正；逾期不改正，或者造成严重后果的，处5万元以上50万元以下的罚款；构成犯罪的，依法追究刑事责任。

4. 历史文化名城名镇名村保护范围内违法行为应承担的法律责任

《历史文化名城名镇名村保护条例》规定，在历史文化名城、名镇、名村保护范围内有下列行为之一的，由城市、县人民政府城乡规划主管部门责令停止违法行为、限期恢复原状或者采取其他补救措施；有违法所得的，没收违法所得；逾期不恢复原状或者不采取其他补救措施的，城乡规划主管部门可以指定有能力的单位代为恢复原状或者采取其他补救措施，所需费用由违法者承担；造成严重后果的，对单位并处50万元以上100万元以下的罚款，对个人并处5万元以上10万元以下的罚款；造成损失的，依法承担赔偿责任：

(1)开山、采石、开矿等破坏传统格局和历史风貌的。

(2)占用保护规划确定保留的园林绿地、河湖水系、道路等的。

(3)修建生产、储存爆炸性、易燃性、放射性、毒害性、腐蚀性物品的工厂、仓库等的。

未经城乡规划主管部门会同同级文物主管部门批准，有下列行为之一的，由城市、县人民政府城乡规划主管部门责令停止违法行为、限期恢复原状或者采取其他补救措施；有违法所得的，没收违法所得；逾期不恢复原状或者不采取其他补救措施的，城乡规划主管部门可以指定有能力的单位代为恢复原状或者采取其他补救措施，所需费用由违法者承担；造成严重后果的，对单位并处5万元以上10万元以下的罚款，对个人并处1万元以上5万元以下的罚款；造成损失的，依法承担赔偿责任：

改变园林绿地、河湖水系等自然状态的；……拆除历史建筑以外的建筑物、构筑物或者其他设施的；对历史建筑进行外部修缮装饰、添加设施以及改变历史建筑的结构或者使用性质的；其他影响传统格局、历史风貌或者历史建筑的。

有关单位或者个人经批准进行上述活动，但是在活动过程中对传统格局、历史风貌或者历史建筑构成破坏性影响的，依照以上规定予以处罚。

损坏或者擅自迁移、拆除历史建筑的，由城市、县人民政府城乡规划主管部门责令停止违法行为、限期恢复原状或者采取其他补救措施；有违法所得的，没收违法所得；逾期不恢复原状或者不采取其他补救措施的，城乡规划主管部门可以指定有能力的单位代为恢复原状或者采取其他补救措施，所需费用由违法者承担；造成严重后果的，对单位并处 20 万元以上 50 万元以下的罚款，对个人并处 10 万元以上 20 万元以下的罚款；造成损失的，依法承担赔偿责任。

擅自设置、移动、涂改或者损毁历史文化街区、名镇、名村标志牌的，由城市、县人民政府城乡规划主管部门责令限期改正：逾期不改正的，对单位处 1 万元以上 5 万元以下的罚款，对个人处 1 000 元以上 1 万元以下的罚款。

5. 水下文物保护违法行为应承担的法律责任

《水下文物保护管理条例》规定，破坏水下文物，私自勘探、发掘、打捞水下文物，或者隐匿、私分、贩运、非法出售、非法出口水下文物，依法给予行政处罚或者追究刑事责任。

【案例 5-2】

(1)背景：2013 年 5 月 20 日，某市文物局接到群众举报，某项目工地施工中施工人员在基坑开挖时挖出古墓和部分文物，民工滥挖和哄抢。该县文保所接到市文物局电话后，即刻赶到现场，经查情况属实。市文物局责成县文保所速报省文物局，省文物研究所 3 位专业人员于 2013 年 5 月 30 日到现场进行勘察。这一事件引起相关部门的高度重视。为配合项目建设，同时保护好地下文物，避免施工中再次发生类似事件，相关单位迅速联合举办文物保护学习班，施工单位负责人参加了学习。各施工单位反复告诫作业人员，不论在哪里发现文化遗存，都应立即停工，保护好现场，并在第一时间通报文物部门；如不及时上报，造成文物被破坏，就会触犯刑律。

(2)问题：

1)本案中哪些行为违反了《文物保护法》的规定？

2)施工过程中发现文物时施工单位应该采取哪些措施？

3)对文物保护违法行为应如何处理？

(3)分析：

1)本案中施工人员的哄抢、滥挖行为以及不及时上报文物行政部门的行为，违反了《文物保护法》的第三十二条规定："在进行建设工程或者在农业生产中，任何单位或者个人发现文物，应当保护现场，立即报告当地文物行政部门。""任何单位或者个人不得哄抢、私分、藏匿。"

2)首先，应当保护现场，停止施工，立即报告当地文物行政部门；其次，配合考古发掘单位，保护出土文物或者遗迹的安全，在发掘结束前不得继续施工。

3)依据《文物保护法》对于盗窃、哄抢、私分或者非法侵占国有文物的，构成犯罪的，依法追究刑事责任；造成文物灭失、损毁的，依法承担民事责任；构成违反治安管理行为的，由公安机关依法给予治安管理处罚。

本章小结

建筑施工企业应当遵守有关环境保护和安全生产的法律、法规的规定，采取控制和处理施工现场的各种粉尘、废气、废水、固体废物以及噪声、振动对环境的污染和危害的措施。节约能源是指加强用能管理，采取技术上可行、经济上合理以及环境和社会可以承受的措施，从能源生产到消费的各个环节，降低消耗、减少损失和污染物排放、制止浪费，有效、合理地利用能源。《文物保护法》规定，古文化遗址、古墓葬、古建筑、石窟寺、石刻、壁画、近代现代重要史迹和代表性建筑等不可移动文物，根据它们的历史、艺术、科学价值，可以分别确定为全国重点文物保护单位，省级文物保护单位，市、县级文物保护单位。历史上各时代重要实物、艺术品、文献、手稿、图书资料、代表性实物等可移动文物，分为珍贵文物和一般文物；珍贵文物分为一级文物、二级文物、三级文物。

思考与练习

一、单项选择题

1. 施工现场发现的地下遗存文物，所有权属于(　　)。

A. 施工企业　　B. 建设单位

C. 建设用地使用权人　　D. 国家

2. 关于节能技术进步的说法，正确的是(　　)。

A. 利用财政性资金引进循环经济重大装备的，应当制定创新方案，并报有关部门审批

B. 国家采取强制措施研发施工节能技术

C. 节能技术政策大纲应由县级以上人民政府发布

D. 各级政府应当对循环经济重大科技攻关项目的自主创新研究，安排财政性资金予以支持

3. 国家实行固定资产投资项目(　　)评估和审查制度。

A. 节地　　B. 节水　　C. 节能　　D. 节材

二、多项选择题

在城市市区噪声敏感建筑物集中区城内，为取得县级以上人民政府或有关部门证明即可夜间进行产生环境噪声污染的建筑施工作业的有(　　)。

A. 抢修作业　　B. 保密工程作业　　C. 抢险作业

D. 生产工艺上要求必须连续进行的作业　　E. 产生环境噪声污染较轻的作业

三、思考题

1. 如何进行施工现状环境噪声污染的防治？

2. 如何进行施工现场大气污染的防治？

3. 如何进行施工现场水污染的防治？

4. 如何进行施工现场固体废物污染环境的防治？

5. 违反建筑节能标准的违法行为应承担哪些法律责任？

6. 属于国家所有的文物范围有哪些？

7. 施工中发现文物有哪些报告和保护的规定？

四、案例分析

背景：某小区1号、2号楼工程完成设计并开始施工。在施工过程中，建设单位按设计图纸规定的规格、数量要求采购了墙体材料、保温材料、采暖制冷系统等，并声称是优质产品；施工单位在以上材料设备进入施工现场后，便直接用于该项目的施工并形成工程实体，导致1号、2号楼工程验收不合格。经有关部门检验，建设单位购买的墙体材料、保温材料、采暖制冷系统存在严重质量问题，用保温材料所做的墙体出现了结露、发露等现象，不符合该项目设计图纸规定的质量要求。

问题：(1)施工单位有何违法行为？

(2)施工单位应承担哪些法律责任？

第六章　建设工程安全生产法律制度

知识目标

通过本章的学习，了解工程建设安全生产管理的基本知识；熟悉建设工程安全生产管理法规及安全事故的调查处理制度。

能力目标

能运用建设工程安全生产管理法处理建设工程安全方面的问题。

驱动案例

背景：在某高层建筑的外墙装饰施工工地，某施工单位为赶在雨季来前完成施工，又从其他工地调配来一批工人，但未经安全培训教育就安排到有关岗位开始作业。2名工人被安排上高处作业吊篮到6层处从室外墙装饰作业。他们在作业完成后为图省事，直接从高处作业吊篮的悬吊平台向6层窗口爬去，结果失足从10多米高处坠落在地，造成1死1重伤。

请思考：

(1)本案中，施工单位有何违法行为？

(2)该违法行为应当承担哪些法律责任？

(3)作为建设工程从业人员，该案例中的安全事故对你有哪些启发？

(摘自2017年二级建造师《建设工程法规与相关知识》案例)

工程建设安全生产不仅关系到公众生命财产安全，而且关系到社会的稳定与建设市场的规范发展。建设工程在施工过程中因产品固定、人员流动性大、工作环境和作业条件较差而存在较多的不安全因素，容易发生安全事故。因此，在建设活动中要严格遵守《中华人民共和国安全生产法》(以下简称《安全生产法》)。

工程建设安全生产是指建筑生产过程中要避免人员、财产的损失及对周围环境的破坏。工程建设安全生产法规包括建筑生产过程中施工现场的人身安全、财产设备安全，施工现场及附近道路、管线和房屋的安全，施工现场和周围的环境保护及工程建成后的使用安全等方面的内容。

第一节 《安全生产法》简介

《安全生产法》由九届人大常委会第二十八次会议于 2002 年 6 月 29 日颁布，并于 2002 年 11 月 1 日施行。此后，《安全生产法》分别于 2009 年和 2014 年被修改。《安全生产法》立法目的是加强安全生产监督管理，防止和减少生产安全事故，保障人民群众生命和财产安全，保障建设市场的和谐发展，促进市场经济发展。

一、政府职责

在工程建设活动中各级政府应加强对安全生产工作的领导，制订安全生产规划，认真研究解决本地区安全生产中的重大问题；做到有法可依、有法必依、执法必严、违法必究，确保有关法律、法规和国家关于安全生产方针政策的贯彻执行；加强对事故预防工作的领导，按规定对危险性大、职业危害严重及重点项目的建设把好审批立项关，对威胁公众安全的重大事故隐患和危险设施、场所，组织有关部门对其进行安全性评估；加强对公众安全生产的宣传教育，努力提高广大人民群众遵章守纪的自觉性和增强安全生产意识。

二、生产经营单位主要义务

1. 必须加强安全生产管理

生产经营单位必须按照法律、法规和国家有关规定，结合本单位具体情况，做好安全生产的计划、组织、指挥、控制、协调等各项管理工作；要依法设置安全生产管理机构、管理人员，建立健全本单位安全生产各项规章制度并组织实施，做好对从业人员的安全生产教育和培训，搞好生产作业场所、设备、设施的安全管理；要尊重科学，探求和把握规律，运用安全目标管理、事故预测、标准化作业、人体生物节律等现代化管理方法，更为有效地做好安全生产管理工作。

2. 必须建立健全安全生产责任制度

在企业安全生产责任制中，企业主要负责人应当对本单位的安全生产工作全面负责，其他各级管理人员、职能部门、技术人员和各岗位操作人员，应当根据各自的工作任务、岗位特点，确定其在安全生产方面应做的工作和应负的责任，并与奖惩制度挂钩。

3. 必须完善安全生产条件

必须具备保障安全生产的各项物质技术条件，其作业场所和各项生产经营设施、设备、器材和从业人员的安全防护用品等，都必须符合保障安全生产的要求。

三、生产经营单位主要负责人责任

根据《安全生产法》的规定，生产经营单位主要负责人应当对本单位安全生产工作全面负责。包括：保证本单位安全生产所需的资金投入；建立健全本单位安全生产责任制，组织制定本单位的安全生产规章制度和操作规程；督促、检查本单位安全生产工作，及时消除生产安全事故隐患；组织制定并实施本单位的安全事故应急救援预案；及时、如实报告生产安全事故等。

四、从业人员的权利和义务

1. 从业人员安全生产权利

(1)有关于安全生产的知情权。知情权包括获得安全生产教育和技能培训的权利，被如实告知作业场所和工作岗位存在的危险因素、防范措施及事故应急措施的权利。

(2)有获得符合国家标准的劳动防护用品的权利。

(3)有对安全生产问题提出批评、建议的权利。从业人员有权对本单位安全生产管理工作存在的问题提出建议、批评、检举、控告，生产单位不得因此作出对其不利的处分。

(4)有对违章指挥的拒绝权。从业人员对管理者作出的可能危及安全的违章指挥，有权拒绝执行，生产单位不得因此作出对其不利的处分。

(5)有采取紧急避险措施的权利。从业人员发现直接危及人身安全的紧急情况时，有权停止作业或在采取紧急措施后撤离作业场所，生产单位不得因此作出对其不利的处分。

(6)发生生产安全事故后，有获得及时抢救和医疗救治并获得工伤保险赔付的权利等。

2. 从业人员安全生产义务

(1)建设工程生产过程中，从业人员必须遵守本单位的安全生产规章制度和操作规程，服从管理，不得违章作业。

(2)接受安全生产教育和培训，掌握本职工作所需要的安全生产知识。

(3)发现事故隐患应及时向本单位安全生产管理人员或主要负责人报告。

(4)正确使用和佩戴劳动防护用品。

五、法律责任

根据《安全生产法》的相关规定，从事工程建设活动的相关机构、政府工作人员、生产经营单位及人员违反《安全生产法》的，均应承担相应的法律责任。法律责任包括民事责任、行政责任和刑事责任等。

1. 民事责任

民事责任是指民事主体违反民事义务而依法应当承担的民事法律后果。在我国的民事立法中，民事责任具有以下两种含义：

(1)指主体行为的民事法律后果，包含民事义务。如《民法通则》第四十三条规定："企业法人对它的法定代表人和其他工作人员的经营活动承担民事责任。"

(2)指《民法通则》第一百〇六条规定的"民事责任"。

2. 行政责任

行政责任是指由国家行政机关认定的，行为人因违反行政法律规范所应承担的法律后果。根据行政违法的程度、实施行政制裁的主体和制裁对象的不同，行政责任主要有行政处分和行政处罚两大类。

(1)行政处分是指国家机关、企事业单位、社会团体等根据法律或者内部规章制度的规定，按照隶属关系，对其所属工作人员犯有轻微违法失职行为尚不构成刑事处分或者违反内部纪律的一种制裁。

(2)行政处罚是指特定的行政执法部门根据法律、法规和规章的规定，对违反行政法律规范尚不构成犯罪或已构成犯罪尚不够刑事处罚的自然人、法人或其他组织所实施的一种行政制裁。

3. 刑事责任

刑事责任是指具有刑事责任能力的人实施了刑事法律规范所禁止的行为(即犯罪行为)所必须承担的刑事法律后果。刑事责任具有以下特征：

(1)刑事责任只能由司法机关追究，行为人是否承担刑事责任、承担何种刑事责任也只能由司法机关依照刑事诉讼程序决定。

(2)刑事责任具有更强的强制性。

(3)刑事责任是最严厉的一种法律责任。

第二节　施工安全生产许可证制度

《安全生产法》《安全生产许可证条例》规定，建筑施工企业必须遵循安全生产许可制度的管理；企业未取得安全生产许可证的，不得从事生产活动。

一、安全生产许可证的申领

根据《安全生产许可证条例》的规定，建筑施工企业进行生产前，应当依法向安全生产许可证颁发管理机关申领安全生产许可证。省、自治区、直辖市人民政府建设主管部门负责建筑施工企业安全生产许可证的颁发和管理，并接受国务院建设主管部门的指导和监督。

1. 申领安全生产许可证必须具备的条件

(1)建立、健全安全生产责任制，制定完备的安全生产规章制度和操作规程。

(2)安全投入符合安全生产要求。

(3)设置安全生产管理机构，配备专职安全生产管理人员。

(4)主要负责人和安全生产管理人员经考核合格。

(5)特种作业人员经有关业务主管部门考核合格，取得特种作业操作资格证书。

(6)从业人员经安全生产教育和培训合格。

(7)依法参加工伤保险，为从业人员缴纳保险费。

(8)厂房、作业场所和安全设施、设备、工艺符合有关安全生产法律、法规、标准和规程的要求。

(9)有职业危害防治措施，并为从业人员配备符合国家或行业标准的劳动防护用品。

(10)依法进行安全评价。

(11)有重大危险源检测、评估、监控措施和应急预案。

(12)有生产安全事故应急救援预案、应急救援组织或应急救援人员，配备必要的应急救援器材、设备。

(13)法律、法规规定的其他条件。

2. 申领安全生产许可证应提供的材料

(1)建筑施工企业安全生产许可证申请表。

(2)企业法人营业执照。

(3)法律规定的相关文件、材料。

建筑施工企业申请安全生产许可证，应当对申请材料实质内容的真实性负责，不得隐瞒有关情况或提供虚假材料。

二、安全生产许可证审批及时效

1. 安全生产许可证审批

《安全生产许可证条例》规定，安全生产许可证颁发管理机关应自收到申请之日起 45 日内审查完毕，经审查符合安全生产条件的，颁发安全生产许可证；不符合条件的，不予颁发安全生产许可证，书面通知企业并说明理由。

建设行政主管部门在审核发放施工许可证时，应当对建设工程是否有安全施工措施进行审查，对没有安全施工措施的，不得颁发施工许可证。

安全生产许可证采用国务院安全生产监督管理部门规定的统一式样，分正本和副本，正本和副本具有同等法律效力。

2. 安全生产许可证时效

《安全生产许可证条例》规定，安全生产许可证的有效期为 3 年。有效期满需要延期的，应于期满前 3 个月向原安全生产许可证颁发管理机关办理延期手续；经审查符合规定的有效期延期 3 年。

三、安全生产许可证监督管理

1. 许可证监督管理

根据《安全生产许可证条例》，国务院安全生产监督管理部门和省、自治区、直辖市人民政府安全生产监督管理部门对建筑施工企业、民用爆炸物品生产企业、煤矿企业取得安全生产许可证的情况进行监督。

2. 许可证撤销

《建筑施工企业安全生产许可证管理规定》规定，具有以下情形之一者，安全生产许可证颁发管理机关或其上级行政机关可撤销已颁发的安全生产许可证：

(1)安全生产许可证颁发管理机关工作人员滥用职权、玩忽职守颁发安全生产许可证的。

(2)超越法定职权颁发安全生产许可证的。

(3)违反法定程序颁发安全生产许可证的。

(4)对不具备安全生产条件的建筑施工企业颁发安全生产许可证的。

(5)依法可以撤销已经颁发安全生产许可证的其他情形。

因上述情况撤销安全生产许可证，使建筑施工企业合法权益受到损害的，住房城乡建设主管部门应当依法给予赔偿。

四、违反安全生产许可管理应承担的法律责任

根据《安全生产许可证条例》《建筑施工企业安全生产许可证管理规定》的相关规定，建筑业企业未依法取得安全生产许可证的不得从事建筑活动，建筑施工企业不得转让、冒用

安全生产许可证或使用伪造的安全生产许可证，否则依法承担如下法律责任：

(1)未取得安全生产许可证擅自进行生产的，责令停止生产，没收违法所得，并处10万元以上50万元以下罚款；造成重大事故或其他严重后果，构成犯罪的，依法追究刑事责任。

(2)安全生产许可证有效期满未办理延期手续，继续进行生产的，责令停止生产，限期补办延期手续，没收违法所得，并处5万元以上10万元以下罚款；逾期仍不办理延期手续，继续进行生产的，责令停止生产，没收违法所得，并处10万元以上50万元以下罚款；造成重大事故或其他严重后果，构成犯罪的，依法追究刑事责任。

(3)转让安全生产许可证的，没收违法所得，处10万元以上50万元以下罚款，并吊销其安全生产许可证；构成犯罪的，依法追究刑事责任；接受转让的，责令停止生产，没收违法所得，并处10万元以上50万元以下罚款；造成重大事故或其他严重后果，构成犯罪的，依法追究刑事责任。

(4)冒用安全生产许可证或使用伪造安全生产许可证的，责令停止生产，没收违法所得，并处10万元以上50万元以下罚款；造成重大事故或其他严重后果，构成犯罪的，依法追究刑事责任。

【案例6-1】

(1)背景：2008年3月，A市甲建筑安装公司(简称甲)与乙设备租赁公司(简称乙)签订了一份租赁合同，由乙公司向甲公司提供一台塔式起重机用于建筑工地，并约定了租赁期限、租金标准及支付办法。此外，合同还约定：①设备的运输、安装均由甲公司全权负责；②设备在使用过程中，甲公司进行全权管理；③乙公司派随机司机李某、张某并对其作业负责。

2008年5月6日，李某因家里突发急事离开该工地，在没有通知租赁公司的情况下，委托另一名塔式起重机司机周某接替其工作。

2008年6月7日，监理公司在安全检查时发现该塔式起重机的垂直偏差已超出允许范围，即对甲公司发出《监理工程师通知单》。要求立即停止使用该塔式起重机。甲公司因没有《安全施工许可证》，故向证书转让单位丙机械施工公司(简称丙)寻求技术服务，并准备于第二日上午派人到工地对塔式起重机进行纠偏。2008年6月8日上午，张某与周某擅自违规对该塔式起重机进行垂直度纠偏，导致该塔式起重机发生生产安全事故，造成1名工人死亡、1名工人重伤及塔式起重机报废。

(2)问题：

1)在这起事故中责任人有哪些？

2)事故责任者应当承担哪些法律责任？

(3)分析要点：

问题1)：

责任人一：甲公司。经有关部门调查核实，甲没有建筑施工安全生产许可证，而是与丙达成协议，由该公司提供建筑施工安全生产许可证。据此，在该事故中确认，该塔式起重机是由甲自行完成安装，甲对随机作业人员安全教育不力、管理不严，应对事故负主要责任。

责任人二：丙公司。丙转让安全生产许可证应对事故承担责任。

责任人三：乙公司。张某、周某是事故直接造成者，张某是乙公司派遣人员，周某是李某委托人员；乙对所属人员管理不到位而应对事故承担责任。

问题2)：

责任一：甲和丙因违反《安全生产许可证条例》规定应得到A市政府主管部门分别对其的处罚，处罚为：①甲未取得安全生产许可证擅自进行生产，责令停止生产，没收违法所得，并处10万元以上50万元以下罚款；造成安全事故，依法追究法律责任。②丙转让安全生产许可证，没收违法所得，处10万元以上50万元以下罚款，并吊销其安全生产许可证；造成安全事故，依法追究法律责任。

责任二：甲因管理不力致塔式起重机报废，应对乙作出赔偿。

责任三：乙对自己公司施工人员的管理不力，需承担部分经济损失。

第三节　建设工程安全生产监督管理

为加强建设工程安全生产监督管理，保障人民群众生命和财产安全，《建设工程安全生产管理条例》(第393号国务院令)已于2004年2月1日起施行。在中华人民共和国境内从事建设工程的新建、扩建、改建和拆除等有关活动及实施对建设工程安全生产的监督管理，必须遵守本条例。

建设单位、勘察单位、设计单位、施工单位、工程监理单位及其他与建设工程安全生产有关的单位，必须遵守安全生产法律、法规的规定，保证建设工程安全生产，依法承担建设工程安全生产责任。

一、安全生产管理基本制度

1. 安全生产责任制

安全生产责任制主要指企业各级领导、职能部门和在　定岗位上的劳动者个人对安全生产工作应负责任的一种制度，也是企业的一项基本管理制度，包括从事建筑活动主体的负责人的责任制度；从事建筑活动主体的职能机构或职能处室负责人及工作人员的安全生产责任制度；从事岗位人员的安全生产责任制度。

2. 安全生产教育培训制度

工程建设安全生产教育培训制度的建立是为确保企业安全生产，提高全员自我保护和保护他人的意识，在员工中牢固树立“安全第一”的思想，使员工懂得安全生产的基本知识，掌握安全生产的操作技能。

安全生产教育培训应当本着“精简、实用”的原则，使培训具有针对性和实效性。

新技术、新工艺、新设备、新材料在使用前，必须进行安全教育培训；新从业人员和转岗人员上岗前，必须进行安全教育培训，新从业人员必须经“三级”安全教育培训后方可上岗。特种作业人员必须参加有关部门的培训并取得特种作业人员操作证，做到持证上岗。企业培训以安全生产的法律法规、方针政策、规范和企业的规章制度为主；车间、班组培训以安全操作规程、劳动纪律、岗位职责、工艺流程、事故案例剖析等为主；特种作业人员培训以特种设备的操作规程、特种作业人员的安全知识为主；重大危险源的相关人员培训以危险源的危险因素、现实情况、可能发生的事故、注意事项为主。

3. 安全生产检查制度

通过安全生产检查可以发现问题，查出隐患，从而采取有效措施，填补漏洞，把事故在发生之前消灭。安全生产检查的方式包括：安全执法检查、企业定期安全大检查、专业性安全大检查、季节性安全大检查、验收性安全大检查、班前班后安全检查、经常性安全检查、职工代表安全检查、工地巡回安全检查、工地“达标”安全检查。

二、建设工程安全生产管理主体责任

1. 建设单位安全生产责任

(1)建设单位应向施工单位提供施工现场及毗邻区域内供水、排水、供电、供气、供热、通信、广播电视等地下管线资料，气象和水文观测资料，相邻建筑物和构筑物、地下工程的有关资料，并保证资料真实、准确、完整。

(2)建设单位不得对勘察、设计、施工、工程监理等单位提出不符合建设工程安全生产法律、法规和强制性标准规定的要求，不得压缩合同约定的工期。

(3)建设单位编制工程概算时应当确定建设工程安全作业环境及安全施工措施所需费用。

(4)建设单位不得明示或暗示施工单位购买、租赁、使用不符合安全施工要求的安全防护用具、机械设备、施工机具及配件、消防设施和器材。

(5)建设单位在申请领取施工许可证时，应当提供建设工程有关安全施工措施的资料。依法批准开工报告的建设工程，建设单位应当自开工报告批准之日起 15 日内，将保证安全施工的措施报送建设工程所在地县级以上地方人民政府住房城乡建设主管部门或其他有关部门备案。

(6)对于拆除工程，建设单位应当在拆除工程施工 15 日前，将下列资料报送建设工程所在地县级以上地方人民政府住房城乡建设主管部门或其他有关部门备案：

1)施工单位资质等级证明。

2)拟拆除建筑物、构筑物及可能危及毗邻建筑的说明。

3)拆除施工组织方案。

4)堆放、清除废弃物的措施。

5)实施爆破作业的，应遵守国家有关民用爆炸物品管理的规定。

2. 勘察、设计、工程监理及有关单位安全生产责任

(1)勘察单位。勘察作业时，应当严格执行操作规程，按照法律、法规和工程建设强制性标准进行勘察，提供真实、准确的勘察文件，满足建设工程安全生产的需要。

(2)设计单位。应当按法律、法规和工程建设强制性标准进行设计；对涉及施工安全的重点部位和环节在设计文件中注明，并对防范生产安全事故提出指导意见；采用新结构、新材料、新工艺和特殊结构的建设工程，在设计中要提出保障施工作业人员安全和预防生产安全事故的措施建议。设计单位和注册建筑师等注册执业人员应当对其设计负责。

(3)工程监理单位。应当审查施工组织设计中的安全技术措施或专项施工方案是否符合工程建设强制性标准；实施监理过程中，发现安全事故隐患应要求施工单位整改，情节严重的，应当要求施工单位暂停施工并及时报告建设单位，施工单位拒不整改或不停止施工的，工程监理单位应及时向有关主管部门报告；严格按照法律、法规和工程建设强制性标准对建筑工程实施监理，并对建设工程安全生产承担监理责任。

(4)设备和配件生产单位。应当按照安全施工要求配备齐全有效的保险、限位等安全设施和装置。

(5)机械设备和施工机具及配件出租单位。应当具有生产(制造)许可证、产品合格证，应当对出租的机械设备和施工机具及配件的安全性能进行检测，签订租赁协议时，应当出具检测合格证明。禁止出租检测不合格的机械设备和施工机具及配件。

(6)安装、拆卸单位。在施工现场安装、拆卸施工起重机械和整体提升脚手架、模板等自升式架设设施，必须由具有相应资质的单位承担；编制拆装方案、制定安全施工措施，并由专业技术人员现场监督；设施安装完毕后，安装单位应当自检，出具自检合格证明，并向施工单位进行安全使用说明，办理验收手续并签字。

3. 施工单位安全生产责任

(1)施工单位应具备的条件。《建设工程安全生产管理条例》规定，施工单位从事建设工程的新建、扩建、改建和拆除等活动，应当具备国家规定的注册资本、专业技术人员、技术装备和安全生产等条件，依法取得相应等级的资质证书，并在其资质等级许可范围内承揽工程。

(2)人员职责。

1)主要负责人的安全生产责任。施工单位主要负责人依法对本单位的安全生产工作全面负责。

2)项目负责人安全生产责任。施工单位项目负责人应当由取得相应执业资格的人员担任，对建设工程项目的安全施工负责。落实安全生产责任制度、安全生产规章制度和操作规程，确保安全生产费用的有效使用；根据工程特点组织制定安全施工措施，消除安全事故隐患；及时、如实报告生产安全事故等。

3)专职安全生产管理人员安全生产责任。《建设工程安全生产管理条例》规定，施工单位应设立安全生产管理机构，配备专职安全生产管理人员。专职安全生产管理人员的主要职责包括：对安全生产进行现场监督检查；发现安全事故隐患应及时向项目负责人和安全生产管理机构报告；对违章指挥、违章操作的要立即制止。

(3)总承包和分包单位安全生产责任。建设工程实行施工总承包的，由总承包单位对施工现场的安全生产负总责。总承包单位应自行完成建设工程主体结构的施工。总承包单位依法将建设工程分包给其他单位的，分包合同应明确各自安全生产的权利、义务；总承包单位和分包单位对发包工程的安全生产承担连带责任；分包单位应服从总承包单位的安全生产管理，分包单位不服从管理导致生产安全事故的，由分包单位承担主要责任。

(4)工程技术措施。

1)施工单位应在施工组织设计中编制安全技术措施和施工现场临时用电方案。对下列达到一定规模的危险性较大的分部分项工程编制专项施工方案，并附具安全验算结果，经施工单位技术负责人、总监理工程师签字后实施，由专职安全生产管理人员进行现场监督：

①基坑支护与降水工程。

②土方开挖工程。

③模板工程。

④起重吊装工程。

⑤脚手架工程。

⑥拆除、爆破工程。

⑦国务院建设行政主管部门或其他有关部门规定的其他危险性较大的工程。

另外，对工程中涉及深基坑、地下暗挖工程、高大模板工程的专项施工方案，施工单位还应组织专家进行论证、审查。

2)施工单位应当在施工现场入口处、施工起重机械、临时用电设施、脚手架、出入通道口、楼梯口、电梯井口、孔洞口、桥梁口、隧道口、基坑边沿、爆破物及有害危险气体和液体存放处等危险部位设置明显的安全警示标志。安全警示标志必须符合国家标准。

3)建设工程施工前，施工单位负责项目管理的技术人员应对有关安全施工技术要求向施工作业班组、作业人员作出详细说明，并由双方签字确认。

(5)安全生产教育培训制度。

1)垂直运输机械作业人员、安装拆卸工、爆破作业人员、起重信号工、登高架设作业人员等特种作业人员，必须按国家有关规定经过专门的安全作业培训，取得特种作业操作资格证书后，方可上岗作业。

2)作业人员进入新岗位或新的施工现场前，应当接受安全生产教育培训，未经教育培训或教育培训考核不合格者，不得上岗作业。施工单位采用新技术、新工艺、新设备、新材料时，应对作业人员进行相应的安全生产教育培训。

(6)劳保、消防及环境保护措施。

1)施工单位应当向作业人员提供安全防护用具和安全防护服装，并书面告知危险岗位的操作规程和违章操作的危害。

作业人员有权对施工现场的作业条件、作业程序和作业方式中存在的安全问题提出批评、检举和控告，有权拒绝违章指挥和强令冒险作业；施工中发生危及人身安全的紧急情况时，作业人员有权立即停止作业或在采取必要应急措施后撤离危险区域。

作业人员应当遵守安全施工的强制性标准、规章制度和操作规程，正确使用安全防护用具、机械设备等。

2)施工单位采购、租赁的安全防护用具、机械设备、施工机具及配件，应当具有生产(制造)许可证、产品合格证，并在进入施工现场前进行查验。

施工现场的安全防护用具、机械设备、施工机具及配件必须由专人管理，定期进行检查、维修和保养，建立相应的资料档案，并按国家有关规定及时报废。

3)施工单位应当为施工现场从事危险作业的人员办理意外伤害保险；意外伤害保险费由施工单位支付。实行施工总承包的，由总承包单位支付意外伤害保险费。意外伤害保险期限自建设工程开工之日起至竣工验收合格止。

4)施工单位应当在施工现场建立消防安全责任制度，确定消防安全责任人，制定用火、用电、使用易燃易爆材料等各项消防安全管理制度和操作规程，设置消防通道、消防水源，配备消防设施和灭火器材，并在施工现场入口处设置明显标志。

5)施工单位应当遵守环境保护法律、法规的规定，在施工现场采取措施，防止或减少粉尘、废气、废水、固体废物、噪声、振动和施工照明对人与环境的危害和污染。

在城市市区内的建设工程，施工单位应当对施工现场实行封闭围挡。

三、安全生产监督管理

1. 安全生产监督管理部门职责

《建设工程安全生产管理条例》规定，国务院安全生产监督管理部门，对全国建设工程安全生产工作实施综合监督管理；县级以上地方人民政府安全生产监督管理部门，对本行政区域内建设工程安全生产工作实施综合监督管理；国务院住房城乡建设主管部门对全国的建设工程安全生产实施监督管理；国务院铁路、交通、水利等有关部门，负责有关专业建设工程安全生产的监督管理；县级以上地方人民政府住房城乡建设主管部门对本行政区域内的建设工程安全生产实施监督管理；县级以上地方人民政府交通、水利等有关部门，负责本行政区域内专业建设工程安全生产的监督管理。

县级以上人民政府负有建设工程安全生产监督管理职责的部门履行安全监督检查职责时，有权采取下列措施：

(1)要求被检查单位提供有关建设工程安全生产的文件和资料。

(2)进入被检查单位施工现场进行检查。

(3)纠正施工中违反安全生产要求的行为。

(4)对检查中发现的安全事故隐患，责令立即排除；重大安全事故隐患排除前或排除过程中无法保证安全的，责令从危险区域内撤出作业人员或暂停施工。

2. 安全生产监督管理方式

安全生产监督管理方式可分为事前、事中和事后监督管理。

(1)事前监督管理。事前监督管理是指有关安全生产许可事项的审批，包括安全生产许可证、经营许可证、矿长资格证、生产经营单位主要负责人安全资格证、安全管理人员安全资格证、特种作业人员操作资格证等。

(2)事中监督管理。事中监督管理主要是指日常监督检查、安全大检查、重点安全行业和领域的专项整治、许可证的监督检查等。作业场所的监督检查主要有两种：

1)行为监察，指监督检查生产经营单位安全生产的组织管理、规章制度建设、职工教育培训、各级安全生产责任制的实施等。

2)技术监察，指对物质条件的监督检查，包括对新、扩、改建和技术改造工程项目的“三同时”监察；对用人单位现有防护措施与设施完好率、使用率的监察；对个人防护用品的质量、配备与作用的监察；对危险性较大的设备、危害性较严重的作业场所和特殊工种作业的监察等。

(3)事后监督管理。事后监督管理包括生产安全事故发生后的应急救援，以及调查处理，查明事故原因，严肃处理有关责任人员，提出防范措施。应严格按“四不放过”原则处理生产安全事故。

知识链接

“四不放过”原则

发生安全生产工伤事故时，为严肃调查处理，接受教训，防止同类事故重复发生，国家要求对事故按“四不放过”原则处理。具体为：事故原因未查清不放过；事故责任人未受到处理不放过；事故责任人和周围群众没有受到教育不放过；事故制定切实可行的整改措施没有落实不放过。

四、违反《建设工程安全生产管理条例》的法律责任

1. 建设行政主管部门应承担的法律责任

县级以上人民政府建设行政主管部门或其他有关行政管理部门的工作人员，有下列行为之一的，给予降级或撤职的行政处分；构成犯罪的，依照刑法有关规定追究刑事责任：

(1)对不具备安全生产条件的施工单位颁发资质证书的。

(2)对没有安全施工措施的建设工程颁发施工许可证的。

(3)发现违法行为不予查处的。

(4)不依法履行监督管理职责的其他行为。

2. 建设单位应承担的法律责任

(1)建设单位未提供建设工程安全生产作业环境及安全施工措施所需费用的，责令限期改正；逾期未改正的，责令该建设工程停止施工。建设单位未将保证安全施工的措施或者拆除工程的有关资料报送有关部门备案的，责令限期改正，给予警告。

(2)建设单位具有下列行为之一的，责令限期改正，处 20 万元以上 50 万元以下罚款；造成重大安全事故，构成犯罪的，对直接责任人员，依照《刑法》有关规定追究刑事责任；造成损失的，依法承担赔偿责任：

1)对勘察、设计、施工、工程监理等单位提出不符合安全生产法律、法规和强制性标准规定要求的。

2)要求施工单位压缩合同约定工期的。

3)将工程发包给不具有相应资质等级的施工单位的。

3. 勘察、设计单位应承担的法律责任

勘察单位、设计单位具有下列行为之一的，责令限期改正，处 10 万元以上 30 万元以下罚款；情节严重的，责令停业整顿，降低资质等级，直至吊销资质证书；造成重大安全事故，构成犯罪的，对直接责任人员，依照《刑法》有关规定追究刑事责任；造成损失的，依法承担赔偿责任：

(1)未按照法律、法规和工程建设强制性标准进行勘察、设计的。

(2)采用新结构、新材料、新工艺的建设工程和特殊结构的建设工程，设计单位未在设计中提出保障施工作业人员安全和预防生产安全事故的措施建议的。

4. 工程监理单位应承担的法律责任

工程监理单位具有下列行为之一的，责令限期改正；逾期未改正的，责令停业整顿，并处 10 万元以上 30 万元以下罚款；情节严重的，降低资质等级，直至吊销资质证书；造成重大安全事故，构成犯罪的，对直接责任人员，依照《刑法》有关规定追究刑事责任；造成损失的，依法承担赔偿责任：

(1)未对施工组织设计中的安全技术措施或专项施工方案进行审查的。

(2)发现安全事故隐患未及时要求施工单位整改或暂停施工的。

(3)施工单位拒不整改或不停止施工，未及时向有关主管部门报告的。

(4)未依照法律、法规和工程建设强制性标准实施监理的。

5. 施工单位应承担的法律责任

(1)施工单位具有下列行为之一的，责令限期改正；逾期未改正的，责令停业整顿，依照《安全生产法》的有关规定处以罚款；造成重大安全事故，构成犯罪的，对直接责任人员，依照《刑法》有关规定追究刑事责任：

1)未设立安全生产管理机构、配备专职安全生产管理人员或分部分项工程施工时无专职安全生产管理人员现场监督的。

2)施工单位的主要负责人、项目负责人、专职安全生产管理人员、作业人员或特种作业人员，未经安全教育培训或经考核不合格即从事相关工作的。

3)未在施工现场的危险部位设置明显的安全警示标志，或未按照国家有关规定在施工现场设置消防通道、消防水源、配备消防设施和灭火器材的。

4)未向作业人员提供安全防护用具和安全防护服装的。

5)未按规定在施工起重机械和整体提升脚手架、模板等自升式架设设施验收合格后登记的。

6)使用国家明令淘汰、禁止使用的危及施工安全的工艺、设备、材料的。

(2)施工单位具有下列行为之一的，责令限期改正；逾期未改正的，责令停业整顿，并处 5 万元以上 10 万元以下的罚款；造成重大安全事故，构成犯罪的，对直接责任人员，依照《刑法》有关规定追究刑事责任：

1)施工前未对有关安全施工的技术要求作出详细说明的。

2)未根据不同施工阶段和周围环境及季节、气候的变化，在施工现场采取相应的安全施工措施，或城市市区内建设工程的施工现场未实行封闭围挡的。

3)在尚未竣工的建筑物内设置员工集体宿舍的。

4)施工现场临时搭建的建筑物不符合安全使用要求的。

5)未对因建设工程施工可能造成损害的毗邻建筑物、构筑物和地下管线等采取专项防护措施的。

施工单位有上述 4)、5)项行为，造成损失的，依法承担赔偿责任。

(3)施工单位具有下列行为之一的，责令限期改正；逾期未改正的，责令停业整顿，并处 10 万元以上 30 万元以下罚款；情节严重的，降低资质等级，直至吊销资质证书；造成重大安全事故，构成犯罪的，对直接责任人员，依照《刑法》有关规定追究刑事责任；造成损失的，依法承担赔偿责任：

1)安全防护用具、机械设备、施工机具及配件在进入施工现场前未经查验或查验不合格即投入使用的。

2)使用未经验收或验收不合格的施工起重机械和整体提升脚手架、模板等自升式架设设施的。

3)委托不具有相应资质的单位承担施工现场安装、拆卸施工起重机械和整体提升脚手架、模板等自升式架设设施的。

4)在施工组织设计中未编制安全技术措施、施工现场临时用电方案或专项施工方案的。

(4)施工单位挪用列入建设工程概算的安全生产作业环境及安全施工措施所需费用的，责令限期改正，处挪用费用 20%以上 50%以下的罚款；造成损失的，依法承担赔偿责任。

(5)施工单位主要负责人、项目负责人未履行安全生产管理职责的，责令限期改正；逾期未改正的，责令施工单位停业整顿；造成重大安全事故、重大伤亡事故或其他严重后果，构成犯罪的，依照《刑法》有关规定追究刑事责任；尚不够刑事处罚的，处2万元以上20万元以下罚款或给予撤职处分；自刑罚执行完毕或者受处分之日起，五年内不得担任任何施工单位的主要负责人、项目负责人。

作业人员不服管理、违反规章制度和操作规程冒险作业造成重大伤亡事故或者其他严重后果，构成犯罪的，依法追究刑事责任。

6. 其他相关人员应承担的法律责任

在建设活动中注册执业人员未执行法律、法规和工程建设强制性标准的，责令停止执业三个月以上一年以下；情节严重的，吊销执业资格证书，五年内不予注册；造成重大安全事故的，终身不予注册；构成犯罪的，依照《刑法》有关规定追究刑事责任。为建设工程提供机械设备和配件的单位，未按安全施工要求配备齐全有效的保险、限位等安全设施和装置的，责令限期改正，处合同价款1倍以上3倍以下罚款；造成损失的，依法承担赔偿责任。

【案例6-2】

(1)背景：B市某大型基坑工程，甲建设单位与乙施工单位签订了施工总承包合同，并委托丙监理单位进行工程监理。开工前，乙对招募来的工人进行了三级安全教育，但未为工人购买施工意外伤害保险。该工程属于深基坑工程，危险性较大，项目经理部按照规定编制专项施工组织方案，经项目经理签字后组织施工并安排质量检查人员兼任安全工作。当土方开挖至坑底设计标高时，监理工程师发现基坑四周地表出现大量裂纹，坑边部分土石有滑落现象，于是他向现场作业人员发出口头通知，要求停止施工，撤离相关作业人员。但施工作业人员担心施工进度，对监理通知不予理睬，继续施工。随后，基坑发生大面积坍塌，基坑下5名作业人员被埋，造成3人死亡，1人重伤，1人轻伤。

(2)问题：本案例中，施工单位有哪些违法行为？为什么？

(3)分析：违法行为一：专项施工方案审批程序错误。根据《建设工程安全生产管理条例》规定，深基坑工程危险性较大，其专项施工方案应经施工单位技术负责人、总监理工程师签字后实施，所以"经项目经理签字后组织施工"不正确。

违法行为二：安全生产管理环节严重缺失。《建设工程安全生产管理条例》中规定，施工单位应当设立安全生产管理机构，配备专职安全生产管理人员。所以"安排质量检查人员兼任安全工作"不正确。

违法行为三：《建设工程安全生产管理条例》规定，施工单位应为施工现场从事危险作业的人员办理意外伤害保险。所以"施工单位未办理意外伤害保险"不正确。

第四节　生产安全事故调查处理制度

生产安全事故指生产经营单位在生产经营活动或与生产经营有关的活动中突然发生的，伤害人身安全和健康，或损坏设备设施，或造成经济损失，导致原生产经营活动或与生产经营有关的活动暂时中止或永远终止的意外事件。

生产安全事故的调查处理，是安全生产的重要环节。做好建筑工程生产安全事故处理工作，不仅有利于强化事故责任追究，也有利于预防和减少事故发生。

一、事故的分类

生产安全事故等级以造成的人员伤亡或直接经济损失来认定，一般分为以下四个等级：

(1)特别重大事故。特别重大事故是指造成30人以上死亡，或100人以上重伤(包括急性工业中毒，下同)，或1亿元以上直接经济损失的事故。

(2)重大事故。重大事故是指造成10人以上30人以下死亡，或50人以上100人以下重伤，或5 000万元以上1亿元以下直接经济损失的事故。

(3)较大事故。较大事故是指造成3人以上10人以下死亡，或10人以上50人以下重伤，或1 000万元以上5 000万元以下直接经济损失的事故。

(4)一般事故。一般事故是指造成3人以下死亡，或10人以下重伤，或1 000万元以下直接经济损失的事故。

二、事故应急救援措施

根据《安全生产法》《安全生产管理条例》《建设工程安全生产管理条例》等规定，县级以上地方人民政府住房城乡建设主管部门应当根据本级人民政府的要求，制定本行政区域内建设工程特大生产安全事故应急救援预案。应急预案的任务和目标包括以下几项：

(1)为加强对施工生产安全事故的防范，及时做好安全事故发生后的救援处置工作。

(2)给施工的进行和施工场区周围居民提供更好、更安全的环境。

(3)保证各种应急反应资源处于良好的备战状态。

(4)指导应急反应行动按计划有序地进行，防止因应急反应行动组织不力或现场救援工作的无序和混乱而延误事故的应急救援。

(5)有效地避免或降低人员伤亡和财产损失。

(6)帮助实现应急反应行动的快速、有序、高效运行。

(7)充分体现应急救援的“应急精神”。

《特种设备安全监察条例》(国务院令第549号)第六十六条规定，特种设备事故发生后，事故发生单位应立即启动事故应急预案，组织抢救，防止事故扩大，减少人员伤亡和财产损失，并及时向事故发生地县以上特种设备安全监督管理部门和有关部门报告。

根据《特种设备安全监察条例》规定，特种设备指涉及生命安全、危险性较大的锅炉、压力容器(含气瓶)、压力管道、电梯、起重机械、客运索道、大型游乐设施和场(厂)内专用机动车辆。

三、事故现场处理

1. 事故现场保护

发生生产安全事故后，施工单位应采取措施防止事故扩大，保护事故现场。需要移动现场物品时，应作出标记和书面记录，妥善保管有关证物。

2. 事故报告

生产安全事故发生后，事故现场有关人员应立即向本单位负责人报告；单位负责人接到报告后，应于1小时内向事故发生地县级以上人民政府安全生产监督管理部门和负有安全生产监督管理职责的有关部门报告。情况紧急时，事故现场有关人员可直接向事故发生地县级以上人民政府安全生产监督管理部门和负有安全生产监督管理职责的有关部门报告。

(1)事故上报有关规定。行政主管部门接到事故报告后，应依照下列规定上报事故情况，并通知公安机关、劳动保障行政部门、工会和人民检察院：

1)特别重大事故、重大事故逐级上报至国务院安全生产监督管理部门和负有安全生产监督管理职责的有关部门。

2)较大事故逐级上报至省、自治区、直辖市人民政府安全生产监督管理部门和负有安全生产监督管理职责的有关部门。

3)一般事故上报至设区的市级人民政府安全生产监督管理部门和负有安全生产监督管理职责的有关部门。

行政主管部门接到发生特别重大事故、重大事故的报告后，应逐级上报，每级上报时间不得超过 2 小时。自事故发生之日起 30 日内，事故造成的伤亡人数发生变化的，应及时补报；道路交通事故、火灾事故自发生之日起 7 日内，事故造成的伤亡人数发生变化的，应及时补报。

(2)事故报告的内容。

1)事故发生单位概况。

2)事故发生的时间、地点及事故现场情况。

3)事故的简要经过。

4)事故已造成或可能造成的伤亡人数(包括下落不明的人数)和初步估计的直接经济损失。

5)已经采取的措施。

6)其他应报告的情况。

四、事故调查

事故调查处理应当坚持实事求是、尊重科学的原则，及时、准确地查清事故经过、事故原因和事故损失，查明事故性质，认定事故责任，总结事故教训，提出整改措施，并依法追究事故责任者责任。

1. 事故调查组的组成

工程建设生产安全事故发生后，特别重大事故由国务院或国务院授权有关部门组织事故调查组进行调查；重大事故、较大事故、一般事故分别由事故发生地省级人民政府、设区的市级人民政府、县级人民政府直接组织事故调查组或授权、委托有关部门组织事故调查组进行调查；未造成人员伤亡的一般事故，县级人民政府也可委托事故发生单位组织事故调查组进行调查。

2. 事故调查组的职责

(1)查明事故发生的经过、原因、人员伤亡情况及直接经济损失。

(2)认定事故性质和事故责任。

(3)提出对事故责任者的处理建议。

(4)总结事故教训，提出防范和整改措施。

(5)提交事故调查报告。

3. 事故调查报告的内容

(1)事故发生单位概况。

(2)事故发生经过和事故救援情况。

(3)事故造成的人员伤亡和直接经济损失。

(4)事故发生的原因和事故性质。

(5)事故责任认定及对事故责任者的处理建议。

(6)事故防范和整改措施。

事故调查报告应附具有关证据材料。事故调查组成员应当在事故调查报告上签名。

4. 事故调查报告的提交期限

事故调查组应当自事故发生之日起60日内提交事故调查报告；特殊情况下，经负责事故调查的人民政府批准，调查报告提交期限可适当延长，但最长延长期限不超过60日。

五、事故处理

生产安全事故发生之后负责事故调查的行政主管部门应自收到事故调查报告之日起对报告作出批复；重大事故、较大事故、一般事故，15日内作出批复；特别重大事故，30日内作出批复，特殊情况下，批复时间可适当延长，但延长时间最长不超过30日。相关行政主管部门根据权限和程序，依法对事故发生相关单位、责任人员分别进行行政处分和行政处罚，涉嫌犯罪的，依法追究刑事责任。

事故发生单位应当认真吸取事故教训，落实防范和整改措施，防止事故再次发生。

【案例6-3】

(1)背景：A建筑公司在工程施工前，对新进工人进行了“三级”安全教育，项目部对相关人员进行了安全施工与技术方面的培训。新进工人李某在安放10 t重道板下的胶垫时违规未使用铁钩进行操作，直接用手安置，导致其左手砸伤。施工现场负责人立即组织人员对其进行医疗救治并承担了全部费用。之后李某进行了伤情鉴定，结论是伤残等级工伤七级。

随后，李某向A建筑公司请求赔偿未果，遂将A起诉至人民法院，请求判令被告赔偿其误工费、住院生活补助费、鉴定费、交通费、残疾人生活补助费和再次医疗费用共计80 357元，诉讼费由被告承担。

(2)问题：本案例中，被告是否应承担法律责任？为什么？

(3)分析：A建筑公司于项目开工前，根据《建设工程安全生产管理条例》规定，对新进工人进行了“三级”安全教育，项目部对相关人员进行了安全施工和技术培训，事故发生后积极配合对受伤工人进行了救治，且李某受伤来源于其违规操作，因此被告不承担法律责任。

第五节　生产安全事故责任者法律责任

一、事故发生单位主要负责人法律责任

(1)事故发生单位主要负责人有下列行为之一的，处上一年年收入40%～80%的罚款；属国家工作人员的，并依法给予处分；构成犯罪的，依法追究刑事责任：

1)不立即组织事故抢救的。

2)迟报或漏报事故的。

3)事故调查处理期间擅离职守的。

(2)事故发生单位主要负责人未依法履行安全生产管理职责，导致事故发生的，依照下列规定处以罚款；属国家工作人员的，并依法给予处分；构成犯罪的，依法追究刑事责任：

1)发生一般事故的，处上一年年收入30%的罚款。

2)发生较大事故的，处上一年年收入40%的罚款。

3)发生重大事故的，处上一年年收入60%的罚款。

4)发生特别重大事故的，处上一年年收入80%的罚款。

二、事故发生单位及有关人员法律责任

(1)事故发生单位对事故发生负有责任的，依照下列规定处以罚款：

1)发生一般事故的，处10万元以上20万元以下罚款。

2)发生较大事故的，处20万元以上50万元以下罚款。

3)发生重大事故的，处50万元以上200万元以下罚款。

4)发生特别重大事故的，处200万元以上500万元以下罚款。

(2)事故发生单位及其有关人员有下列行为之一的，对事故发生单位处100万元以上500万元以下罚款；对主要负责人、直接负责的主管人员和其他直接责任人员处上一年年收入60%～100%的罚款；属国家工作人员的，并依法给予处分；违反治安管理行为的，由公安机关依法给予治安管理处罚；构成犯罪的，依法追究刑事责任：

1)谎报或瞒报事故的。

2)伪造或故意破坏事故现场的。

3)转移、隐匿资金、财产，或销毁有关证据、资料的。

4)拒绝接受调查或拒绝提供有关情况和资料的。

5)事故调查中作伪证或指使他人作伪证的。

6)事故发生后逃逸的。

三、事故单位及相关人员资格处理

(1)事故发生单位对事故发生负有责任的，由有关部门依法暂扣或吊销其有关证照；对事故发生单位负有事故责任的有关人员，依法暂停或撤销其与安全生产有关的执业资格、岗位证书；事故发生单位主要负责人受到刑事处罚或撤职处分的，自刑罚执行完毕或受处分之日起，五年内不得担任任何生产经营单位的主要负责人。

(2)为发生事故的单位提供虚假证明的中介机构，由有关部门依法暂扣或吊销其有关证照及其相关人员的执业资格；构成犯罪的，依法追究刑事责任。

本章小结

《安全生产法》的立法目的是加强安全生产监督管理，防止和减少生产安全事故，保障人民群众生命和财产安全，保障建设市场的和谐发展，促进市场经济发展。《安全生产许可

证条例》规定，建筑施工企业必须遵循安全生产许可制度的管理；企业未取得安全生产许可证的，不得从事生产活动。

思考与练习

一、单项选择题

1. 关于安全专项施工方案的说法，下列正确的是(　　)。
   A. 由项目经理兼任专项方案实施情况检察员对现场实施监督
   B. 发现不按照专项方案施工的，报建设单位后整改
   C. 施工企业技术负责人应当定期巡查专项方案的实施情况
   D. 发现有危及人身安全隐患时，立即组织作业人员撤离
2. 关于安全生产管理人员配备要求的说法，下列正确的是(　　)。
   A. 按建筑施工总承包企业资质管理要求，资质等级越高，则专职安全生产管理人员配备越多
   B. 建筑施工企业经营规模较小的，可以不配备专职安全生产管理人员
   C. 建筑施工的分支机构不必配备专职安全生产管理人员
   D. 作业难度大的施工作业班组必须配备专职安全生产管理人员
3. 关于施工企业专职安全生产管理人员职责的说法，下列正确的是(　　)。
   A. 组织制定本单位安全生产操作规程
   B. 编制安全专项施工方案
   C. 如实记录安全生产操作规程
   D. 建立健全本单位安全生产责任制
4. 施工企业发生的下列事故中，可构成工程重大安全事故罪的是(　　)。
   A. 劳务作业人员王某在施工中不慎从楼上坠亡
   B. 施工企业对裸露地面的钢筋未采取保护和警示措施，造成路人李某摔成重伤
   C. 施工企业工程施工质量不符合标准，造成建筑倒塌，砸死砸伤多人
   D. 劳务作业人员张某在工地食堂下毒，使劳务作业人员中毒
5. 关于施工生产安全事故应急救援预案备案的说法，下列正确的是(　　)。
   A. 已进行应急预案备案登记的，申领安全生产许可证时，可以不再提供相应的应急预案
   B. 中央管理的总公司的专项应急预案，报总公司所在地主管部门备案
   C. 中央管理的总公司的所属单位的综合应急预案，由总公司统一备案
   D. 施工企业申请应急救援预案备案，应当提交本企业技术负责人的评审意见

二、多项选择题

1. 某施工企业在施工过程中，保护措施不当，使毗邻建筑物开裂和倾斜，受害人将施工企业诉至法院，提出的下列诉讼请求可以获得支持的有(　　)。
   A. 停止侵害　　B. 消除危险　　C. 恢复原状
   D. 消除影响　　E. 赔偿损失

2. 关于建设单位安全责任的说法，下列正确的有(　　)。

A. 不得压缩合同工期

B. 确保地下管线的安全

C. 需要临时占用规划批准范围以外场地，办理批准手续

D. 申请施工许可证时应当提供有关安全施工措施的资料

E. 审查专项施工方案

三、思考题

1.《安全生产法》的立法目的及安全生产的方针各是什么？

2. 申领安全施工许可证必须具备哪些条件？

3. 建设单位违反《建设工程安全管理条例》应承担哪些法律责任？

4. 应急预案的任务和目标是什么？

5. 如何保护事故现场？

四、案例分析

1. 背景：某住宅小区工地上，一载满作业工人的施工升降机在上升过程中突然失控冲顶，从100米高处坠落，造成施工升降机上的9名施工人员全部随机坠落而遇难的惨剧。

问题：(1)本案中的事故应当定为何等级？(2)在事故发生后，施工单位应当依法采取哪些措施？

2. 背景：2015年4月，A市市政建设工程，甲建筑公司进行路面施工。施工现场有众多凹凸、小沟和建筑材料，但甲未在施工现场入口处设置任何安全警示标志。同年6月10日，李某经过此路段时，因不明路况，坠入小沟，造成10级伤残。事后李某多次要求甲赔偿，但甲认为李某私自进入施工现场受伤与己方无关。李某遂将甲起诉至人民法院。

问题：甲建筑公司是否存在违法施工行为？其是否应承担对李某的民事赔偿责任？

第七章　建设工程质量法律制度

知识目标

通过本章的学习，了解工程建设标准的概念、分类，建设工程质量的验评及奖励制度、质量监督报告，竣工验收的条件和类型；熟悉工程建设强制性保证实施的规定，建设工程主体的监督管理制度、质量监督制度、质量的检测制度，竣工验收备案管理制度；掌握质量监督工程资格管理，规划、消防、节能、环保等相关部门的验收制度，建设工程保修制度、建设工程损害赔偿。

能力目标

能运用所学的质量管理法规知识进行工程质量管理工作；能处理质量事故发生后的保修与赔偿事宜。

驱动案例

背景：某市一开发商修建一商品房，为了追求较多的利润，要求设计、施工等单位按其要求进行设计施工。设计上采用底层框架(局部为二层框架)上面砌筑九层砖混结构，总高度最高达33.3 m，严重违反国家现行规范《建筑抗震设计规范》(GB 50011—2010)和地方标准《四川省建筑结构设计统一规定》(DB 515027—2012)的要求，框架顶层未采用现浇结构，平面布置不规则、不对称，质量和刚度不均匀，在较大洞口两侧未设置构造柱。在施工过程中6～11层采用灰砂砖墙体。住户在使用过程中，发现房屋内墙体多处开裂，引起住户强烈不满，多次向各级政府有关部门投诉，产生了极坏的影响。

请思考：(1)该建设工程的相关参与方都负有哪些质量责任？

(2)你从中吸取到什么经验教训？

第一节　工程建设标准

一、工程建设标准的概念

标准是指对重复性事物和概念所做的统一性规定。它以科学技术和实践的综合成果为基础，经有关方面协商一致，由主管机构批准，以特定形式发布，作为共同遵守的准则和依据。

工程建设标准是指对基本建设中各类工程的勘察、规划、设计、施工、安装、验收等需要协调统一的事项所制定的标准。它由政府或立法机关颁布，是对新建建筑物的最低技术要求，也是建设法规体系的组成部分。

标准化，是在经济、技术、科学及管理等社会实践中，对重复性事物和概念通过制定、实施标准，达到统一，以获得最佳秩序和社会效益的过程。工程建设标准化是为在工程建设领域内获得最佳秩序，以实际的或潜在的问题制定共同的和重复使用的规则的活动。标准立法一般是针对标准制定和实施的全过程，因此，我国全国人大常委会于 1988 年 12 月 29 日就颁布了《中华人民共和国标准化法》(以下简称《标准化法》)。

工程建设标准与规范、规程等概念有密切的关系。规范是在工农业生产和工程建设中，对设计、施工、制造、检验等技术事项所做的一系列规定；规程是对作业、安装、鉴定、安全、管理等技术要求和实施程序所做的统一规定。标准、规范、规程都是标准的一种表现形式，习惯上统称为标准，只有针对具体对象才加以区别。当针对产品、方法、符号、概念等时，一般采用标准；当针对工程勘察、规划、设计、施工等技术事项所做的规定时，通常采用规范；当针对操作、工艺、管理等技术要求时，一般采用规程。

二、工程建设标准的分类

根据《标准化法》的规定，我国标准可分为国家标准、行业标准、地方标准和企业标准。国家标准、行业标准又可分为强制性标准和推荐性标准。

1. 国家标准

国家标准是对需要在全国范围内统一的技术要求制定的标准。需要在全国范围内统一的下列技术要求，应制定国家标准(含标准样品的制作)：通用的技术术语、符号、代号(含代码)、制图方法、互换配合要求；保障人体健康和人身、财产安全的技术要求；基本原料、材料、燃料的技术要求；通用基础件的技术要求；通用的试验、检验方法；工程建设勘察、规划、设计、施工及验收的重要技术要求；工程建设、交通运输、资源等通用的管理技术要求；国家需要控制的其他重要产品和工程建设的通用技术要求等。

(1)制订国家标准应当遵循下列原则：

①必须贯彻执行国家的有关法律、法规和方针、政策，密切结合自然条件，合理利用资源，充分考虑使用和维修的要求，做到安全适用、技术先进、经济合理。

②对需要进行科学试验或测试验证的项目，应当纳入各级主管部门的科研计划，认真组织实施，写出成果报告。

③纳入国家标准的新技术、新工艺、新设备、新材料，应当经有关主管部门或受委托单位鉴定，且经实践检验行之有效。

④积极采用国际标准和国外先进标准，并经认真分析论证或测试验证，符合我国国情。

⑤国家标准条文规定应当严谨明确，文句简练，不得模棱两可，其内容深度、术语、符号、计量单位等应当前后一致。

⑥必须做好与现行相关标准之间的协调工作。

【小提示】 工程建设国家标准的制订程序分为准备、征求意见、送审和报批四个阶段。

(2)工程建设国家标准的审批发布和编号。工程建设国家标准由国务院工程建设行政主管部门审查批准，由国务院标准化行政主管部门统一编号，由国务院标准化行政主管部门和国务院工程建设行政主管部门联合发布。

工程建设国家标准的编号由国家标准代号、发布标准的顺序号和发布标准的年号组成。强制性国家标准的代号为“GB”，推荐性国家标准的代号为“GB/T”。例如，《建筑工程施工质量验收统一标准》(GB 50300—2013)，其中GB表示为强制性国家标准，50300表示标准发布顺序号，2013表示是2013年批准发布；《工程建设施工企业质量管理规范》(GB/T 50430—2007)，其中GB/T表示为推荐性国家标准，50430表示标准发布顺序号，2007表示是2007年批准发布。

(3)国家标准的复审与修订。国家标准实施后，应当根据科学技术的发展和工程建设的需要，由该国家标准的管理部门适时组织有关单位进行复审。复审一般在国家标准实施后5年进行1次。复审可以采取函审或会议审查，一般由参加过该标准编制或审查的单位或个人参加。

国家标准复审后，标准管理单位应当提出其继续有效或者予以修订、废止的意见，经该国家标准的主管部门确认后报国务院工程建设行政主管部门批准。凡属下列情况之一的国家标准，应当进行局部修订：

①国家标准的部分规定已制约了科学技术新成果的推广应用。

②国家标准的部分规定经修订后可取得明显的经济效益、社会效益、环境效益。

2. 行业标准

行业标准是对没有国家标准而又需要在全国某个行业范围内统一的技术要求所制定的标准。行业标准不得与国家标准相抵触。有关行业标准之间应保持协调、统一，不得重复。行业标准在相应的国家标准公布后即行废止。需要在行业内统一的下列技术要求，可以制定行业标准：技术术语、符号、代号(含代码)、制图方法等；工程建设勘察、规划、设计、施工及验收的技术要求及方法；交通运输、资源等的技术要求及其管理技术要求等。行业标准也分为强制性标准和推荐性标准。行业标准是由国务院该行业行政主管部门组织制定的，并由该部门统一审批、编号、发布，送国务院标准化行政主管部门备案。

工程建设行业标准也分为强制性标准和推荐性标准。下列标准属于强制性标准：

(1)工程建设勘察、规划、设计、施工(包括安装)及验收等行业专用的综合性标准和重要的行业专用的质量标准。

(2)工程建设行业专用的有关安全、卫生和环境保护的标准。

(3)工程建设重要的行业专用的术语、符号、代号、量与单位和制图方法标准。

(4)工程建设重要的行业专用的试验、检验和评定方法等标准。

(5)工程建设重要的行业专用的信息技术标准。

(6)行业需要控制的其他工程建设标准。强制性标准以外的标准是推荐性标准。

【小提示】 行业标准不得与国家标准相抵触。行业标准的某些规定与国家标准不一致时，必须有充分的科学依据和理由，并经国家标准的审批部门批准。行业标准在相应的国家标准实施后，应当及时修订或废止。

3. 地方标准

地方标准是对没有国家标准和行业标准而又需要在该地区范围内统一的技术要求所制定的标准(含标准样品的制作)。地方标准不得违反有关法律、法规和国家、行业的强制性标准。地方标准由省、自治区、直辖市标准化行政主管部门统一编制计划、组织审定、编号和发布。地方标准发布后，应由省、自治区、直辖市标准化行政主管部门向国务院标准化行政主管部门和有关行政主管部门备案。

工程建设地方标准实施后，应根据科学技术的发展、本行政区域工程建设的需要以及工程建设国家标准、行业标准的制定、修订情况，适时进行复审，复审周期一般不超过5年。对复审后需要修订或局部修订的工程建设地方标准，应当及时进行修订或局部修订。

4. 企业标准

企业标准是对企业范围内需要协调、统一的技术要求、管理事项和工作事项所制定的标准。企业标准是企业组织生产、经营活动的依据。企业标准不得违反有关法律、法规和国家、行业的强制性标准。在同一企业内，企业标准之间应协调一致。企业标准由企业制定，由法人代表或法人代表授权的主管领导批准、发布。企业标准一般应由企业按企业的隶属关系报当地政府标准化行政主管部门备案。

【小提示】 国家标准、行业标准和地方标准的强制性标准，企业必须严格执行。

三、工程建设强制性保证实施的规定

（一）工程建设各方主体实施强制性标准的法律责任

1. 建设单位的法律责任

(1)建设单位不得以任何理由，要求建筑设计单位或者建筑施工企业在工程设计或者施工作业中，违反法律、行政法规和建筑工程质量、安全标准，降低工程质量。

(2)建设单位不得明示或者暗示设计单位或者施工单位违反工程建设强制性标准，降低建设工程质量。

2. 勘察设计单位的法律责任

(1)勘察设计单位必须按照工程建设强制性标准进行勘察设计，并对其勘察设计的质量负责。建筑工程设计应当符合按照国家规定制定的建筑安全规程和技术规范，保证工程的安全性能。

(2)勘察设计文件应当符合有关法律、行政法规的规定和建筑工程质量、安全标准、建筑工程勘察设计技术规范以及合同的约定。

(3)设计文件选用的建筑材料、建筑构配件和设备，应当注明其规格、型号、性能等技术指标，其质量要求必须符合国家规定的标准。

(4)对建设单位违反规定提出的降低工程质量的要求，应当予以拒绝。

3. 施工单位的法律责任

(1)施工单位必须按照工程设计图纸和施工技术标准施工，不得擅自修改工程设计，不得偷工减料。

(2)施工单位必须按照工程设计要求、施工技术标准和合同约定，对建筑材料、建筑构配件、设备和商品混凝土进行检验，检验应当有书面记录和专人签字；未经检验或者检验不合格的，不得使用。

(3)对建设单位违反规定提出的降低工程质量的要求，应当予以拒绝。

4. 工程监理单位的法律责任

(1)工程监理单位应当依照法律、行政法规及有关的技术标准、设计文件和工程承包合同，对承包单位在施工质量、建设工期和建设资金使用等方面，代表建设单位实施监督。

(2)工程监理人员认为工程施工不符合工程设计要求、施工技术标准和合同约定的，有权要求建筑施工企业改正。

(3)工程监理人员发现工程设计不符合建筑工程质量标准或者合同约定的质量要求的，应当报告建设单位要求设计单位改正。

(二)工程建设标准强制性条文的实施

在工程建设标准的条文中，使用"必须""严禁""应""不应""不得"等属于强制性标准的用词，而使用"宜""不宜""可"等一般不是强制性标准的规定。但在工作实践中，强制性标准与推荐性标准的划分仍然存在一些困难。

为此，自2000年起，原建设部对工程建设强制性标准进行了改革，严格按照《标准化法》的规定，把现行工程建设强制性国家标准、行业标准中必须严格执行的直接涉及工程安全、人身健康、环境保护和公众利益的技术规定摘编出来，以工程项目类别为对象，编制完成了《工程建设标准强制性条文》，包括城乡规划、城市建设、房屋建筑、工业建筑、水利工程、电力工程、信息工程、水运工程、公路工程、铁道工程、石油和化工技术工程、矿业工程、人防工程、广播电影电视工程和民航机场工程15个部分。《工程建设标准强制性条文》是工程建设现行国家和行业标准中直接涉及人民生命财产安全、人身健康、环境保护和其他公众利益，同时考虑了提高经济效益和社会效益等方面的要求。它是参与建设活动各方执行工程建设强制性标准和政府对执行情况实施监督的依据。

住房和城乡建设部发布的《实施工程建设强制性标准监督规定》(2015年修订)中规定，在中华人民共和国境内从事新建、扩建、改建等工程建设活动，必须执行工程建设强制性标准。工程建设强制性标准是指直接涉及工程质量、安全、卫生及环境保护等方面的工程建设标准强制性条文。国家工程建设标准强制性条文由国务院住房城乡建设主管部门会同国务院有关主管部门确定。

建设工程勘察、设计文件中规定采用的新技术、新材料，可能影响建设工程质量和安全，又没有国家技术标准的，应当由国家认可的检测机构进行试验、论证，出具检测报告，并经国务院有关主管部门或者省、自治区、直辖市人民政府有关主管部门组织的建设工程技术专家委员会审定后，方可使用。工程建设中采用国际标准或者国外标准，而我国现行强制性标准未作规定的，建设单位应当向国务院住房城乡建设主管部门或者国务院有关主管部门备案。

(三)对工程建设强制性标准的监督检查

1. 监督管理机构

《实施工程建设强制性标准监督规定》中规定了实施工程建设强制性标准的监督机构，包括：

(1)建设项目规划审查机关应当对工程建设规划阶段执行强制性标准的情况实施监督。

(2)施工图设计审查单位应当对工程建设勘察、设计阶段执行强制性标准的情况实施监督。

(3)建筑安全监督管理机构应当对工程建设施工阶段执行施工安全强制性标准的情况实

施监督。

(4)工程质量监督机构应当对工程建设施工、监理、验收等阶段执行强制性标准的情况实施监督。

(5)工程建设标准批准部门应当对工程项目执行强制性标准情况进行监督检查。

监督检查可以采取重点检查、抽查和专项检查的方式。

2. 监督检查的方式

工程建设标准批准部门应当定期对建设项目规划审查机关、施工图设计文件审查单位、建筑安全监督管理机构、工程质量监督机构实施强制性标准的监督进行检查，对监督不力的单位和个人，给予通报批评，建议有关部门处理。

工程建设标准批准部门应当对工程项目执行强制性标准情况进行监督检查。监督检查可以采取重点检查、抽查和专项检查的方式。

工程建设标准批准部门应当将强制性标准监督检查结果在一定范围内公告。

3. 监督检查的内容

根据《实施工程建设强制性标准监督规定》，强制性标准监督检查的内容包括：

(1)有关工程技术人员是否熟悉、掌握强制性标准。

(2)工程项目的规划、勘察、设计、施工、验收等是否符合强制性标准的规定。

(3)工程项目采用的材料、设备是否符合强制性标准的规定。

(4)工程项目的安全、质量是否符合强制性标准的规定。

(5)工程中采用的导则、指南、手册、计算机软件的内容是否符合强制性标准的规定。

【案例 7-1】

(1)背景：某施工企业(以下称施工方)承包了某开发公司(以下称建设方)的商务楼工程施工，双方签订了工程施工合同。该工程封顶时，建设方发现该商务楼的顶层 17 层以及 15 层、16 层的混凝土凝固较慢。于是，建设方认为施工方使用的混凝土强度不够，要求施工方采取措施，对该三层重新施工，施工方认为，该混凝土符合相关的技术规范，不同意重新施工或者采取其他措施。双方协商未果，建设方便将施工方起诉至某区法院，要求施工方对混凝土强度不够的那三层重新施工或采取措施，并赔偿建设方的相应损失。根据双方的请求，受诉法院委托某建筑工程质量检测中心按照两种建设规范对该工程结构混凝土实体强度进行检测，具体检测情况如下：根据原告即建设方的要求，检测中心按照行业协会推荐性标准《钻芯法检测混凝土强度技术规程》(CECS03—2007)的检测结果是：第 15 层、第 16 层、第 17 层的结构混凝土实体强度达不到该技术规范的要求，其他各层的结构混凝土实体均达到该技术规范的要求。根据被告即施工方的请求，检测中心按照地方推荐性标准《结构混凝土实体检测技术规程》(DB/T 29—148—2005)的检测结果是：第 15 层、第 16 层、第 17 层及其他各层结构混凝土实体强度均达到该规范的要求。

(2)问题：1)本案中的检测中心按照两个推荐性标准分别进行了检测，法院应以哪个标准作为判案的依据?

2)当事人如在合同中约定了推荐性标准，对国家强制性标准是否仍须执行?

(3)分析：

1)本案中的协会标准、地方标准均为推荐性标准，且建设方、施工方未在合同中约定采用哪个标准。《标准化法》中规定，“推荐性标准，国家鼓励企业资源采用”。所以，在没有国家强制性标准的情况下，施工方有权自主选择采用地方标准。

2)依据《标准化法》的规定，"强制性标准，必须执行"。因此，如果有国家强制性标准，即使双方当事人在合同中约定了采用某项推荐性标准，也必须执行国家强制性的标准。

据此，受诉法院经过庭审作出如下判决：

1)驳回原告即建设方的诉讼请求。

2)案件受理费和检测费由原告建设方承担。

法院判决的主要理由是：目前尚无此方面的国家强制性标准，只有协会标准、地方标准，双方应当通过合同来约定施工过程中所要适用的技术规范。本案中的双方并没有在施工合同中具体约定使用哪个规范。因此，施工方有权选择适用地方标准《结构混凝土实体检测技术规程》(DB/T 29—148—2005)。

(摘自2016年一级建造师《建设工程法规与相关知识》案例)

第二节　政府对建设工程质量的监督管理

一、建设工程主体的监督管理制度

建设工程主体是指建设工程的参与者，它包括建设单位、勘察设计单位、监理单位和构配件生产单位及施工单位等单位及其相关人员。政府对建设工程主体的监督管理主要有以下几项：

(1)对建设单位的能力进行审查。

(2)对勘察设计单位，施工、监理、构配件生产、房地产开发单位实行资格等级认证、生产许可证和业务范围的监督管理。

(3)实行执业工程师的注册制。

二、建设工程质量监督制度

《建设工程质量管理条例》规定，国家实行建设工程质量监督管理制度。国务院住房城乡建设主管部门对全国的建设工程质量实施统一监督管理。国务院铁路、交通、水利等有关部门按照国务院规定的职责分工，负责对全国的有关专业建设工程质量的监督管理。县级以上地方人民政府住房城乡建设主管部门对本行政区域内的建设工程质量实施监督管理。县级以上地方人民政府交通、水利等有关部门在各自的职责范围内，负责对本行政区域内的专业建设工程质量的监督管理。

建设工程质量监督管理，可以由住房城乡建设主管部门或者其他有关部门委托的建设工程质量监督机构具体实施。从事房屋建筑工程和市政基础设施工程质量监督的机构，必须按照国家有关规定经国务院住房城乡建设主管部门或者省、自治区、直辖市人民政府住房城乡建设主管部门考核；从事专业建设工程质量监督的机构，必须按照国家有关规定经国务院有关部门或者省、自治区、直辖市人民政府有关部门考核。经考核合格后，方可实施质量监督。

县级以上人民政府住房城乡建设主管部门和其他有关部门履行监督检查职责时，有权采取下列措施：

(1)要求被检查的单位提供有关工程质量的文件和资料。

(2)进入被检查单位的施工现场进行检查。

(3)发现有影响工程质量的问题时，责令改正。

三、建设工程质量的检测制度

(一)建设工程质量检测机构的性质与分类

1. 建设工程质量检测机构的性质

建设工程质量检测工作是对工程质量进行监督管理的重要手段之一。建设工程质量检测机构需经省级以上人民政府住房城乡建设主管部门，国务院工业、交通行政主管部门或其授权的机构考核合格后，方可承担建筑工程质量的检测任务。它是对建设工程，建筑构件、制品及建筑材料和设备的质量进行检测的法定单位。

2. 建设工程质量检测机构的分类

建设工程质量检测机构，分为国家、省、市、县四级。

(二)建设工程质量检测机构的权限

国家级检测机构受国务院住房城乡建设主管部门的委托，有权对指定的国家重点工程进行检测复核，并向国务院住房城乡建设主管部门提出检测复核报告和建议。各地检测机构有权对本地区正在施工的建设工程所用的建筑材料、混凝土、砂浆和建筑构件等进行随机抽样检测，并向本地建设工程质量主管部门和质量监督部门提出抽检报告和建议。

受国家住房城乡建设主管部门和国家标准部门的委托，国家级检测机构有权对建筑构件、制品及有关材料、设备等进行抽样检验。各地检测机构，受同级住房城乡建设主管部门和标准部门委托，有权对本地区的建筑构件、制品进行抽样检测。对违反技术标准、失去产品质量控制的产品，检测单位有权提出请主管部门作出责令其停止生产、不合格产品不准出厂、已出厂的不得使用的决定。

(三)检测责任

检测机构应当对其检测数据和检测报告的真实性和准确性负责，并承担相应的检测责任。

检测机构应当将检测过程中发现的建设单位、监理单位、施工单位违反有关法律、法规和建设工程强制性标准的情况，以及涉及结构安全检测结果的不合格情况，及时报告工程所在地住房城乡建设主管部门或铁路、交通、水利等有关部门。

检测机构应当建立档案管理制度。检测合同、委托单、原始记录、检测报告应当按年度统一编号，编号应当连续，不得随意抽撤、涂改。

【小提示】 检测机构应当单独建立检测结构不合格项目台账。

(四)监督检查

县级以上地方人民政府住房城乡建设主管部门和交通、水利等有关部门应当加强对检测机构的监督检查，主要检查下列内容：

(1)是否符合《建设工程质量检测管理办法》规定的资质标准。

(2)是否超出资质范围从事质量检测活动。

(3)是否有涂改、倒卖、出租、出借、转让资质证书的行为。

(4)是否按规定在检测报告上签字盖章，检测报告是否真实。

(5)检测机构是否按有关技术标准和规定进行检测。

(6)仪器设备及环境条件是否符合计量认证要求。

(五)投诉与收费

1. 投诉

任何单位和个人都有权对不按照国家有关法律、法规和建设工程标准进行检测的行为，向住房城乡建设主管部门或铁路、交通、水利等有关部门投诉。检测机构对检测数据有疑义的，建设单位、工程监理单位或者主管部门可另行委托检测机构对检测项目进行比对(验证)试验。检测费用视结果由责任方承担。

2. 收费

检测机构和委托方应当按照有关规定收取、支付检测费用。没有收费标准的项目由双方协商收取费用。

四、建设工程质量的验评及奖励制度

(一)建设工程质量验评制度

建设工程质量应按现行的国家标准、行业标准进行验评。现行的建设工程质量分为优良、合格与不合格三级，先由施工单位自行检验评定等级，再由监督站进行核验。国家还实行工程竣工验收制度。建设工程竣工验收合格后，方可交付使用。

(二)建设工程质量奖励制度

为鼓励建筑企业加强管理，搞好工程质量，争创国际先进水平，促进全行业工程质量的提高，我国还实行优秀工程奖励制度，主要有优秀工程设计奖、优秀工程勘察奖、建设工程鲁班奖等。

(三)建材使用许可制度

为了保证建设工程中使用的建筑材料性能符合规定标准，从而确保建设工程质量，我国规定建材使用许可制度。这一制度包括建材生产许可证制、建材产品质量认证制、建材产品推荐使用制和建筑材料进场检验制等。

1. 建材生产许可证制

国家规定对于一些重要的建筑产品，如钢材、水泥等，实行生产许可证制。生产这些建材产品的生产企业必须具备相应的生产条件、技术装备、技术人员和质量保证体系，经有关部门审核批准取得相应资质等级并获得生产许可证后，才能进行这些建材产品的生产。

其生产销售的建材产品或产品包装上，除应标有产品质量检验合格证明外，还应标明生产许可证的编号、批准日期和有效日期。

2. 建材产品质量认证制

对重要的建筑材料和设备，推行产品质量认证制。经认证合格的由认证机构颁发质量认证证书，准许企业在产品或包装上使用质量认证标志。同时规定，销售已经过质量认证的建材产品，在产品或包装上除标有产品质量检验合格证明外，还应标明质量认证的编号、批准日期和有效日期。

3. 建材产品推荐使用制

对尚未经过产品质量认证的建筑材料，各省、自治区、直辖市住房城乡建设主管部门可以推荐使用。各省、自治区、直辖市都颁行了一些地方性规章，对建材产品质量认证和推荐作了相应的规定。

4. 建筑材料进场检验制

建筑施工企业必须加强对进场的建筑材料、构配件及设备的质量检查、检测。各类建筑材料、构配件等都必须按规定进行检查或复试。质量不合格的建筑材料、构配件及设备，不得使用在工程上，并进一步规定，对进入施工现场的屋面防水材料，不仅要有出厂合格证，还必须有进场实验报告。未经检验而直接使用了质量不合格要求的建材、设备及构配件的施工企业将承担相应责任。

五、建设工程质量监督报告

监督机构应在工程竣工验收合格后 7 个工作日内向备案机关提交工程质量监督报告。工程质量监督报告应根据监督抽查情况，客观反映责任主体和有关机构履行质量责任的行为及检查到的工程实体质量的情况。工程质量监督报告应由负责该项目的质量监督人员编写，有关专业监督人员签认，工程质量监督机构负责人审查签字，加盖公章。工程质量监督报告应包括以下内容：

(1)工程概况和监督工作概况。

(2)对责任主体和有关机构质量行为及执行工程建设强制性标准的检查情况。

(3)工程实体质量监督抽查(包括监督检测)情况。

(4)工程质量技术档案和施工管理资料抽查情况。

(5)工程质量问题的整改和质量事故处理情况。

(6)各方质量责任主体及相关有资格的人员的不良记录内容。

(7)工程质量竣工验收监督记录。

(8)对工程竣工验收备案的建议。

第三节　建设工程行为主体的质量责任和义务

建设工程质量责任制涵盖了对方主体的质量责任制，除施工单位外，还有建设单位、勘察单位、设计单位、工程监理单位的质量责任制。

《建筑工程五方责任主体项目负责人质量终身责任追究暂行办法》明确规定，建筑工程五方责任主体性项目负责人是指承担建筑工程项目建设的建设单位项目负责人、勘察单位项目负责人、设计单位负责人、施工单位项目经理、监理单位总监理工程师。

一、建设单位的质量责任和义务

建设单位作为建设工程的投资人，是建设工程的重要责任主体。建设单位有权选择承包单位，有权对建设过程进行检查、控制，对建设工程进行验收，并要按时支付工程款和费用等，在整个建设活动中居于主导地位。因此，要确保建设工程的质量，首先就要对建设单位的行为进行规范，对其质量责任予以明确。

（一）依法发包工程

《建设工程质量管理条例》规定，建设单位应当将工程发包给具有相应资质等级的单位。建设单位不得将建设工程肢解发包。建设单位应当依法对工程建设项目的勘察、设计、施工、监理以及与工程建设有关的重要设备、材料等的采购进行招标。

《建筑工程五方责任主体项目负责人质量终身责任追究暂行办法》进一步规定，建设单位项目负责人对工程质量承担全面责任，不得违法发包、肢解发包，不得以任何理由要求勘察、设计、施工、监理单位违反法律法规和工程建设标准，降低工程质量，其违法违规或不当行为造成工程质量事故或质量问题应当承担责任。

工程建设活动不同于一般的经济活动，从业单位的素质高低直接影响着建设工程质量。企业资质等级反映了企业从事某项工程建设活动的资格和能力，是国家对建设市场准入管理的重要手段。将工程发包给具有相应资质等级的单位来承担，是保证建设工程质量的基本前提。因此，从事工程建设活动必须符合严格的资质条件。《建设工程勘察设计资质管理规定》《建筑业企业资质管理规定》《工程监理企业资质管理规定》等，均对工程勘察单位、工程设计单位、施工企业和工程监理单位的资质等级、资质标准、业务范围等作出了明确规定。如果建设单位将工程发包给没有资质等级或资质等级不符合条件的单位，不仅扰乱了建设市场秩序，更重要的将会因为承包单位不具备完成建设工程的技术能力、专业人员和资金，造成工程质量低劣，甚至使工程项目半途而废。

建设单位发包工程时，应该根据工程特点，以有利于工程的质量、进度、成本控制为原则，合理划分标段，但不得肢解发包工程。如果将应当由一个承包单位完成的工程肢解成若干部分，分别发包给不同的承包单位，将使整个工程建设在管理和技术上缺乏应有的统筹协调，从而造成施工现场秩序的混乱，责任不清，严重影响建设工程质量，一旦出现问题也很难找到责任方。

（二）依法向有关单位提供原始资料

《建设工程质量管理条例》规定，建设单位必须向有关的勘察、设计、施工、工程监理等单位提供与建设工程有关的原始资料。原始资料必须真实、准确、齐全。

原始资料是工程勘察、设计、施工、监理等单位赖以进行相关工程建设的基础性材料。建设单位作为建设活动的总负责方，向有关单位提供原始资料，以及施工地段地下管线现状资料，并保证这些资料的真实、准确、齐全，是其基本的责任和义务。

在工程实践中，建设单位根据委托任务必须向勘察单位提供如勘察任务书、项目规划总平面图、地下管线、地形地貌等在内的基础资料；向设计单位提供政府有关部门批准的项目建议书、可行性研究报告等立项文件，设计任务书，有关城市规划、专业规划设计条件，勘察成果及其他基础资料；向施工单位提供概算批准文件，建设项目正式列入国家、部门或地方的年度固定资产投资计划，建设用地的征用资料，施工图纸及技术资料，建设资金和主要建筑材料、设备的来源落实资料，建设项目所在地规划部门批准文件，施工现场完成“三通一平”的平面图等资料；向工程监理单位提供的原始资料，除包括给施工单位的资料外，还要有建设单位与施工单位签订的承包合同文本。

（三）限制不合理的干预行为

《建筑法》规定，建设单位不得以任何理由，要求建筑设计单位或者建筑施工企业在工程设计或者施工作业中，违反法律、行政法规和建筑工程质量、安全标准，降低工程质量。

《建设工程质量管理条例》进一步规定，建设工程发包单位，不得迫使承包方以低于成本的价格竞标，不得任意压缩合理工期。建设单位不得明示或者暗示设计单位或者施工单位违反工程建设强制性标准，降低建设工程质量。

成本是构成价格的主要部分，是承包方估算投标价格的依据和最低的经济底线。如果建设单位一味强调降低成本，迫使承包方互相压价，以低于成本的价格中标，势必会导致中标单位在承包工程后，为了减少开支、降低成本而采取偷工减料、以次充好、粗制滥造等手段，最终导致建设工程出现质量问题，影响投资效益的发挥。

建设单位也不得任意压缩合理工期。因为，合理工期是指在正常建设条件下，采取科学合理的施工工艺和管理方法，以现行的工期定额为基础，结合工程项目建设的实际，经合理测算和平等协商而确定的使参与各方均获满意的经济效益的工期。如果盲目要求赶工期，势必会简化工序，不按规程操作，从而导致建设工程出现质量等诸多问题。

建设单位更不得以任何理由，诸如建设资金不足、工期紧等，违反强制性标准的规定，要求设计单位降低设计标准，或者要求施工单位采用建设单位采购的不合格材料设备等。这种行为是法律决不允许的。因为，强制性标准是保证建设工程结构安全可靠的基础性要求，违反了这类标准，必然会给建设工程带来重大质量隐患。

（四）依法报审施工图设计文件

《建设工程质量管理条例》规定，建设单位应当将施工图设计文件报县级以上人民政府住房城乡建设主管部门或者其他有关部门审查。施工图设计文件未经审查批准的，不得使用。

施工图设计文件是设计文件的重要内容，是编制施工图预算、安排材料、设备订货和非标准设备制作，进行施工、安装和工程验收等工作的依据。施工图设计文件一经完成，建设工程最终所要达到的质量，尤其是地基基础和结构的安全性就有了约束。因此，施工图设计文件的质量直接影响建设工程的质量。

建立和实施施工图设计文件审查制度，是许多发达国家确保建设工程质量的成功做法。我国于1998年开始进行建筑工程项目施工图设计文件审查试点工作，在节约投资、发现设计质量隐患和避免违法违规行为等方面都有明显的成效。通过开展对施工图设计文件的审查，既可以对设计单位的成果进行质量控制，也能纠正参与建设活动各方特别是建设单位的不规范行为。

（五）依法实行工程监理

《建设工程质量管理条例》规定，实行监理的建设工程，建设单位应当委托具有相应资质等级的工程监理单位进行监理，也可以委托具有工程监理相应资质等级并与被监理工程的施工承包单位没有隶属关系或者其他利害关系的该工程的设计单位进行监理。

监理工作要求监理人员具有较高的技术水平和较丰富的工程经验，因此，国家对开展工程监理工作的单位实行资质许可。工程监理单位的资质反映了该单位从事某项监理工作的资格和能力。为了保证监理工作的质量，建设单位必须将需要监理的工程委托给具有相应资质等级的工程监理单位进行监理。

目前，我国的工程监理主要是对工程的施工过程进行监督，而该工程的设计人员对设计意图比较理解，对设计中各专业如结构、设备等在施工中可能发生的问题也比较清楚，因此，由具有监理资质的设计单位对自己设计的工程进行监理，对保证工程质量是十分有利的。但是，设计单位与承包该工程的施工单位不得有行政隶属关系，也不得存在可能直接影响设计单位实施监理公正性的非常明显的经济或其他利益关系。

《建设工程质量管理条例》还规定，下列建设工程必须实行监理：

（1）国家重点建设工程。

（2）大中型公用事业工程。

（3）成片开发建设的住宅小区工程。

（4）利用外国政府或者国际组织贷款、援助资金的工程。

（5）国家规定必须实行监理的其他工程。

（六）依法办理工程质量监督手续

《建设工程质量管理条例》规定，建设单位在领取施工许可证或者开工报告前，应当按照国家有关规定办理工程质量监督手续。

办理工程质量监督手续是法定程序，不办理质量监督手续的，不发施工许可证，工程不得开工。因此，建设单位在领取施工许可证或者开工报告之前，应当依法到住房城乡建设主管部门或铁路、交通、水利等有关管理部门，或其委托的工程质量监督机构办理工程质量监督手续，接受政府主管部门的工程质量监督。

建设单位办理工程质量监督手续，应提供以下文件和资料：

（1）工程规划许可证。

（2）设计单位资质等级证书。

（3）监理单位资质等级证书、监理合同及工程项目监理登记表。

（4）施工单位资质等级证书及营业执照副本。

（5）工程勘察设计文件。

（6）中标通知书及施工承包合同等。

（七）依法保证建筑材料等符合要求

《建设工程质量管理条例》规定，按照合同约定，由建设单位采购建筑材料、建筑构配件和设备的，建设单位应当保证建筑材料、建筑构配件和设备符合设计文件和合同要求。建设单位不得明示或者暗示施工单位使用不合格的建筑材料、建筑构配件和设备。

在工程实践中，根据工程项目设计文件和合同要求的质量标准，哪些材料和设备由建设单位采购，哪些材料和设备由施工单位采购，应该在合同中明确约定，并且是谁采购、谁负责。所以，由建设单位采购建筑材料、建筑构配件和设备的，建设单位必须保证建筑材料、建筑构配件和设备符合设计文件和合同要求。对于建设单位负责供应的材料设备，在使用前施工单位应当按照规定对其进行检验和试验，如果不合格，不得在工程上使用，并应通知建设单位予以退换。

有些建设单位为了赶进度或降低采购成本，常常以各种明示或暗示的方式，要求施工单位降低标准而在工程上使用不合格的建筑材料、建筑构配件和设备。此类行为不仅严重违法，而且危害极大。

(八)依法进行装修工程

随意拆改建筑主体结构和承重结构等，会危及建设工程安全和人民生命财产安全。因此，《建设工程质量管理条例》规定，涉及建筑主体和承重结构变动的装修工程，建设单位应当在施工前委托原设计单位或者具有相应资质等级的设计单位提出设计方案；没有设计方案的，不得施工。房屋建筑使用者在装修过程中，不得擅自变动房屋建筑主体和承重结构。

建筑设计方案是根据建筑物的功能要求，具体确定建筑标准、结构形式、建筑物的空间和平面布置以及建筑群体的安排。对于涉及建筑主体和承重结构变动的装修工程，设计单位会根据结构形式和特点，对结构受力进行分析，对构件的尺寸、位置、配筋等重新进行计算和设计。随意拆改建筑主体结构和承重结构等，会危及建设工程安全和人民生命财产安全。因此，建设单位应当委托该建筑工程的原设计单位或者具有相应资质条件的设计单位提出装修工程的设计方案。如果没有设计方案就擅自施工，则将留下质量隐患甚至造成质量事故，后果严重。

【小提示】 *房屋使用者在装修过程中，也不得擅自变动房屋建筑主体和承重结构，如拆除隔墙、窗洞改门洞等，否则很有可能酿成房倒屋塌的灾难。*

(九)建设单位质量违法行为应承担的法律责任

《建筑法》规定，建设单位违反本法规定，要求建筑设计单位或者建筑施工企业违反建筑工程质量、安全标准，降低工程质量的，责令改正，可以处以罚款；构成犯罪的，依法追究刑事责任。

《建设工程质量管理条例》规定，建设单位有下列行为之一的，责令改正，处20万元以上50万元以下的罚款：

(1)迫使承包方以低于成本的价格竞标的。

(2)任意压缩合理工期的。

(3)明示或者暗示设计单位或者施工单位违反工程建设强制性标准，降低工程质量的。

(4)施工图设计文件未经审查或者审查不合格，擅自施工的。

(5)建设项目必须实行工程监理而未实行工程监理的。

(6)未按照国家规定办理工程质量监督手续的。

(7)明示或者暗示施工单位使用不合格的建筑材料、建筑构配件和设备的。

(8)未按照国家规定将竣工验收报告、有关认可文件或者准许使用文件报送备案的。

《建筑工程五方责任主体项目负责人质量终身责任追究暂行办法》规定，发生本办法第六条所列情形之一的，对建设单位项目负责人按以下方式进行责任追究：

(1)项目负责人为国家公职人员的，将其违法违规行为告知其上级主管部门及纪检监察部门，并建议对项目负责人给予相应的行政、纪律处分。

(2)构成犯罪的，移送司法机关依法追究刑事责任。

(3)处单位罚款数额5%以上10%以下的罚款。

(4)向社会公布曝光。

二、勘察设计单位的质量责任和义务

《建筑法》规定，建筑工程的勘察设计单位必须对其勘察设计的质量负责。勘察设计文件应当符合有关法律、行政法规的规定和建筑工程质量、安全标准、建筑工程勘察设计技术规范以及合同的约定。

《建设工程质量管理条例》进一步规定，勘察设计单位必须按照工程建设强制性标准进行勘察设计，并对其勘察设计的质量负责。注册建筑师、注册结构工程师等注册执业人员应当在设计文件上签字，对设计文件负责。

谁勘察设计谁负责，谁施工谁负责，这是国际上通行的做法。勘察设计单位和执业注册人员是勘察设计质量的责任主体，也是整个工程质量的责任主体之一。勘察设计质量实行单位与执业注册人员双重责任，即勘察设计单位对其勘察设计的质量负责，注册建筑师、注册结构工程师等专业人士对其签字的设计文件负责。

(一)依法承揽工程的勘察、设计业务

《建设工程质量管理条例》规定，从事建设工程勘察设计的单位应当依法取得相应等级的资质证书，并在其资质等级许可的范围内承揽工程。禁止勘察设计单位超越其资质等级许可的范围或者以其他勘察设计单位的名义承揽工程。禁止勘察设计单位允许其他单位或者个人以本单位的名义承揽工程。勘察设计单位不得转包或者违法分包所承揽的工程。

勘察设计作为一个特殊行业，与施工单位一样，也有着严格的市场准入条件，有着从业资格制度，同样禁止无资质或者越级承揽工程，禁止以其他勘察设计单位的名义承揽工程或者允许其他单位、个人以本单位的名义承揽工程，禁止转包或者违法分包所承揽的工程。勘察设计单位只有具备了相应的资质条件，才有能力保证勘察、设计质量。如果超越资质等级许可的范围承揽工程，就超越了其勘察设计能力，也就不能保证勘察设计的质量。在实践中，超越资质等级许可范围承接工程的行为，大多是通过借用、有偿使用其他有资质单位的资质证书、图签来进行的，因而被借用者、出卖者也负有不可推卸的责任。另外，与施工一样，勘察设计也不允许转包和违法分包。

(二)勘察、设计必须执行强制性标准

《建设工程质量管理条例》规定，勘察设计单位必须按照工程建设强制性标准进行勘察设计，并对其勘察设计的质量负责。

《建筑工程五方责任主体项目负责人质量终身责任追究暂行办法》进一步规定，勘察、设计单位项目负责人应当保证勘察设计文件符合法律法规和工程建设强制性标准的要求，对因勘察设计导致的工程质量事故或质量问题承担责任。

强制性标准是工程建设技术和经验的积累，是勘察设计工作的技术依据。只有满足工程建设强制性标准才能保证质量，才能满足工程对安全、卫生、环保等多方面的质量要求，因而勘察设计单位必须严格执行。

（三）勘察单位提供的勘察成果必须真实、准确

《建设工程质量管理条例》规定，勘察单位提供的地质、测量、水文等勘察成果必须真实、准确。

工程勘察工作是建设工作的基础工作，工程勘察成果文件是设计和施工的基础资料和重要依据。其真实准确与否直接影响到设计、施工质量，因而，工程勘察成果必须真实准确、安全可靠。

（四）设计依据和设计深度

《建设工程质量管理条例》规定，设计单位应当根据勘察成果文件进行建设工程设计。设计文件应当符合国家规定的设计深度要求，注明工程合理使用年限。

勘察成果文件是设计的基础资料，是设计的依据。因此，先勘察、后设计是工程建设的基本做法，也是基本建设程序的要求。我国对各类设计文件的编制深度都有规定，在实践中应当贯彻执行。工程合理使用年限是指从工程竣工验收合格之日起，工程的地基基础、主体结构能保证在正常情况下安全使用的年限。它与《建筑法》中的“建筑物合理寿命年限”、《合同法》中的“工程合理使用期限”等在概念上是一致的。

（五）依法规范设计对建筑材料等的选用

《建筑法》《建设工程质量管理条例》都规定，设计单位在设计文件中选用的建筑材料、建筑构配件和设备，应当注明规格、型号、性能等技术指标，其质量要求必须符合国家规定的标准。除有特殊要求的建筑材料、专用设备、工艺生产线等外，设计单位不得指定生产厂、供应商。

为了使建设工程的施工能准确满足设计意图，设计文件中必须注明所选用的建筑材料、建筑构配件和设备的规格、型号、性能等技术指标。这也是设计文件编制深度的要求。但是，在通用产品能保证工程质量的前提下，设计单位不可故意选用特殊要求的产品，也不能滥用权力限制建设单位或施工单位在材料等采购上的自主权。

（六）依法对设计文件进行技术交底

《建设工程质量管理条例》规定，设计单位应当就审查合格的施工图设计文件向施工单位作出详细说明。

设计文件的技术交底，通常的做法是设计文件完成后，通过建设单位发给施工单位，再由设计单位将设计的意图、特殊的工艺要求，以及建筑、结构、设备等各专业在施工中的难点、疑点和容易发生的问题等向施工单位作详细说明，并负责解释施工单位对设计图

纸的疑问。

对设计文件进行技术交底是设计单位的重要义务，对确保工程质量有重要的意义。

（七）依法参与建设工程质量事故分析

《建设工程质量管理条例》规定，设计单位应当参与建设工程质量事故分析，并对因设计造成的质量事故提出相应的技术处理方案。

工程质量的好坏，在一定程度上就是工程建设是否准确贯彻了设计意图。因此，一旦发生了质量事故，该工程的设计单位最有可能在短时间内发现存在的问题，对事故的分析具有权威性。这对及时进行事故处理十分有利。对因设计造成的质量事故，原设计单位必须提出相应的技术处理方案，这是设计单位的法定义务。

（八）勘察、设计单位质量违法行为应承担的法律责任

《建设法》规定，建筑设计单位不按照建筑工程质量、安全标准进行设计的，责令改正，处以罚款；造成工程质量事故的，责令停业整顿，降低资质等级或者吊销资质证书，没收违法所得，并处罚款；造成损失的，承担赔偿责任；构成犯罪的，依法追究刑事责任。

《建设工程质量管理条例》规定，有下列行为之一的，责令改正，处 10 万元以上 30 万元以下的罚款：

(1)勘察单位未按照工程建设强制性标准进行勘察的。

(2)设计单位未根据勘察成果文件进行工程设计的。

(3)设计单位指定建筑材料、建筑构配件的生产厂、供应商的。

(4)设计单位未按照工程建设强制性标准进行设计的。

有以上所列行为，造成工程质量事故的，责令停业整顿，降低资质等级；情节严重的，吊销资质证书；造成损失的，依法承担赔偿责任。

《建筑工程五方责任主体项目负责人质量终身责任追究暂行办法》规定，发生本办法第六条所列情形之一的，对勘察单位项目负责人、设计单位项目负责人按以下方式进行责任追究：

(1)项目负责人为注册建筑师、勘察设计注册工程师的，责令停止执业 1 年；造成重大质量事故的，吊销执业资格证书，5 年以内不予注册；情节特别恶劣的，终身不予注册。

(2)构成犯罪的，移送司法机关依法追究刑事责任。

(3)处单位罚款数额 5%以上 10%以下的罚款。

(4)向社会公布曝光。

三、施工单位的质量责任和义务

（一）对施工质量负责和总分包单位的质量责任

1. 施工单位对施工质量责任

《建筑法》规定，建筑施工企业对工程的施工质量负责。《建设工程质量管理条例》进一步规定，施工单位对建设工程的施工质量负责。施工单位应当建立质量责任制，确定工程项目的项目经理、技术负责人和施工管理负责人。

对施工质量负责是施工单位法定的质量责任。由于参与主体多元化，所以建设工程质量的责任主体也势必多元化。施工单位是建设工程质量的重要责任主体，但不是唯一的责任主体。建设工程各方主体应依法各司其职、各负其责，使建设工程质量责任真正落到实处。施工单位的质量责任制，是其质量保证体系的一个重要组成部分，也是施工质量目标得以实现的重要保证。建立质量责任制，主要包括制定质量目标计划，建立考核标准，并层层分解落实到具体的责任单位和责任人，特别是工程项目的项目经理、技术负责人和施工管理负责人。落实质量责任制，不仅是为了在出现质量问题时可以追究责任，更重要的是通过层层落实质量责任制，做到事事有人管、人人有职责，加强对施工过程的全面质量控制，保证建设工程的施工质量。

《建筑工程五方责任主体项目负责人质量终身责任追究暂行办法》规定，施工单位项目经理应当按照经审查合格的施工图设计文件和施工技术标准进行施工，对由施工导致的工程质量事故或质量问题承担责任。

2. 总分包单位的质量责任

《建筑法》规定，建筑工程实行总承包的，工程质量由工程总承包单位负责，总承包单位将建筑工程分包给其他单位的，应当对分包工程的质量与分包单位承担连带责任。分包单位应当接受总承包单位的质量管理。

《建设工程质量管理条例》进一步规定，建设工程实行总承包的，总承包单位应当对全部建设工程质量负责；建设工程勘察设计、施工、设备采购的一项或者多项实行总承包的，总承包单位应当对其承包的建设工程或者采购的设备的质量负责。总承包单位依法将建设工程分包给其他单位的，分包单位应当按照分包合同的约定对其分包工程的质量向总承包单位负责，总承包单位与分包单位对分包工程的质量承担连带责任。

据此，无论是实行建设工程总承包还是对建设工程勘察设计、施工、设备采购的一项或者多项实行总承包，总承包单位都应当对其所承包的工程或工作承担总体的质量责任。这是因为，在总分包的情况下存在着总包、分包两个合同，所以就有两种合同法律关系：

(1)总承包单位要按照总包合同向建设单位负总体质量责任，这种责任的承担不论是总承包单位造成的还是分包单位造成的。

(2)在总承包单位承担责任后，可以依据分包合同的约定，追究分包单位的质量责任包括追偿经济损失。

同时，分包单位应当接受总承包单位的质量管理。总承包单位与分包单位对分包工程的质量还要依法承担连带责任。当分包工程发生质量问题时，建设单位或其他受害人既可以向分包单位请求赔偿，也可以向总承包单位请求赔偿；进行赔偿的一方，有权依据分包合同的约定，对不属于自己责任的那部分赔偿向对方追偿。

(二)按照工程设计图纸和施工技术标准施工的规定

《建筑法》规定，建筑施工企业必须按照工程设计图纸和施工技术标准施工，不得偷工减料。工程设计的修改由原设计单位负责，建筑施工企业不得擅自修改工程设计。《建设工程质量管理条例》进一步规定，施工单位必须按照工程设计图纸和施工技术标准施工，不得擅自修改工程设计，不得偷工减料。施工单位在施工过程中发现设计文件和图纸有差错的，应当及时提出意见和建议。

2012年7月公安部经修改后发布的《建设工程消防监督管理规定》要求，施工单位必须按照国家工程建设消防技术标准和经消防设计审核合格或者备案的消防设计文件组织施工，不得擅自改变消防设计进行施工，降低消防施工质量。

1. 按图施工，遵守标准

按工程设计图纸施工，是保证工程实现设计意图的前提，也是明确划分设计、施工单位质量责任的前提。如果施工单位不按图纸施工或不经原设计单位同意就擅自修改工程设计，其直接后果往往是违反了原设计的意图，严重的将给工程结构安全留下隐患；间接后果是在原设计有缺陷或出现工程质量事故的情况下，由于施工单位擅自修改了设计，将会混淆设计、施工单位各自的质量责任。所以，按图施工、不擅自修改设计是施工单位保证工程质量的最基本要求。

施工技术标准是工程建设过程中规范施工行为的技术依据。如前所述，工程建设国家标准、行业标准均分为强制性标准和推荐性标准。施工单位只有按照施工技术标准，特别是强制性标准的要求施工，才能保证工程的施工质量。偷工减料属于一种非法牟利的行为。如果在工程的一般部位，施工工序不严格按照标准要求，减少工料投入，简化操作程序，将会产生一般性的质量通病，影响工程外观质量或一般使用功能；但在关键部位，如结构中使用劣质钢筋、水泥等，将给工程留下严重的结构隐患。

从法律的角度来看，工程设计图纸和施工技术标准都属于合同文件的组成部分，如果施工单位不按照工程设计图纸和施工技术标准施工，则属于违约行为，应该对建设单位承担违约责任。

2. 防止设计文件和图纸出现差错

工程项目的设计涉及多个专业，设计文件和图纸也有可能会出现差错。这些差错通常会在图纸会审或施工过程中被逐渐发现。施工人员特别是施工管理负责人、技术负责人以及项目经理等，均为有丰富实践经验的专业人员，对设计文件和图纸中存在的差错是有能力发现的。如果施工单位在施工过程中发现设计文件和图纸中确实存在差错，是有义务及时向设计单位或建设单位提出来的，以免造成不必要的损失和质量问题。这是施工单位应具备的职业道德，也是履行合同应尽的基本义务。

（三）对建筑材料、设备等进行检验检测的规定

施工单位必须按照工程设计要求、施工技术标准和合同约定，对建筑材料、建筑构配件、设备和商品混凝土进行检验，检验应当有书面记录和专人签字；未经检验或者检验不合格的，不得使用。

1. 建筑材料、建筑构配件、设备和商品混凝土的检验制度

施工单位对进入施工现场的建筑材料、建筑构配件、设备和商品混凝土实行检验制度，是施工单位质量保证体系的重要组成部分，也是保证施工质量的重要前提。施工单位应当严把两道关：一是谨慎选择生产供应厂商；二是实行进场二次检验。

施工单位的检验要依据工程设计要求、施工技术标准和合同约定。检验对象是将在工程施工中使用的建筑材料、建筑构配件、设备和商品混凝土。合同若有其他约定，则检验工作还应满足合同相应条款的要求。检验结果要按规定的格式形成书面记录，并由相关的

专业人员签字。对于未经检验或检验不合格的，不得在施工中用于工程上。

2. 施工检测的见证取样和送检制度

《建设工程质量管理条例》规定，施工人员对涉及结构安全的试块、试件以及有关材料，应当在建设单位或者工程监理单位监督下现场取样，并送至具有相应资质等级的质量检测单位进行检测。

所谓见证取样和送检，是指在建设单位或工程监理单位人员的见证下，由施工单位的现场试验人员对工程中涉及结构安全的试块、试件和材料在现场取样，并送至具有法定资格的质量检测单位进行检测的活动。

涉及结构安全的试块、试件和材料见证取样和送检的比例不得低于有关技术标准中规定应取样数量的30％。下列试块、试件和材料必须实施见证取样和送检：

(1)用于承重结构的混凝土试块。

(2)用于承重墙体的砌筑砂浆试块。

(3)用于承重结构的钢筋及连接接头试件。

(4)用于承重墙的砖和混凝土小型砌块。

(5)用于拌制混凝土和砌筑砂浆的水泥。

(6)用于承重结构的混凝土中使用的掺加剂。

(7)地下、屋面、厕浴间使用的防水材料。

(8)国家规定必须实行见证取样和送检的其他试块、试件和材料。

见证人员应由建设单位或该工程的监理单位中具备施工试验知识的专业技术人员担任，并由建设单位或该工程的监理单位书面通知施工单位、检测单位和负责该项工程的质量监督机构。

在施工过程中，见证人员应按照见证取样和送检计划，对施工现场的取样和送检进行见证。取样人员应在试样或其包装上作出标识、封志。标识和封志应标明工程名称、取样部位、取样日期、样品名称和样品数量，并由见证人员和取样人员签字。见证人员和取样人员应对试样的代表性和真实性负责。

(四)施工质量检验和返修的规定

1. 施工质量检验制度

《建设工程质量管理条例》规定，施工单位必须建立、健全施工质量的检验制度，严格工序管理，做好隐蔽工程的质量检查和记录。隐蔽工程在隐蔽前，施工单位应当通知建设单位和建设工程质量监督机构。

施工质量检验，通常是指工程施工过程中工序质量检验(或称为过程检验)，包括预检、自检、交接检、专职检、分部工程中间检验以及隐蔽工程检验等。

(1)严格工序质量检验和管理。施工工序也可以称为过程。各个工序或过程之间横向和纵向的联系形成了工序网络或过程网络。网络上的关键工序或过程都有可能对工程最终的施工质量产生决定性的影响。如焊接节点的破坏，就可能引起桁架破坏，从而导致屋面坍塌。所以，施工单位要加强对施工工序或过程的质量控制，特别是要加强影响结构安全的地基和结构等关键施工过程的质量控制。

完善的检验制度和严格的工序管理是保证工序或过程质量的前提。只有工序或过程网络上的所有工序或过程的质量都受到严格控制，整个工程的质量才能得到保证。

(2)强化隐蔽工程质量检查。隐蔽工程，是指在施工过程中某一道工序所完成的工程实物，被后一工序形成的工程实物所隐蔽，而且不可以逆向作业的那部分工程。例如，钢筋混凝土工程施工中，钢筋为混凝土所覆盖，前者即为隐蔽工程。

由于隐蔽工程被后续工序隐蔽后，其施工质量就很难检验及认定。如果不去认真做好隐蔽工程的质量检查工作，便容易给工程留下隐患。所以，隐蔽工程在隐蔽前，施工单位除要做好检查、检验并做好记录外，还应当及时通知建设单位(实施监理的工程为监理单位)和建设工程质量监督机构，以接受政府监督和向建设单位提供质量保证。

2. 建设工程的返修

返修是施工单位的法定义务，其包括施工过程中出现质量问题的建设工程和竣工验收不合格的建设工程两种情形。所谓返工，是指工程不符合规定质量标准，而又无法修理的情况下重新进行施工；修理则是指工程质量不符合标准，而又有可修复的情况下，对工程进行修补，使其达到质量标准的要求。无论是施工过程中出现质量问题的建设工程，还是竣工验收时发现质量问题的工程，施工单位都要负责返修。

【小提示】 对于非施工单位原因造成的质量问题，施工单位也应当负责返修，但因此造成的损失及返修费用由责任方负责。

四、工程监理单位相关的质量责任和义务

工程监理单位接受建设单位的委托，代表建设单位，对建设工程进行管理。因此，工程监理单位也是建设工程质量的责任主体之一。

(一)依法承担工程监理业务

《建筑法》规定，工程监理单位应当在其资质等级许可的监理范围内，承担工程监理业务。工程监理单位不得转让工程监理业务。

《建设工程质量管理条例》进一步规定，工程监理单位应当依法取得相应等级的资质证书，并在其资质等级许可的范围内承担工程监理业务。禁止工程监理单位超越本单位资质等级许可的范围或者以其他工程监理单位的名义承担工程监理业务。禁止工程监理单位允许其他单位或者个人以本单位的名义承担工程监理业务。工程监理单位不得转让工程监理业务。

监理单位按照资质等级承担工程监理业务，是保证监理工作质量的前提。越级监理、允许其他单位或者个人以本单位的名义承担监理业务等，将使工程监理变得有名无实，最终会对工程质量造成危害。监理单位转让工程监理业务，与施工单位转包工程有着同样的危害性。

(二)对有隶属关系或其他利害关系的回避

《建筑法》《建设工程质量管理条例》都规定，工程监理单位与被监理工程的施工承包单位以及建筑材料、建筑构配件和设备供应单位有隶属关系或者其他利害关系的，不得承担该项建设工程的监理业务。

由于工程监理单位与被监理工程的承包单位以及建筑材料、建筑构配件和设备供应单

位之间，是一种监督与被监督的关系，为了保证客观、公正执行监理任务，工程监理单位与上述单位不能有隶属关系或者其他利害关系。如果有这种关系，工程监理单位在接受监理委托前，应当自行回避；对于没有回避而被发现的，建设单位可以依法解除委托关系。

(三)监理工作的依据和监理责任

《建设工程质量管理条例》规定，工程监理单位应当依照法律、法规以及有关技术标准、设计文件和建设工程承包合同，代表建设单位对施工质量实施监理，并对施工质量承担监理责任。

《建筑工程五方责任主体项目负责人质量终身责任追究暂行办法》进一步规定，监理单位总监理工程师应当按照法律法规、有关技术标准、设计文件和工程承包合同进行监理，对施工质量承担监理责任。

工程监理的依据是：

(1)有关法律法规，如《建筑法》《合同法》《建设工程质量管理条例》等。

(2)有关技术标准，如《工程建设标准强制性条文》以及建设工程承包合同中确认采用的推荐性标准等。

(3)设计文件，如施工图等既是施工的依据，也是监理单位对施工活动进行监督管理的依据。

(4)建设工程承包合同，监理单位据此监督施工单位是否全面履行合同约定的义务。

监理单位对施工质量承担监理责任，包括违约责任和违法责任两个方面：

(1)违约责任。如果监理单位不按照监理合同约定履行监理义务，给建设单位或其他单位造成损失的，应当承担相应的赔偿责任。

(2)违法责任。如果监理单位违法监理，或者降低工程质量标准，造成质量事故，则要承担相应的法律责任。

(四)工程监理的职责和权限

《建设工程质量管理条例》规定，工程监理单位应当选派具备相应资格的总监理工程师和监理工程师进驻施工现场。未经监理工程师签字，建筑材料、建筑构配件和设备不得在工程上使用或者安装，施工单位不得进行下一道工序的施工。未经总监理工程师签字，建设单位不拨付工程款，不得进行竣工验收。

监理单位应根据所承担的监理任务，组建驻工地监理机构。监理机构一般由总监理工程师、监理工程师和其他监理人员组成。监理工程师拥有对建筑材料、建筑构配件和设备以及每道施工工序的检查权，对检查不合格的，有权决定是否允许在工程上使用或进行下一道工序的施工。工程监理实行总监理工程师负责制。总监理工程师依法和在授权范围内可以发布有关指令，全面负责受委托的监理工程。

(五)工程监理的形式

《建设工程质量管理条例》规定，监理工程师应当按照工程监理规范的要求，采取旁站、巡视和平行检验等形式，对建设工程实施监理。

所谓旁站，是指对工程中有关地基和结构安全的关键工序和关键施工过程进行连续不断地监督检查或检验的监理活动，有时甚至要连续跟班监理。所谓巡视，主要是强调除了关键点的质量控制外，监理工程师还应对施工现场进行面上的巡查监理。所谓平行检验，主要是强调监理单位对施工单位已经检验的工程应及时进行检验。对于关键性、较大体量的工程实物，采取分段后平行检验的方式，有利于及时发现质量问题，及时采取措施予以纠正。

（六）工程监理单位质量违法行为应承担的法律责任

《建筑法》规定，工程监理单位与建设单位或者建筑施工企业串通，弄虚作假、降低工程质量的，责令改正，处以罚款，降低资质等级或者吊销资质证书；有违法所得的，予以没收；造成损失的，承担连带赔偿责任；构成犯罪的，依法追究刑事责任。

《建设工程质量管理条例》规定，工程监理单位有下列行为之一的，责令改正，处50万元以上100万元以下的罚款，降低资质等级或者吊销资质证书；有违法所得的，予以没收；造成损失的，承担连带赔偿责任：

(1)与建设单位或者施工单位串通、弄虚作假、降低工程质量的。

(2)将不合格的建设工程、建筑材料、建筑构配件和设备按照合格签字的。

《建筑工程五方责任主体项目负责人质量终身责任追究暂行办法》规定，发生本办法第六条所列情形之一的，对监理单位总监理工程师按以下方式进行责任追究：

(1)责令停止注册监理工程师执业1年；造成重大质量事故的，吊销执业资格证书，5年以内不予注册；情节特别恶劣的，终身不予注册。

(2)构成犯罪的，移送司法机关依法追究刑事责任。

(3)处单位罚款数额5%以上10%以下的罚款。

(4)向社会公布曝光。

【案例7-2】

(1)背景：某化工厂在同一厂区建设第2个大型厂房时，为了节省投资，决定不做勘察，便将4年前为第一个大型厂房做的勘察成果提供给设计院作为设计依据，让其设计新厂房。设计院不同意。但是，在该化工厂的一再坚持下最终设计院妥协，答应使用旧的勘察成果。厂房建成使用一年多就发现其北墙墙体多处开裂。该化工厂一纸诉状将施工单位告上法庭，请求判定施工单位承担工程质量责任。

(2)问题：

1)本案中的质量责任应当由谁承担？

2)工程中设计方是否有过错，违反了什么规定？

(3)分析：

1)本案中的墙体开裂，经检测是设计对地基处理不当引起的场地不均匀沉降所

筑法》第五十四条规定，“建设单位不得以任何理由，要求建筑设计单位或者建

在工程设计或者施工作业中，违反法律、行政法规和建筑工程质量、安全标

质量。”该化工厂为节省投资，坚持不做勘察，向设计单位提供了旧的勘察

律规定，对该工程的质量应该承担主要责任。

2)设计方也有过错。《建筑法》第五十四条还规定，“建筑设计单

设单位违反规定提出的降低工程质量的要求，应当予以拒绝。”《

二十一条规定："设计单位应当根据勘察成果文件进行建设工程设计。"因此，设计单位尽管开始不同意建设单位的做法，但后来没有坚持原则作了妥协，也应该对工程的设计承担质量责任。

法庭经审理，认定该工程的质量责任由该化工厂承担主要责任，由设计方承担次要责任。

（摘自 2017 年二级建造师《建设工程法规与相关知识》案例）

第四节　建设工程竣工验收制度

竣工验收是全面考核基本建设成果、检验设计和工程质量的重要步骤，也是基本建设转入生产或使用的标志。通过竣工验收，一则可检验设计和工程质量，保证项目按设计要求的技术经济指标正常生产；二则可使有关部门和单位总结经验教训；三则有利于建设单位对经验收合格的项目可以及时移交固定资产，使其由基础系统转入生产系统或投入使用。

一、竣工验收的条件和类型

（一）竣工验收的条件

根据《建设工程质量管理条例》的规定，建筑工程竣工验收，应当符合下列条件：

(1)完成建设工程设计和合同约定的各项内容。建设工程设计和合同约定的内容，主要是指设计文件所确定的、在承包合同"承包人承揽工程项目一览表"中载明的工作范围，也包括监理工程师签发的变更通知单中所确定的工作内容。承包单位必须按合同约定，按质、按量、按时完成上述工作内容，使工程具备正常的使用功能。

(2)有完整的技术档案和施工管理资料。工程技术档案和施工管理资料主要包括：

①工程项目竣工报告。

②分项、分部工程和单位工程技术人员名单。

③图纸会审和设计交底记录。

④设计变更通知单、技术变更核实单。

⑤工程质量事故发生后的调查和处理资料。

⑥隐蔽验收记录及施工日志。

⑦竣工图。

⑧质量检验评定资料。

⑨合同约定的其他资料。

(3)有材料、设备、构配件的质量合格证明资料和试验、检验报告。建设工程使用的主要建筑材料、建筑构配件和设备的进场要有质量合格证明资料，还应当有试验、检验报告。试验、检验报告中应当注明其规格、型号、用于工程的哪些部位、批量批次、性能等技术指标，其质量要求必须符合国家规定的标准。

(4)有勘察设计、施工、工程监理等单位分别签署的质量合格文件。勘察设计、施工、工程监理等有关单位依据工程设计文件及承包合同所要求的质量标准，对竣工工程进行检查和评定，符合规定的，签署合格文件。

(5)有施工单位签署的工程质量保修书。工程质量保修是指建设工程在办理交工验收手续后，在规定的保修期限内，因勘察设计、施工、材料等原因造成的质量缺陷，由施工单位负责维修，由责任方承担维修费用并赔偿损失。施工单位与建设单位应在竣工验收前签署工程质量保修书，保修书作为施工合同附件。为了促进承包方加强质量管理，保护用户及消费者的合法权益，更应该健全完善工程保修制度。

(二)竣工验收的类型

在工程实践过程中，竣工验收有单项工程验收和全部验收两种类型。

1. 单项工程验收

单项工程验收是指在一个总体建设项目中，一个单项工程或一个车间已按设计要求建设完成，能满足生产要求或具备使用条件，且施工单位已预验，监理工程师已初验通过，在此条件下进行的正式验收。由几个施工单位负责施工的单项工程，当其中一个单位所负责的部分已按设计完成，也可组织正式验收，办理交工手续，交工时应请施工总承包单位参加。

对于建成的住宅可分幢进行正式验收，以便及早交付使用，提高投资效益。

2. 全部验收

全部验收是指整个建设项目已按设计要求全部建设完成，并已符合竣工验收标准，施工单位预验通过，监理工程师初验认可，由监理工程师组织以建设单位为主，有设计、施工等单位参加的正式验收。在整个项目进行全部验收时，对已验收过的单项工程，可以不再进行正式验收和办理验收手续，但应将单项工程验收单作为全部工程验收的附件加以说明。

《建筑法》规定："建筑工程竣工经验收合格后，方可交付使用；未经验收或者验收不合格的，不得交付使用。"因此，无论是单项工程提前交付使用，还是全部工程整体交付使用，都必须经过竣工验收，而且必须验收合格，否则不能交付使用。

二、竣工验收的相关内容

(一)竣工验收的组织

由建设单位负责组织实施建设工程竣工验收工作，质量监督机构对工程竣工验收实施监督。

(二)验收人员

由建设单位负责组织竣工验收小组，验收组组长由建设单位法人代表或其委托的负责人担任。验收组副组长应至少由一名工程技术人员担任。验收组成员由建设单位的上级主管部门、建设单位项目负责人、建设单位项目现场管理人员及勘察设计、施工、监理单位与项目无直接关系的技术负责人或质量负责人组成，建设单位也可邀请有关专家参加验收小组。验收小组成员中土建及水电安装专业人员应配备齐全。

（三）竣工验收标准

竣工验收标准为强制性标准，包括现行质量检验评定标准、施工验收规范、经审查通过的设计文件及有关法律、法规、规章和规范性文件规定。

（四）竣工验收程序及内容

(1)由竣工验收小组组长主持竣工验收。

(2)建设、施工、监理、设计、勘察单位分别以书面形式汇报工程项目建设质量状况、合同履约及执行国家法律、法规和工程建设强制性标准情况。

(3)验收组对以下三方面分别进行检查验收。

1)检查工程实体质量。

2)检查工程建设参与各方提供的竣工资料。

3)对建筑工程的使用功能进行抽查、试验。例如，厕所、阳台泼水试验，浴缸、水盆、水池盛水试验，通水、通电试验，排污主管通球试验及绝缘电阻、接地电阻、漏电跳闸测试等。

(4)对竣工验收情况进行汇总讨论，并听取质量监督机构对该工程的质量监督意见。

(5)形成竣工验收意见，填写建设工程竣工验收备案表和《建设工程竣工验收报告》，验收小组人员分别签字，建设单位盖章。

(6)当在验收过程中发现严重问题，达不到竣工验收标准时，验收小组应责成责任单位立即整改，并宣布本次验收无效，重新确定时间组织竣工验收。

(7)当在竣工验收过程中发现一般需整改的质量问题时，验收小组可形成初步验收意见，填写有关表格，有关人员签字，但建设单位不加盖公章。验收小组责成有关责任单位整改，可委托建设单位项目负责人组织复查，整改完毕符合要求后，加盖建设单位公章。

(8)当竣工验收小组各方不能形成一致竣工验收意见时，应当协商提出解决办法，待意见一致后，重新组织工程竣工验收。当协商不成时，应报住房城乡建设主管部门或质量监督机构进行协调裁决。

（五）竣工验收备案

建设工程竣工验收完毕以后，由建设单位负责，在15日内向备案部门办理竣工验收备案。

三、规划、消防、节能、环保等相关部门的验收制度

《建设工程质量管理条例》规定，建设单位应当自建设工程竣工验收合格之日起15日内，将建设工程竣工验收报告和规划、公安消防、环保等部门出具的认可文件或者准许使用文件报住房城乡建设主管部门或者其他有关部门备案。

1. 建设工程竣工规划验收

《中华人民共和国城乡规划法》(以下简称《城乡规划法》)规定，县级以上地方人民政府城乡规划主管部门按照国务院规定对建设工程是否符合规划条件予以核实。未经核实或者经核实不符合规划条件的，建设单位不得组织竣工验收。建设单位应当在竣工验收后6个

月内向城乡规划主管部门报送有关竣工验收资料。建设工程竣工后，建设单位应当依法向城乡规划行政主管部门提出竣工规划验收申请，由城乡规划行政主管部门按照选址意见书、建设用地规划许可证、建设工程规划许可证、乡村建设规划许可证及其有关规划的要求，对建设工程进行规划验收，包括对建设用地范围内的各项工程建设情况、建筑物的使用性质、位置、间距、层数、标高、平面、立面、外墙装饰材料和色彩、各类配套服务设施、临时施工用房、施工场地等进行全面核查，并做出验收记录。对于验收合格的，由城乡规划行政主管部门出具规划认可文件或核发建设工程竣工规划验收合格证。

《城乡规划法》规定，建设单位未在建设工程竣工验收后 6 个月内向城乡规划主管部门报送有关竣工验收资料的，由所在地城市、县人民政府城乡规划主管部门责令限期补报；逾期不补报的，处 1 万元以上 5 万元以下的罚款。

2. 建设工程竣工消防验收

根据《中华人民共和国消防法》(以下简称《消防法》)的规定，按照国家工程建设消防技术标准需要进行消防设计的建设工程竣工，依照下列规定进行消防验收、备案：

(1)国务院公安部门规定的大型的人员密集场所和其他特殊建设工程，建设单位应当向公安机关消防机构申请消防验收。

(2)其他建设工程，建设单位在验收后应当报公安机关消防机构备案，公安机关消防机构应当进行抽查。依法应当进行消防验收的建设工程，未经消防验收或者消防验收不合格的，禁止投入使用；其他建设工程经依法抽查不合格的，应当停止使用。

《建设工程消防监督管理规定》进一步规定，建设单位申请消防验收应当提供下列 8 个方面的材料：

(1)建设工程消防验收申报表。

(2)工程竣工验收报告和有关消防设施的工程竣工图纸。

(3)消防产品质量合格证明文件。

(4)具有防火性能要求的建筑构件、建筑材料、装修材料符合国家标准或者行业标准的证明文件、出厂合格证。

(5)消防设施监测合格证明文件。

(6)施工、工程监理、监测单位的合法身份证明和资质等级证明文件。

(7)建设单位的工商营业执照等合法身份证明文件。

(8)法律、行政法规规定的其他资料。

施工单位应当承担下列消防施工的质量和安全责任：

(1)按照国家工程建设消防技术标准和经消防设计审核合格或者备案的消防设计文件组织施工，不得擅自改变消防设计进行施工，降低消防施工质量。

(2)查验消防产品和具有防火性能要求的建筑构件、建筑材料及装修材料的质量，使用合格产品，保证消防施工质量。

(3)建立施工现场消防安全责任制度，确定消防安全负责人。加强对施工人员的消防教育培训，落实动火、用电、易燃可燃材料等消防管理制度和操作规程。保证在建工程竣工验收前消防通道、消防水源、消防设施和器材、消防安全标志等完好有效。

对于依法应当进行消防验收的建设工程，未经消防验收或者消防验收不合格，擅自投入使用的，《消防法》规定，由公安机关消防机构责令停止施工、停止使用或者停产停业，并处3万元以上30万元以下罚款。

3. 建设工程竣工环保验收

(1)建设工程竣工环保验收法律制度。国务院颁布的《建设项目环境保护管理条例》中规定，编制环境影响报告书、环境影响报告表的建设项目竣工后，建设单位应当按照国务院环境保护行政主管部门规定的标准和程序，对配套建设的环境保护设施进行验收，编制验收报告。建设单位在环境保护设施验收过程中，应当如实查验、监测、记载建设项目环境保护设施的建设和调试情况，不得弄虚作假。除按照国家规定需要保密的情形外，建设单位应当依法向社会公开验收报告。分期建设、分期投入生产或者使用的建设项目，其相应的环境保护设施应当分期验收。

编制环境影响报告书、环境影响报告表的建设项目，其配套建设的环境保护设施经验收合格，方可投入生产或者使用；未经验收或者验收不合格的，不得投入生产或者使用。

(2)建设工程竣工环保验收违法行为应承担的法律责任。

需要配套建设的环境保护设施未建成、未经验收或者验收不合格，建设项目即投入生产或者使用，或者在环境保护设施验收中弄虚作假的，由县级以上环境保护行政主管部门责令限期改正，处20万元以上100万元以下的罚款；逾期不改正的，处100万元以上200万元以下的罚款；对直接负责的主管人员和其他责任人员，处5万元以上20万元以下的罚款；造成重大环境污染或者生态破坏的，责令停止生产或者使用，或者报经有批准权的人民政府批准，责令关闭。

建设单位未依法向社会公开环境保护设施验收报告的，由县级以上环境保护行政主管部门责令公开，处5万元以上20万元以下的罚款，并予以公告。

4. 建筑工程节能验收

《节约能源法》规定，不符合建筑节能标准的建筑工程，住房城乡建设主管部门不得批准开工建设；已经开工建设的，应当责令停止施工、限期改正；已经建成的，不得销售或者使用。

国务院颁布的《民用建筑节能条例》中进一步规定，建设单位组织竣工验收，应当对民用建筑是否符合民用建筑节能强制性标准进行查验；对不符合民用建筑节能强制性标准的，不得出具竣工验收合格报告。

建筑节能工程为单位建筑工程的一个分部工程，并按规定划分为分项工程和检验批。建筑节能分部工程的质量验收，应在检验批、分项工程全部验收合格的基础上，进行建筑围护结构的外墙节能构造实体检验，严寒、寒冷和夏热冬冷地区的外窗气密性现场检测，以及系统节能性能检测和系统联合试运转与调试，确认建筑节能工程质量达到验收的条件后方可进行。

(1)建筑节能分部工程验收的组织。建筑节能工程验收的程序和组织应遵守《建筑工程施工质量验收统一标准》(GB 50300—2013)的要求，并符合下列规定：

1)节能工程的检验批验收应由专业监理工程师主持，施工单位相关专业的质量检查员与工长参加。

2)节能分项工程验收应由专业监理工程师主持，施工单位项目专业技术负责人等参加，必要时可邀请设计单位相关专业的人员参加。

3)节能分部工程验收应由总监理工程师(建设单位项目负责人)主持，施工单位项目负责人、项目技术负责人、质量负责人、设计单位项目负责人应参加。

(2)建筑节能工程专项验收应注意事项。

1)建筑节能工程验收重点是检查建筑节能工程效果是否满足设计及规范要求，监理和施工单位应加强和重视节能验收工作，对验收中发现的工程实物质量问题及时解决。

2)工程项目存在以下问题之一的，监理单位不得组织节能工程验收：

①未完成建筑节能工程设计内容的。

②隐蔽验收记录等技术档案和施工管理资料不完整的。

③工程使用的主要建筑材料、建筑构配件和设备未提供进场检验报告的，未提供相关的节能性检测报告的。

④工程存在违反强制性条文的质量问题而未整改完毕的。

⑤对监督机构发出的责令整改内容未整改完毕的。

⑥存在其他违反法律、法规行为而未处理完毕的。

3)工程项目验收存在以下问题之一的，应重新组织建筑节能工程验收：

①验收组织机构不符合法规及规范要求的。

②参加验收人员不具备相应资格的。

③参加验收各方主体验收意见不一致的。

④验收程序和执行标准不符合要求的。

⑤各方提出的问题未整改完毕的。

4)单位工程在办理竣工备案时应提交建筑节能相关资料，不符合要求的不予备案。

5)建筑工程节能验收违法行为应承担的法律责任。《民用建筑节能条例》中规定，建设单位对不符合民用建筑节能强制性标准的民用建筑项目出具竣工验收合格报告的，由县级以上地方人民政府建设主管部门责令改正，处民用建筑项目合同价款2%以上4%以下的罚款；造成损失的，依法承担赔偿责任。

四、竣工结算、质量争议的规定

竣工验收是工程建设活动的最后阶段。在此阶段，建设单位与施工单位容易就合同价款结算、质量缺陷等引起纠纷，导致建设工程不能及时办理竣工验收或完成竣工验收。

(一)工程竣工结算

《合同法》规定，建设工程竣工后，发包人应当根据施工图纸及说明书、国家颁发的施工验收规范和质量检验标准及时进行验收。验收合格的，发包人应当按照约定支付价款，并接收该建设工程。《建筑法》也规定，发包单位应当按照合同的约定，及时拨付工程款项。

1. 工程竣工结算方式

《建设工程价款结算暂行办法》规定，工程完工后，双方应按照约定的合同价款及合同价款调整内容以及索赔事项，进行工程竣工结算。工程竣工结算分为单位工程竣工结算、单项工程竣工结算和建设项目竣工总结算。

2. 竣工结算文件的提交、编制与审查

(1)竣工结算文件的提交。《建筑工程施工发包与承包计价管理办法》规定，工程完工后，承包方应当在约定期限内提交竣工结算文件。

《建设工程价款结算暂行办法》规定，承包人应在合同约定期限内完成项目竣工结算编制工作，未在规定期限内完成并且提不出正当理由延期的，责任自负。

(2)竣工结算文件的编审。单位工程竣工结算由承包人编制，发包人审查；实行总承包的工程，由具体承包人编制，在总包人审查的基础上，发包人审查。

单项工程竣工结算或建设项目竣工总结算由总(承)包人编制，发包人可直接进行审查，也可以委托具有相应资质的工程造价咨询机构进行审查。政府投资项目，由同级财政部门审查。单项工程竣工结算或建设项目竣工总结算经发、承包人签字盖章后有效。

《建筑工程施工发包与承包计价管理办法》规定，国有资金投资建筑工程的发包方，应当委托具有相应资质的工程造价咨询企业对竣工结算文件进行审核，并在收到竣工结算文件后的约定期限内向承包方提出由工程造价咨询企业出具的竣工结算文件审核意见；逾期未答复的，按照合同约定处理，合同没有约定的，竣工结算文件视为已被认可。

(3)承包方异议的处理。承包方对发包方提出的工程造价咨询企业竣工结算审核意见有异议的，在接到该审核意见后一个月内，可以向有关工程造价管理机构或者有关行业组织申请调解，调解不成的，可以依法申请仲裁或者向人民法院提起诉讼。

(4)竣工结算文件的确认与备案。工程竣工结算文件经发、承包双方签字确认的，应当作为工程决算的依据，未经对方同意，另一方不得就已生效的竣工结算文件委托工程造价咨询企业重复审核。发包方应当按照竣工结算文件及时支付竣工结算款。

竣工结算文件应当由发包方报工程所在地县级以上地方人民政府住房城乡建设主管部门备案。

3. 竣工结算文件的审查期限

单项工程竣工后，承包人应在提交竣工验收报告的同时，向发包人递交竣工结算报告及完整的结算资料，发包人应按以下规定时限进行核对(审查)并提出审查意见：

(1)500 万元以下，从接到竣工结算报告和完整的竣工结算资料之日起 20 天。

(2)500 万～2 000 万元，从接到竣工结算报告和完整的竣工结算资料之日起 30 天。

(3)2 000 万～5 000 万元，从接到竣工结算报告和完整的竣工结算资料之日起 45 天。

(4)5 000 万元以上，从接到竣工结算报告和完整的竣工结算资料之日起 60 天。

建设项目竣工总结算在最后一个单项工程竣工结算审查确认后 15 天内汇总，送发包人后 30 天内审查完成。

4. 工程竣工价款结算

发包人收到承包人递交的竣工结算报告及完整的结算资料后，应按以上规定的期限(合同约定有期限的，从其约定)进行核实，给予确认或者提出修改意见。发包人根据确认的竣工结算报告向承包人支付工程竣工结算价款，保留 5%左右的质量保证(保修)金，待工程交付使用 1 年质保期到期后清算(合同另有约定的，从其约定)，质保期内如有返修，发生费用应在质量保证(保修)金内扣除。工程竣工结算以合同工期为准，实际施工工期比合同工期提前或延后，发、承包双方应按合同约定的奖惩办法执行。

5. 索赔及合同以外零星项目工程价款结算

发、承包人未能按合同约定履行自己的各项义务或发生错误，给另一方造成经济损失的，由受损方按合同约定提出索赔，索赔金额按合同约定支付。

发包人要求承包人完成合同以外零星项目，承包人应在接受发包人要求的 7 天内就用工数量和单价、机械台班数量和单价、使用材料和金额等向发包人提出施工签证，发包人签证后施工，如发包人未签证，承包人施工后发生争议的，责任由承包人自负。发包人和承包人要加强施工现场的造价控制，及时对工程合同外的事项如实记录并履行书面手续。凡由发、承包双方授权的现场代表签字的现场签证以及发、承包双方协商确定的索赔等费用，应在工程竣工结算中如实办理，不得因发、承包双方现场代表的中途变更而改变其有效性。

（二）竣工工程质量争议的处理

《建筑法》规定，建筑工程竣工时，屋顶、墙面不得留有渗漏、开裂等质量缺陷；对已发现的质量缺陷，建筑施工企业应当修复。《建设工程质量管理条例》规定，施工单位对施工中出现质量问题的建设工程或者竣工验收不合格的建设工程，应当负责返修。

据此，建设工程竣工时发现的质量问题或者质量缺陷，无论是建设单位的责任还是施工单位的责任，施工单位都有义务进行修复或返修。但是，对于非施工单位原因出现的质量问题或质量缺陷，其返修的费用和造成的损失应由责任方承担。

1. 承包方责任的处理

《合同法》规定，因施工人的原因致使建设工程质量不符合约定的，发包人有权要求施工人在合理期限内无偿修理或者返工、改建。

对于承包人拒绝修理、返工或改建的，《最高人民法院关于审理建设工程施工合同纠纷案件适用法律问题的解释》第十一条规定，因承包人的过错造成建设工程质量不符合约定，承包人拒绝修理、返工或者改建，发包人请求减少支付工程价款的，应予支持。

2. 发包方责任的处理

《建筑法》规定，建设单位不得以任何理由，要求建筑设计单位或者建筑施工企业在工程设计或者施工作业中，违反法律、行政法规和建筑质量、安全标准，降低工程质量。

《最高人民法院关于审理建设工程施工合同纠纷案件适用法律问题的解释》第十二条规定，发包人具有下列情形之一，造成建设工程质量缺陷，应当承担过错责任：

(1)提供的设计有缺陷。

(2)提供或者指定购买的建筑材料、建筑构配件、设备不符合强制性标准。

(3)直接指定分包人分包专业工程。

3. 未经竣工验收擅自使用的处理

《建筑法》《合同法》《建设工程质量管理条例》均规定，建设工程竣工经验收合格后，方可交付使用；未经验收或验收不合格的，不得交付使用。

在实践中，一些建设单位出于各种原因，往往未经验收就擅自提前占有使用建设工程。为此，《最高人民法院关于审理建设工程施工合同纠纷案件适用法律问题的解释》第十三条规定，建设工程未经竣工验收，发包人擅自使用后，又以使用部分质量不符合约定为由主张权利的，不予支持；但是承包人应当在建设工程的合理使用寿命内对地基基础工程和主体结构质量承担民事责任。

五、竣工验收备案管理制度

(一)管理主体

建设行政主管部门负责工程竣工验收备案的监督管理，并直接管理本行政区域范围内工程的竣工验收备案工作。

(二)备案时限

建设单位应当自工程竣工验收合格之日起15日内，向工程所在地区住房城乡建设主管部门备案。

(三)备案文件

建设单位办理工程竣工验收备案，应当提交下列文件：

(1)工程竣工验收备案表。

(2)工程竣工验收报告。工程竣工验收报告包括：建筑工程施工许可证，施工图设计文件审查意见，勘察设计、施工、监理等单位分别签署的质量合格文件及验收人员签署的竣工验收原始文件，市政基础设施的有关质量检测和功能性试验资料以及备案管理部门认为需要提供的有关资料。

(3)法律、行政法规规定应当由规划、公安消防、环保、气象等部门出具的认可文件或者准许使用文件。

(4)施工单位签署的工程质量保修书，商品住宅还应当提交《住宅质量保证书》和《住宅使用说明书》。

(5)法规、规章规定必须提供的其他文件。

(四)文件验证

住房城乡建设主管部门收到建设单位报送的竣工验收备案文件后，结合工程质量监督机构提交的工程质量监督报告，对备案文件进行验证，资料齐全、符合验收备案条件的，应当收讫，并在工程竣工验收备案表上加盖备案专用章。住房城乡建设主管部门办理工程竣工验收备案，不得收取任何费用。

(五)重新验收

住房城乡建设主管部门发现建设单位在竣工验收过程中有违反国家有关建设工程质量管理规定行为的，应当在收讫竣工验收备案文件15日内，责令停止使用，并重新组织竣工验收。

(六)备案效力

(1)房产管理部门办理房屋所有权初始登记，应当将经住房城乡建设主管部门加盖备案专用章的工程竣工验收备案表作为必备文件。

(2)建设单位办理市政基础设施工程移交手续时，应当提交经住房城乡建设主管部门加盖备案专用章的工程竣工验收备案表。

(七)逾期备案责任

建设单位在工程竣工验收合格之日起 15 日内未办理工程竣工验收备案的，由住房城乡建设主管部门责令限期改正，并依据国务院《建设工程质量管理条例》的规定给予处罚。

(八)虚假备案的责任

建设单位采用虚假证明文件办理工程竣工验收备案的，竣工验收无效，住房城乡建设主管部门应当责令停止使用，重新组织竣工验收，并依据《房屋建筑工程和市政基础设施工程竣工验收备案管理暂行办法》的规定给予处罚；构成犯罪的，依法追究刑事责任。

第五节 建设工程保修及损害赔偿

一、建设工程保修制度

(一)建设工程保修制度一般规定

1. 建设工程保修范围

建设工程自办理交工验收手续后，只要在规定的保修期内，则无论是施工造成的质量缺陷，还是因勘察设计、材料等原因造成的质量缺陷，都应由施工单位负责维修。

2. 建设工程保修期限

建设工程保修期限是指从竣工验收交付使用日期起到以下规定的期限：

(1)民用与公共建筑、一般工业建筑、构筑物的土建工程为一年，其中屋面防水工程为三年。

(2)建筑物的电气管线、上下水管线安装工程为六个月。

(3)建筑物的供热及供冷为一个采暖期及供冷期。

(4)室外的上下水和小区道路等市政公用工程为一年。

(5)其他特殊要求的工程，其保修期限由建设单位和施工单位在合同中规定。

3. 返修程序

施工单位自接到保修通知书之日起，必须在两周内到达现场与建设单位共同明确责任方、商议返修内容。属施工单位责任的，施工单位应按约定日期到达现场，如施工单位未能按期到达现场，建设单位应再次通知施工单位，施工单位自接到再次通知书的一周内仍不能到达时，建设单位有权自行返修，所发生的费用由原施工单位承担。不属于施工单位责任的，建设单位应与施工单位联系，商议维修的具体期限。

4. 返修的经济责任

(1)因施工单位的原因而造成的质量缺陷，由施工单位负责返修并承担经济责任。

(2)因设计原因造成的质量缺陷，由设计单位承担经济责任，由施工单位负责维修，其费用按有关规定通过建设单位向设计单位索赔，不足部分由建设单位负责。

(3)因建筑材料、构配件和设备质量不合格引起的质量缺陷，属于施工单位采购的或经其验收同意的，由施工单位承担经济责任，属于建设单位采购的，由建设单位承担经济责任。

(4)因使用单位使用不当造成的质量问题，由使用单位自行负责。

(5)因地震、洪水、台风等不可抗力造成的质量问题，施工单位、设计单位不承担经济责任。

(二)危险房屋的返修责任

(1)新建、扩建、改造后的房屋被鉴定为危险房屋的，其安全隐患如为设计造成的，将依法追究设计单位及直接责任人的责任；如为施工造成的，将依法追究施工单位及其直接责任人的责任；如为使用不当造成的，将追究使用人的责任。

(2)历史遗留房屋被鉴定为危险房屋的，其返修责任由房屋所有人负责，房屋所有人必须按照鉴定机构的处理建议，及时加固或修缮治理。当所有人未按鉴定机构的处理建议处理，或使用人有阻碍行为的，房地产行政主管部门有权指定有关部门代修，或采取其他强制措施，发生的费用由责任人承担。

(3)异产毗连危险房屋的各所有人，应按照国家对异产毗连房屋的有关规定，共同履行治理责任。拒不承担责任的，由房屋所在地行政主管部门调查处理；当事人不服的，可向当地人民法院起诉。

(4)因下列原因造成事故的，房屋所有人应承担民事或行政责任：

1)有险不查或损坏不修。

2)经鉴定机构鉴定为危险房屋而未采取有效的解危措施。

(5)因下列原因造成事故的，使用人、行为人应承担民事责任：

1)使用人擅自改变房屋结构、构件、设备或使用性质。

2)使用人阻碍房屋所有人对危险房屋采取解危措施。

3)行为人由于施工、堆物、碰撞等行为危及房屋。

(6)有下列情况，鉴定机构应承担民事或行政责任。

1)故意把非危险房屋鉴定为危险房屋而造成损失。

2)因过失把危险房屋鉴定为非危险房屋，并在有效时限内发生事故。

3)因拖延鉴定时间而发生事故。

各当事人上述行为给他人造成生命财产损失，已构成犯罪的由司法机关依法追究刑事责任。

(三)异产毗连房屋的返修责任

异产毗连房屋是指结构相连或具有共有、共用设备和附属建筑而为不同所有人所共有的房屋，其返修责任如下：

(1)当房屋是自然损坏或因不可抗力造成损坏时，应按有关规定及时修缮，不得拖延或拒绝；否则，造成损失的，责任人应负责赔偿。

(2)当房屋损坏是因使用不当造成的，其返修责任由造成损坏的责任人负责。

(3)异产毗连房屋经房屋安全鉴定机构鉴定为危险房屋的，房屋所有人必须按有关规定及时返修治理。

(4)房屋使用人和所有人对房屋的返修，必须符合城市规划、房地产管理、消防和环境保护等部门的要求，并应按照有利使用、共同协商、公平合理的原则，正确处理毗连关系。

(5)售给个人的异产毗连公有住房，其共有部位和共用设备的返修责任，将依照国家住房制度改革的有关规定执行。

【案例 7-3】

(1)背景：某施工单位承接了一栋办公楼的施工任务。在进行二层楼面板施工时，施工单位在楼面钢筋、模板分项工程完工并自检后，准备报请监理方进行钢筋隐蔽工程验收。由于其楼面钢筋中有一种用量较少(100 kg)的钢筋复验结果尚未出来，监理方的隐蔽验收便未通过。因为建设单位要求赶工期，在建设单位和监理方同意的情况下，施工单位浇筑了混凝土，进行了钢筋隐蔽。事后，建设工程质量监督机构要求施工单位破除楼面，进行钢筋隐蔽验收。监理单位也提出同样的要求。与此同时，待检的少量钢筋复检结果显示钢筋质量不合格。后经设计验算，提出用碳纤维进行楼面加固，造成的直接经济损失约 80 万元。为此，有关方对损失的费用由谁承担发生了争议。

(2)问题：

1)施工单位有何过错?

2)用碳纤维进行楼面加固的费用应由谁承担?

(3)分析：

1)《建设工程质量管理条例》第三十条规定：“施工单位必须建立、健全施工质量的检验制度，严格工序管理，做好隐蔽工程的质量检查和记录。隐蔽工程在隐蔽前，施工单位应当通知建设单位和建设工程质量监督机构。”显然，对于隐蔽工程，施工单位必须做好检查、检验和记录，并应当及时作出隐蔽通知。本案中，有一种钢筋复验结果尚未出来，应当还处于自检阶段，不具备隐蔽通知的条件。虽然，施工单位准备报请监理方进行钢筋隐蔽工程验收，但是钢筋复检结果未出来，监理方的隐蔽验收也就未通过。因为建设单位提出赶工要求，施工单位在建设单位和监理方同意的情况下，浇筑了混凝土，进行了钢筋隐蔽。这就违反了《建设工程质量管理条例》的规定，绕开了建设工程质量监督机构的监督，所以施工单位是有严重过错的。

2)用碳纤维进行楼面加固是对钢筋隐蔽工程有质量问题的补救措施，应该由责任者承担加固的费用。具体而言，施工单位没有按照规定，仅在建设单位和监理单位同意的情况下就进行了钢筋隐蔽，应该承担主要责任。建设单位敦促赶工并和监理单位同意施工单位违规操作，也有一定的过错，应当承担一定的责任。具体费用的负担，应当按照责任的大小分别来承担。

(摘自 2016 年一级建造师《建设工程法规与相关知识》案例)

二、建设工程损害赔偿

近几年来，由于各方面的原因，建设工程质量问题变得越来越突出。连续发生的一些房屋及构筑物倒塌事故，造成了大量人员伤亡，给国家和人民的财产造成了巨大的损失。因此，建设工程损害赔偿的规定对保护广大人民的生命、财产安全，保护国家利益不受损害以及丰富我国民法中侵权责任理论产生了积极的意义。

（一）赔偿的法律依据

1998 年 3 月 1 日，《建筑法》开始施行。这部法律对承包方资质管理、建筑施工许可、招标投标、禁止肢解发包和转包工程、建筑工程监理、工程质量监督管理、竣工验收、保修等制度作了明确的规定，也完善了我国关于建设工程质量不合格的损害赔偿制度，为受害人提出损害赔偿要求提供了明确的法律依据。

2000 年 1 月 10 日，国务院通过了《建设工程质量管理条例》。其以参与建筑活动各方主体为主线，分别规定了建设单位、勘察单位、设计单位、施工单位、工程监理单位的质量责任和义务，确立了建设工程质量保修制度、工程质量监督管理制度等内容，对违法行为的种类和相应处罚作了原则规定，同时，完善了责任追究制度，加大了处罚力度。《建设工程质量管理条例》的颁布实施，明确了建设工程的质量责任主体，明确了责任主体的质量责任和义务，明确了责任主体对受损害者的赔偿责任，进一步完善了我国关于建设工程质量不合格的损害赔偿制度。

（二）赔偿责任的性质及归责原则

1. 赔偿责任的性质

从建设单位与勘察、设计、施工、监理等单位之间的关系来看，建设工程质量责任是一种合同责任。如果由于质量不合格给建设单位造成损害，则发生侵权责任和违约责任的竞合。《合同法》第一百二十二条规定："因当事人一方的违约行为，侵害对方人身、财产权益的，受损害方有权选择依照本法要求其承担违约责任或者依照其他法律要求其承担侵权责任。"所以，建设单位可以从保护自身利益的角度出发，对由于不同责任而产生的不同请求权作出选择：如果由于工程质量缺陷仅造成建设单位的财产损失，如修理、重建等，应按合同纠纷处理；如果由于工程质量缺陷造成建设单位的人员伤亡及其精神损害，应按侵权责任处理。因工程质量缺陷给建设单位以外的其他主体造成损害的责任则是一种特殊的侵权责任，而不是一种违反合同的责任。它不以加害人与受害人之间存在合同关系为前提，而是基于建设工程质量不合格造成他人损害这一事实而产生的，是对法律的直接违反而产生的法律责任。

2. 归责原则

单从侵权责任考虑，建设工程质量责任与一般的侵权责任是不同的。这主要表现在归责原则的适用方面。一般侵权责任适用过错责任原则，而作为特殊侵权责任的建设工程质量责任，则大多适用严格责任的归责原则，受害人无须证明加害人有无过错，而只需证明建筑产品的缺陷和受到的损害，以及有缺陷的建筑产品之使用与损害之间有因果关系，加害人即承担赔偿责任。但加害人能够证明损害是由于受害人的过失、第三人的过失以及自然原因造成的，可以免除责任。

（三）赔偿责任主体

《建筑法》规定："在建筑物的合理使用寿命内，因建筑工程质量不合格受到损害的，有权向责任者要求赔偿。"关于"责任者"的范围，该条并没有明确。《建设工程质量管理条例》对此作了明确规定："建设单位、勘察单位、设计单位、施工单位、工程监理单位依法对建设工程质量负责。”可见，建设工程质量缺陷的损害赔偿责任主体包括了上述五个单位。因这些主体的原因产生的建筑质量问题，造成他人人身、财产损失的，这些单位应当承担相应的赔偿责任。受损害人可以向上述主体中对建筑物缺陷负有责任者要求赔偿，也可以向各方共同提出赔偿要求，在查明原因的基础上由真正责任者承担赔偿责任。由于我国《城市房地产开发经营管理条例》规定，“房地产开发企业应当对其开发建设的房地产开发项目的质量承担责任。勘察设计、施工、监理等单位应当依照有关法律、法规的规定或者合同的约定，承担相应的责任”，因此，因建设工程质量缺陷而受到损害的除建设单位以外的受害人，可以直接向建设单位要求损害赔偿。建设单位向受害人承担责任后，在分清责任的基础上，再由勘察、设计、施工、监理等单位对进行赔偿的问题，按相应的法律、法规或者合同的约定处理。

1. 建设单位的赔偿责任

根据《建设工程质量管理条例》的规定，建设单位承担赔偿责任的情形有以下几种：

(1)未组织竣工验收，擅自交付使用，造成损失的。

(2)验收不合格，擅自交付使用，造成损失的。

(3)对不合格的建设工程按照合格工程验收，造成损失的。

(4)涉及建筑主体或者承重结构变动的装修工程，没有设计方案擅自施工，造成损失的。

2. 勘察、设计单位的赔偿责任

根据《建筑法》和《建设工程质量管理条例》的规定，勘察、设计单位承担赔偿责任的情形有：

(1)勘察单位未按照工程建设强制性标准进行勘察，造成工程质量事故，并造成损失的。

(2)建筑设计单位未按照建筑工程质量、安全标准进行设计，造成工程质量事故，并造成损失的。

(3)设计单位未根据勘察成果文件进行工程设计，造成工程质量事故，并造成损失的。

(4)设计单位指定建筑材料、建筑构配件的生产厂、供应商，造成工程质量事故，并造成损失的。

3. 施工单位的赔偿责任

根据《建筑法》《建设工程质量管理条例》的规定，施工单位承担赔偿责任的情形有：

(1)施工企业转让、出借资质证书或者以其他方式允许他人以本企业的名义承揽工程，对因该项承揽工程不符合规定的质量标准造成的损失，施工企业与使用本企业名义的单位或者个人承担连带赔偿责任。

(2)承包单位将承包的工程转包的，或者违反《建筑法》规定进行分包，对因转包工程或者违法分包的工程不符合规定的质量标准造成的损失，与接受转包或者分包的单位承担连带赔偿责任。

(3)施工企业在施工中偷工减料，使用不合格的建筑材料、建筑构配件和设备，或者有其他不按照工程设计图纸或者施工技术标准施工的行为，造成建筑工程质量不符合规定的质量标准的，负责返工、修理，并赔偿因此而造成的损失。

(4)施工企业违反《建筑法》规定，不履行保修义务或者拖延履行保修义务的，对在保修期内因屋顶、墙面渗漏、开裂等质量缺陷造成的损失，承担赔偿责任。

(5)施工企业未对建筑材料、建筑构配件、设备和商品混凝土进行检验，或者未对涉及结构安全的试块、试件以及有关材料取样检测，造成损失的，依法承担赔偿责任。

4. 工程监理单位的赔偿责任

根据《建筑法》《建设工程质量管理条例》的规定，工程监理单位承担赔偿责任的情形有：

(1)工程监理单位与建设单位或者建筑施工企业串通，弄虚作假、降低工程质量，造成损失的，承担连带赔偿责任。

(2)将不合格的建设工程、建筑材料、建筑构配件和设备按照合格签字，造成损失的，承担连带赔偿责任。

另外，《建筑法》规定："负责颁发建筑工程施工许可证的部门及其工作人员对不符合施工条件的建筑工程颁发施工许可证的，负责工程质量监督检查或者竣工验收的部门及其工作人员对不合格的建筑工程出具质量合格文件或者按合格工程验收的，造成的损失，由该部门承担相应的赔偿责任。"

最后，需说明的一点是，对于建筑材料、建筑构配件和设备生产厂商的质量责任追究，适用《中华人民共和国产品质量法》的规定和我国相应的法规、规章的规定。《建筑法》《建设工程质量管理条例》对此没有具体规定，并不说明其无须负质量责任。

(四)损害赔偿的责任范围

1. 损害范围

因质量不合格造成的损害是指因建筑工程质量不合格而导致的人员死亡、人身伤害和财产损失及其他重大损失，这些损失都应获得赔偿。

2. 赔偿范围

对于财产损失，由侵害人按损失金额赔偿，可以金钱赔偿，也可以恢复原状。对于人身伤害损失，由侵害人赔偿医疗费、因误工减少的收入、残疾者生活补助费等费用。造成受害人死亡的，还应支付丧葬费、抚恤费、死者生前抚养的人的必要的生活费等费用。

总之，由于建设工程涉及面广、使用期限长，直接涉及国家财产和公民的人身、财产安全问题，对其质量不合格造成损害的情形，必须规定严格的质量责任，以切实保护受害人的合法权益。

本章小结

工程建设标准是指对基本建设中各类工程的勘察、规划、设计、施工、安装、验收等需要协调统一的事项所制定的标准。它由政府或立法机关颁布，是对新建建筑物的最低技术要求，亦是建设法规体系的组成部分。建设工程质量应按现行的国家标准、行业标准进行验评。建设工程质量责任制涵盖了对方主体的质量责任制，除施工单位外，还有建设单位，勘察、设计单位，工程监理单位的质量责任制。竣工验收是全面考核基本建设成果、检验设计和工程质量的重要步骤，也是基本建设转入生产或使用的标志。

思考与练习

一、单项选择题

1. 根据《房屋建筑工程和市政基础设施工程实行见证取样和送检的规定》，必须实施见证取样和送检的试块、试件或材料，不包括(　　)。

A. 用于非承重结构的钢管连接接头试件 B. 地下使用的防水材料

C. 用于砌筑砂浆的水泥　D. 用于承重结构的混凝土中使用的掺加剂

2. 关于建设工程自竣工验收备案的说法，下列正确的是(　　)。

A. 施工企业自竣工合格之日起 15 日内办理备案

B. 自竣工验收备案必须提交监理单位出具的工程正式验收合格证明文件

C. 工程竣工验收完成后，建设单位应向备案机关提交工程质量监督报告

D. 工程竣工验收备案表一式二份，一份由建设单位保存，一份留备案机关存档

3. 关于实施工程建设强制标准的说法，下列正确的是(　　)。

A. 工程建设强制性标准均为关于工程质量标准的强制性条文

B. 工程建设中采用新技术、新工艺、新材料且没有国家技术标准的，可不接受强制性标准的限制

C. 工程建设地方标准中，对直接涉及环境保护和公共利益的条文，经国务院建设行政主管部门确定后，可作为强制性条文

D. 工程建设中采用国际标准或者国外标准且我国未作规定的，可不受强制性标准的限制

4. 某建设工程施工招标，甲公司中标后将其转包给不具有相应资质等级的乙公司，乙施工过程不符合规定的质量标准，给建设单位造成损失。关于向建设单位承担赔偿责任的说法，下列正确的是(　　)。

A. 甲、乙承担连带赔偿责任

B. 建设单位与甲有合同关系，应由乙承担赔偿责任

C. 乙为实际施工人，应由乙承担赔偿责任

D. 甲和乙承担按份赔偿责任

5. 关于《建设工程质量管理条例》，设计文件应注明工程合理使用年限，该年限从(　　)之日起算。

A. 颁发施工许可证　B. 工程竣工验收合格

C. 工程缺陷责任期届满　D. 工程法定最低保修期届满

6. 根据《建筑工程施工合同(示范文本)》，关于隐蔽工程检查程序的说法，下列正确的是(　　)。

A. 隐蔽工程经监理人检查质量不合格的，承包人按监理人指示完成修复即可覆盖，无须重新检查

B. 隐蔽工程必须经监理人检查且质量符合隐蔽要求，并在验收记录上签字后承包人方可覆盖

C. 监理人不能按时进行检查的，应在检查前48小时向承包人提交书面延期要求

D. 监理人未按时进行检查，也未提出延期要求的，承包人不得完成覆盖工作

二、多项选择题

1. 根据《建设工程质量管理条例》，下列属于建设工程竣工验收应当具备的条件有(　　)。

A. 有完整的技术档案和施工管理资料

B. 有勘察、设计、施工等单位分别签署的质量合格文件

C. 完成建设工程设计和合同约定的主要内容

D. 有施工企业签署的工程保修书

E. 有工程使用的全部建筑材料、建筑构配件和设备的进场实验报告

2. 关于建设工程保修义务和损失赔偿责任的说法，下列正确的有(　　)。

A. 施工企业未按照设计要求施工造成的质量缺陷，由施工企业负责返修并承担赔偿责任

B. 因设计问题造成的质量缺陷，施工企业先负责维修，其赔偿责任由施工企业向设计单位索赔

C. 因建筑设备质量不合格引起的质量缺陷，如属施工企业采购的，由施工企业负责维修并承担赔偿责任

D. 因监理单位错误管理造成的质量缺陷，先由施工企业负责维修，其赔偿责任由施工企业向监理单位索赔

E. 因使用单位使用不当造成的损坏问题，先由施工企业负责维修，其损失由使用单位自行承担

3. 建设单位拟装修其办公楼，其中涉及承重结构变动，则下列表述正确的有(　　)。

A. 建设单位将装修方案报有关主管部门批准后，方可施工

B. 建设单位在委托原设计单位提出设计方案后，方可施工

C. 建设单位在委托相应资质等级设计单位提出设计方案后，方可施工

D. 建设单位提出装修方案后，即可要求承包单位施工

E. 建设单位可直接将装修任务发包给劳务公司

三、思考题

1. 制订国家标准应当遵循哪些原则?

2. 国家标准的复审与修订有哪些要求?

3. 勘察、设计单位的法律责任有哪些?

4. 根据《实施工程建设强制性标准监督规定》，简述强制性标准监督检查的内容。

5. 工程质量监督报告应包括哪些内容?

6. 施工质量检验和返修有哪些规定?

四、案例分析

1. 背景：某建筑公司与某学校签订一教学楼施工合同，明确施工单位要保质保量保工期完成学校的教学楼施工任务。工程竣工后，承包方向学校提交了竣工报告。学校为了不影响学生上课，还没组织验收就直接投入了使用。使用过程中，校方发现了教学楼存在的质量问题，要求施工单位修理。施工单位认为工程未经验收，学校提前使用出现质量问题，施工单位不应再承担责任。

问题：该工程的质量问题由谁承担?

2. 背景：承包商甲通过招投标获得了某单位家属楼工程施工任务，后经发包单位同意，承包商甲将该家属楼的附属工程分包给杨某负责的工程队，并签订了分包合同。1年后，工程按期完成。但是，经工程质量监督机构检验发现，该家属楼附属工程存在严重的质量问题。发包单位便要求承包商甲承担责任。承包商甲却称该附属工程系经发包单位同意后分包给杨某负责的工程队，所以与己无关。发包单位又找到分包人杨某，杨某也以种种理由拒绝承担工程的质量责任。

问题：

(1)承包商甲是否应该对该家属楼附属工程的质量负责?

(2)该工程的质量问题应该如何解决?

3. 背景：某企业建设1所附属小学，委托某设计院为其设计5层砖混结构的教学楼、运动场等。该设计院把这项设计转包给某设计所。该所的最终设计，教学楼的楼梯梯井净宽为0.3 m，梯井采用工程玻璃隔离防护，楼梯采用垂直杆件做栏杆，其杆件净距为0.15 m；运动场与街道之间采用透景墙，墙体采用垂直杆件做栏杆，其杆件净距为0.15 m。在施工过程中，曾有人对该设计提出异议。经查，该设计所具有相应资质。

问题：设计院、设计所分别有何违法行为?

附　录

附录一　建设工程相关司法解释

一、关于建设工程施工合同无效的解释

合同无效是指合同虽然已经成立，但因违反法律、行政法规的强制性规定或者社会公共利益，自始不能产生法律约束力的合同。《合同法》第五十二条规定，有下列情形之一的，合同无效：①一方以欺诈、胁迫的手段订立合同，损害国家利益；②恶意串通，损害国家、集体或者第三人利益；③以合法形式掩盖非法目的；④损害社会公共利益；⑤违反法律、行政法规的强制性规定。

《建筑法》规定，承包建筑工程的单位应当持有依法取得的资质证书，并在其资质等级许可的业务范围内承揽工程。禁止建筑施工企业超越本企业资质等级许可的业务范围或者以任何形式用其他建筑施工企业的名义承揽工程。禁止建筑施工企业以任何形式允许其他单位或者个人使用本企业的资质证书、营业执照，以本企业的名义承揽工程。

《招标投标法》规定，在中华人民共和国境内进行下列工程建设项目，包括项目的勘察、设计、施工、工程监理以及与工程建设有关的重要设备、材料等的采购，必须进行招标：①大型基础设施、公用事业等关系社会公共利益、公众安全的项目；②全部或部分使用国有资金投资或者国家融资的项目；③使用国际组织或者外国政府贷款、援助资金的项目。同时，根据《工程建设项目招标范围和规模标准规定》，上述规定范围内的各类工程建设项目，包括项目的勘察、设计、施工、工程监理以及与工程建设有关的重要设备、材料等的采购，达到下列标准之一的，必须进行招标：①施工单项合同估算价在200万元以上的；②重要设备、材料等货物的采购，单项合同估算价在100万元以上的；③勘察、设计、工程监理等服务的采购，单项合同估算价在50万元以上的；④单项合同估算价低于前三项规定的标准，但项目总投资额在3 000万元以上的。

上述规定均属强制性规定，若相关单位违反上述规定，应根据《最高人民法院关于审理建设工程施工合同纠纷案件适用法律问题的解释》(以下简称《解释》)第一条处理。

《解释》第一条规定，建设工程施工合同具有下列情形之一的，应当根据《合同法》第五十二条第(五)项的规定，认定无效：①承包人未取得建筑施工企业资质或者超越资质等级的；②没有资质的实际施工人员借用有资质的建筑施工企业名义的；③建设工程必须进行招标而未招标或者中标无效的。

通过该解释，可以确定上述违反法律规定的情形属于无效情形，自始至终不发生法律效力，但在实际工作中经常出现已经修建完成的建设项目发生上述情况。在这种情况下，如果承包商向建设单位提出支付工程款的要求，建设单位经常会以所签订的合同属于无效

合同为由而拒绝支付，进而使承包单位蒙受巨大的经济损失。

针对这种情况，《解释》第二条、第三条作出如下规定：建设工程施工合同无效，但建设工程经竣工验收合格，承包人请求参照合同约定支付工程价款的，应予支持。建设工程施工合同无效，且建设工程经竣工验收不合格的，按照以下情形分别处理：①修复后的建设工程经竣工验收合格，发包人请求承包人承担修复费用的，应予支持；②修复后的建设工程经竣工验收不合格，承包人请求支付工程价款的，不予支持。因建设工程不合格造成的损失，发包人有过错的，也应承担相应的民事责任。

上述规定虽然维护了承包单位的利益，避免其遭受巨大的经济损失，但该行为依然是违法行为，因此，《解释》第四条作出规定，承包人非法转包、违法分包建设工程或者没有资质的实际施工人员借用有资质的建筑施工企业名义与他人签订建设工程施工合同的行为无效。人民法院可以根据《民法通则》第一百三十四条规定，收缴当事人已经取得的非法所得。

《解释》第一条对承包单位的资质作出了严格的要求，但在实际工作中企业的资质并不是一成不变的，承包商有可能在超越资质承揽工程后取得了相应资质。针对这种情况，《解释》第五条规定，承包人超越资质等级许可的业务范围签订建设工程施工合同，在建设工程竣工前取得相应资质等级，当事人请求按照无效合同处理的，不予支持。而对于劳务作业分包的单位，由于其仅提供劳务作业，不涉及工程建设的技术问题。我国建设法律、法规并没有限制劳务作业的分包人承揽全部建设工程的劳务作业。对此，《解释》第七条规定，具有劳务作业法定资质的承包人与总承包人、分包人签订的劳务分包合同，当事人以转包建设工程违反法律规定为由请求确认无效的，不予支持。

二、关于建设工程垫资利息的解释

由于我国建筑市场的不完善，施工单位在承揽工程的过程中经常处于弱势地位，工程垫资情形经常出现。

根据《工程建设项目施工招标投标办法》的规定，依法必须招标的项目，招标时需要具备的条件之一就是有相应资金或资金来源已经落实，否则不允许招标。《建设工程施工合同(示范文本)》(GF—2013—0201)中规定，预付款的支付按照专用合同条款约定执行，但至迟应在开工通知载明的开工日期 7 日前支付。预付款应当用于材料、工程设备、施工设备的采购及修建临时工程、组织施工队伍进场等。由此可见，建设单位不仅要具备修建工程的资金准备，而且应向承包单位支付预付款，以帮助承包单位在没有获得工程进度款的前提下具备工程建设准备的能力。但是，很多时候，这种情况却不能得到很好落实，承包单位不仅得不到工程预付款，工程进度款也很难全部收回。

建设单位经常要求承包单位垫付资金来修建工程，而承包单位为获得建设工程的机会往往无奈地签下这样的合同。这样的结果不仅使得承包单位陷入资金周转的困境，同时，也经常会由此产生工程合同纠纷。

对于垫资问题产生的纠纷，《解释》第六条作出了明确规定，当事人对垫资和垫资利息有约定，承包人请求按照约定返还垫资及其利息的，应予支持，但是约定的利息计算标准高于中国人民银行发布的同期同类贷款利率的部分除外。当事人对垫资没有约定的，按照工程欠款处理。当事人对垫资利息没有约定，承包人请求支付利息的，不予支持。

三、关于建设工程施工合同解除条件的解释

《合同法》规定，当事人协商一致，可以解除合同。当事人可以约定一方解除合同的条件。解除合同的条件成熟时，解除权人可以解除合同。同时，《合同法》还规定了法定解除的情形，当合同履行过程中出现这些情形时，合同可以法定解除。在此基础之上，《解释》对于施工合同的解除条件及法律后果作出了进一步的规定。

1. 发包人请求解除合同

承包人具有下列情形之一，发包人请求解除建设工程施工合同的，应予支持：①明确表示或者以行为表明不履行合同主要义务的；②合同约定的期限内没有完工，且在发包人催告的合理期限内仍未完工的；③已经完成的建设工程质量不合格，并拒绝修复的；④将承包的建设工程非法转包、违法分包的。

2. 承包人请求解除合同

发包人具有下列情形之一，致使承包人无法施工，且在催告的合理期限内仍未履行相应义务，承包人请求解除建设工程施工合同的，应予支持：①未按约定支付工程价款的；②提供的主要建筑材料、建筑构配件和设备不符合强制性标准的；③不履行合同约定的协助义务的。

3. 合同解除后的法律后果

《合同法》规定，合同解除后，尚未履行的，终止履行；已经履行的，根据履行情况和合同性质，当事人可以要求恢复原状、采取补救措施，并有权要求赔偿。合同的权利义务终止，不影响合同中结算和清理条款的效力。

《解释》第十条对于施工合同的解除也作了相关规定，建设工程施工合同解除后，已经完成的建设工程质量合格的，发包人应当按照约定支付相应的工程价款；已经完成的建设工程质量不合格的，按下列情况处理：①修复后的建设工程经竣工验收合格，发包人请求承包人承担修复费用的，应予支持；②修复后的建设工程经竣工验收不合格，承包人请求支付工程价款的，不予支持。

因一方违约导致合同解除的，违约方应当赔偿因此而给对方造成的损失。

四、关于建设工程质量不符合约定情况责任承担主体的解释

导致工程质量不合格的原因很多，其中有发包人的原因，也有承包人的原因。其责任的承担应该根据具体情况分别作出处理。

1. 因承包人过错导致质量不符合约定的处理

《合同法》规定，因施工人员的原因致使建设工程质量不符合约定的，发包人有权要求施工人员在合理期限内无偿修理或者返工、改建。经过修理或返工、改建后，造成逾期交付的，施工人员应当承担违约责任。

《解释》第十一条规定，因承包人的过错造成建设工程质量不符合约定，承包人拒绝修理、返工或者改建，发包人请求减少支付工程价款的，应予支持。

2. 因发包人过错导致质量不符合约定的处理

《建设工程质量管理条例》规定，建设单位必须向有关的勘察、设计、施工、工程监理等单位提供与建设工程有关的原始资料。原始资料必须真实、准确、齐全。按照合同约定，由建设单位采购建筑材料、建筑构配件和设备的，建设单位应当保证建筑材料、建筑构配件和设备符合设计文件和合同要求。建设单位不得明示或者暗示施工单位使用不合格的建筑材料、建筑构配件和设备。

但在实际工作中，经常出现建设单位违反上述规定的情形。这些情形的出现，有些是源于过失，有些则是建设单位为自身牟取利益而有意为之。鉴于此，《解释》第十二条规定，发包人具有下列情形之一，造成建设工程质量缺陷，应当承担过错责任：①提供的设计有缺陷；②提供或者指定购买的建筑材料、建筑构配件、设备不符合强制性标准；③直接指定分包人分包专业工程。承包人有过错的，也应当承担相应的过错责任。

3. 发包人擅自使用后出现质量问题的处理

《建设工程质量管理条例》规定，建设单位收到建设工程竣工验收报告后，应当组织设计、施工、工程监理等有关单位进行竣工验收。建设工程经验收合格的，方可交付使用。

有时建设单位为能够提前投入生产，在没有经过竣工验收的前提下就擅自使用了工程。由于工程质量问题需要经过一段时间才能显现出来，因此，这种未经竣工验收就使用工程的行为往往就导致了其后的工程质量的纠纷。

对此，《解释》第二十三条规定，当事人对部分案件事实有争议的，仅对有争议的事实进行鉴定，但争议事实范围不能确定，或者双方当事人请求对全部事实鉴定的除外。

《解释》第十三条规定，建设工程未经竣工验收，发包人擅自使用后，又以使用部分质量不符合约定为由主张权利的，不予支持；但是承包人应当在建设工程的合理使用寿命内对地基基础工程和主体结构质量承担民事责任。

五、关于竣工日期争议的解释

竣工日期可以分为合同中约定的竣工日期和实际竣工日期。合同中约定的竣工日期是指发包人和承包人在协议书中约定的承包人完成承包范围内工程的绝对或相对日期。实际竣工日期是指承包人全面、适当履行了施工承包合同时的日期。合同中约定的竣工日期是发包人限定的竣工日期的底线，如果承包人超过了这个日期竣工就将为此承担违约责任。而实际竣工日期则是承包人可以全面主张合同中约定的权利的开始之日，如果该日期先于合同中约定的竣工日期，承包商可以因此获得奖励。由此可见，竣工日期的确定将影响发包人和承包人的利益，因此，关于工程竣工日期的争议时有发生。

《建设工程施工合同(示范文本)》(GF—2013—0201)中规定，工程经竣工验收合格的，以承包人提交竣工验收申请报告之日为实际竣工日期，并在工程接收证书中载明；因发包人原因，未在监理人收到承包人提交的竣工验收申请报告 42 日内完成竣工验收，或完成竣工验收不予签发工程接收证书的，以提交竣工验收申请报告的日期为实际竣工日期；工程未经竣工验收，发包人擅自使用的，以转移占有工程之日为实际竣工日期。

但是在实际操作中却容易出现一些特殊的情形并最终导致关于竣工日期的争议。这些情形主要表现如下：

(1)由于建设单位和施工单位对于工程质量是否符合合同约定产生争议而导致对竣工日期的争议。工程质量是否合格涉及多方面因素，当事人双方很容易就其影响因素产生争议。争议一旦产生，就需要权威部门进行鉴定。鉴定结果若是不合格，则不涉及竣工日期的争议；反之，若鉴定结果为合格，可能就涉及具体竣工日期的问题。承包商通常认为应以提交竣工验收报告之日为竣工日期，而建设单位可能认为应以竣工验收合格之日为实际竣工日期。

对此，《解释》第十五条规定，建设工程竣工前，当事人对工程质量发生争议，工程质量经鉴定合格的，鉴定期间为顺延工期期间。由此可以确定，应该以提交竣工验收报告之日为竣工日期。

(2)由于发包人拖延验收而产生的对竣工日期的争议。《建设工程施工合同(示范文本)》(GF—2013—0201)中规定，工程具备以下条件的，承包人可以申请竣工验收：除发包人同意的甩项工作和缺陷修补工作外，合同范围内的全部工程以及有关工作，包括合同要求的试验、试运行以及检验均已完成，并符合合同要求；已按合同约定编制了甩项工作和缺陷修补工作清单以及相应的施工计划；已按合同约定的内容和份数备齐竣工资料。

但是，有可能会由于主观的或客观的原因，发包人没能按照约定的时间组织竣工验收，最后施工单位和建设单位就实际竣工日期产生争议，对此，《解释》第十四条规定，建设工程经竣工验收合格的，以竣工验收合格之日为竣工日期；承包人已经提交竣工验收报告，发包人拖延验收的，以承包人提交验收报告之日为竣工日期。

(3)由于发包人擅自使用工程而产生的对于实际竣工日期的争议。《建设工程质量管理条例》规定，建设单位收到建设工程竣工报告后，应当组织设计、施工、工程监理等有关单位进行竣工验收……建设工程竣工验收合格的，方可交付使用。

但在实际工作中，有时建设单位为能够提前使用工程而取消了竣工验收这道法律规定的程序。这样就容易导致对于实际竣工日期的争议。对于这种情形，《解释》第 14 条同时作出了规定，建设工程未经竣工验收，发包人擅自使用的，以转移占有建设工程之日为竣工日期。

六、关于计价方法的解释

在建设工程合同中，双方当事人会约定计价的方法，这是建设单位向施工单位支付工程款的依据和基础。如果合同双方对于计价方法产生了纠纷且不能得到及时、妥善解决，就必然会影响到当事人的切身利益。

1. 因工程变更引起的纠纷

在工程建设过程中，变更是普遍存在的。尽管变更的表现形式纷繁复杂，但其对于工程款支付的影响则主要表现在以下两方面：

(1)由于工程量的变化引起的纠纷。从经济学角度看，成本的组成包括两部分，即固定成本和可变成本。固定成本不因产量的增加而增加。当产量增加时，单位产量上摊销的固定成本就会减少，而单位可变成本不发生变化，其总成本将减少。在原有价格不变的前提下，会导致利润率增加。因此，当工程量发生变化后，一方当事人就会提出增加或减少单价，以维持原有的利润率水平。如果工程量增加了，建设单位就会要求减少单价。相反，若工程量减少了，施工单位就会要求增加单价。调整单价时会涉及两个因素，分别是工程量增减幅度达到多少要调价以及应将单价调整到多少。如果在施工合同中没有对此进行约定，就会导致纠纷。

(2)工程质量标准的变化导致价格的纠纷。工程质量标准有很多分类的方法，如果按照标准的级别来分，可以分为国家标准、地方标准、行业标准和企业标准。另外，合同双方当事人也可以在合同中约定标准，如果约定的标准没有违反强制性标准，应以合同约定的标准执行。正是工程质量标准的多样性导致工程标准发生变化而产生纠纷。

对于上面由于变更而引起的计价方法的纠纷，《解释》第十六条规定，当事人对建设工程的计价标准或者计价方法有约定的，按照约定结算工程价款。

由设计变更导致建设工程的工程量或者质量标准发生变化，当事人对该部分工程价款不能协商一致的，可以参照签订建设工程施工合同时当地建设行政主管部门发布的计价方法或者计价标准结算工程价款。

2. 因工程质量验收不合格导致的纠纷

工程合同中的价款针对的是合格工程而言的，而在工程实践中，不合格产品也是普遍存在的，对于不合格产品如何计价也就成了合同当事人关注的问题。在这个问题中也涉及两方面的问题：一是工程质量与合同约定的不符合程度；二是针对该工程质量应予支付的工程款。

对此，《解释》第十六条同时作出了规定，建设工程施工合同有效，但建设工程经竣工验收不合格的，工程价款结算参照本解释第三条规定处理，即修复后的建设工程经竣工验收合格，发包人请求承包人承担修复费用的，应予支持；修复后的建设工程经竣工验收不合格，承包人请求支付工程价款的，不予支持。

3. 因利息而产生的纠纷

《合同法》规定，当事人一方不履行合同义务或者履行合同义务不符合约定，给对方造成损失的，损失赔偿额应当相当于因违约所造成的损失，包括合同履行后可以获得的利益，但不得超过违反合同一方订立合同时预见到或者应当预见到的因违反合同可能造成的损失。

从上面的条款可以看到，如果建设单位不及时向承包商支付工程款，承包商在要求建设单位继续履行的前提下，可以要求承包商为此支付利息，因为利息是建设单位按期支付工程款后承包商的预期利益。

在实践中，对于利息的支付容易在两个方面产生纠纷：一是利息的计付标准；二是如何开始计付利息。

《解释》第十七条规定，当事人对欠付工程价款利息计付标准有约定的，按照约定处理；没有约定的，按照中国人民银行发布的同期同类贷款利率计息。

《解释》第十八条规定，利息从应付工程价款之日计付。当事人对付款时间没有约定或者约定不明的，下列时间视为应付款时间：

(1)建设工程已实际交付的，为交付之日；

(2)建设工程没有交付的，为提交竣工结算文件之日；

(3)建设工程未交付，工程价款也未结算的，为当事人起诉之日。

4. 因合同计价方式产生的纠纷

《建筑工程施工发包与承包计价管理办法》规定，合同计价可以采用单价、总价和成本加酬金的方式。

(1)实行工程量清单计价的建筑工程，鼓励发、承包双方采用单价方式确定合同价款。

(2)建设规模较小、技术难度较低、工期较短的建筑工程，发、承包双方可以采用总价方式确定合同价款。

(3)紧急抢险、救灾以及施工技术特别复杂的建筑工程，发、承包双方可以采用成本加酬金方式确定合同价款。

七、关于工程量争议的解释

在工程款支付的过程中，确认完成的工程量是一个重要的环节，只有确认了完成的工程量，才能进行下一步的结算。

(1)对未经签证但事实上已经完成工程量的确认。工程量的确认应以工程师的确认为依据，只有经过工程师确认的工程量才能进行工程价款的结算。

工程师的确认以签证为依据，也就是说，只要工程师对于已完成工程进行了签证，建设单位就要支付这部分工程量的工程款。但是，有时却存在另一种情形：工程师口头同意进行某项工程的修建，但是由于主观的或者客观的原因而未能及时提供签证，对于这部分工程量的确认就很容易引起纠纷。

《合同法》规定，法律、行政法规规定或者当事人约定采用书面形式订立合同，当事人未采用书面形式但一方已经履行主要义务，对方接受的，该合同成立。

据此，《解释》第十九条规定，当事人对工程量有争议的，按照施工过程中形成的签证等书面文件确认。承包人能够证明发包人同意其施工，但未能提供签证文件证明工程量发生的，可以按照当事人提供的其他证据确认实际发生的工程量。

(2)对于确认工程量的时间的纠纷。如果建设单位迟迟不确认施工单位完成的工程量，就会导致施工单位不能及时得到工程款，这样就损害了施工单位的利益。为了保护合同当事人的合法权益，《解释》第二十条规定，当事人约定，发包人收到竣工结算文件后，在约定期限内不予答复，视为认可竣工结算文件的，按照约定处理。承包人请求按照竣工结算文件结算工程价款的，应予支持。

八、关于阴阳合同的解释

开标前，每个投标人的投标文件都是保密的，这就使得中标人的中标价往往高于招标人的心理期望值。而建设单位为了降低工程成本，总是希望能将承包商的中标价格压至最低，于是就出现了阴阳合同问题。

所谓阴阳合同问题，就是招标人与中标人签订了合同后另行订立了一个背离合同实质内容的其他协议而引发的问题。这个问题主要表现在以哪个合同进行结算。

《招标投标法》规定，招标人与中标人应当自中标通知书发出之日起 30 日内，按照招标文件和中标人的投标文件订立书面合同。招标人和中标人不得再行订立背离合同实质性内容的其他协议。

可见，招标人与中标人另行签订合同的行为属于违法行为。《合同法》第五十二条规定，有下列情形之一的，合同无效……违反法律、行政法规的强制性规定。通过这个规定可知，招标人与中标人另行签订的合同属于无效合同，即阴阳合同的本质是无效的合同。

《招标投标法》规定，依法必须进行招标的项目，招标人应当自确定中标人之日起 15 日内，向有关行政监督部门提交招标投标情况的书面报告。

《工程建设项目施工招标投标办法》及《房屋建筑和市政基础设施工程施工招标投标管理办法》中也有类似的规定，由此可见，中标后签订的合同是需要备案的。对于两个存在实质性差别的阴阳合同，只能用第一个合同进行备案而不可能采用第二个合同备案或者将两个合同同时进行备案。

对此，《解释》第二十一条规定，当事人就同一建设工程另行订立的建设工程施工合同与经过备案的中标合同实质性内容不一致的，应当以备案的中标合同作为结算工程价款的根据。

九、关于建设工程价款优先受偿权的解释

在工程建设中，建设单位为了筹措资金，经常会向银行贷款。作为条件，银行会要求建设单位提供相应的担保。有时，建设单位会以拟建的建设工程(主要是商品房)为抵押作为贷款担保。这需要在建设单位和银行之间签订一份抵押合同。根据《中华人民共和国担保

法》的规定，债务履行期届满抵押权人未受清偿的，可以与抵押人协议以抵押物折价或者以拍卖、变卖该抵押物所得的价款受偿；协议不成的，抵押权人可以向人民法院提起诉讼。抵押物折价或者拍卖、变卖后，其价款超过债权数额的部分归抵押人所有，不足部分由债务人清偿。这就是说，如果建设单位在应该偿还贷款的期限届满而没有清偿贷款的话，银行就可以将建成的工程项目(主要是商品房)折价、拍卖或者变卖，然后将所得收入占有。

但是，根据《合同法》第二百八十六条规定，发包人未按照约定支付价款的，承包人可以催告发包人在合理期限内支付价款。发包人逾期不支付的，除按照建设工程的性质不宜折价、拍卖的以外，承包人可以与发包人协议将该工程折价，也可以申请人民法院将该工程依法拍卖。建设工程的价款就该工程折价或者拍卖的价款优先受偿。这就意味着，如果建设单位不及时支付工程款，则施工单位可以将建成的建设项目折价、拍卖并将所得占有。

在上面两个条件都存在的情况下，银行和施工单位都可以将建成的工程项目拍卖并将所得款项占有。针对优先将这笔款项支付给谁的问题，2002 年 6 月 11 日，最高人民法院审判委员会第 1 225 次会议通过了《最高人民法院关于建设工程价款优先受偿权问题的批复》，对此作出了如下解释：

(1)人民法院在审理房地产纠纷案件和办理执行案件中，应当依照《合同法》第二百八十六条的规定，认定建筑工程承包人的优先受偿权优于抵押权和其他债权。

(2)消费者交付购买商品房的全部或部分款项后，承包人就该商品房享有的工程价款优先受偿权不得对抗买受人。

(3)建设工程价款包括承包人为建设工程应当支付的工作人员报酬、材料等实际支出的费用，不包括承包人因发包人违约所造成的损失。

(4)建设工程承包人行使优先受偿权的期限为 6 个月，自建设工程竣工之日或者建设工程合同约定的竣工之日起计算。

附录二　建设工程安全生产管理条例

(2003 年 11 月 12 日国务院第 28 次常务会议通过)

第一章　总　　则

第一条　为了加强建设工程安全生产监督管理，保障人民群众生命和财产安全，根据《中华人民共和国建筑法》《中华人民共和国安全生产法》，制定本条例。

第二条　在中华人民共和国境内从事建设工程的新建、扩建、改建和拆除等有关活动及实施对建设工程安全生产的监督管理，必须遵守本条例。

本条例所称建设工程，是指土木工程、建筑工程、线路管道和设备安装工程及装修工程。

第三条　建设工程安全生产管理，坚持安全第一、预防为主的方针。

第四条　建设单位、勘察单位、设计单位、施工单位、工程监理单位及其他与建设工程安全生产有关的单位，必须遵守安全生产法律、法规的规定，保证建设工程安全生产，依法承担建设工程安全生产责任。

第五条 国家鼓励建设工程安全生产的科学技术研究和先进技术的推广应用，推进建设工程安全生产的科学管理。

第二章 建设单位的安全责任

第六条 建设单位应当向施工单位提供施工现场及毗邻区域内供水、排水、供电、供气、供热、通信、广播电视等地下管线资料，气象和水文观测资料，相邻建筑物和构筑物、地下工程的有关资料，并保证资料的真实、准确、完整。

建设单位因建设工程需要，向有关部门或者单位查询前款规定的资料时，有关部门或者单位应当及时提供。

第七条 建设单位不得对勘察、设计、施工、工程监理等单位提出不符合建设工程安全生产法律、法规和强制性标准规定的要求，不得压缩合同约定的工期。

第八条 建设单位在编制工程概算时，应当确定建设工程安全作业环境及安全施工措施所需费用。

第九条 建设单位不得明示或者暗示施工单位购买、租赁、使用不符合安全施工要求的安全防护用具、机械设备、施工机具及配件、消防设施和器材。

第十条 建设单位在申请领取施工许可证时，应当提供建设工程有关安全施工措施的资料。

依法批准开工报告的建设工程，建设单位应当自开工报告批准之日起15日内，将保证安全施工的措施报送建设工程所在地的县级以上地方人民政府建设行政主管部门或者其他有关部门备案。

第十一条 建设单位应当将拆除工程发包给具有相应资质等级的施工单位。

建设单位应当在拆除工程施工15日前，将下列资料报送建设工程所在地的县级以上地方人民政府建设行政主管部门或者其他有关部门备案：

(一)施工单位资质等级证明；

(二)拟拆除建筑物、构筑物及可能危及毗邻建筑的说明；

(三)拆除施工组织方案；

(四)堆放、清除废弃物的措施。

实施爆破作业的，应当遵守国家有关民用爆炸物品管理的规定。

第三章 勘察、设计、工程监理及其他有关单位的安全责任

第十二条 勘察单位应当按照法律、法规和工程建设强制性标准进行勘察，提供的勘察文件应当真实、准确，满足建设工程安全生产的需要。

勘察单位在勘察作业时，应当严格执行操作规程，采取措施保证各类管线、设施和周边建筑物、构筑物的安全。

第十三条 设计单位应当按照法律、法规和工程建设强制性标准进行设计，防止由设计不合理导致生产安全事故的发生。

设计单位应当考虑施工安全操作和防护的需要，对涉及施工安全的重点部位和环节在

设计文件中注明，并对防范生产安全事故提出指导意见。

采用新结构、新材料、新工艺的建设工程和特殊结构的建设工程，设计单位应当在设计中提出保障施工作业人员安全和预防生产安全事故的措施建议。

设计单位和注册建筑师等注册执业人员应当对其设计负责。

第十四条 工程监理单位应当审查施工组织设计中的安全技术措施或者专项施工方案是否符合工程建设强制性标准。

工程监理单位在实施监理过程中，发现存在安全事故隐患的，应当要求施工单位整改；情况严重的，应当要求施工单位暂时停止施工，并及时报告建设单位。施工单位拒不整改或者不停止施工的，工程监理单位应当及时向有关主管部门报告。

工程监理单位和监理工程师应当按照法律、法规和工程建设强制性标准实施监理，并对建设工程安全生产承担监理责任。

第十五条 为建设工程提供机械设备和配件的单位，应当按照安全施工的要求配备齐全有效的保险、限位等安全设施和装置。

第十六条 出租的机械设备和施工机具及配件，应当具有生产(制造)许可证、产品合格证。

出租单位应当对出租的机械设备和施工机具及配件的安全性能进行检测，在签订租赁协议时，应当出具检测合格证明。

禁止出租检测不合格的机械设备和施工机具及配件。

第十七条 在施工现场安装、拆卸施工起重机械和整体提升脚手架、模板等自升式架设设施，必须由具有相应资质的单位承担。

安装、拆卸施工起重机械和整体提升脚手架、模板等自升式架设设施，应当编制拆装方案、制定安全施工措施，并由专业技术人员现场监督。

施工起重机械和整体提升脚手架、模板等自升式架设设施安装完毕后，安装单位应当自检，出具自检合格证明，并向施工单位进行安全使用说明，办理验收手续并签字。

第十八条 施工起重机械和整体提升脚手架、模板等自升式架设设施的使用达到国家规定的检验检测期限的，必须经具有专业资质的检验检测机构检测。经检测不合格的，不得继续使用。

第十九条 检验检测机构对检测合格的施工起重机械和整体提升脚手架、模板等自升式架设设施，应当出具安全合格证明文件，并对检测结果负责。

第四章 施工单位的安全责任

第二十条 施工单位从事建设工程的新建、扩建、改建和拆除等活动，应当具备国家规定的注册资本、专业技术人员、技术装备和安全生产等条件，依法取得相应等级的资质证书，并在其资质等级许可的范围内承揽工程。

第二十一条 施工单位主要负责人依法对本单位的安全生产工作全面负责。施工单位应当建立健全安全生产责任制度和安全生产教育培训制度，制定安全生产规章制度和操作规程，保证本单位安全生产条件所需资金的投入，对所承担的建设工程进行定期和专项安全检查，并做好安全检查记录。

施工单位的项目负责人应当由取得相应执业资格的人员担任，对建设工程项目的安全施工负责，落实安全生产责任制度、安全生产规章制度和操作规程，确保安全生产费用的有效使用，并根据工程的特点组织制定安全施工措施，消除安全事故隐患，及时、如实报告生产安全事故。

第二十二条 施工单位对列入建设工程概算的安全作业环境及安全施工措施所需费用，应当用于施工安全防护用具及设施的采购和更新、安全施工措施的落实、安全生产条件的改善，不得挪作他用。

第二十三条 施工单位应当设立安全生产管理机构，配备专职安全生产管理人员。

专职安全生产管理人员负责对安全生产进行现场监督检查。发现安全事故隐患，应当及时向项目负责人和安全生产管理机构报告；对违章指挥、违章操作的，应当立即制止。

专职安全生产管理人员的配备办法由国务院建设行政主管部门会同国务院其他有关部门制定。

第二十四条 建设工程实行施工总承包的，由总承包单位对施工现场的安全生产负总责。

总承包单位应当自行完成建设工程主体结构的施工。

总承包单位依法将建设工程分包给其他单位的，分包合同中应当明确各自的安全生产方面的权利、义务。总承包单位和分包单位对分包工程的安全生产承担连带责任。

分包单位应当服从总承包单位的安全生产管理，分包单位不服从管理导致生产安全事故的，由分包单位承担主要责任。

第二十五条 垂直运输机械作业人员、安装拆卸工、爆破作业人员、起重信号工、登高架设作业人员等特种作业人员，必须按照国家有关规定经过专门的安全作业培训，并取得特种作业操作资格证书后，方可上岗作业。

第二十六条 施工单位应当在施工组织设计中编制安全技术措施和施工现场临时用电方案，对下列达到一定规模的危险性较大的分部分项工程编制专项施工方案，并附具安全验算结果，经施工单位技术负责人、总监理工程师签字后实施，由专职安全生产管理人员进行现场监督：

(一)基坑支护与降水工程；

(二)土方开挖工程；

(三)模板工程；

(四)起重吊装工程；

(五)脚手架工程；

(六)拆除、爆破工程；

(七)国务院建设行政主管部门或者其他有关部门规定的其他危险性较大的工程。

对前款所列工程中涉及深基坑、地下暗挖工程、高大模板工程的专项施工方案，施工单位还应当组织专家进行论证、审查。

本条第一款规定的达到一定规模的危险性较大工程的标准，由国务院建设行政主管部门会同国务院其他有关部门制定。

第二十七条 建设工程施工前，施工单位负责项目管理的技术人员应当对有关安全施工的技术要求向施工作业班组、作业人员作出详细说明，并由双方签字确认。

第二十八条 施工单位应当在施工现场入口处、施工起重机械、临时用电设施、脚手架、出入通道口、楼梯口、电梯井口、孔洞口、桥梁口、隧道口、基坑边沿、爆破物及有害危险气体和液体存放处等危险部位，设置明显的安全警示标志。安全警示标志必须符合国家标准。

施工单位应当根据不同施工阶段和周围环境及季节、气候的变化，在施工现场采取相应的安全施工措施。施工现场暂时停止施工的，施工单位应当做好现场防护，所需费用由责任方承担，或者按照合同约定执行。

第二十九条 施工单位应当将施工现场的办公、生活区与作业区分开设置，并保持安全距离；办公、生活区的选址应当符合安全性要求。职工的膳食、饮水、休息场所等应当符合卫生标准。施工单位不得在尚未竣工的建筑物内设置员工集体宿舍。

施工现场临时搭建的建筑物应当符合安全使用要求。施工现场使用的装配式活动房屋应当具有产品合格证。

第三十条 施工单位对因建设工程施工可能造成损害的毗邻建筑物、构筑物和地下管线等，应当采取专项防护措施。

施工单位应当遵守有关环境保护法律、法规的规定，在施工现场采取措施，防止或者减少粉尘、废气、废水、固体废物、噪声、振动和施工照明对人和环境的危害和污染。

在城市市区内的建设工程，施工单位应当对施工现场实行封闭围挡。

第三十一条 施工单位应当在施工现场建立消防安全责任制度，确定消防安全责任人，制定用火、用电、使用易燃易爆材料等各项消防安全管理制度和操作规程，设置消防通道、消防水源，配备消防设施和灭火器材，并在施工现场入口处设置明显标志。

第三十二条 施工单位应当向作业人员提供安全防护用具和安全防护服装，并书面告知危险岗位的操作规程和违章操作的危害。

作业人员有权对施工现场的作业条件、作业程序和作业方式中存在的安全问题提出批评、检举和控告，有权拒绝违章指挥和强令冒险作业。

在施工中发生危及人身安全的紧急情况时，作业人员有权立即停止作业或者在采取必要的应急措施后撤离危险区域。

第三十三条 作业人员应当遵守安全施工的强制性标准、规章制度和操作规程，正确使用安全防护用具、机械设备等。

第三十四条 施工单位采购、租赁的安全防护用具、机械设备、施工机具及配件，应当具有生产(制造)许可证、产品合格证，并在进入施工现场前进行查验。

施工现场的安全防护用具、机械设备、施工机具及配件必须由专人管理，定期进行检查、维修和保养，建立相应的资料档案，并按照国家有关规定及时报废。

第三十五条 施工单位在使用施工起重机械和整体提升脚手架、模板等自升式架设设施前，应当组织有关单位进行验收，也可以委托具有相应资质的检验检测机构进行验收；使用承租的机械设备和施工机具及配件的，由施工总承包单位、分包单位、出租单位和安装单位共同进行验收。验收合格的方可使用。

《特种设备安全监察条例》规定的施工起重机械，在验收前应当经有相应资质的检验检测机构监督检验合格。

施工单位应当自施工起重机械和整体提升脚手架、模板等自升式架设设施验收合格之日起 30 日内，向建设行政主管部门或者其他有关部门登记。登记标志应当置于或者附着于该设备的显著位置。

第三十六条 施工单位的主要负责人、项目负责人、专职安全生产管理人员应当经建设行政主管部门或者其他有关部门考核合格后方可任职。

施工单位应当对管理人员和作业人员每年至少进行一次安全生产教育培训，其教育培训情况记入个人工作档案。安全生产教育培训考核不合格的人员，不得上岗。

第三十七条 作业人员进入新的岗位或者新的施工现场前，应当接受安全生产教育培训。未经教育培训或者教育培训考核不合格的人员，不得上岗作业。

施工单位在采用新技术、新工艺、新设备、新材料时，应当对作业人员进行相应的安全生产教育培训。

第三十八条 施工单位应当为施工现场从事危险作业的人员办理意外伤害保险。

意外伤害保险费由施工单位支付。实行施工总承包的，由总承包单位支付意外伤害保险费。意外伤害保险期限自建设工程开工之日起至竣工验收合格止。

第五章 监督管理

第三十九条 国务院负责安全生产监督管理的部门依照《中华人民共和国安全生产法》的规定，对全国建设工程安全生产工作实施综合监督管理。

县级以上地方人民政府负责安全生产监督管理的部门依照《中华人民共和国安全生产法》的规定，对本行政区域内建设工程安全生产工作实施综合监督管理。

第四十条 国务院建设行政主管部门对全国的建设工程安全生产实施监督管理。国务院铁路、交通、水利等有关部门按照国务院规定的职责分工，负责有关专业建设工程安全生产的监督管理。

县级以上地方人民政府建设行政主管部门对本行政区域内的建设工程安全生产实施监督管理。县级以上地方人民政府交通、水利等有关部门在各自的职责范围内，负责本行政区域内的专业建设工程安全生产的监督管理。

第四十一条 建设行政主管部门和其他有关部门应当将本条例第十条、第十一条规定的有关资料的主要内容抄送同级负责安全生产监督管理的部门。

第四十二条 建设行政主管部门在审核发放施工许可证时，应当对建设工程是否有安全施工措施进行审查，对没有安全施工措施的，不得颁发施工许可证。

建设行政主管部门或者其他有关部门对建设工程是否有安全施工措施进行审查时，不得收取费用。

第四十三条 县级以上人民政府负有建设工程安全生产监督管理职责的部门在各自的职责范围内履行安全监督检查职责时，有权采取下列措施：

(一)要求被检查单位提供有关建设工程安全生产的文件和资料；

(二)进入被检查单位施工现场进行检查；

(三)纠正施工中违反安全生产要求的行为；

(四)对检查中发现的安全事故隐患，责令立即排除；重大安全事故隐患排除前或者排除过程中无法保证安全的，责令从危险区域内撤出作业人员或者暂时停止施工。

第四十四条 建设行政主管部门或者其他有关部门可以将施工现场的监督检查委托给建设工程安全监督机构具体实施。

第四十五条 国家对严重危及施工安全的工艺、设备、材料实行淘汰制度。具体目录由国务院建设行政主管部门会同国务院其他有关部门制定并公布。

第四十六条 县级以上人民政府建设行政主管部门和其他有关部门应当及时受理对建设工程生产安全事故及安全事故隐患的检举、控告和投诉。

第六章 生产安全事故的应急救援和调查处理

第四十七条 县级以上地方人民政府建设行政主管部门应当根据本级人民政府的要求，制定本行政区域内建设工程特大生产安全事故应急救援预案。

第四十八条 施工单位应当制定本单位生产安全事故应急救援预案，建立应急救援组织或者配备应急救援人员，配备必要的应急救援器材、设备，并定期组织演练。

第四十九条 施工单位应当根据建设工程施工的特点、范围，对施工现场易发生重大事故的部位、环节进行监控，制定施工现场生产安全事故应急救援预案。实行施工总承包的，由总承包单位统一组织编制建设工程生产安全事故应急救援预案，工程总承包单位和分包单位按照应急救援预案，各自建立应急救援组织或者配备应急救援人员，配备救援器材、设备，并定期组织演练。

第五十条 施工单位发生生产安全事故，应当按照国家有关伤亡事故报告和调查处理的规定，及时、如实地向负责安全生产监督管理的部门、建设行政主管部门或者其他有关部门报告；特种设备发生事故的，还应当同时向特种设备安全监督管理部门报告。接到报告的部门应当按照国家有关规定，如实上报。

实行施工总承包的建设工程，由总承包单位负责上报事故。

第五十一条 发生生产安全事故后，施工单位应当采取措施防止事故扩大，保护事故现场。需要移动现场物品时，应当做出标记和书面记录，妥善保管有关证物。

第五十二条 建设工程生产安全事故的调查、对事故责任单位和责任人的处罚与处理，按照有关法律、法规的规定执行。

第七章 法律责任

第五十三条 违反本条例的规定，县级以上人民政府建设行政主管部门或者其他有关行政管理部门的工作人员，有下列行为之一的，给予降级或者撤职的行政处分；构成犯罪的，依照刑法有关规定追究刑事责任：

(一)对不具备安全生产条件的施工单位颁发资质证书的；

(二)对没有安全施工措施的建设工程颁发施工许可证的；

(三)发现违法行为不予查处的；

(四)不依法履行监督管理职责的其他行为。

第五十四条 违反本条例的规定，建设单位未提供建设工程安全生产作业环境及安全施工措施所需费用的，责令限期改正；逾期未改正的，责令该建设工程停止施工。

建设单位未将保证安全施工的措施或者拆除工程的有关资料报送有关部门备案的，责令限期改正，给予警告。

第五十五条 违反本条例的规定，建设单位有下列行为之一的，责令限期改正，处20万元以上50万元以下的罚款；造成重大安全事故，构成犯罪的，对直接责任人员，依照刑法有关规定追究刑事责任；造成损失的，依法承担赔偿责任：

(一)对勘察、设计、施工、工程监理等单位提出不符合安全生产法律、法规和强制性标准规定的要求的；

(二)要求施工单位压缩合同约定的工期的；

(三)将拆除工程发包给不具有相应资质等级的施工单位的。

第五十六条 违反本条例的规定，勘察单位、设计单位有下列行为之一的，责令限期改正，处10万元以上30万元以下的罚款；情节严重的，责令停业整顿，降低资质等级，直至吊销资质证书；造成重大安全事故，构成犯罪的，对直接责任人员，依照刑法有关规定追究刑事责任；造成损失的，依法承担赔偿责任：

(一)未按照法律、法规和工程建设强制性标准进行勘察、设计的；

(二)采用新结构、新材料、新工艺的建设工程和特殊结构的建设工程，设计单位未在设计中提出保障施工作业人员安全和预防生产安全事故的措施建议的。

第五十七条 违反本条例的规定，工程监理单位有下列行为之一的，责令限期改正；逾期未改正的，责令停业整顿，并处10万元以上30万元以下的罚款；情节严重的，降低资质等级，直至吊销资质证书；造成重大安全事故，构成犯罪的，对直接责任人员，依照刑法有关规定追究刑事责任；造成损失的，依法承担赔偿责任：

(一)未对施工组织设计中的安全技术措施或者专项施工方案进行审查的；

(二)发现安全事故隐患未及时要求施工单位整改或者暂时停止施工的；

(三)施工单位拒不整改或者不停止施工，未及时向有关主管部门报告的；

(四)未依照法律、法规和工程建设强制性标准实施监理的。

第五十八条 注册执业人员未执行法律、法规和工程建设强制性标准的，责令停止执业3个月以上1年以下；情节严重的，吊销执业资格证书，5年内不予注册；造成重大安全事故的，终身不予注册；构成犯罪的，依照刑法有关规定追究刑事责任。

第五十九条 违反本条例的规定，为建设工程提供机械设备和配件的单位，未按照安全施工的要求配备齐全有效的保险、限位等安全设施和装置的，责令限期改正，处合同价款1倍以上3倍以下的罚款；造成损失的，依法承担赔偿责任。

第六十条 违反本条例的规定，出租单位出租未经安全性能检测或者经检测不合格的机械设备和施工机具及配件的，责令停业整顿，并处5万元以上10万元以下的罚款；造成损失的，依法承担赔偿责任。

第六十一条 违反本条例的规定，施工起重机械和整体提升脚手架、模板等自升式架设设施安装、拆卸单位有下列行为之一的，责令限期改正，处5万元以上10万元以下的罚款；情节严重的，责令停业整顿，降低资质等级，直至吊销资质证书；造成损失的，依法承担赔偿责任：

(一)未编制拆装方案、制定安全施工措施的；

(二)未由专业技术人员现场监督的；

(三)未出具自检合格证明或者出具虚假证明的；

(四)未向施工单位进行安全使用说明，办理移交手续的。

施工起重机械和整体提升脚手架、模板等自升式架设设施安装、拆卸单位有前款规定的第(一)项、第(三)项行为，经有关部门或者单位职工提出后，对事故隐患仍不采取措施，因而发生重大伤亡事故或者造成其他严重后果，构成犯罪的，对直接责任人员，依照刑法有关规定追究刑事责任。

第六十二条 违反本条例的规定，施工单位有下列行为之一的，责令限期改正；逾期未改正的，责令停业整顿，依照《中华人民共和国安全生产法》的有关规定处以罚款；造成重大安全事故，构成犯罪的，对直接责任人员，依照刑法有关规定追究刑事责任：

（一）未设立安全生产管理机构、配备专职安全生产管理人员或者分部分项工程施工时无专职安全生产管理人员现场监督的；

（二）施工单位的主要负责人、项目负责人、专职安全生产管理人员、作业人员或者特种作业人员，未经安全教育培训或者经考核不合格即从事相关工作的；

（三）未在施工现场的危险部位设置明显的安全警示标志，或者未按照国家有关规定在施工现场设置消防通道、消防水源、配备消防设施和灭火器材的；

（四）未向作业人员提供安全防护用具和安全防护服装的；

（五）未按照规定在施工起重机械和整体提升脚手架、模板等自升式架设设施验收合格后登记的；

（六）使用国家明令淘汰、禁止使用的危及施工安全的工艺、设备、材料的。

第六十三条 违反本条例的规定，施工单位挪用列入建设工程概算的安全生产作业环境及安全施工措施所需费用的，责令限期改正，处挪用费用20%以上50%以下的罚款；造成损失的，依法承担赔偿责任。

第六十四条 违反本条例的规定，施工单位有下列行为之一的，责令限期改正；逾期未改正的，责令停业整顿，并处5万元以上10万元以下的罚款；造成重大安全事故，构成犯罪的，对直接责任人员，依照刑法有关规定追究刑事责任：

（一）施工前未对有关安全施工的技术要求作出详细说明的；

（二）未根据不同施工阶段和周围环境及季节、气候的变化，在施工现场采取相应的安全施工措施，或者在城市市区内的建设工程的施工现场未实行封闭围挡的；

（三）在尚未竣工的建筑物内设置员工集体宿舍的；

（四）施工现场临时搭建的建筑物不符合安全使用要求的；

（五）未对因建设工程施工可能造成损害的毗邻建筑物、构筑物和地下管线等采取专项防护措施的。

施工单位有前款规定第（四）项、第（五）项行为，造成损失的，依法承担赔偿责任。

第六十五条 违反本条例的规定，施工单位有下列行为之一的，责令限期改正；逾期未改正的，责令停业整顿，并处10万元以上30万元以下的罚款；情节严重的，降低资质等级，直至吊销资质证书；造成重大安全事故，构成犯罪的，对直接责任人员，依照刑法有关规定追究刑事责任；造成损失的，依法承担赔偿责任：

（一）安全防护用具、机械设备、施工机具及配件在进入施工现场前未经查验或者查验不合格即投入使用的；

（二）使用未经验收或者验收不合格的施工起重机械和整体提升脚手架、模板等自升式架设设施的；

（三）委托不具有相应资质的单位承担施工现场安装、拆卸施工起重机械和整体提升脚手架、模板等自升式架设设施的；

（四）在施工组织设计中未编制安全技术措施、施工现场临时用电方案或者专项施工方案的。

第六十六条 违反本条例的规定，施工单位的主要负责人、项目负责人未履行安全生产管理职责的，责令限期改正；逾期未改正的，责令施工单位停业整顿；造成重大安全事故、重大伤亡事故或者其他严重后果，构成犯罪的，依照刑法有关规定追究刑事责任。

作业人员不服管理、违反规章制度和操作规程冒险作业造成重大伤亡事故或者其他严重后果，构成犯罪的，依照刑法有关规定追究刑事责任。

施工单位的主要负责人、项目负责人有前款违法行为，尚不构成刑事处罚的，处2万元以上20万元以下的罚款或者按照管理权限给予撤职处分；自刑罚执行完毕或者受处分之日起，5年内不得担任任何施工单位的主要负责人、项目负责人。

第六十七条 施工单位取得资质证书后，降低安全生产条件的，责令限期改正；经整改仍未达到与其资质等级相适应的安全生产条件的，责令停业整顿，降低其资质等级直至吊销资质证书。

第六十八条 本条例规定的行政处罚，由建设行政主管部门或者其他有关部门依照法定职权决定。

违反消防安全管理规定的行为，由公安消防机构依法处罚。

有关法律、行政法规对建设工程安全生产违法行为的行政处罚决定机关另有规定的，从其规定。

第八章 附 则

第六十九条 抢险救灾和农民自建低层住宅的安全生产管理，不适用本条例。

第七十条 军事建设工程的安全生产管理，按照中央军事委员会的有关规定执行。

第七十一条 本条例自2004年2月1日起施行。

附录三 建设工程质量管理条例

（2000年1月10日国务院第25次常务会议通过）

第一章 总 则

第一条 为了加强对建设工程质量的管理，保证建设工程质量，保护人民生命和财产安全，根据《中华人民共和国建筑法》，制定本条例。

第二条 凡在中华人民共和国境内从事建设工程的新建、扩建、改建等有关活动及实施对建设工程质量监督管理的，必须遵守本条例。

本条例所称建设工程，是指土木工程、建筑工程、线路管道和设备安装工程及装修工程。

第三条 建设单位、勘察单位、设计单位、施工单位、工程监理单位依法对建设工程质量负责。

第四条 县级以上人民政府建设行政主管部门和其他有关部门应当加强对建设工程质量的监督管理。

第五条 从事建设工程活动，必须严格执行基本建设程序，坚持先勘察、后设计、再施工的原则。

县级以上人民政府及其有关部门不得超越权限审批建设项目或者擅自简化基本建设程序。

第六条 国家鼓励采用先进的科学技术和管理方法，提高建设工程质量。

第二章 建设单位的质量责任和义务

第七条 建设单位应当将工程发包给具有相应资质等级的单位。

建设单位不得将建设工程肢解发包。

第八条 建设单位应当依法对工程建设项目的勘察、设计、施工、监理以及与工程建设有关的重要设备、材料等的采购进行招标。

第九条 建设单位必须向有关的勘察、设计、施工、工程监理等单位提供与建设工程有关的原始资料。

原始资料必须真实、准确、齐全。

第十条 建设工程发包单位不得迫使承包方以低于成本的价格竞标，不得任意压缩合理工期。

建设单位不得明示或者暗示设计单位或者施工单位违反工程建设强制性标准，降低建设工程质量。

第十一条 建设单位应当将施工图设计文件报县级以上人民政府建设行政主管部门或者其他有关部门审查。施工图设计文件审查的具体办法，由国务院建设行政主管部门会同国务院其他有关部门制定。

施工图设计文件未经审查批准的，不得使用。

第十二条 实行监理的建设工程，建设单位应当委托具有相应资质等级的工程监理单位进行监理，也可以委托具有工程监理相应资质等级并与被监理工程的施工承包单位没有隶属关系或者其他利害关系的该工程的设计单位进行监理。

下列建设工程必须实行监理：

（一）国家重点建设工程；

（二）大中型公用事业工程；

（三）成片开发建设的住宅小区工程；

（四）利用外国政府或者国际组织贷款、援助资金的工程；

（五）国家规定必须实行监理的其他工程。

第十三条 建设单位在领取施工许可证或者开工报告前，应当按照国家有关规定办理工程质量监督手续。

第十四条 按照合同约定，由建设单位采购建筑材料、建筑构配件和设备的，建设单位应当保证建筑材料、建筑构配件和设备符合设计文件和合同要求。

建设单位不得明示或者暗示施工单位使用不合格的建筑材料、建筑构配件和设备。

第十五条 涉及建筑主体和承重结构变动的装修工程，建设单位应当在施工前委托原设计单位或者具有相应资质等级的设计单位提出设计方案；没有设计方案的，不得施工。

房屋建筑使用者在装修过程中，不得擅自变动房屋建筑主体和承重结构。

第十六条 建设单位收到建设工程竣工报告后，应当组织设计、施工、工程监理等有关单位进行竣工验收。

建设工程竣工验收应当具备下列条件：

(一)完成建设工程设计和合同约定的各项内容；

(二)有完整的技术档案和施工管理资料；

(三)有工程使用的主要建筑材料、建筑构配件和设备的进场试验报告；

(四)有勘察、设计、施工、工程监理等单位分别签署的质量合格文件；

(五)有施工单位签署的工程保修书。

建设工程经验收合格的，方可交付使用。

第十七条 建设单位应当严格按照国家有关档案管理的规定，及时收集、整理建设项目各环节的文件资料，建立、健全建设项目档案，并在建设工程竣工验收后，及时向建设行政主管部门或者其他有关部门移交建设项目档案。

第三章 勘察、设计单位的质量责任和义务

第十八条 从事建设工程勘察、设计的单位应当依法取得相应等级的资质证书，并在其资质等级许可的范围内承揽工程。

禁止勘察、设计单位超越其资质等级许可的范围或者以其他勘察、设计单位的名义承揽工程。禁止勘察、设计单位允许其他单位或者个人以本单位的名义承揽工程。

勘察、设计单位不得转包或者违法分包所承揽的工程。

第十九条 勘察、设计单位必须按照工程建设强制性标准进行勘察、设计，并对其勘察、设计的质量负责。

注册建筑师、注册结构工程师等注册执业人员应当在设计文件上签字，对设计文件负责。

第二十条 勘察单位提供的地质、测量、水文等勘察成果必须真实、准确。

第二十一条 设计单位应当根据勘察成果文件进行建设工程设计。

设计文件应当符合国家规定的设计深度要求，注明工程合理使用年限。

第二十二条 设计单位在设计文件中选用的建筑材料、建筑构配件和设备，应当注明规格、型号、性能等技术指标，其质量要求必须符合国家规定的标准。

除有特殊要求的建筑材料、专用设备、工艺生产线等外，设计单位不得指定生产厂、供应商。

第二十三条 设计单位应当就审查合格的施工图设计文件向施工单位作出详细说明。

第二十四条 设计单位应当参与建设工程质量事故分析，并对因设计造成的质量事故提出相应的技术处理方案。

第四章 施工单位的质量责任和义务

第二十五条 施工单位应当依法取得相应等级的资质证书，并在其资质等级许可的范

围内承揽工程。

禁止施工单位超越本单位资质等级许可的业务范围或者以其他施工单位的名义承揽工程。禁止施工单位允许其他单位或者个人以本单位的名义承揽工程。

施工单位不得转包或者违法分包工程。

第二十六条 施工单位对建设工程的施工质量负责。

施工单位应当建立质量责任制，确定工程项目的项目经理、技术负责人和施工管理负责人。

建设工程实行总承包的，总承包单位应当对全部建设工程质量负责；建设工程勘察、设计、施工、设备采购的一项或者多项实行总承包的，总承包单位应当对其承包的建设工程或者采购的设备的质量负责。

第二十七条 总承包单位依法将建设工程分包给其他单位的，分包单位应当按照分包合同的约定对其分包工程的质量向总承包单位负责，总承包单位与分包单位对分包工程的质量承担连带责任。

第二十八条 施工单位必须按照工程设计图纸和施工技术标准施工，不得擅自修改工程设计，不得偷工减料。

施工单位在施工过程中发现设计文件和图纸有差错的，应当及时提出意见和建议。

第二十九条 施工单位必须按照工程设计要求、施工技术标准和合同约定，对建筑材料、建筑构配件、设备和商品混凝土进行检验，检验应当有书面记录和专人签字；未经检验或者检验不合格的，不得使用。

第三十条 施工单位必须建立、健全施工质量的检验制度，严格工序管理，做好隐蔽工程的质量检查和记录。隐蔽工程在隐蔽前，施工单位应当通知建设单位和建设工程质量监督机构。

第三十一条 施工人员对涉及结构安全的试块、试件以及有关材料，应当在建设单位或者工程监理单位监督下现场取样，并送具有相应资质等级的质量检测单位进行检测。

第三十二条 施工单位对施工中出现质量问题的建设工程或者竣工验收不合格的建设工程，应当负责返修。

第三十三条 施工单位应当建立、健全教育培训制度，加强对职工的教育培训；未经教育培训或者考核不合格的人员，不得上岗作业。

第五章 工程监理单位的质量责任和义务

第三十四条 工程监理单位应当依法取得相应等级的资质证书，并在其资质等级许可的范围内承担工程监理业务。

禁止工程监理单位超越本单位资质等级许可的范围或者以其他工程监理单位的名义承担工程监理业务。禁止工程监理单位允许其他单位或者个人以本单位的名义承担工程监理业务。

工程监理单位不得转让工程监理业务。

第三十五条 工程监理单位与被监理工程的施工承包单位以及建筑材料、建筑构配件和设备供应单位有隶属关系或者其他利害关系的，不得承担该项建设工程的监理业务。

第三十六条 工程监理单位应当依照法律、法规以及有关技术标准、设计文件和建设工程承包合同，代表建设单位对施工质量实施监理，并对施工质量承担监理责任。

第三十七条 工程监理单位应当选派具备相应资格的总监理工程师和监理工程师进驻施工现场。

未经监理工程师签字，建筑材料、建筑构配件和设备不得在工程上使用或者安装，施工单位不得进行下一道工序的施工。未经总监理工程师签字，建设单位不拨付工程款，不进行竣工验收。

第三十八条 监理工程师应当按照工程监理规范的要求，采取旁站、巡视和平行检验等形式，对建设工程实施监理。

第六章 建设工程质量保修

第三十九条 建设工程实行质量保修制度。

建设工程承包单位在向建设单位提交工程竣工验收报告时，应当向建设单位出具质量保修书。质量保修书中应当明确建设工程的保修范围、保修期限和保修责任等。

第四十条 在正常使用条件下，建设工程的最低保修期限为：

(一)基础设施工程、房屋建筑的地基基础工程和主体结构工程，为设计文件规定的该工程的合理使用年限；

(二)屋面防水工程、有防水要求的卫生间、房间和外墙面的防渗漏，为5年；

(三)供热与供冷系统，为2个采暖期、供冷期；

(四)电气管线、给排水管道、设备安装和装修工程，为2年。

其他项目的保修期限由发包方与承包方约定。

建设工程的保修期，自竣工验收合格之日起计算。

第四十一条 建设工程在保修范围和保修期限内发生质量问题的，施工单位应当履行保修义务，并对造成的损失承担赔偿责任。

第四十二条 建设工程在超过合理使用年限后需要继续使用的，产权所有人应当委托具有相应资质等级的勘察、设计单位鉴定，并根据鉴定结果采取加固、维修等措施，重新界定使用期。

第七章 监督管理

第四十三条 国家实行建设工程质量监督管理制度。

国务院建设行政主管部门对全国的建设工程质量实施统一监督管理。国务院铁路、交通、水利等有关部门按照国务院规定的职责分工，负责对全国的有关专业建设工程质量的监督管理。

县级以上地方人民政府建设行政主管部门对本行政区域内的建设工程质量实施监督管理。县级以上地方人民政府交通、水利等有关部门在各自的职责范围内，负责对本行政区域内的专业建设工程质量的监督管理。

第四十四条 国务院建设行政主管部门和国务院铁路、交通、水利等有关部门应当加强对有关建设工程质量的法律、法规和强制性标准执行情况的监督检查。

第四十五条 国务院发展计划部门按照国务院规定的职责，组织稽查特派员，对国家出资的重大建设项目实施监督检查。

国务院经济贸易主管部门按照国务院规定的职责，对国家重大技术改造项目实施监督检查。

第四十六条 建设工程质量监督管理，可以由建设行政主管部门或者其他有关部门委托的建设工程质量监督机构具体实施。

从事房屋建筑工程和市政基础设施工程质量监督的机构，必须按照国家有关规定经国务院建设行政主管部门或者省、自治区、直辖市人民政府建设行政主管部门考核；从事专业建设工程质量监督的机构，必须按照国家有关规定经国务院有关部门或者省、自治区、直辖市人民政府有关部门考核。经考核合格后，方可实施质量监督。

第四十七条 县级以上地方人民政府建设行政主管部门和其他有关部门应当加强对有关建设工程质量的法律、法规和强制性标准执行情况的监督检查。

第四十八条 县级以上人民政府建设行政主管部门和其他有关部门履行监督检查职责时，有权采取下列措施：

(一)要求被检查的单位提供有关工程质量的文件和资料；

(二)进入被检查单位的施工现场进行检查；

(三)发现有影响工程质量的问题时，责令改正。

第四十九条 建设单位应当自建设工程竣工验收合格之日起15日内，将建设工程竣工验收报告和规划、公安消防、环保等部门出具的认可文件或者准许使用文件报建设行政主管部门或者其他有关部门备案。

建设行政主管部门或者其他有关部门发现建设单位在竣工验收过程中有违反国家有关建设工程质量管理规定行为的，责令停止使用，重新组织竣工验收。

第五十条 有关单位和个人对县级以上人民政府建设行政主管部门和其他有关部门进行的监督检查应当支持与配合，不得拒绝或者阻碍建设工程质量监督检查人员依法执行职务。

第五十一条 供水、供电、供气、公安消防等部门或者单位不得明示或者暗示建设单位、施工单位购买其指定的生产供应单位的建筑材料、建筑构配件和设备。

第五十二条 建设工程发生质量事故，有关单位应当在24小时内向当地建设行政主管部门和其他有关部门报告。对重大质量事故，事故发生地的建设行政主管部门和其他有关部门应当按照事故类别和等级向当地人民政府和上级建设行政主管部门和其他有关部门报告。

特别重大质量事故的调查程序按照国务院有关规定办理。

第五十三条 任何单位和个人对建设工程的质量事故、质量缺陷都有权检举、控告、投诉。

第八章 罚　　则

第五十四条 违反本条例规定，建设单位将建设工程发包给不具有相应资质等级的勘察、设计、施工单位或者委托给不具有相应资质等级的工程监理单位的，责令改正，处50万元以上100万元以下的罚款。

第五十五条 违反本条例规定，建设单位将建设工程肢解发包的，责令改正，处工程合同价款百分之零点五以上百分之一以下的罚款；对全部或者部分使用国有资金的项目，并可以暂停项目执行或者暂停资金拨付。

第五十六条 违反本条例规定，建设单位有下列行为之一的，责令改正，处20万元以上50万元以下的罚款：

(一)迫使承包方以低于成本的价格竞标的；

(二)任意压缩合理工期的；

(三)明示或者暗示设计单位或者施工单位违反工程建设强制性标准，降低工程质量的；

(四)施工图设计文件未经审查或者审查不合格，擅自施工的；

(五)建设项目必须实行工程监理而未实行工程监理的；

(六)未按照国家规定办理工程质量监督手续的；

(七)明示或者暗示施工单位使用不合格的建筑材料、建筑构配件和设备的；

(八)未按照国家规定将竣工验收报告、有关认可文件或者准许使用文件报送备案的。

第五十七条 违反本条例规定，建设单位未取得施工许可证或者开工报告未经批准，擅自施工的，责令停止施工，限期改正，处工程合同价款百分之一以上百分之二以下的罚款。

第五十八条 违反本条例规定，建设单位有下列行为之一的，责令改正，处工程合同价款百分之二以上百分之四以下的罚款；造成损失的，依法承担赔偿责任：

(一)未组织竣工验收，擅自交付使用的；

(二)验收不合格，擅自交付使用的；

(三)对不合格的建设工程按照合格工程验收的。

第五十九条 违反本条例规定，建设工程竣工验收后，建设单位未向建设行政主管部门或者其他有关部门移交建设项目档案的，责令改正，处1万元以上10万元以下的罚款。

第六十条 违反本条例规定，勘察、设计、施工、工程监理单位超越本单位资质等级承揽工程的，责令停止违法行为，对勘察、设计单位或者工程监理单位处合同约定的勘察费、设计费或者监理酬金1倍以上2倍以下的罚款；对施工单位处工程合同价款百分之二以上百分之四以下的罚款，可以责令停业整顿，降低资质等级；情节严重的，吊销资质证书；有违法所得的，予以没收。

未取得资质证书承揽工程的，予以取缔，依照前款规定处以罚款；有违法所得的，予以没收。

以欺骗手段取得资质证书承揽工程的，吊销资质证书，依照本条第一款规定处以罚款；有违法所得的，予以没收。

第六十一条 违反本条例规定，勘察、设计、施工、工程监理单位允许其他单位或者个人以本单位名义承揽工程的，责令改正，没收违法所得，对勘察、设计单位和工程监理单位处合同约定的勘察费、设计费和监理酬金1倍以上2倍以下的罚款；对施工单位处工程合同价款百分之二以上百分之四以下的罚款；可以责令停业整顿，降低资质等级；情节严重的，吊销资质证书。

第六十二条 违反本条例规定，承包单位将承包的工程转包或者违法分包的，责令改正，没收违法所得，对勘察、设计单位处合同约定的勘察费、设计费百分之二十五以上百分之五十以下的罚款；对施工单位处工程合同价款百分之零点五以上百分之一以下的罚款；可以责令停业整顿，降低资质等级；情节严重的，吊销资质证书。

工程监理单位转让工程监理业务的，责令改正，没收违法所得，处合同约定的监理酬金百分之二十五以上百分之五十以下的罚款；可以责令停业整顿，降低资质等级；情节严重的，吊销资质证书。

第六十三条 违反本条例规定，有下列行为之一的，责令改正，处 10 万元以上 30 万元以下的罚款：

（一）勘察单位未按照工程建设强制性标准进行勘察的；

（二）设计单位未根据勘察成果文件进行工程设计的；

（三）设计单位指定建筑材料、建筑构配件的生产厂、供应商的；

（四）设计单位未按照工程建设强制性标准进行设计的。

有前款所列行为，造成工程质量事故的，责令停业整顿，降低资质等级；情节严重的，吊销资质证书；造成损失的，依法承担赔偿责任。

第六十四条 违反本条例规定，施工单位在施工中偷工减料的，使用不合格的建筑材料、建筑构配件和设备的，或者有不按照工程设计图纸或者施工技术标准施工的其他行为的，责令改正，处工程合同价款百分之二以上百分之四以下的罚款；造成建设工程质量不符合规定的质量标准的，负责返工、修理，并赔偿因此造成的损失；情节严重的，责令停业整顿，降低资质等级或者吊销资质证书。

第六十五条 违反本条例规定，施工单位未对建筑材料、建筑构配件、设备和商品混凝土进行检验，或者未对涉及结构安全的试块、试件以及有关材料取样检测的，责令改正，处 10 万元以上 20 万元以下的罚款；情节严重的，责令停业整顿，降低资质等级或者吊销资质证书；造成损失的，依法承担赔偿责任。

第六十六条 违反本条例规定，施工单位不履行保修义务或者拖延履行保修义务的，责令改正，处 10 万元以上 20 万元以下的罚款，并对在保修期内因质量缺陷造成的损失承担赔偿责任。

第六十七条 工程监理单位有下列行为之一的，责令改正，处 50 万元以上 100 万元以下的罚款，降低资质等级或者吊销资质证书；有违法所得的，予以没收；造成损失的，承担连带赔偿责任：

（一）与建设单位或者施工单位串通，弄虚作假、降低工程质量的；

（二）将不合格的建设工程、建筑材料、建筑构配件和设备按照合格签字的。

第六十八条 违反本条例规定，工程监理单位与被监理工程的施工承包单位以及建筑材料、建筑构配件和设备供应单位有隶属关系或者其他利害关系承担该项建设工程的监理业务的，责令改正，处 5 万元以上 10 万元以下的罚款，降低资质等级或者吊销资质证书；有违法所得的，予以没收。

第六十九条 违反本条例规定，涉及建筑主体或者承重结构变动的装修工程，没有设计方案擅自施工的，责令改正，处 50 万元以上 100 万元以下的罚款；房屋建筑使用者在装修过程中擅自变动房屋建筑主体和承重结构的，责令改正，处 5 万元以上 10 万元以下的罚款。

有前款所列行为，造成损失的，依法承担赔偿责任。

第七十条 发生重大工程质量事故隐瞒不报、谎报或者拖延报告期限的，对直接负责的主管人员和其他责任人员依法给予行政处分。

第七十一条 违反本条例规定，供水、供电、供气、公安消防等部门或者单位明示或者暗示建设单位或者施工单位购买其指定的生产供应单位的建筑材料、建筑构配件和设备的，责令改正。

第七十二条 违反本条例规定，注册建筑师、注册结构工程师、监理工程师等注册执业人员因过错造成质量事故的，责令停止执业 1 年；造成重大质量事故的，吊销执业资格证书，5 年以内不予注册；情节特别恶劣的，终身不予注册。

第七十三条 依照本条例规定，给予单位罚款处罚的，对单位直接负责的主管人员和其他直接责任人员处单位罚款数额百分之五以上百分之十以下的罚款。

第七十四条 建设单位、设计单位、施工单位、工程监理单位违反国家规定，降低工程质量标准，造成重大安全事故，构成犯罪的，对直接责任人员依法追究刑事责任。

第七十五条 本条例规定的责令停业整顿，降低资质等级和吊销资质证书的行政处罚，由颁发资质证书的机关决定；其他行政处罚，由建设行政主管部门或者其他有关部门依照法定职权决定。

依照本条例规定被吊销资质证书的，由工商行政管理部门吊销其营业执照。

第七十六条 国家机关工作人员在建设工程质量监督管理工作中玩忽职守、滥用职权、徇私舞弊，构成犯罪的，依法追究刑事责任；尚不构成犯罪的，依法给予行政处分。

第七十七条 建设、勘察、设计、施工、工程监理单位的工作人员因调动工作、退休等原因离开该单位后，被发现在该单位工作期间违反国家有关建设工程质量管理规定，造成重大工程质量事故的，仍应当依法追究法律责任。

第九章　附　　则

第七十八条 本条例所称肢解发包，是指建设单位将应当由一个承包单位完成的建设工程分解成若干部分发包给不同的承包单位的行为。

本条例所称违法分包，是指下列行为：

(一)总承包单位将建设工程分包给不具备相应资质条件的单位的；

(二)建设工程总承包合同中未有约定，又未经建设单位认可，承包单位将其承包的部分建设工程交由其他单位完成的；

(三)施工总承包单位将建设工程主体结构的施工分包给其他单位的；

(四)分包单位将其承包的建设工程再分包的。

本条例所称转包，是指承包单位承包建设工程后，不履行合同约定的责任和义务，将其承包的全部建设工程转给他人或者将其承包的全部建设工程肢解以后以分包的名义分别转给其他单位承包的行为。

第七十九条 本条例规定的罚款和没收的违法所得，必须全部上缴国库。

第八十条 抢险救灾及其他临时性房屋建筑和农民自建低层住宅的建设活动，不适用本条例。

第八十一条 军事建设工程的管理，按照中央军事委员会的有关规定执行。

第八十二条 本条例自发布之日起施行。

附录四　中华人民共和国招标投标法

（1999年8月30日第九届全国人民代表大会常务委员会第十一次会议通过，根据2017年12月27日第十二届全国人民代表大会常务委员会第三十一次会议《关于修改〈中华人民共和国招标投标法〉、〈中华人民共和国计量法〉的决定》修正）

第一章　总　　则

第一条　为了规范招标投标活动，保护国家利益、社会公共利益和招标投标活动当事人的合法权益，提高经济效益，保证项目质量，制定本法。

第二条　在中华人民共和国境内进行招标投标活动，适用本法。

第三条　在中华人民共和国境内进行下列工程建设项目包括项目的勘察、设计、施工、监理以及与工程建设有关的重要设备、材料等的采购，必须进行招标：

（一）大型基础设施、公用事业等关系社会公共利益、公众安全的项目；

（二）全部或者部分使用国有资金投资或者国家融资的项目；

（三）使用国际组织或者外国政府贷款、援助资金的项目。

前款所列项目的具体范围和规模标准，由国务院发展计划部门会同国务院有关部门制订，报国务院批准。

法律或者国务院对必须进行招标的其他项目的范围有规定的，依照其规定。

第四条　任何单位和个人不得将依法必须进行招标的项目化整为零或者以其他任何方式规避招标。

第五条　招标投标活动应当遵循公开、公平、公正和诚实信用的原则。

第六条　依法必须进行招标的项目，其招标投标活动不受地区或者部门的限制。任何单位和个人不得违法限制或者排斥本地区、本系统以外的法人或者其他组织参加投标，不得以任何方式非法干涉招标投标活动。

第七条　招标投标活动及其当事人应当接受依法实施的监督。

有关行政监督部门依法对招标投标活动实施监督，依法查处招标投标活动中的违法行为。

对招标投标活动的行政监督及有关部门的具体职权划分，由国务院规定。

第二章　招　　标

第八条　招标人是依照本法规定提出招标项目、进行招标的法人或者其他组织。

第九条　招标项目按照国家有关规定需要履行项目审批手续的，应当先履行审批手续，取得批准。

招标人应当有进行招标项目的相应资金或者资金来源已经落实，并应当在招标文件中如实载明。

第十条 招标分为公开招标和邀请招标。

公开招标，是指招标人以招标公告的方式邀请不特定的法人或者其他组织投标。

邀请招标，是指招标人以投标邀请书的方式邀请特定的法人或者其他组织投标。

第十一条 国务院发展计划部门确定的国家重点项目和省、自治区、直辖市人民政府确定的地方重点项目不适宜公开招标的，经国务院发展计划部门或者省、自治区、直辖市人民政府批准，可以进行邀请招标。

第十二条 招标人有权自行选择招标代理机构，委托其办理招标事宜。任何单位和个人不得以任何方式为招标人指定招标代理机构。

招标人具有编制招标文件和组织评标能力的，可以自行办理招标事宜。任何单位和个人不得强制其委托招标代理机构办理招标事宜。

依法必须进行招标的项目，招标人自行办理招标事宜的，应当向有关行政监督部门备案。

第十三条 招标代理机构是依法设立、从事招标代理业务并提供相关服务的社会中介组织。

招标代理机构应当具备下列条件：

(一)有从事招标代理业务的营业场所和相应资金；

(二)有能够编制招标文件和组织评标的相应专业力量。

第十四条 招标代理机构与行政机关和其他国家机关不得存在隶属关系或者其他利益关系。

第十五条 招标代理机构应当在招标人委托的范围内办理招标事宜，并遵守本法关于招标人的规定。

第十六条 招标人采用公开招标方式的，应当发布招标公告。依法必须进行招标的项目的招标公告，应当通过国家指定的报刊、信息网络或者其他媒介发布。

招标公告应当载明招标人的名称和地址、招标项目的性质、数量、实施地点和时间以及获取招标文件的办法等事项。

第十七条 招标人采用邀请招标方式的，应当向三个以上具备承担招标项目的能力、资信良好的特定的法人或者其他组织发出投标邀请书。

投标邀请书应当载明本法第十六条第二款规定的事项。

第十八条 招标人可以根据招标项目本身的要求，在招标公告或者投标邀请书中，要求潜在投标人提供有关资质证明文件和业绩情况，并对潜在投标人进行资格审查；国家对投标人的资格条件有规定的，依照其规定。

招标人不得以不合理的条件限制或者排斥潜在投标人，不得对潜在投标人实行歧视待遇。

第十九条 招标人应当根据招标项目的特点和需要编制招标文件。招标文件应当包括招标项目的技术要求、对投标人资格审查的标准、投标报价要求和评标标准等所有实质性要求和条件以及拟签订合同的主要条款。

国家对招标项目的技术、标准有规定的，招标人应当按照其规定在招标文件中提出相应要求。

招标项目需要划分标段、确定工期的，招标人应当合理划分标段、确定工期，并在招标文件中载明。

第二十条 招标文件不得要求或者标明特定的生产供应者以及含有倾向或者排斥潜在投标人的其他内容。

第二十一条 招标人根据招标项目的具体情况，可以组织潜在投标人踏勘项目现场。

第二十二条 招标人不得向他人透露已获取招标文件的潜在投标人的名称、数量以及可能影响公平竞争的有关招标投标的其他情况。

招标人设有标底的，标底必须保密。

第二十三条 招标人对已发出的招标文件进行必要的澄清或者修改的，应当在招标文件要求提交投标文件截止时间至少十五日前，以书面形式通知所有招标文件收受人。该澄清或者修改的内容为招标文件的组成部分。

第二十四条 招标人应当确定投标人编制投标文件所需要的合理时间；但是，依法必须进行招标的项目，自招标文件开始发出之日起至投标人提交投标文件截止之日止，最短不得少于二十日。

第三章 投　　标

第二十五条 投标人是响应招标、参加投标竞争的法人或者其他组织。

依法招标的科研项目允许个人参加投标的，投标的个人适用本法有关投标人的规定。

第二十六条 投标人应当具备承担招标项目的能力；国家有关规定对投标人资格条件或者招标文件对投标人资格条件有规定的，投标人应当具备规定的资格条件。

第二十七条 投标人应当按照招标文件的要求编制投标文件。投标文件应当对招标文件提出的实质性要求和条件作出响应。

招标项目属于建设施工的，投标文件的内容应当包括拟派出的项目负责人与主要技术人员的简历、业绩和拟用于完成招标项目的机械设备等。

第二十八条 投标人应当在招标文件要求提交投标文件的截止时间前，将投标文件送达投标地点。招标人收到投标文件后，应当签收保存，不得开启。投标人少于三个的，招标人应当依照本法重新招标。

在招标文件要求提交投标文件的截止时间后送达的投标文件，招标人应当拒收。

第二十九条 投标人在招标文件要求提交投标文件的截止时间前，可以补充、修改或者撤回已提交的投标文件，并书面通知招标人。补充、修改的内容为投标文件的组成部分。

第三十条 投标人根据招标文件载明的项目实际情况，拟在中标后将中标项目的部分非主体、非关键性工作进行分包的，应当在投标文件中载明。

第三十一条 两个以上法人或者其他组织可以组成一个联合体，以一个投标人的身份共同投标。

联合体各方均应当具备承担招标项目的相应能力；国家有关规定或者招标文件对投标人资格条件有规定的，联合体各方均应当具备规定的相应资格条件。由同一专业的单位组成的联合体，按照资质等级较低的单位确定资质等级。

联合体各方应当签订共同投标协议，明确约定各方拟承担的工作和责任，并将共同投标协议连同投标文件一并提交招标人。联合体中标的，联合体各方应当共同与招标人签订合同，就中标项目向招标人承担连带责任。

招标人不得强制投标人组成联合体共同投标，不得限制投标人之间的竞争。

第三十二条 投标人不得相互串通投标报价，不得排挤其他投标人的公平竞争，损害招标人或者其他投标人的合法权益。

投标人不得与招标人串通投标，损害国家利益、社会公共利益或者他人的合法权益。

禁止投标人以向招标人或者评标委员会成员行贿的手段谋取中标。

第三十三条 投标人不得以低于成本的报价竞标，也不得以他人名义投标或者以其他方式弄虚作假，骗取中标。

第四章 开标、评标和中标

第三十四条 开标应当在招标文件确定的提交投标文件截止时间的同一时间公开进行；开标地点应当为招标文件中预先确定的地点。

第三十五条 开标由招标人主持，邀请所有投标人参加。

第三十六条 开标时，由投标人或者其推选的代表检查投标文件的密封情况，也可以由招标人委托的公证机构检查并公证；经确认无误后，由工作人员当众拆封，宣读投标人名称、投标价格和投标文件的其他主要内容。

招标人在招标文件要求提交投标文件的截止时间前收到的所有投标文件，开标时都应当当众予以拆封、宣读。

开标过程应当记录，并存档备查。

第三十七条 评标由招标人依法组建的评标委员会负责。

依法必须进行招标的项目，其评标委员会由招标人的代表和有关技术、经济等方面的专家组成，成员人数为五人以上单数，其中技术、经济等方面的专家不得少于成员总数的三分之二。

前款专家应当从事相关领域工作满八年并具有高级职称或者具有同等专业水平，由招标人从国务院有关部门或者省、自治区、直辖市人民政府有关部门提供的专家名册或者招标代理机构的专家库内的相关专业的专家名单中确定；一般招标项目可以采取随机抽取方式，特殊招标项目可以由招标人直接确定。

与投标人有利害关系的人不得进入相关项目的评标委员会；已经进入的应当更换。

评标委员会成员的名单在中标结果确定前应当保密。

第三十八条 招标人应当采取必要的措施，保证评标在严格保密的情况下进行。

任何单位和个人不得非法干预、影响评标的过程和结果。

第三十九条 评标委员会可以要求投标人对投标文件中含义不明确的内容作必要的澄清或者说明，但是澄清或者说明不得超出投标文件的范围或者改变投标文件的实质性内容。

第四十条 评标委员会应当按照招标文件确定的评标标准和方法，对投标文件进行评审和比较；设有标底的，应当参考标底。评标委员会完成评标后，应当向招标人提出书面评标报告，并推荐合格的中标候选人。

招标人根据评标委员会提出的书面评标报告和推荐的中标候选人确定中标人。招标人也可以授权评标委员会直接确定中标人。

国务院对特定招标项目的评标有特别规定的，从其规定。

第四十一条 中标人的投标应当符合下列条件之一：

（一）能够最大限度地满足招标文件中规定的各项综合评价标准；

（二）能够满足招标文件的实质性要求，并且经评审的投标价格最低；但是投标价格低于成本的除外。

第四十二条 评标委员会经评审，认为所有投标都不符合招标文件要求的，可以否决所有投标。

依法必须进行招标的项目的所有投标被否决的，招标人应当依照本法重新招标。

第四十三条 在确定中标人前，招标人不得与投标人就投标价格、投标方案等实质性内容进行谈判。

第四十四条 评标委员会成员应当客观、公正地履行职务，遵守职业道德，对所提出的评审意见承担个人责任。

评标委员会成员不得私下接触投标人，不得收受投标人的财物或者其他好处。

评标委员会成员和参与评标的有关工作人员不得透露对投标文件的评审和比较、中标候选人的推荐情况以及与评标有关的其他情况。

第四十五条 中标人确定后，招标人应当向中标人发出中标通知书，并同时将中标结果通知所有未中标的投标人。

中标通知书对招标人和中标人具有法律效力。中标通知书发出后，招标人改变中标结果的，或者中标人放弃中标项目的，应当依法承担法律责任。

第四十六条 招标人和中标人应当自中标通知书发出之日起三十日内，按照招标文件和中标人的投标文件订立书面合同。招标人和中标人不得再行订立背离合同实质性内容的其他协议。

招标文件要求中标人提交履约保证金的，中标人应当提交。

第四十七条 依法必须进行招标的项目，招标人应当自确定中标人之日起十五日内，向有关行政监督部门提交招标投标情况的书面报告。

第四十八条 中标人应当按照合同约定履行义务，完成中标项目。中标人不得向他人转让中标项目，也不得将中标项目肢解后分别向他人转让。

中标人按照合同约定或者经招标人同意，可以将中标项目的部分非主体、非关键性工作分包给他人完成。接受分包的人应当具备相应的资格条件，并不得再次分包。

中标人应当就分包项目向招标人负责，接受分包的人就分包项目承担连带责任。

第五章　法律责任

第四十九条 违反本法规定，必须进行招标的项目而不招标的，将必须进行招标的项目化整为零或者以其他任何方式规避招标的，责令限期改正，可以处项目合同金额千分之五以上千分之十以下的罚款；对全部或者部分使用国有资金的项目，可以暂停项目执行或者暂停资金拨付；对单位直接负责的主管人员和其他直接责任人员依法给予处分。

第五十条 招标代理机构违反本法规定，泄露应当保密的与招标投标活动有关的情况和资料的，或者与招标人、投标人串通损害国家利益、社会公共利益或者他人合法权益的，处五万元以上二十五万元以下的罚款，对单位直接负责的主管人员和其他直接责任人员处单位罚款数额百分之五以上百分之十以下的罚款；有违法所得的，并处没收违法所得；情节严重的，禁止其一年至二年内代理依法必须进行招标的项目并予以公告，直至由工商行政管理机关吊销营业执照；构成犯罪的，依法追究刑事责任。给他人造成损失的，依法承担赔偿责任。

前款所列行为影响中标结果的，中标无效。

第五十一条 招标人以不合理的条件限制或者排斥潜在投标人的，对潜在投标人实行歧视待遇的，强制要求投标人组成联合体共同投标的，或者限制投标人之间竞争的，责令改正，可以处一万元以上五万元以下的罚款。

第五十二条 依法必须进行招标的项目的招标人向他人透露已获取招标文件的潜在投标人的名称、数量或者可能影响公平竞争的有关招标投标的其他情况的，或者泄露标底的，给予警告，可以并处一万元以上十万元以下的罚款；对单位直接负责的主管人员和其他直接责任人员依法给予处分；构成犯罪的，依法追究刑事责任。

前款所列行为影响中标结果的，中标无效。

第五十三条 投标人相互串通投标或者与招标人串通投标的，投标人以向招标人或者评标委员会成员行贿的手段谋取中标的，中标无效，处中标项目金额千分之五以上千分之十以下的罚款，对单位直接负责的主管人员和其他直接责任人员处单位罚款数额百分之五以上百分之十以下的罚款；有违法所得的，并处没收违法所得；情节严重的，取消其一年至二年内参加依法必须进行招标的项目的投标资格并予以公告，直至由工商行政管理机关吊销营业执照；构成犯罪的，依法追究刑事责任。给他人造成损失的，依法承担赔偿责任。

第五十四条 投标人以他人名义投标或者以其他方式弄虚作假，骗取中标的，中标无效，给招标人造成损失的，依法承担赔偿责任；构成犯罪的，依法追究刑事责任。

依法必须进行招标的项目的投标人有前款所列行为尚未构成犯罪的，处中标项目金额千分之五以上千分之十以下的罚款，对单位直接负责的主管人员和其他直接责任人员处单位罚款数额百分之五以上百分之十以下的罚款；有违法所得的，并处没收违法所得；情节严重的，取消其一年至三年内参加依法必须进行招标的项目的投标资格并予以公告，直至由工商行政管理机关吊销营业执照。

第五十五条 依法必须进行招标的项目，招标人违反本法规定，与投标人就投标价格、投标方案等实质性内容进行谈判的，给予警告，对单位直接负责的主管人员和其他直接责任人员依法给予处分。

前款所列行为影响中标结果的，中标无效。

第五十六条 评标委员会成员收受投标人的财物或者其他好处的，评标委员会成员或者参加评标的有关工作人员向他人透露对投标文件的评审和比较、中标候选人的推荐以及与评标有关的其他情况的，给予警告，没收收受的财物，可以并处三千元以上五万元以下的罚款，对有所列违法行为的评标委员会成员取消担任评标委员会成员的资格，不得再参加任何依法必须进行招标的项目的评标；构成犯罪的，依法追究刑事责任。

第五十七条 招标人在评标委员会依法推荐的中标候选人以外确定中标人的，依法必须进行招标的项目在所有投标被评标委员会否决后自行确定中标人的，中标无效。责令改正，可以处中标项目金额千分之五以上千分之十以下的罚款；对单位直接负责的主管人员和其他直接责任人员依法给予处分。

第五十八条 中标人将中标项目转让给他人的，将中标项目肢解后分别转让给他人的，违反本法规定将中标项目的部分主体、关键性工作分包给他人的，或者分包人再次分包的，转让、分包无效，处转让、分包项目金额千分之五以上千分之十以下的罚款；有违法所得的，并处没收违法所得；可以责令停业整顿；情节严重的，由工商行政管理机关吊销营业执照。

第五十九条 招标人与中标人不按照招标文件和中标人的投标文件订立合同的，或者招标人、中标人订立背离合同实质性内容的协议的，责令改正；可以处中标项目金额千分之五以上千分之十以下的罚款。

第六十条 中标人不履行与招标人订立的合同的，履约保证金不予退还，给招标人造成的损失超过履约保证金数额的，还应当对超过部分予以赔偿；没有提交履约保证金的，应当对招标人的损失承担赔偿责任。

中标人不按照与招标人订立的合同履行义务，情节严重的，取消其二年至五年内参加依法必须进行招标的项目的投标资格并予以公告，直至由工商行政管理机关吊销营业执照。

因不可抗力不能履行合同的，不适用前两款规定。

第六十一条 本章规定的行政处罚，由国务院规定的有关行政监督部门决定。本法已对实施行政处罚的机关作出规定的除外。

第六十二条 任何单位违反本法规定，限制或者排斥本地区、本系统以外的法人或者其他组织参加投标的，为招标人指定招标代理机构的，强制招标人委托招标代理机构办理招标事宜的，或者以其他方式干涉招标投标活动的，责令改正；对单位直接负责的主管人员和其他直接责任人员依法给予警告、记过、记大过的处分，情节较重的，依法给予降级、撤职、开除的处分。

个人利用职权进行前款违法行为的，依照前款规定追究责任。

第六十三条 对招标投标活动依法负有行政监督职责的国家机关工作人员徇私舞弊、滥用职权或者玩忽职守，构成犯罪的，依法追究刑事责任；不构成犯罪的，依法给予行政处分。

第六十四条 依法必须进行招标的项目违反本法规定，中标无效的，应当依照本法规定的中标条件从其余投标人中重新确定中标人或者依照本法重新进行招标。

第六章 附 则

第六十五条 投标人和其他利害关系人认为招标投标活动不符合本法有关规定的，有权向招标人提出异议或者依法向有关行政监督部门投诉。

第六十六条 涉及国家安全、国家秘密、抢险救灾或者属于利用扶贫资金实行以工代赈、需要使用农民工等特殊情况，不适宜进行招标的项目，按照国家有关规定可以不进行招标。

第六十七条 使用国际组织或者外国政府贷款、援助资金的项目进行招标，贷款方、资金提供方对招标投标的具体条件和程序有不同规定的，可以适用其规定，但违背中华人民共和国的社会公共利益的除外。

第六十八条 本法自 2000 年 1 月 1 日起施行。

附录五　中华人民共和国建筑法

（1997 年 11 月 1 日第八届全国人民代表大会常务委员会第二十八次会议通过，根据 2011 年 4 月 22 日第十一届全国人民代表大会常务委员会第二十次会议《关于修改〈中华人民共和国建筑法〉的决定》修正）

第一章　总　　则

第一条　为了加强对建筑活动的监督管理，维护建筑市场秩序，保证建筑工程的质量和安全，促进建筑业健康发展，制定本法。

第二条　在中华人民共和国境内从事建筑活动，实施对建筑活动的监督管理，应当遵守本法。

本法所称建筑活动，是指各类房屋建筑及其附属设施的建造和与其配套的线路、管道、设备的安装活动。

第三条　建筑活动应当确保建筑工程质量和安全，符合国家的建筑工程安全标准。

第四条　国家扶持建筑业的发展，支持建筑科学技术研究，提高房屋建筑设计水平，鼓励节约能源和保护环境，提倡采用先进技术、先进设备、先进工艺、新型建筑材料和现代管理方式。

第五条　从事建筑活动应当遵守法律、法规，不得损害社会公共利益和他人的合法权益。

任何单位和个人都不得妨碍和阻挠依法进行的建筑活动。

第六条　国务院建设行政主管部门对全国的建筑活动实施统一监督管理。

第二章　建筑许可

第一节　建筑工程施工许可

第七条　建筑工程开工前，建设单位应当按照国家有关规定向工程所在地县级以上人民政府建设行政主管部门申请领取施工许可证；但是，国务院建设行政主管部门确定的限额以下的小型工程除外。

按照国务院规定的权限和程序批准开工报告的建筑工程，不再领取施工许可证。

第八条　申请领取施工许可证，应当具备下列条件：

（一）已经办理该建筑工程用地批准手续；

（二）在城市规划区的建筑工程，已经取得规划许可证；

（三）需要拆迁的，其拆迁进度符合施工要求；

（四）已经确定建筑施工企业；

（五）有满足施工需要的施工图纸及技术资料；

（六）有保证工程质量和安全的具体措施；

（七）建设资金已经落实；

（八）法律、行政法规规定的其他条件。

建设行政主管部门应当自收到申请之日起十五日内，对符合条件的申请颁发施工许可证。

第九条 建设单位应当自领取施工许可证之日起三个月内开工。因故不能按期开工的，应当向发证机关申请延期；延期以两次为限，每次不超过三个月。既不开工又不申请延期或者超过延期时限的，施工许可证自行废止。

第十条 在建的建筑工程因故中止施工的，建设单位应当自中止施工之日起一个月内，向发证机关报告，并按照规定做好建筑工程的维护管理工作。

建筑工程恢复施工时，应当向发证机关报告；中止施工满一年的工程恢复施工前，建设单位应当报发证机关核验施工许可证。

第十一条 按照国务院有关规定批准开工报告的建筑工程，因故不能按期开工或者中止施工的，应当及时向批准机关报告情况。因故不能按期开工超过六个月的，应当重新办理开工报告的批准手续。

第二节 执业资格

第十二条 从事建筑活动的建筑施工企业、勘察单位、设计单位和工程监理单位，应当具备下列条件：

（一）有符合国家规定的注册资本；

（二）有与其从事的建筑活动相适应的具有法定执业资格的专业技术人员；

（三）有从事相关建筑活动所应有的技术装备；

（四）法律、行政法规规定的其他条件。

第十三条 从事建筑活动的建筑施工企业、勘察单位、设计单位和工程监理单位，按照其拥有的注册资本、专业技术人员、技术装备和已完成的建筑工程业绩等资质条件，划分为不同的资质等级，经资质审查合格，取得相应等级的资质证书后，方可在其资质等级许可的范围内从事建筑活动。

第十四条 从事建筑活动的专业技术人员，应当依法取得相应的执业资格证书，并在执业资格证书许可的范围内从事建筑活动。

第三章 建筑工程发包与承包

第一节 一般规定

第十五条 建筑工程的发包单位与承包单位应当依法订立书面合同，明确双方的权利和义务。

发包单位和承包单位应当全面履行合同约定的义务。不按照合同约定履行义务的，依法承担违约责任。

第十六条 建筑工程发包与承包的招标投标活动，应当遵循公开、公正、平等竞争的原则，择优选择承包单位。

建筑工程的招标投标，本法没有规定的，适用有关招标投标法律的规定。

第十七条 发包单位及其工作人员在建筑工程发包中不得收受贿赂、回扣或者索取其他好处。

承包单位及其工作人员不得利用向发包单位及其工作人员行贿、提供回扣或者给予其他好处等不正当手段承揽工程。

第十八条 建筑工程造价应当按照国家有关规定，由发包单位与承包单位在合同中约定。公开招标发包的，其造价的约定须遵守招标投标法律的规定。

发包单位应当按照合同的约定，及时拨付工程款项。

第二节 发 包

第十九条 建筑工程依法实行招标发包，对不适于招标发包的可以直接发包。

第二十条 建筑工程实行公开招标的，发包单位应当依照法定程序和方式，发布招标公告，提供载有招标工程的主要技术要求、主要的合同条款、评标的标准和方法以及开标、评标、定标的程序等内容的招标文件。

开标应当在招标文件规定的时间、地点公开进行。开标后应当按照招标文件规定的评标标准和程序对标书进行评价、比较，在具备相应资质条件的投标者中，择优选定中标者。

第二十一条 建筑工程招标的开标、评标、定标由建设单位依法组织实施，并接受有关行政主管部门的监督。

第二十二条 建筑工程实行招标发包的，发包单位应当将建筑工程发包给依法中标的承包单位。建筑工程实行直接发包的，发包单位应当将建筑工程发包给具有相应资质条件的承包单位。

第二十三条 政府及其所属部门不得滥用行政权力，限定发包单位将招标发包的建筑工程发包给指定的承包单位。

第二十四条 提倡对建筑工程实行总承包，禁止将建筑工程肢解发包。

建筑工程的发包单位可以将建筑工程的勘察、设计、施工、设备采购一并发包给一个工程总承包单位，也可以将建筑工程勘察、设计、施工、设备采购的一项或者多项发包给一个工程总承包单位；但是，不得将应当由一个承包单位完成的建筑工程肢解成若干部分发包给几个承包单位。

第二十五条 按照合同约定，建筑材料、建筑构配件和设备由工程承包单位采购的，发包单位不得指定承包单位购入用于工程的建筑材料、建筑构配件和设备或者指定生产厂、供应商。

第三节 承 包

第二十六条 承包建筑工程的单位应当持有依法取得的资质证书，并在其资质等级许可的业务范围内承揽工程。

禁止建筑施工企业超越本企业资质等级许可的业务范围或者以任何形式用其他建筑施工企业的名义承揽工程。禁止建筑施工企业以任何形式允许其他单位或者个人使用本企业的资质证书、营业执照，以本企业的名义承揽工程。

第二十七条 大型建筑工程或者结构复杂的建筑工程，可以由两个以上的承包单位联合共同承包。共同承包的各方对承包合同的履行承担连带责任。

两个以上不同资质等级的单位实行联合共同承包的，应当按照资质等级低的单位的业务许可范围承揽工程。

第二十八条 禁止承包单位将其承包的全部建筑工程转包给他人，禁止承包单位将其承包的全部建筑工程肢解以后以分包的名义分别转包给他人。

第二十九条 建筑工程总承包单位可以将承包工程中的部分工程发包给具有相应资质

条件的分包单位；但是，除总承包合同中约定的分包外，必须经建设单位认可。施工总承包的，建筑工程主体结构的施工必须由总承包单位自行完成。

建筑工程总承包单位按照总承包合同的约定对建设单位负责；分包单位按照分包合同的约定对总承包单位负责。总承包单位和分包单位就分包工程对建设单位承担连带责任。

禁止总承包单位将工程分包给不具备相应资质条件的单位。禁止分包单位将其承包的工程再分包。

第四章　建筑工程监理

第三十条　国家推行建筑工程监理制度。

国务院可以规定实行强制监理的建筑工程的范围。

第三十一条　实行监理的建筑工程，由建设单位委托具有相应资质条件的工程监理单位监理。建设单位与其委托的工程监理单位应当订立书面委托监理合同。

第三十二条　建筑工程监理应当依照法律、行政法规及有关的技术标准、设计文件和建筑工程承包合同，对承包单位在施工质量、建设工期和建设资金使用等方面，代表建设单位实施监督。

工程监理人员认为工程施工不符合工程设计要求、施工技术标准和合同约定的，有权要求建筑施工企业改正。

工程监理人员发现工程设计不符合建筑工程质量标准或者合同约定的质量要求的，应当报告建设单位要求设计单位改正。

第三十三条　实施建筑工程监理前，建设单位应当将委托的工程监理单位、监理的内容及监理权限，书面通知被监理的建筑施工企业。

第三十四条　工程监理单位应当在其资质等级许可的监理范围内，承担工程监理业务。

工程监理单位应当根据建设单位的委托，客观、公正地执行监理任务。

工程监理单位与被监理工程的承包单位以及建筑材料、建筑构配件和设备供应单位不得有隶属关系或者其他利害关系。

工程监理单位不得转让工程监理业务。

第三十五条　工程监理单位不按照委托监理合同的约定履行监理义务，对应当监督检查的项目不检查或者不按照规定检查，给建设单位造成损失的，应当承担相应的赔偿责任。

工程监理单位与承包单位串通，为承包单位谋取非法利益，给建设单位造成损失的，应当与承包单位承担连带赔偿责任。

第五章　建筑安全生产管理

第三十六条　建筑工程安全生产管理必须坚持安全第一、预防为主的方针，建立健全安全生产的责任制度和群防群治制度。

第三十七条　建筑工程设计应当符合按照国家规定制定的建筑安全规程和技术规范，保证工程的安全性能。

第三十八条　建筑施工企业在编制施工组织设计时，应当根据建筑工程的特点制定相应的安全技术措施；对专业性较强的工程项目，应当编制专项安全施工组织设计，并采取安全技术措施。

第三十九条　建筑施工企业应当在施工现场采取维护安全、防范危险、预防火灾等措施；有条件的，应当对施工现场实行封闭管理。

施工现场对毗邻的建筑物、构筑物和特殊作业环境可能造成损害的，建筑施工企业应当采取安全防护措施。

第四十条 建设单位应当向建筑施工企业提供与施工现场相关的地下管线资料，建筑施工企业应当采取措施加以保护。

第四十一条 建筑施工企业应当遵守有关环境保护和安全生产的法律、法规的规定，采取控制和处理施工现场的各种粉尘、废气、废水、固体废物以及噪声、振动对环境的污染和危害的措施。

第四十二条 有下列情形之一的，建设单位应当按照国家有关规定办理申请批准手续：

(一)需要临时占用规划批准范围以外场地的；

(二)可能损坏道路、管线、电力、邮电通信等公共设施的；

(三)需要临时停水、停电、中断道路交通的；

(四)需要进行爆破作业的；

(五)法律、法规规定需要办理报批手续的其他情形。

第四十三条 建设行政主管部门负责建筑安全生产的管理，并依法接受劳动行政主管部门对建筑安全生产的指导和监督。

第四十四条 建筑施工企业必须依法加强对建筑安全生产的管理，执行安全生产责任制度，采取有效措施，防止伤亡和其他安全生产事故的发生。

建筑施工企业的法定代表人对本企业的安全生产负责。

第四十五条 施工现场安全由建筑施工企业负责。实行施工总承包的，由总承包单位负责。分包单位向总承包单位负责，服从总承包单位对施工现场的安全生产管理。

第四十六条 建筑施工企业应当建立健全劳动安全生产教育培训制度，加强对职工安全生产的教育培训；未经安全生产教育培训的人员，不得上岗作业。

第四十七条 建筑施工企业和作业人员在施工过程中，应当遵守有关安全生产的法律、法规和建筑行业安全规章、规程，不得违章指挥或者违章作业。作业人员有权对影响人身健康的作业程序和作业条件提出改进意见，有权获得安全生产所需的防护用品。作业人员对危及生命安全和人身健康的行为有权提出批评、检举和控告。

第四十八条 建筑施工企业应当依法为职工参加工伤保险缴纳工伤保险费。鼓励企业为从事危险作业的职工办理意外伤害保险，支付保险费。

第四十九条 涉及建筑主体和承重结构变动的装修工程，建设单位应当在施工前委托原设计单位或者具有相应资质条件的设计单位提出设计方案；没有设计方案的，不得施工。

第五十条 房屋拆除应当由具备保证安全条件的建筑施工单位承担，由建筑施工单位负责人对安全负责。

第五十一条 施工中发生事故时，建筑施工企业应当采取紧急措施减少人员伤亡和事故损失，并按照国家有关规定及时向有关部门报告。

第六章 建筑工程质量管理

第五十二条 建筑工程勘察、设计、施工的质量必须符合国家有关建筑工程安全标准的要求，具体管理办法由国务院规定。

有关建筑工程安全的国家标准不能适应确保建筑安全的要求时，应当及时修订。

第五十三条 国家对从事建筑活动的单位推行质量体系认证制度。从事建筑活动的单位根据自愿原则可以向国务院产品质量监督管理部门或者国务院产品质量监督管理部门授权的部门认可的认证机构申请质量体系认证。经认证合格的，由认证机构颁发质量体系认证证书。

第五十四条 建设单位不得以任何理由，要求建筑设计单位或者建筑施工企业在工程设计或者施工作业中，违反法律、行政法规和建筑工程质量、安全标准，降低工程质量。

建筑设计单位和建筑施工企业对建设单位违反前款规定提出的降低工程质量的要求，应当予以拒绝。

第五十五条 建筑工程实行总承包的，工程质量由工程总承包单位负责，总承包单位将建筑工程分包给其他单位的，应当对分包工程的质量与分包单位承担连带责任。分包单位应当接受总承包单位的质量管理。

第五十六条 建筑工程的勘察、设计单位必须对其勘察、设计的质量负责。勘察、设计文件应当符合有关法律、行政法规的规定和建筑工程质量、安全标准、建筑工程勘察、设计技术规范以及合同的约定。设计文件选用的建筑材料、建筑构配件和设备，应当注明其规格、型号、性能等技术指标，其质量要求必须符合国家规定的标准。

第五十七条 建筑设计单位对设计文件选用的建筑材料、建筑构配件和设备，不得指定生产厂、供应商。

第五十八条 建筑施工企业对工程的施工质量负责。

建筑施工企业必须按照工程设计图纸和施工技术标准施工，不得偷工减料。工程设计的修改由原设计单位负责，建筑施工企业不得擅自修改工程设计。

第五十九条 建筑施工企业必须按照工程设计要求、施工技术标准和合同的约定，对建筑材料、建筑构配件和设备进行检验，不合格的不得使用。

第六十条 建筑物在合理使用寿命内，必须确保地基基础工程和主体结构的质量。

建筑工程竣工时，屋顶、墙面不得留有渗漏、开裂等质量缺陷；对已发现的质量缺陷，建筑施工企业应当修复。

第六十一条 交付竣工验收的建筑工程，必须符合规定的建筑工程质量标准，有完整的工程技术经济资料和经签署的工程保修书，并具备国家规定的其他竣工条件。

建筑工程竣工经验收合格后，方可交付使用；未经验收或者验收不合格的，不得交付使用。

第六十二条 建筑工程实行质量保修制度。

建筑工程的保修范围应当包括地基基础工程、主体结构工程、屋面防水工程和其他土建工程，以及电气管线、上下水管线的安装工程，供热、供冷系统工程等项目；保修的期限应当按照保证建筑物合理寿命年限内正常使用、维护使用者合法权益的原则确定。具体的保修范围和最低保修期限由国务院规定。

第六十三条 任何单位和个人对建筑工程的质量事故、质量缺陷都有权向建设行政主管部门或者其他有关部门进行检举、控告、投诉。

第七章 法律责任

第六十四条 违反本法规定，未取得施工许可证或者开工报告未经批准擅自施工的，责令改正，对不符合开工条件的责令停止施工，可以处以罚款。

第六十五条　发包单位将工程发包给不具有相应资质条件的承包单位的，或者违反本法规定将建筑工程肢解发包的，责令改正，处以罚款。

超越本单位资质等级承揽工程的，责令停止违法行为，处以罚款，可以责令停业整顿，降低资质等级；情节严重的，吊销资质证书；有违法所得的，予以没收。

未取得资质证书承揽工程的，予以取缔，并处罚款；有违法所得的，予以没收。

以欺骗手段取得资质证书的，吊销资质证书，处以罚款；构成犯罪的，依法追究刑事责任。

第六十六条　建筑施工企业转让、出借资质证书或者以其他方式允许他人以本企业的名义承揽工程的，责令改正，没收违法所得，并处罚款，可以责令停业整顿，降低资质等级；情节严重的，吊销资质证书。对因该项承揽工程不符合规定的质量标准造成的损失，建筑施工企业与使用本企业名义的单位或者个人承担连带赔偿责任。

第六十七条　承包单位将承包的工程转包的，或者违反本法规定进行分包的，责令改正，没收违法所得，并处罚款，可以责令停业整顿，降低资质等级；情节严重的，吊销资质证书。

承包单位有前款规定的违法行为的，对因转包工程或者违法分包的工程不符合规定的质量标准造成的损失，与接受转包或者分包的单位承担连带赔偿责任。

第六十八条　在工程发包与承包中索贿、受贿、行贿，构成犯罪的，依法追究刑事责任；不构成犯罪的，分别处以罚款，没收贿赂的财物，对直接负责的主管人员和其他直接责任人员给予处分。

对在工程承包中行贿的承包单位，除依照前款规定处罚外，可以责令停业整顿，降低资质等级或者吊销资质证书。

第六十九条　工程监理单位与建设单位或者建筑施工企业串通，弄虚作假、降低工程质量的，责令改正，处以罚款，降低资质等级或者吊销资质证书；有违法所得的，予以没收；造成损失的，承担连带赔偿责任；构成犯罪的，依法追究刑事责任。

工程监理单位转让监理业务的，责令改正，没收违法所得，可以责令停业整顿，降低资质等级；情节严重的，吊销资质证书。

第七十条　违反本法规定，涉及建筑主体或者承重结构变动的装修工程擅自施工的，责令改正，处以罚款；造成损失的，承担赔偿责任；构成犯罪的，依法追究刑事责任。

第七十一条　建筑施工企业违反本法规定，对建筑安全事故隐患不采取措施予以消除的，责令改正，可以处以罚款；情节严重的，责令停业整顿，降低资质等级或者吊销资质证书；构成犯罪的，依法追究刑事责任。

建筑施工企业的管理人员违章指挥、强令职工冒险作业，因而发生重大伤亡事故或者造成其他严重后果的，依法追究刑事责任。

第七十二条　建设单位违反本法规定，要求建筑设计单位或者建筑施工企业违反建筑工程质量、安全标准，降低工程质量的，责令改正，可以处以罚款；构成犯罪的，依法追究刑事责任。

第七十三条　建筑设计单位不按照建筑工程质量、安全标准进行设计的，责令改正，处以罚款；造成工程质量事故的，责令停业整顿，降低资质等级或者吊销资质证书，没收违法所得，并处罚款；造成损失的，承担赔偿责任；构成犯罪的，依法追究刑事责任。

第七十四条 建筑施工企业在施工中偷工减料的，使用不合格的建筑材料、建筑构配件和设备的，或者有其他不按照工程设计图纸或者施工技术标准施工的行为的，责令改正，处以罚款；情节严重的，责令停业整顿，降低资质等级或者吊销资质证书；造成建筑工程质量不符合规定的质量标准的，负责返工、修理，并赔偿因此造成的损失；构成犯罪的，依法追究刑事责任。

第七十五条 建筑施工企业违反本法规定，不履行保修义务或者拖延履行保修义务的，责令改正，可以处以罚款，并对在保修期内因屋顶、墙面渗漏、开裂等质量缺陷造成的损失，承担赔偿责任。

第七十六条 本法规定的责令停业整顿、降低资质等级和吊销资质证书的行政处罚，由颁发资质证书的机关决定；其他行政处罚，由建设行政主管部门或者有关部门依照法律和国务院规定的职权范围决定。

依照本法规定被吊销资质证书的，由工商行政管理部门吊销其营业执照。

第七十七条 违反本法规定，对不具备相应资质等级条件的单位颁发该等级资质证书的，由其上级机关责令收回所发的资质证书，对直接负责的主管人员和其他直接责任人员给予行政处分；构成犯罪的，依法追究刑事责任。

第七十八条 政府及其所属部门的工作人员违反本法规定，限定发包单位将招标发包的工程发包给指定的承包单位的，由上级机关责令改正；构成犯罪的，依法追究刑事责任。

第七十九条 负责颁发建筑工程施工许可证的部门及其工作人员对不符合施工条件的建筑工程颁发施工许可证的，负责工程质量监督检查或者竣工验收的部门及其工作人员对不合格的建筑工程出具质量合格文件或者按合格工程验收的，由上级机关责令改正，对责任人员给予行政处分；构成犯罪的，依法追究刑事责任；造成损失的，由该部门承担相应的赔偿责任。

第八十条 在建筑物的合理使用寿命内，因建筑工程质量不合格受到损害的，有权向责任者要求赔偿。

第八章 附 则

第八十一条 本法关于施工许可、建筑施工企业资质审查和建筑工程发包、承包、禁止转包，以及建筑工程监理、建筑工程安全和质量管理的规定，适用于其他专业建筑工程的建筑活动，具体办法由国务院规定。

第八十二条 建设行政主管部门和其他有关部门在对建筑活动实施监督管理中，除按照国务院有关规定收取费用外，不得收取其他费用。

第八十三条 省、自治区、直辖市人民政府确定的小型房屋建筑工程的建筑活动，参照本法执行。

依法核定作为文物保护的纪念建筑物和古建筑等的修缮，依照文物保护的有关法律规定执行。

抢险救灾及其他临时性房屋建筑和农民自建低层住宅的建筑活动，不适用本法。

第八十四条 军用房屋建筑工程建筑活动的具体管理办法，由国务院、中央军事委员会依据本法制定。

第八十五条 本法自 1998 年 3 月 1 日起施行。

参考文献

[1] 朱宏亮．建设法规[M]．3 版．武汉：武汉理工大学出版社，2012.
[2] 郑润梅．建设法规概论[M]．2 版．北京：中国建材工业出版社，2010.
[3] 金国辉．新编建设法规教程与案例[M]．北京：机械工业出版社，2009.
[4] 马楠．建设法规与典型案例分析[M]．北京：机械工业出版社，2011.
[5] 莫曼君．建设工程相关法律法规及案例[M]．北京：中国电力出版社，2011.
[6] 陈东佐．工程建设法规[M]．北京：化学工业出版社，2010.
[7] 朴光洙．环境法实务[M]．北京：中国劳动社会保障出版社，2010.
[8] 李永福．建设工程法规[M]．北京：中国建筑工业出版社，2011.
[9] 陈晓明．工程建设法规[M]．北京：北京理工大学出版社，2009.
[10] 叶胜川．工程建设法规[M]．4 版．武汉：武汉理工大学出版社，2014.
[11] 丁士昭．建设工程法规及相关知识[M]．4 版．北京：中国建筑工业出版社，2014.
[12] 廖征军．工程建设法规[M]．北京：北京理工大学出版社，2012.